AF545621

Randy Alcorn

Der Himmel

Was uns dort wirklich erwartet

RANDY ALCORN

Der Himmel

Was uns dort wirklich erwartet

Aus dem amerikanischen Englisch
von Herta Martinache

SCM

Stiftung Christliche Medien

SCM R. Brockhaus ist ein Imprint der SCM Verlagsgruppe,
die zur Stiftung Christliche Medien gehört, einer gemeinnützigen Stiftung,
die sich für die Förderung und Verbreitung christlicher Bücher,
Zeitschriften, Filme und Musik einsetzt.

1. Auflage in neuer Ausführung 2024 (11. Gesamtauflage)

Originally published in English under the title: Heaven

Übersetzung: Herta Martinache
Umschlaggestaltung: Astrid Shemilt // Büro für Illustration & Gestaltung,
www.astridshemilt.com
Titelbild: Daniela Izotenko, unsplash

Satz: typoscript GmbH, Walddorfhäslach
Druck und Bindung: GGP Media GmbH, Pößneck
Gedruckt in Deutschland
ISBN 978-3-417-01005-3
Bestell-Nr. 227.001.005

Inhalt

Vorwort

Berichte über Nahtod- und Nach-Tod-Erfahrungen, samt Engeln, die Führungen durch den Himmel anbieten, überschwemmen die Buchhandlungen. Einige dieser Bücher enthalten möglicherweise einzelne richtige Schilderungen, doch viele sind unbiblisch und irreführend.

Wir Christen, die an Gottes Wort glauben, tragen zum Teil die Schuld daran. Warum? Wir haben es versäumt, das, was die Bibel über den Himmel lehrt, intensiv zu betrachten und zu erklären. Kein Wunder, dass eine wahre Flut unbiblischer Vorstellungen sich förmlich in das Vakuum gestürzt und es ausgefüllt hat. Da das menschliche Herz mit Nachdruck Antworten über das Leben nach dem Tod fordert, ist unser Schweigen über den Himmel folgenschwer.

Dieser ewige Himmel ist das Hauptthema dieses Buches, ein Thema, das ich faszinierend, spannend und lebensverändernd finde.

Es kommt entscheidend darauf an, dass dieses Buch genau mit der Bibel übereinstimmt. Ich bin davon überzeugt, dass die meisten meiner Schlussfolgerungen, auch diejenigen, die erheblich vom vorherrschenden evangelikalen Denken abweichen, einer genauen biblischen Überprüfung standhalten. Es ist jedoch unvermeidlich, dass einige möglicherweise eine solche Prüfung nicht bestehen. Im Zusammenhang mit prophetischen Reden sagt der Apostel Paulus: »Prüft alles, was gesagt wird, und behaltet das Gute« (1. Thessalonicher 5,21). Es ist Ihre Sache, das, was ich sage, anhand von Gottes Wort zu prüfen, das Gute zu behalten und das Schlechte zu verwerfen.

Manches in diesem Buch wird auch solchen Lesern neu sein, die mit der Bibel schon seit Langem vertraut sind. Neue Ideen sind zu Recht mit Vorsicht aufzunehmen, weil sie oft ketzerisch sind. Man könnte den Eindruck gewinnen, dass der Bibel etwas hinzugefügt oder dass sie falsch interpretiert wurde, während in Wirklichkeit nur das beschrieben wird, was schon immer in der Bibel stand. Auf diesen Seiten werde ich einige biblische Wahrheiten vorstellen, die meiner Meinung nach lange vernachlässigt oder nur im übertragenen Sinne verstanden wurden.

Vieles in diesem Buch wird Sie vielleicht zum Widerspruch reizen. Aber ich hoffe, Sie finden, dass das meiste darin der Bibel entspricht und spannende Perspektiven eröffnet, Perspektiven, die Ihnen erlauben, etwas von dem vorauszuahnen und sich auszumalen, was in der künftigen großartigen Welt auf Gottes Kinder wartet.

Einleitung

Das Thema »Himmel«

Habt keine Angst. Ihr vertraut auf Gott, nun vertraut auch auf mich! Es gibt viele Wohnungen im Haus meines Vaters, und ich gehe voraus, um euch einen Platz vorzubereiten. Wenn es nicht so wäre, hätte ich es euch dann so gesagt? Wenn dann alles bereit ist, werde ich kommen und euch holen, damit ihr immer bei mir seid, dort, wo ich bin.
Johannes 14,1-3

Jede Zivilisation der Menschheitsgeschichte wurde von dem Gefühl geprägt, dass wir irgendwo für immer leben. Die australischen Ureinwohner stellten sich den Himmel als eine ferne Insel jenseits des Horizonts im Westen vor. Die Mexikaner, Peruaner und Polynesier glaubten, dass sie nach ihrem Tod zur Sonne oder zum Mond gehen.[1] In den ägyptischen Pyramiden fand man neben den einbalsamierten Leichen Landkarten als Führer in der künftigen Welt.[2] Die Römer glaubten, dass die Gerechten in den Gefilden der Seligen picknicken werden, während ihre Pferde in der Nähe grasen. Obwohl sich diese Vorstellungen vom Leben nach dem Tod erheblich voneinander unterscheiden, weist doch die Tradition aller Kulturen darauf hin, dass das menschliche Herz an ein Leben nach dem Tod glaubt. Die Anthropologie bestätigt, dass jede Kultur einen von Gott geschenkten, angeborenen Sinn für das Ewige hat.[3]

Die Einstellung der ersten Christen zum Himmel

In den römischen Katakomben, in denen viele Christen, die als Märtyrer ums Leben kamen, begraben sind, finden wir Grabstätten mit folgenden Inschriften:

- In Christus ist Alexander nicht tot, sondern lebt.
- Einer, der bei Gott lebt.
- Er wurde in seine ewige Heimat aufgenommen.[4]

Ein Historiker schreibt: »Viele Bilder an den Wänden der Katakomben stellen den Himmel mit herrlichen Landschaften, spielenden Kindern und fröhlich feiernden Menschen an festlich gedeckten Tischen dar.«[5]

Im Jahr 125 n. Chr. schrieb ein Grieche namens Aristides einem Freund über das Christentum und erklärte, warum diese »neue Religion« so erfolgreich sei: »Wenn einer von diesen Christen, ein rechtschaffener Mann, die Welt verlässt, freuen sie sich und danken Gott. Dann begleiten sie seinen Körper mit Liedern und Dankgebeten, als ob er sich auf die Reise zu einem anderen Ort ganz in der Nähe aufmachen würde.«[6]

Diese Sichtweisen der Urchristen klingen für uns heute fremd, doch ihre Überzeugungen wurzelten in der Heiligen Schrift. Der Apostel Paulus schreibt zum Beispiel: »Denn Christus ist mein Leben, aber noch besser wäre es, zu sterben und bei ihm zu sein … Ich sehne mich danach, zu sterben und bei Christus zu sein, denn das wäre bei Weitem das Beste« (Philipper 1,21.23). Als Jesus seinen Jüngern sagte: »Es gibt viele Wohnungen im Haus meines Vaters, und ich gehe voraus, um euch einen Platz vorzubereiten« (Johannes 14,2), benutzte er absichtlich allgemein gebräuchliche, gegenständliche Begriffe (Haus, Wohnungen, Platz), um zu beschreiben, wohin er ging und was er dort für uns vorbereitet. Dieser Platz ist kein immaterieller Bereich körperloser Geister, weil ein solcher Bereich für Menschen nicht geeignet ist. Was für uns geeignet ist – und wozu wir geschaffen wurden –, ist der Platz, den Gott für uns gemacht hat: die Erde.

In diesem Buch entdecken wir anhand der Bibel eine aufregende Wahrheit: Gott hat seinen ursprünglichen Plan, dass die Menschen auf der Erde wohnen sollen, nie aufgegeben. Der Höhepunkt der Geschichte wird in der Tat die Schaffung eines neuen Himmels und einer neuen Erde sein, ein auferstandenes Universum, das von auferstandenen Menschen bewohnt wird, die mit dem auferstandenen Jesus leben (Offenbarung 21,1-4).

Unsere tödliche Krankheit

Als Menschen leiden wir an einer tödlichen Krankheit, die Sterblichkeit heißt. Die derzeitige Sterblichkeitsrate liegt bei hundert Prozent.

Weltweit sterben in jeder Sekunde drei Menschen, 180 in jeder Minute, stündlich fast 11 000. Wenn es stimmt, was die Bibel über das sagt, was mit uns nach dem Tod geschieht, dann kommen jeden Tag über 250 000 Menschen entweder in den Himmel oder in die Hölle.

David sagte: »Herr, erinnere mich daran, wie kurz mein Leben ist. Und dass meine Tage gezählt sind, damit ich erkenne, wie vergänglich mein Leben ist. Mein Leben währt nicht länger als die Breite meiner Hand und ist vor dir nur wie ein Augenblick. Nur wie ein Hauch ist jeder Mensch« (Psalm 39,5-6).

Gott benutzt Leid und den nahe bevorstehenden Tod, um uns von dieser Erde loszulösen und auf das auszurichten, was danach kommt. Ich habe oft mit Menschen gesprochen, bei denen eine tödliche Krankheit festgestellt worden war. Diese Menschen und ihre Angehörigen bekamen plötzlich ein unersättliches Interesse am Leben nach dem Tod. Die meisten Menschen bereiten sich nicht auf den Tod vor. Wer jedoch weise ist, wendet sich an eine zuverlässige Quelle, um ausfindig zu machen, was ihn nach dem Sterben erwartet. Jesus ist gekommen, um uns von der Angst vor dem Tod zu erlösen (Hebräer 2,14-15). Im Licht der künftigen Auferstehung der Toten fragt der Apostel Paulus: »Tod, wo ist dein Sieg? Tod, wo ist dein Stachel?« (1. Korinther 15,55).

Was befreit uns von der Angst vor dem Tod? Nur eine Beziehung zu dem, der an unserer Stelle gestorben ist, der vorausgegangen ist, um einen Platz für uns vorzubereiten, an dem wir mit ihm leben können.

Das Ufer sehen

Vielleicht haben Sie dieses Buch belastet, entmutigt, bedrückt oder gar zutiefst erschüttert und verletzt in die Hand genommen. Vielleicht sind Sie zynisch geworden oder haben alle Hoffnung verloren. Ein biblisches Verständnis von dem, was der Himmel ist, kann das alles ändern.

1952 stieg die junge Florence Chadwick auf der Insel Santa Catalina, Kalifornien, in den Pazifischen Ozean, fest entschlossen, bis zum Festland zu schwimmen. Sie hatte bereits als erste Frau den Ärmelkanal in beide Richtungen durchschwommen. Das Wetter war neblig und kalt, sie konnte kaum die Schiffe sehen, die sie begleiteten. Trotzdem schwamm sie fünfzehn Stunden lang. Als sie bettelte, aus dem Wasser geholt zu werden, wurde sie von ihrer Mutter, die auf einem Schiff in ihrer Nähe war, angespornt: Sie sei nahe am Ziel. Schließlich war sie körperlich und seelisch so erschöpft, dass sie aus dem Wasser gezogen wurde. Erst auf dem

Schiff erkannte sie, dass das Ufer weniger als achthundert Meter entfernt war. Während einer Nachrichtenkonferenz am folgenden Tag bekannte sie: »Alles, was ich sehen konnte, war der Nebel … Ich glaube, wenn ich das Ufer gesehen hätte, hätte ich es geschafft.«[7]

Denken Sie über ihre Worte nach: »Ich glaube, wenn ich das Ufer gesehen hätte, hätte ich es geschafft.« Für Gläubige ist dieses Ufer Jesus und der Platz, den er für uns vorbereiten will. Das Ufer, nach dem wir Ausschau halten müssen, ist die neue Erde. Wenn wir durch den Nebel schauen und uns vor unserem inneren Auge unser ewiges Zuhause ausmalen, werden wir mit Trost und neuer Tatkraft erfüllt. Wenn Sie erschöpft sind und nicht wissen, wie es weitergehen kann, dürfen Sie wissen, dass ich dafür bete, dass Sie durch dieses Buch eine Zielvorstellung, Ermutigung und Hoffnung bekommen.

Ich bitte Gott, dass dieses Buch Ihnen hilft, das Ufer zu sehen.

Der Himmel, unser Schicksal

1

Freuen Sie sich auf den Himmel?

> Ein Mann, der nach Australien oder Neuseeland auswandern will, ist natürlich bestrebt, etwas über seine künftige Heimat, deren Klima, Arbeitsmöglichkeiten, Einwohner, Sitten und Bräuche zu erfahren. All das sind Themen, die ihn brennend interessieren. Sie werden bald das Land Ihrer Geburt verlassen und den Rest Ihres Lebens in einer völlig neuen Umgebung verbringen. ... Wenn wir hoffen, für immer in diesem »besseren, ja himmlischen Land« zu bleiben, täten wir gut daran, uns alles Wissen, das wir darüber bekommen können, zu verschaffen.
>
> *J. C. Ryle*

Jonathan Edwards, der große puritanische Prediger, sprach oft über den Himmel. Er sagte:

> Es ist empfehlenswert, dieses Leben nur als Reise zum Himmel zu betrachten ..., der wir alle anderen Angelegenheiten des Lebens unterordnen müssen. Warum sollten wir uns um etwas abmühen oder unser Herz an etwas hängen, das nicht unserem eigentlichen Ziel entspricht und uns nicht wirklich glücklich macht?[1]

Als Edwards Anfang zwanzig war, fasste er eine Reihe von Vorsätzen für sein Leben. Einer davon lautete: »Fest entschlossen, alles zu tun, um in der anderen Welt für mich so viel Glück wie möglich zu erlangen«.[2]

Man mag es komisch oder ungehörig finden, dass Edwards so viel daran lag, nach seinem eigenen Glück im Himmel zu streben. Doch Blaise Pascal hatte recht mit seiner Äußerung: »Alle Menschen suchen nach dem Glück. Das gilt ohne Ausnahme, wie unterschiedlich auch die Mittel sein mögen, die sie dafür benutzen.«[3] Wenn wir alle nach dem Glück suchen, warum sollten wir uns dann nicht Edwards zum Vorbild nehmen?

Es ist jedoch erschreckend, dass die meisten Menschen überhaupt keine Freude empfinden, wenn sie an den Himmel denken.

Ein Pfarrer gestand mir einmal: »Immer wenn ich an den Himmel denke, werde ich trübsinnig. Wenn ich sterbe, wäre es mir am liebsten, ich würde einfach aufhören zu existieren.«

»Warum?«, fragte ich.

»Ich kann den Gedanken an diese endlose Eintönigkeit nicht ertragen. In den Wolken herumzuschweben, ohne etwas zu tun zu haben, außer auf einer Harfe herumzuklimpern … ›Himmel‹ klingt für mich nicht viel besser als ›Hölle‹.«

Woher hat dieser bibeltreue Pfarrer, der doch Theologie studiert hat, eine solche Meinung vom Himmel? Sicher nicht aus der Bibel, in der Paulus schreibt, dass es bei Weitem besser ist, zu sterben und bei Christus zu sein, als auf einer unter dem Fluch der Sünde stehenden Erde zu leben (Philipper 1,23). Immerhin stand dieser Mann ehrlicher zu seiner Meinung als die meisten Menschen, denn ich habe herausgefunden, dass viele Christen ähnlich falsche Auffassungen haben.

Eine Frau, die meinen Roman *Deadline* gelesen hatte, in dem der Himmel als gegenständlicher und wunderschöner Ort geschildert wird, schrieb mir: »Als ich sieben Jahre alt war, erklärte mir ein Lehrer in meiner christlichen Schule, dass ich im Himmel niemanden und nichts von der Erde wiedererkennen würde. Ich hatte Angst vor dem Sterben. Wegen dieser Angst vor dem Himmel und dem ewigen Leben fiel es mir wirklich schwer, in meinem Leben als Christ Fortschritte zu machen.«

Überdenken Sie die Tragweite dieser Worte: »diese Angst vor dem Himmel und dem ewigen Leben«. In Zusammenhang mit ihrer vor Kurzem geänderten Sichtweise bemerkte sie: »Sie können sich gar nicht vorstellen, welche Last mir von der Seele gefallen ist … Jetzt kann ich es kaum erwarten, in den Himmel zu kommen.«

Unsere unbiblische Ansicht vom Himmel

In den letzten fünfzehn Jahren erhielt ich Tausende von Briefen und hatte Hunderte von Gesprächen über den Himmel. Ich sprach in Kirchen und bei Konferenzen über den Himmel. Ich habe über den Himmel geschrieben und hielt ein Seminar mit dem Titel *Die Theologie des Himmels*. Ich weiß, was die Leute über den Himmel denken. Und ehrlich gesagt, bin ich darüber bestürzt.

Ich stimme dem Schriftsteller John Eldredge zu, wenn er meint:

> Fast jeder Christ, mit dem ich sprach, hat die Vorstellung, dass die Ewigkeit ein endloser Gottesdienst ist. … Wir haben uns auf ein Bild andauernden Singens über dem Sternenhimmel festgelegt, einen herrlichen Choral nach dem anderen, für immer und ewig. Amen. Das Herz wird uns schwer. Und dann seufzen wir und bekommen Schuldgefühle, weil wir nicht »geistlicher« sind. Wir verlieren den Mut, und dann wenden wir uns wieder der Gegenwart zu, um das Leben zu genießen, solange wir es noch können.[4]

Gary Larson hielt eine weitverbreitete falsche Vorstellung vom Himmel in einer seiner Karikaturen fest. Ein Mann mit Engelsflügeln und einem Heiligenschein sitzt auf einer Wolke und tut nichts; weit und breit ist außer ihm niemand zu sehen. Die Bildunterschrift zeigt seine stillen Gedanken: »Hätte ich nur eine Zeitschrift mitgenommen.«

Der Versuch, jemandem eine körperlose Existenz in einem immateriellen Himmel schmackhaft zu machen, ist wie der Versuch, jemandem Appetit auf Kies zu machen. Es wird nicht funktionieren, egal wie aufrichtig wir es meinen und welch große Mühe wir uns geben. Und das ist gut so.

Der Wunsch, den Gott in uns hineingelegt hat, und deshalb auch das, was wir uns wünschen, wenn wir ehrlich sind, ist genau das, was er denen verspricht, die Jesus Christus nachfolgen: ein auferstandenes Leben in einem auferstandenen Körper mit dem auferstandenen Christus auf einer auferstandenen Erde. Unsere Wünsche entsprechen genau Gottes Plänen. Der Grund, weshalb wir es wollen, liegt darin, dass Gott es geplant hat. Wir werden noch sehen, dass es nicht unsere, sondern Gottes Idee ist, dass auferstandene Menschen in einem auferstandenen Universum leben.

Das Schweigen der Theologen über den Himmel

Johannes Calvin hat nie einen Kommentar über die Offenbarung geschrieben und sich nie eingehend mit dem ewigen Reich auseinandergesetzt. Obwohl er in seinem Werk *Institutio Christianae Religionis* dazu auffordert, über den Himmel nachzusinnen, scheint seine Theologie des Himmels auffallend schwach im Vergleich mit seiner Theologie von Gott, Christus, der Erlösung, der Heiligen Schrift und der Gemeinschaft der Christen. Im Licht der dringenden theologischen Fragen seiner Zeit ist das verständlich, doch in den Jahrhunderten nach Calvin haben erstaunlich wenige Theologen versucht, die Lücken zu füllen.

Louis Berkhofs Klassiker *Systematic Theology* widmet der Schöpfung 38 Seiten, der Taufe und dem Abendmahl 40 Seiten und dem Zwischenzustand 15 Seiten. Das Buch enthält jedoch nur zwei Seiten über die Hölle und nur eine einzige Seite über das ewige Reich. Wenn alles, was über den ewigen Himmel gesagt wird, sich auf Seite 737 eines 737 Seiten umfassenden Werkes über systematische Theologie beschränkt, erhebt sich die Frage: Hat die Bibel dazu wirklich so wenig zu sagen? Hat dieses Thema so wenig theologische Bedeutung? Meiner Meinung nach ist die biblische Antwort ein entschiedenes Nein!

In dem Buch *The Eclipse of Heaven* schreibt der Theologieprofessor A. J. Conyers:

> Auch für einen nicht kirchlichen Menschen ohne theologische Überzeugungen müsste der Gedanke beunruhigend sein, dass diese Welt versucht, sich durch die wohl gefährlichsten Wasser der Geschichte hindurchzumanövrieren, und dabei beschlossen hat, das außer Acht zu lassen, was fast zwei Jahrtausende lang ihr fester Bezugspunkt – ihr Nordstern – war: die Gewissheit des Gerichts, die Sehnsucht nach dem Himmel, die Furcht vor der Hölle. Wenn heute Dinge von entscheidender Bedeutung erörtert werden, haben diese Themen keinen hohen Stellenwert. Früher war das einmal anders.[5]

Conyers behauptet, dass bis vor Kurzem die Lehre vom Himmel für die christliche Gemeinde von großer Bedeutung war.[6] Der Glaube an den Himmel war nicht nur ein nettes, belangloses Gefühl, sondern eine grundlegende Überzeugung, aus der man Kraft zum Leben schöpfte.

Leider trifft das auch für zahllose Christen nicht mehr zu.

Von unseren Radarschirmen verschwunden

Stellen Sie sich vor, Sie sind Mitglied eines Teams der NASA, das sich auf eine fünf Jahre dauernde Reise zum Mars vorbereitet. Als die Rakete abhebt, stellt einer der mitreisenden Astronauten die Frage: »Was weißt du über den Mars?«

Stellen Sie sich vor, Sie zucken mit den Schultern und antworten: »Nichts. Ich denke, das werden wir schon herausfinden, wenn wir dort sind.« Das ist undenkbar, oder? Es ist unvorstellbar, dass zu Ihrer Ausbildung nicht auch eine gründliche Beschäftigung mit Ihrem Bestimmungsort und eine intensive Vorbereitung auf ihn gehört. Doch in den theologischen Fakultäten, Bibelschulen und Kirchen der Welt wird wenig über unseren letzten Bestimmungsort gelehrt.

Viele Christen, die regelmäßig zur Kirche gehen, können sich nicht erinnern, eine einzige Predigt über den Himmel gehört zu haben. Manche Pfarrer denken vielleicht, dass es nicht wichtig ist, den Himmel zur Sprache zu bringen, weil sie während ihres Studiums keine Pflichtveranstaltung zu diesem Thema hatten. In gleicher Weise nimmt die Gemeinde an, dass in der Bibel nicht viel über den Himmel steht, wenn ihr Pfarrer nie darüber predigt.

Der Himmel ist sozusagen von unseren Radarschirmen verschwunden. Wie können wir unser Herz auf den Himmel ausrichten, wenn wir nur eine ärmliche Theologie des Himmels haben? Warum sprechen wir so wenig über den Himmel? Und warum ist das wenige, das wir zu sagen haben, so verschwommen, kraft- und saftlos?

Woher kommen unsere falschen Vorstellungen?

Ich glaube, es gibt eine Erklärung dafür, dass so viele Kinder Gottes eine solch verschwommene, negative und farblose Auffassung vom Himmel haben: Es ist das Werk Satans.

Jesus sagt vom Teufel: »Wenn er lügt, entspricht das seinem Wesen, denn er ist ein Lügner und der Vater der Lüge« (Johannes 8,44). In Offenbarung 13,6 lesen wir, das satanische Tier stieß »Lästerungen gegen Gott aus und verhöhnte seinen Namen und sein

Zelt und alle, die im Himmel wohnen«. Unser Feind verhöhnt drei Dinge: Gott selbst, Gottes Volk und Gottes Wohnort – den Himmel.

Nach seiner Vertreibung aus dem Himmel (Jesaja 14,12-15) packte den Teufel ein Zorn, nicht nur auf Gott, sondern auch auf die Menschen und den Himmel selbst, den Ort, zu dem er nicht mehr gehörte. Der Satan muss uns nur davon überzeugen, dass der Himmel ein langweiliger, raum- und zeitloser Ort ist. Warum sollten wir anderen die »gute Botschaft« mitteilen, dass man die Ewigkeit an einem langweiligen, geisterhaften Ort verbringen kann, auf den nicht einmal wir uns freuen?

Der Satan hasst den neuen Himmel und die neue Erde. Er kann nicht verhindern, dass Christus ihn besiegt, aber er kann uns überreden, dass der Sieg von Christus nur ein Teilsieg war und dass Gott seinen ursprünglichen Plan für die Menschen und die Erde aufgegeben hat.

Da wir hier in einer dunklen Welt leben, müssen wir uns daran erinnern, was die Bibel über den Himmel sagt. Eines Tages wird die Blindheit, die uns von der wirklichen Welt trennt, von uns genommen werden. Dann werden wir die abstumpfende Verblendung erkennen, unter der wir gelebt haben und die dazu führte, dass uns der Himmel so fern und unwirklich schien. Mögen wir durch Gottes Gnade klarer denn je die befreiende Wahrheit über Christus, den König, und den Himmel, sein Reich, erkennen.

2

Übersteigt der Himmel unsere Vorstellungskraft?

Wenn man sagt, dass man sich den Himmel »vorstellt«, so bedeutet das nicht, dass der Himmel etwas frei Erfundenes ist, etwas, das absichtlich unter Nichtbeachtung der harten Fakten des Alltagslebens ersonnen wurde. Sondern es handelt sich dabei um die Bestätigung der bedeutenden Rolle der gottgeschenkten Fähigkeit des Menschen, in seinem Inneren geistige Bilder von der göttlichen Realität zu erzeugen und sich in sie hineinzudenken – Bilder, die durch die Bibel und die spätere Tradition des Nachdenkens und Weiterentwickelns durch die Zeiten weitergegeben wurden. Wir sind fähig, uns in die geistigen Bilder, die wir schaffen, hineinzuversetzen und deshalb im Voraus die Freude darüber zu empfinden, dass wir einmal in die größere Wirklichkeit, der sie entsprechen, eintreten werden.
Alister McGrath

Als Marco Polo vom Hof des Kublai Khan nach Italien zurückkehrte, beschrieb er eine Welt, die seine Zuhörer nie gesehen hatten – eine Welt, die man ohne Vorstellungskraft nicht verstehen konnte. China war keineswegs ein Land, das nur in der Einbildung existierte, aber es unterschied sich erheblich von Italien. Die Bezugspunkte Italiens boten eine Grundlage für das Verständnis von China, und von diesem Ausgangspunkt aus konnte man sich die Unterschiede zusammenreimen.[1]

Die Verfasser der Bibel schildern den Himmel auf verschiedene Weise, unter anderem als Garten, als Stadt und als Königreich. Weil uns Gärten, Städte und Königreiche vertraut sind, dienen sie uns als Brücke für das Verständnis des Himmels. Viele Menschen machen jedoch den Fehler anzunehmen, dass es sich hierbei nur um Vergleiche ohne tatsächlichen Bezug zur Wirklichkeit des Himmels handelt (in diesem Fall wären sie schlechte Vergleiche). Einige von ihnen können viel eher einfach die Beschreibung von Tatsachen sein. Allzu oft wurde uns gesagt, dass der Himmel ein raum- und zeitloser Bereich ist. Deshalb nehmen wir es nicht ernst, wenn die Bibel uns den Himmel als vertrauten, gegenständlichen und greifbaren Ort beschreibt.

Als Menschen, die von Gott sowohl als körperliche als auch geistige Wesen geschaffen wurden, sind wir nicht dazu bestimmt, in einem immateriellen Bereich zu leben. Wir sind nicht, wie Plato annahm, nur geistige Wesen, die vorübergehend in einem Körper eingeschlossen sind. Adam wurde erst ein »lebendiges Wesen« – das hebräische Wort dafür heißt *näfäsch* –, als er Körper *und* Geist war (1. Mose 2,7). Wir sind in gleicher Weise körperliche und geistige Wesen. Deshalb ist unsere körperliche Auferstehung unbedingt erforderlich, damit wir eine ewige, gerechtfertigte menschliche Natur erhalten und für immer von Sünde, Fluch und Tod befreit sind.

Die Bedeutung unserer Fantasie

Wir können uns nichts wünschen oder erhoffen, das wir uns nicht vorstellen können. Deshalb, glaube ich, hat uns Gott in der Bibel kurze Einblicke in den Himmel geschenkt – um unsere Vorstellungskraft, unsere Fantasie, zu beflügeln und in unserem Herzen eine Sehnsucht nach dem Himmel zu wecken. Und deshalb wird Satan immer unserer Fantasie entgegenarbeiten – oder sie in die falsche Richtung, nämlich zu körperlosen Begriffen, hinlenken, die der Bibel widersprechen.

Menschen, die meine Romane, in denen der Himmel beschrieben wird, gelesen haben, sagen mir oft: »Diese Bilder vom Himmel sind beeindruckend. Aber sind sie auch biblisch?« Ich antworte mit bestem Wissen und Gewissen: »Ja.« Die Bibel gibt uns eine beträchtliche Menge Informationen über die künftige Welt, sodass wir sie uns ausmalen können, aber nicht so viele, dass wir auf den Gedanken kommen, wir wüssten schon alles. Wenn Gott nicht gewollt hätte, dass wir uns vorstellen, wie der Himmel sein wird, hätte er uns nicht so viel über den Himmel gesagt.

Meiner Meinung nach sollten wir unsere Fantasie nicht verachten, sondern sie von der Bibel anregen lassen. Als junger Christ, ja sogar als junger Pfarrer, hatte ich genau die Klischeevorstellungen vom Himmel, die ich heute ablehne. Erst nach Jahren ernsthaften Bibelstudiums, Nachdenkens und genauer Forschungsarbeit über das Thema bin ich zu meiner heutigen Auffassung vom Himmel gelangt. Fast jede Vorstellung vom Himmel, die ich in diesem Buch erläutere, wurde durch biblische Texte angeregt und untermauert. Obwohl einige meiner Deutungen und Spekulationen zweifellos falsch sind, sind sie nicht unbegründet. Mit Recht oder Unrecht habe ich die meisten von ihnen aus meinem Verständnis der direkt oder indirekt ausgesprochenen Lehren der Bibel gewonnen. Gespräche über den Himmel sind meistens entweder übermäßig fantasiereich oder völlig fantasielos. Bibeltreue Christen tendieren mehr zum Letzteren, doch beide Einstellungen werden der Sache nicht gerecht und sind gefährlich. Was wir brauchen, ist eine von der Bibel beflügelte Fantasie.

Wir sollten Gott bitten, uns zu helfen, die Scheuklappen unserer vorgefassten Meinungen über den Himmel abzulegen, damit wir die Bibel verstehen können. Ich habe über 150 Bücher über den

Himmel gesammelt – viele davon sind schon sehr alt und inzwischen vergriffen – und ich habe sie fast alle gelesen. Dabei habe ich entdeckt, dass Bücher über den Himmel normalerweise betonen, dass wir nicht wissen können, wie der Himmel sein wird, dass es dort aber herrlicher ist, als wir uns vorstellen können. Sobald wir jedoch sagen, dass wir uns den Himmel nicht vorstellen können, dämpfen wir die Begeisterung für alles, was Gott uns über unsere ewige Heimat offenbart hat. Wenn wir uns kein Bild vom Himmel machen können, dann können wir uns auch nicht auf ihn freuen. Alles Angenehme, das wir vom Leben auf der Erde kennen, haben wir durch unsere Sinne erfahren. Wenn folglich der Himmel als etwas beschrieben wird, das für unsere Sinne unerreichbar ist, dann wirkt er auf uns nicht einladend – im Gegenteil, er wirkt befremdlich und jagt uns sogar Schrecken ein.

Sich den Himmel ausmalen

Wenn ich mir vorstelle, was ich wohl bei meinem ersten Anblick des Himmels empfinden werde, denke ich daran, wie es war, als ich zum ersten Mal schnorchelte. Ich sah unzählige Fische jeder Form, Größe und Farbe. Ich erinnere mich, wie es mir immer wieder den Atem verschlug, als meine Augen diese wundervolle Unterwasserwelt betrachteten.

Ich stelle mir vor, dass es uns bei unserem ersten Anblick des Himmels in ähnlicher Weise vor Staunen und Freude den Atem verschlägt. Doch das ist nur der Anfang, denn unsere wirkliche ewige Heimat – die neue Erde – sehen wir erst nach der Auferstehung der Toten. Und sie wird viel besser sein als alles, was wir bisher erlebt haben.

Schauen Sie doch einfach aus dem Fenster. Oder schließen Sie die Augen und stellen sich den schönsten Ort vor, an dem

Sie je waren – mit Palmen, tosenden Flüssen, zerklüfteten Bergen, Wasserfällen oder Schneeverwehungen. Sie gehen spazieren. Sie sprechen mit einem Freund. Doch stellen Sie sich alles in seinem ursprünglichen Zustand vor: den glücklichen Hund mit dem wedelnden Schwanz, Blumen, die nie verblühen, Gras, das nie welk wird, einen blauen Himmel ohne Verschmutzung, lächelnde, fröhliche Menschen, die weder wütend noch bedrückt sind. Denken Sie an Freunde oder Familienmitglieder, die Jesus lieb hatten und jetzt bei ihm sind. Malen Sie sich aus, wie Sie mit ihnen zusammen dort spazieren gehen. Sie lachen, spielen, sprechen und schwelgen in Erinnerungen. Sie strecken Ihre Hand nach einem Baum aus und pflücken einen Apfel oder eine Orange. So etwas Gutes haben Sie noch nie gegessen. Jetzt sehen Sie, wie jemand auf Sie zukommt. Es ist Jesus, mit einem herzlichen Lächeln auf dem Gesicht. Sie fallen auf die Knie, um ihn anzubeten. Er zieht Sie hoch und umarmt Sie.

Endlich sind Sie mit der Person zusammen, für die Sie geschaffen wurden, an dem Ort, für den Sie geschaffen wurden. Wo immer Sie auch hingehen, überall werden neue Menschen sein und neue Orte, an denen Sie sich erfreuen können, neue Dinge, die Sie entdecken. Für all diese Aussagen und noch viel mehr habe ich eine biblische Grundlage. Wenn Sie mit mir zusammen die Bibel zu diesem Thema befragt haben und Sie dann wieder einmal hören, wie jemand sagt: »Wir können uns nicht vorstellen, wie es im Himmel sein wird«, dann hoffe ich, dass Sie antworten können: »Ich kann es mir vorstellen.«

Doch bevor wir weitergehen, müssen wir auf einige häufig vorgebrachte Einwände eingehen.

Wie können wir wissen, was »kein Auge je gesehen hat«?

Ein Pfarrer besuchte mich in meinem Büro und fragte, was ich gerade schreibe.

»Ein dickes Buch über den Himmel«, antwortete ich.

»Na ja«, meinte er, »in der Bibel steht aber: ›Kein Auge hat je gesehen, kein Ohr je gehört und kein Verstand je erdacht, was Gott für diejenigen bereithält, die ihn lieben.‹ Offensichtlich können wir nicht wissen, was Gott für uns im Himmel vorbereitet hat.« (Er bezog sich auf 1. Korinther 2,9.)

Ich entgegnete: »Aber du hast den Absatz nicht zu Ende zitiert. Du musst auch Vers zehn lesen.«

Die vollständige Aussage lautet so: »Kein Auge hat je gesehen, kein Ohr je gehört und kein Verstand je erdacht, was Gott für diejenigen bereithält, die ihn lieben. Wir dagegen wissen darum, weil Gott es uns durch seinen Geist offenbart hat« (1. Korinther 2,9-10). Aus dem Zusammenhang geht hervor, dass diese Offenbarung Gottes Wort ist (V. 13), das uns sagt, was Gott für uns vorbereitet hat. Nachdem ich ein paar Dutzend Bücher über den Himmel gelesen habe, zucke ich unwillkürlich zusammen, wenn ich 1. Korinther 2,9 zitiert sehe. Gott sagt, dass er uns durch seinen Geist das offenbart hat, was wir sonst über den Himmel nicht wissen könnten. In seinem Wort erzählt Gott uns vom Himmel, nicht damit wir mit den Schultern zucken und unwissend bleiben, sondern weil er will, dass wir begreifen, was auf uns wartet, und uns darauf freuen.

In ähnlicher Weise werden andere Verse herangezogen, um Gespräche über den Himmel zu unterbinden. Zum Beispiel: »Was verborgen ist, ist des Herrn, unseres Gottes« (5. Mose 29,28). Der Himmel wird für etwas »Verborgenes« gehalten. Doch der Rest des Satzes, der wiederum nur selten zitiert wird, vervollständigt den Gedanken: »Was aber offenbart ist, das gilt uns und unseren Kindern ewiglich.«

Wir müssen hinnehmen, dass tatsächlich viele Dinge über den Himmel verborgen sind und dass Gott unzählige Überraschungen für uns bereithält. Doch die Dinge, die Gott uns über den Himmel offenbart hat, gehören uns und unseren Kindern.

Unsere Herzen und Sinne auf den Himmel ausrichten

»Sucht, was droben ist, wo Christus ist, sitzend zur Rechten Gottes« (Kolosser 3,1; LUT). Das ist ein klarer Befehl, unser Herz auf den Himmel auszurichten. Und um ganz sicher zu sein, dass uns nicht entgeht, wie wichtig ein auf den Himmel ausgerichtetes Leben ist, steht im folgenden Vers: »Trachtet nach dem, was droben ist, nicht nach dem, was auf Erden ist« (LUT).

Sich nach Christus sehnen bedeutet sich nach dem Himmel sehnen, denn dort werden wir bei ihm sein. Gottes Kinder »sehnen sich nach einem besseren Vaterland« (Hebräer 11,16; LUT). Wir können unsere Augen nicht auf Christus richten, ohne sie auf den Himmel zu richten, und wir können unsere Augen nicht auf den Himmel richten, ohne sie auf Christus zu richten.

Das griechische Wort, das mit »Herz ausrichten« oder »trachten nach« übersetzt wurde, heißt *zeteo*, was »das allgemeine philosophische Suchen oder Streben des Menschen«[2] bedeutet. Dasselbe Wort wird im Evangelium benutzt, um zu beschreiben, wie der »Menschensohn« gekommen ist, »um Verlorene zu suchen« (Lukas 19,10). Es wird auch verwendet, um zu beschreiben, wie ein Hirte alles tut, sein verirrtes Schaf wieder zu finden (Matthäus 18,12), wie eine Frau nach einer verlorenen Münze sucht (Lukas 15,8) oder wie ein Händler nach einer kostbaren Perle Ausschau hält (Matthäus 13,45). Es handelt sich um eine sorgfältige, tatkräftige, zielstrebige

Nachforschung. Deshalb können wir die Ermahnung von Paulus in Kolosser 3,1 so verstehen: »Verfolgt sorgfältig, tatkräftig und zielstrebig das, was droben ist« – kurz gesagt: den Himmel.

Im Präsens weist das Verb *zeteo* auf einen fortlaufenden Vorgang hin. »Hört nicht auf, nach dem Himmel zu trachten.« Der Befehl und seine Wiederholung geben zu verstehen, dass wir unseren Sinn keinesfalls selbstverständlich auf den Himmel ausrichten. In der Tat unterstellen die meisten Befehle Widerstand, weshalb der Befehl erforderlich wird. Es wird uns gesagt, dass wir sexuelle Unordnung vermeiden sollen, weil wir einen Hang dazu haben. Es wird uns nicht gesagt, dass wir nicht von einem Turm herunterspringen sollen, weil wir normalerweise nicht mit einer derartigen Versuchung zu kämpfen haben. Die Aufforderung, über den Himmel nachzudenken, wird jeden Tag auf hunderterlei Weise infrage gestellt. Unsere Sinne sind so sehr auf die Erde ausgerichtet, dass es uns schwerfällt, an den Himmel auch nur zu denken.

Vielleicht haben Sie Angst, dass Sie »so sehr auf den Himmel ausgerichtet werden, dass Sie für die Erde nicht mehr taugen«. Beruhigen Sie sich – darüber brauchen Sie sich keine Sorgen machen! Im Gegenteil, viele von uns sind so sehr auf die Erde ausgerichtet, dass sie weder für den Himmel noch für die Erde taugen. C. S. Lewis bemerkte:

> Aus der Geschichte wissen wir, dass gerade die Christen am meisten für das Diesseits taten, die sich auch am eingehendsten mit dem Jenseits befassten. Die Apostel, die mit der Bekehrung des römischen Imperiums begannen, die vielen bedeutenden Männer des Mittelalters, die englischen Protestanten, denen es gelang, den Sklavenhandel abzuschaffen – sie alle drückten dieser Welt ihren Stempel auf, gerade *weil* ihr Sinnen und Trachten auf das Jenseits gerichtet war. Erst seitdem die Christen weithin aufgehört haben, an das Jenseits zu denken, sind

sie in dieser Welt so ohne Wirkung. Wer nach dem Himmel strebt, dem wird die Erde »in den Schoß fallen«; wer nach der Erde strebt, dem geht beides verloren.[3]

Wir brauchen eine Generation »himmlisch gesinnter Menschen«, die die Menschen und die Erde selbst nicht einfach so sehen, wie sie sind, sondern wie Gott sie haben möchte.

Die Fantasie anregen

Wir müssen beginnen, von Gottes offenbarter Wahrheit her logisch zu denken. Doch dieses logische Denken erfordert den Gebrauch einer Fantasie, die von der Bibel belebt wird. Als Sachbuchautor und Dozent an theologischen Fakultäten frage ich mich zuerst einmal, was die Bibel wirklich sagt. Ich stimme C. S. Lewis zu, der sagte: »Der Verstand ist das natürliche Organ der Wahrheit, aber die Fantasie ist das Organ der Bedeutung.«[4] Oder um mit Francis Schaeffer zu sprechen: »Der Christ ist der wirklich freie Mensch – er ist frei, seine eigene Fantasie zu haben. Auch das ist unser Erbe. Der Christ ist der Mensch, dessen Fantasie noch weiter als die Sterne fliegen kann.«[5]

Schaeffer begann immer mit Gottes offenbarter Wahrheit. Doch er ermahnte uns, es zuzulassen, dass diese Wahrheit unsere Fantasie anregt. Die Fantasie sollte nicht von der Wahrheit weg, sondern auf die Wahrheit zu fliegen.

Wenn Sie als Christ unter großem Schmerz und Verlust leiden, fordert Jesus Sie auf: »Habt Mut« (Johannes 16,33). Das neue Haus für Sie ist fast fertig. Der dunkle Winter wird bald zum Frühling werden. Bald kommt der Tag, an dem Sie zu Hause sein werden. Bis dahin ermutige ich Sie, die Wahrheit über den Himmel in der Bibel zu suchen.

3

Ist der Himmel unser vorgegebener Bestimmungsort … oder die Hölle?

Der sicherste Weg in die Hölle ist der allmähliche – das sanfte Gefälle, weich unter den Füßen, ohne plötzliche Kurven, ohne Marksteine, ohne Wegweiser.

C. S. Lewis

Laut Meinungsumfragen kommen auf jeden Amerikaner, der glaubt in die Hölle zu kommen, 120, die glauben, dass sie in den Himmel kommen.[1] Dieser Optimismus steht in krassem Gegensatz zu Jesu Worten in Matthäus 7,13-14: »Ihr könnt das Reich Gottes nur durch das enge Tor betreten. Die Straße zur Hölle ist breit und ihre Tür steht für die vielen weit offen, die sich für den bequemen Weg entscheiden. Das Tor zum Leben dagegen ist eng und der Weg dorthin ist schmal, deshalb finden ihn nur wenige.«

Was uns den Zutritt zum Himmel versperrt, ist für uns alle dasselbe: »Denn alle Menschen haben gesündigt und das Leben in der Herrlichkeit Gottes verloren« (Römer 3,23). Die Sünde trennt den Menschen von Gott (Jesaja 59,2). Gott ist so heilig, dass er in seiner Gegenwart keine Sünde dulden kann: »Deine Augen sind zu rein, als dass du Böses ansehen könntest, und dem Jammer kannst du nicht zusehen« (Habakuk 1,13; LUT).

Deshalb ist der Himmel nicht unser vorgegebener Bestimmungsort. Wenn unser Problem mit der Sünde nicht gelöst ist, gehen wir zu unserem wirklichen vorgegebenen Bestimmungsort – in die Hölle.

Hier werde ich diese Frage nur kurz anreißen. Die große Gefahr liegt darin, dass Leser annehmen, dass sie auf dem Weg zum Himmel sind. Doch Jesus sagt ganz deutlich, dass die meisten Menschen nicht in den Himmel kommen: »Das Tor zum Leben dagegen ist eng und der Weg dorthin ist schmal, deshalb finden ihn nur wenige.«

Die Hölle: die schreckliche Alternative zum Himmel

Die Hölle ist der schreckliche Ort der Strafe für Satan und die gefallenen Engel (Matthäus 25,41-46). Sie wird jedoch auch von den Menschen bewohnt werden, die Gottes Geschenk der Erlösung in Christus nicht erhalten haben (Offenbarung 20,12-15). Nach Jesu Wiederkunft werden die Gläubigen zum ewigen Leben im Himmel und die Ungläubigen zum ewigen Dasein in der Hölle auferstehen (Johannes 5,28-29). Die nicht Geretteten – alle, deren Name nicht im Buch des Lebens aufgeschrieben ist – werden von Gott nach den Werken gerichtet, die in den Büchern aufgezeichnet wurden (Offenbarung 20,12-15). Da zu diesen Werken Sünde gehört, können Menschen aus eigener Kraft, ohne Christus, nicht in die Gegenwart eines heiligen und gerechten Gottes kommen (Matthäus 13,40-42).

Die Hölle wird kein riesiger Gesellschaftsraum sein, in dem Menschen bechern und sich dabei Geschichten von dem erzählen, was sie sich auf der Erde »geleistet« haben, so wie es oft in Comics dargestellt wird. Die Hölle wird vielmehr ein Ort höchsten Elends sein (Matthäus 13,42; 13,50; 22,13; 24,51; 25,30; Lukas 13,28). Deshalb hat sich Dante in der *Göttlichen Komödie* für das Tor zur Hölle diese Aufschrift ausgedacht: »Wer hier eintritt, muss jede Hoffnung fahren lassen.«[2]

Die Wirklichkeit der Hölle müsste uns das Herz brechen und uns auf die Knie und zur Tür derjenigen treiben, die ohne Jesus leben. Doch heute wird sogar von Menschen, die an die Bibel glauben, die Hölle nur selten erwähnt.

Satan hat offensichtliche Gründe, unser Leugnen der ewigen Strafe zu unterstützen: Er will, dass Ungläubige Jesus ohne Angst ablehnen, er will, dass Christen kein Bedürfnis verspüren, anderen von Jesus zu erzählen, und er will, dass weniger Menschen Gott die Ehre für das Erlösungswerk geben, das Jesus vollbracht hat.

Was hat Jesus über die Hölle gesagt?

In vielen Büchern kann man lesen, dass es keine Hölle gibt. Manche Autoren verfechten den Universalismus, d. h. den Glauben, dass letztendlich alle Menschen gerettet werden. Sie argumentieren, dass Christen den höheren Weg der Liebe Christi beschreiten sollten. Doch dieser Standpunkt übersieht eine nicht zu leugnende Tatsache: *Jesus spricht mehr als jeder andere von der Hölle* (Matthäus 10,28; 13,40-42; Markus 9,43-44). Er spricht von ihr als realem Ort und beschreibt sie mit anschaulichen Worten. In seinem Gleichnis vom reichen Mann und armen Lazarus sagt Jesus, dass die Bösen in der Hölle schrecklich leiden, bei vollem Bewusstsein sind, ihre Sehnsüchte, Erinnerungen und ihren Verstand behalten, sich nach Erleichterung sehnen, ihre Qualen nicht verlassen können und jeder Hoffnung beraubt sind (Lukas 16,19-31).

Wie lange wird die Hölle dauern? »Sie werden der ewigen Verdammnis übergeben werden«, sagt Jesus von den Ungerechten, »den Gerechten aber wird das ewige Leben geschenkt« (Matthäus 25,46). Jesus benutzt in diesem Satz dasselbe Wort, »ewig« (*aionos*), um sowohl die Dauer des Himmels als auch die Dauer der Hölle zu beschreiben. Wenn also der Himmel für immer bewusst erlebt wird, muss auch die Hölle für immer bewusst erlebt werden.

Wenn ich die Wahl hätte, das heißt, wenn die Bibel nicht so deutlich und schlüssig wäre, würde ich bestimmt nicht an die Hölle glauben. Wenn ich das, was ich will, oder das, was andere wollen, zur Grundlage meines Glaubens mache, dann bin ich ein Nachfolger meiner selbst, aber nicht ein Nachfolger von Christus. Die Romanschriftstellerin Dorothy Sayers schrieb:

> Sobald die Sprache auf die Lehre von der Hölle kommt, scheint eine Art Verschwörung zu herrschen, um alles, was damit zusammenhängt, zu vergessen oder zu verheimlichen. Die Lehre von der Hölle ist keine »mittelalterliche Finte der Priester«, mit der sie die Menschen durch Angst dazu treiben wollten, der Kirche Geld zu geben. Sie ist das bewusste Gericht Christi über die Sünde. … Wir können die Hölle nicht ablehnen, ohne gleichzeitig auch Christus abzulehnen.[3]

Gott liebt uns so sehr, dass er uns die Wahrheit sagt – es gibt zwei ewige Bestimmungsorte, nicht einen, und wir müssen den rechten Weg wählen, wenn wir in den Himmel kommen wollen. Nicht alle Wege führen zum Himmel, sondern nur einer: Jesus Christus. Er sagt: »Niemand kommt zum Vater außer durch mich« (Johannes 14,6).

Bei der Wahl zwischen Himmel und Hölle steht viel auf dem Spiel. Umso deutlicher machen wir uns bewusst, was der Himmel ist, betrachten ihn nie als garantiert und preisen Gott für seine Gnade, die uns von dem errettet, was wir verdient haben, und uns für immer das schenkt, was wir nicht verdient haben.

Die Erde: die Welt dazwischen

Die Erde ist eine Welt, die zwischen Himmel und Hölle liegt. Das Beste am Leben auf der Erde ist ein kurzer Einblick in den Himmel; das Schlimmste am Leben ist ein kurzer Einblick in die Hölle. Für Christen ist dieses Leben der Ort, an dem sie der Hölle am nächsten sind. Für Ungläubige ist es der Ort, an dem sie dem Himmel am nächsten sind.

Denken Sie über dieses Wunder nach: Gott wünscht sich so sehr, dass wir nicht in die Hölle kommen, sodass er am Kreuz einen schrecklichen Preis dafür bezahlte, damit wir nicht dorthin müssen. Der Preis wurde bezahlt, unser Leben wurde freigekauft. Aber wir müssen uns noch entscheiden. Wie jedes andere Geschenk kann die Vergebung angeboten werden, aber sie gehört uns erst, wenn wir beschließen, sie anzunehmen. Ein verurteilter Verbrecher kann vom Präsidenten die Begnadigung angeboten bekommen, doch wenn er die Begnadigung ablehnt, ist sie nicht wirksam. Wir müssen das Geschenk des ewigen Lebens annehmen, dann erst haben wir es.

4

Kann man wissen, dass man in den Himmel kommt?

Bald werdet ihr in der Zeitung lesen, dass ich tot bin. Glaubt keine Sekunde daran. Ich werde lebendiger sein als je zuvor.

D. L. Moody

Die Erde weicht zurück … Der Himmel öffnet sich vor mir!

D. L. Moody, auf seinem Sterbebett

Im Altertum führten die meisten Städte Verzeichnisse mit den Namen ihrer Bürger. An den Stadttoren verglichen die Wachposten die Namen derjenigen, die die Stadt betreten wollten, mit den Namen auf der Liste. Vor diesem Hintergrund ist Offenbarung 21,27 zu verstehen: »Nichts Unreines wird hineindürfen [in die Stadt], auch niemand, der Götzendienst treibt und Lügen verbreitet, sondern nur die, deren Namen im Lebensbuch des Lammes geschrieben stehen.«

Ruthanna Metzgar, von Beruf Sängerin, erzählt eine Geschichte, die veranschaulicht, wie wichtig es ist, dass unsere Namen in diesem Buch stehen. Vor einigen Jahren wurde sie gebeten, bei der Hochzeit eines sehr reichen Mannes zu singen. In der Einladung stand, dass nach dem Gottesdienst ein Empfang gegeben würde. Sie und ihr Mann Roy freuten sich riesig darauf.

Während des Empfangs reichten Kellner in Livree köstliche Häppchen und ausgesuchte Getränke. Die Braut und der Bräutigam schritten zu einer herrlichen Treppe aus Glas und Messing, die zum oberen Stockwerk führte. Sie verkündeten, dass jetzt das Festessen beginnen würde.

Oben begrüßte der Oberkellner, mit einem gebundenen Buch in der Hand, die Gäste vor der Tür. »Wie ist Ihr Name, bitte?«

»Ich bin Ruthanna Metzgar, und das ist mein Mann Roy.«

Er suchte unter *M*. »Ich kann Ihren Namen nicht finden. Würden Sie ihn bitte buchstabieren?«

Langsam buchstabierte Ruthanna ihren Namen. Nachdem er in dem Buch gesucht hatte, schaute der Oberkellner auf und erklärte: »Tut mir leid, Ihr Name steht nicht hier.«

»Es muss sich um ein Versehen handeln«, entgegnete Ruthanna. »Ich bin die Sängerin. Ich habe bei der Trauung gesungen!«

Der Herr antwortete: »Wer Sie sind oder was Sie getan haben, spielt keine Rolle. Wenn Ihr Name nicht in dem Buch steht, können Sie an dem Festessen nicht teilnehmen.«

Er winkte einen Kellner heran und sagte: »Führen Sie diese Herrschaften bitte zum Aufzug.«

Die Metzgars folgten dem Kellner, vorbei an herrlich gedeckten Tischen mit Garnelen, geräuchertem Lachs und wunderbar geformten Skulpturen aus Eis.

Nachdem sie einige Kilometer schweigend gefahren waren, legte Roy seine Hand auf Ruthannas Arm. »Schatz, was ist geschehen?«

»Als die Einladung kam, hatte ich keine Zeit«, antwortete Ruthanna. »Ich habe mich nicht darum gekümmert, die Antwort auf die Einladung abzuschicken. Außerdem bin ich schließlich die Sängerin. Ich dachte, dass ich ganz bestimmt ohne Einladungsbestätigung teilnehmen kann!«

Ruthanna begann zu weinen – nicht nur, weil sie nicht an dem feudalen Bankett teilnehmen konnte, sondern auch, weil sie plötzlich einen kleinen Vorgeschmack davon bekam, wie es eines Tages Menschen ergehen wird, die vor Christus stehen und entdecken, dass ihr Name nicht im Lebensbuch des Lammes steht.[1]

Seit jeher gibt es zahllose Menschen, die keine Zeit haben, um auf die Einladung von Jesus zu seinem Festessen zu antworten. Viele sind davon überzeugt, dass das Gute, das sie getan haben – zum Beispiel der regelmäßige Kirchgang, die Taufe, das Singen im Kirchenchor oder die Hilfe in einer Suppenküche für Arme –, genug ist, um in den Himmel eingelassen zu werden. Doch Menschen, die nicht auf das Angebot der Sündenvergebung, das ihnen Christus macht, eingehen, sind Menschen, deren Name nicht im Lebensbuch des Lammes aufgeschrieben ist.

Haben Sie die Einladung von Christus zu seinem Festessen und zur Ewigkeit mit ihm zusammen in seinem Haus angenommen? Wenn ja, haben Sie Grund zur Freude – die Tore des Himmels stehen Ihnen offen. Wenn Sie Ihre Antwort auf die lange Bank geschoben haben oder wenn Sie annehmen, dass Sie in den Himmel kommen, ohne auf die Einladung von Christus einzugehen, werden Sie es eines Tages bitter bereuen.

Dem Apostel Johannes zufolge, dem Mann, der über den neuen Himmel und die neue Erde geschrieben hat, können wir sicher wissen, dass wir das ewige Leben haben: »Das schreibe ich euch, damit ihr wisst, dass ihr das ewige Leben habt, weil ihr an den Namen des Sohnes Gottes glaubt« (1. Johannes 5,13).

Wissen Sie es?

Was man wissen und tun muss

Sündigen bedeutet, Gottes heiligen Maßstäben nicht zu entsprechen. Wie Adam und Eva sind wir alle Sünder. Das ist das Erste, was Sie wissen müssen. Die Sünde betrügt uns und redet uns ein, dass das Falsche richtig und das Richtige falsch ist (Sprüche 14,12).

Die Sünde hat Konsequenzen, doch Gott hat eine Lösung für unsere Sünde geschaffen: »Der Lohn der Sünde ist der Tod; das unverdiente Geschenk Gottes dagegen ist das ewige Leben durch Christus Jesus, unseren Herrn« (Römer 6,23). Jesus Christus, der Sohn Gottes, ist gekommen und ist uns in unserem Menschsein und in unserer Schwachheit gleich geworden. Er blieb jedoch frei von unserer Sünde, unserem Selbstbetrug und unseren moralischen Fehlern (Hebräer 2,17-18; 4,15-16).

Uns wird gesagt: »Gott machte Christus, der nie gesündigt hat, zum Opfer für unsere Sünden, damit wir durch ihn vor Gott gerechtfertigt werden können« (2. Korinther 5,21). Das bedeutet, dass Jesus als unser Stellvertreter, als Ersatz für uns, am Kreuz starb, obwohl wir wegen unserer Sünden unter Gottes Zorn stehen. Dort goss Gott seinen Zorn auf Christus aus anstatt auf uns.

Kein anderer Prophet und keine andere religiöse Persönlichkeit – nur Jesus, der Sohn Gottes – ist würdig, die Strafe für unsere Sünden, die von Gottes Heiligkeit gefordert wird, zu zahlen (Offenbarung 5,4-5.9-10). Nur wenn unsere Sünden in Christus in Ordnung gebracht worden sind, können wir den Himmel betreten. Wir können den Eintritt nicht selbst bezahlen. »In ihm [Jesus] allein gibt es Erlösung! Im ganzen Himmel gibt es keinen anderen Namen, den die Menschen anrufen können, um errettet zu werden« (Apostelgeschichte 4,12).

Jesus Christus ist von den Toten auferstanden, hat die Sünde besiegt und den Tod bezwungen (1. Korinther 15,3-4.54-57). Als

Christus am Kreuz für uns starb, rief er: »Es ist vollbracht« (Johannes 19,30). Das griechische Wort, das mit »Es ist vollbracht« übersetzt wurde, schrieb man damals üblicherweise quer über einen Schuldschein, der aufgehoben wurde. Es bedeutete: »vollständig bezahlt«.

Christus bietet jedem Menschen das Geschenk der Vergebung, der Rettung und des ewigen Lebens an: »Wer durstig ist, der komme. Wer will, soll kommen und umsonst vom Wasser des Lebens trinken« (Offenbarung 22,17).

Wir können uns die Errettung nicht als unser Verdienst anrechnen. »Weil Gott so gnädig ist, hat er euch durch den Glauben gerettet. Und das ist nicht euer eigener Verdienst; es ist ein Geschenk Gottes. Ihr werdet also nicht aufgrund eurer guten Taten gerettet, damit sich niemand etwas darauf einbilden kann« (Epheser 2,8-9).

Teil des Leibes Christi, der christlichen Gemeinde, werden

Wenn uns vergeben wurde, können wir uns darauf freuen, die Ewigkeit im Himmel mit Christus und unserer geistlichen Familie zu verbringen (Johannes 14,1-3; Offenbarung 20,11–22,6). Um im Glauben zu wachsen, sollten wir unbedingt Mitglied einer örtlichen christlichen Gemeinde werden, bei der Christus im Mittelpunkt steht, die an die Bibel glaubt und in der die Bibel gelehrt wird.

Eine gute christliche Gemeinde lehrt die Wahrheit und bietet Liebe, Hilfe und Unterstützung. Wenn Sie mehr Fragen über Jesus und den Himmel haben, können Sie dort Antworten finden.

Der Zwischen-himmel

5

Was ist der Zwischenhimmel?

Pippin: »Ich hätte nicht gedacht, dass es so enden wird …«
Gandalf: »Enden? Nein, hier endet die Reise nicht. Der Tod ist nur ein weiterer Weg, den wir alle gehen müssen. Der graue Regenvorhang dieser Welt zieht sich zurück und alles verwandelt sich in silbernes Glas … und dann siehst du es.«
Pippin: »Was, Gandalf? Was sehe ich?«
Gandalf: »Weiße Strände … und dahinter ein fernes, grünes Land unter einer rasch aufgehenden Sonne.«
Pippin: »Dann ist es nicht schlimm.«
Gandalf: »Nein … nein, ist es nicht.«
Aus dem Film Die Rückkehr des Königs

Der Apostel Paulus hielt es für unbedingt erforderlich, dass wir wissen, was geschieht, wenn wir sterben: »Und nun, liebe Brüder, möchte ich, dass ihr wisst, was mit denen geschieht, die bereits gestorben sind, damit ihr nicht traurig seid wie jene Menschen, die keine Hoffnung haben« (1. Thessalonicher 4,13).

Der größte Teil dieses Buches befasst sich mit dem ewigen Himmel – dem Ort, an dem wir nach der endgültigen Auferstehung für immer leben werden. Doch weil wir alle erleben, dass Menschen, die wir lieben, sterben und weil wir selbst eines Tages sterben werden, wenn Christus nicht vorher wiederkommt, sollten wir prüfen, was die Bibel über den Zwischenhimmel sagt – den Ort, an den die Christen kommen, wenn sie sterben.

Der Zwischenhimmel ist vorübergehend

Wenn ein Christ stirbt, beginnt für ihn das, was Theologen einen Zwischenzustand nennen, eine Übergangszeit zwischen dem vergangenen Leben auf der Erde und der künftigen Auferstehung zum Leben auf der neuen Erde.

Das Leben im Himmel, in den wir kommen, wenn wir sterben, und wo wir bis zur Auferstehung unseres Körpers wohnen, ist »bei Weitem« besser, als hier auf der Erde unter dem Fluch und ohne die direkte Gegenwart Gottes zu leben (Philipper 1,23). Doch der Zwischenhimmel ist zweitklassig, verglichen mit unserem letzten Bestimmungsort. Obwohl der Zwischenhimmel ein wunderbarer Ort sein wird, ist er nicht der Ort, für den wir geschaffen wurden.

Werden wir für immer im Himmel leben?

Die Antwort auf die Frage, ob wir für immer im Himmel leben werden, hängt davon ab, was wir unter Himmel verstehen. Werden wir immer beim Herrn sein? Auf jeden Fall. Im Zwischenhimmel werden wir in der Gegenwart von Christus leben und immer fröhlich sein, doch wir werden uns auf die Auferstehung unseres Körpers und den endgültigen Umzug auf die neue Erde freuen.

Es kann nicht oft genug wiederholt werden, weil hier so oft Missverständnisse auftreten: Wenn Gläubige sterben, kommen sie nicht in den Himmel, in dem sie für immer leben werden. Im Zwischenhimmel warten wir auf die Rückkehr von Jesus auf die Erde, auf die Auferstehung unseres Körpers, das Endgericht und die Schöpfung eines neuen Himmels und einer neuen Erde.

»Christen sprechen oft davon, dass sie für immer mit Gott ›im Himmel‹ leben«, schreibt der Theologe Wayne Grudem. »Doch die Bibel macht viel weiter gehende Aussagen: Wir lesen, dass es einen neuen Himmel und eine neue Erde geben wird – eine vollkommen erneuerte Schöpfung –, und dort werden wir für immer mit Gott leben. ... Es wird eine neue Art der Vereinigung von Himmel und Erde stattfinden. ...«[1]

Nehmen wir an, Sie leben in einem Obdachlosenheim in Miami. Eines Tages erben Sie ein wunderbares Haus, das voll möbliert ist und in Kalifornien auf einer Anhöhe mit einem atemberaubenden Blick auf Santa Barbara liegt. Mit dem Haus bekommen Sie eine wunderbare Arbeitsstelle, eine Tätigkeit, von der Sie schon immer geträumt haben. Und nicht nur das: Sie werden auch in der Nähe von lieben Angehörigen wohnen, die vor vielen Jahren von Miami weggezogen sind.

Auf dem Flug nach Santa Barbara werden Sie einen Zwischenstopp in Dallas machen, wo Sie den Nachmittag verbringen. Dort am Flughafen werden Sie einige Angehörige treffen, die Sie seit Jahren nicht gesehen haben und die dann mit Ihnen zusammen in ein Flugzeug nach Santa Barbara steigen. Sie freuen sich schon, sie zu sehen.

Würden Sie »Dallas« antworten, wenn der Angestellte am Flughafen in Miami fragt, wohin Sie fliegen? Nein. Sie würden »Santa Barbara« sagen, weil das Ihr endgültiger Bestimmungsort ist. Falls Sie Dallas überhaupt erwähnen, dann würden Sie höchstens sagen: »Ich fliege nach Santa Barbara *über* Dallas.«

Wenn Sie mit Ihren Freunden in Miami darüber sprechen sollten, wo Sie wohnen werden, würden Sie wahrscheinlich kaum von Dallas sprechen. Ihr wahres Ziel – Ihr ständiges Zuhause – ist Santa Barbara. In ähnlicher Weise ist der Himmel, in den wir kommen, wenn wir sterben, nämlich der Zwischenhimmel, ein Zwischenstopp auf dem Weg zu unserem endgültigen Zielort.

Ein anderer Vergleich ist besser, aber er ist schwerer vorstellbar, denn er liegt außerhalb unseres Erfahrungsbereichs. Stellen Sie sich vor, Sie verlassen das Obdachlosenheim in Miami und fliegen nach

Dallas, kehren dann aber zurück zu Ihrem ursprünglichen Wohnort, der vollständig renoviert wurde – ein neues Miami. In diesem neuen Miami würden Sie nicht mehr in einem Obdachlosenheim wohnen, sondern in einem wunderbaren Haus in einer herrlichen Stadt, die frei von Verschmutzung, Verbrechen und Sünde ist. Sie würden also letztendlich in einer von Grund auf verbesserten Ausführung Ihres alten Zuhauses leben.

Genau das verspricht uns die Bibel: Wir werden mit Christus und miteinander für immer auf der neuen Erde leben.

Wenn wir von der künftigen neuen Erde sprechen, wie wir es im größten Teil dieses Buches tun werden, trifft vieles von dem, was wir darüber sagen, womöglich nicht auf den Zwischenhimmel zu. Und wenn wir den Zwischenhimmel beschreiben, muss dies nicht unbedingt dem ewigen Himmel, der neuen Erde, entsprechen. Gott sagt ganz deutlich, dass sich der Himmel verändert. Er wird letztendlich auf die neue Erde verlegt werden (Offenbarung 21,1). Das, was wir jetzt als Hölle bezeichnen, wird auch verlegt. Nach dem Jüngsten Gericht wird die Hölle in den ewigen Feuersee geworfen (Offenbarung 20,14-15).

Die Unterscheidung zwischen dem jetzigen und dem künftigen Himmel

Auf die Fragen, wie der Himmel ist und wie der Himmel sein wird, gibt es zwei unterschiedliche Antworten. Der jetzige Himmel, der Zwischenhimmel, ist der Bereich der Engel, der deutlich von der Erde getrennt ist. Im Gegensatz dazu wird der künftige Himmel im menschlichen Bereich, auf der Erde, sein. Die Wohnung Gottes wird in einem auferstandenen Universum die Wohnung der Menschen sein: »Dann sah ich einen neuen Himmel und eine neue Erde ... Und ich sah die heilige Stadt, das neue Jerusalem, von Gott aus dem Himmel herabkommen ... Ich hörte eine laute Stimme vom Thron her rufen: ›Siehe, die Wohnung Gottes ist nun bei den Menschen! Er wird bei ihnen wohnen und sie werden sein Volk sein und Gott selbst wird bei ihnen sein‹« (Offenbarung 21,1-3).

Einige werfen jetzt bestimmt ein, dass man die neue Erde nicht Himmel nennen sollte. Uns wird jedoch gesagt, dass der »Thron Gottes und des Lammes« im neuen Jerusalem ist, das auf die neue Erde herabkommt (Offenbarung 22,1). Wieder scheint es auf der Hand zu liegen, dass der Ort, an dem Gott mit seinem Volk wohnt und wo er auf seinem Thron sitzt, Himmel genannt wird.

Ich stimme dem Theologen Anthony Hoekema zu, wenn er schreibt:

> Das »neue Jerusalem«. ... bleibt nicht in einem »Himmel«, der weit weg im Raum ist, sondern kommt auf die erneuerte Erde herab; dort werden die Erlösten die Ewigkeit in einem Auferstehungskörper verbringen. So werden Himmel und Erde, die jetzt getrennt sind, wieder vereint: Die neue Erde wird auch der Himmel sein, da Gott dort bei seinem Volk wohnen wird. Mit anderen Worten: Die verklärten Gläubigen werden weiterhin im Himmel sein, während sie auf der neuen Erde wohnen.[2]

Dass Gott auf die neue Erde herabkommt, um mit uns zu wohnen, passt vollkommen zu Gottes ursprünglichem Plan. Gott hätte Adam und Eva in den Himmel holen können, damit sie ihn in seiner Welt besuchen. Stattdessen kam er herunter, um mit ihnen in ihrer Welt Umgang zu pflegen (1. Mose 3,8). Jesus sagt von jedem, der sein Jünger sein wird: »Mein Vater wird ihn lieben, und wir werden zu ihm kommen und bei ihm wohnen« (Johannes 14,23).

Die meisten Ansichten über den Himmel sind sehr unkörperlich. Sie verstehen nicht, dass der Himmel Gottes Wohnung bei uns – auferstandenen Menschen auf einer auferstandenen Erde –

sein wird. Die Menschwerdung Gottes bedeutet, dass er als Mensch Raum und Zeit bewohnte – der neue Himmel und die neue Erde handeln davon, dass Gott Raum und Zeit zu seiner ewigen Heimat macht. Denken Sie an die Aussage von Offenbarung 21,3: Gott wird sein Volk an einen anderen Ort bringen und vom Himmel auf die neue Erde herabkommen, um mit ihnen zu leben. »Gott selbst wird bei ihnen sein.«

Behalten wir nach dem Tod unser Bewusstsein?

»Denn der Staub muss wieder zur Erde kommen, wie er gewesen ist, und der Geist wieder zu Gott, der ihn gegeben hat« (Prediger 12,7; LUT). Beim Sterben geht der menschliche Geist entweder in den Himmel oder in die Hölle. Jesus hat Lazarus und den reichen Mann unmittelbar nach ihrem Tod im Himmel beziehungsweise in der Hölle als bei vollem Bewusstsein beschrieben (Lukas 16,22-31). Jesus versprach dem Verbrecher am Kreuz: »Heute noch wirst du mit mir im Paradies sein« (Lukas 23,43). Der Apostel Paulus sagt, dass Sterben bedeutet, bei Jesus zu sein (Philipper 1,23), und dass wir beim Herrn sind, wenn wir unseren Körper verlassen (2. Korinther 5,8). Es wird beschrieben, dass Märtyrer nach ihrem Tod im Himmel Gott anrufen und ihn bitten, Gerechtigkeit auf die Erde zu bringen (Offenbarung 6,9-11).

Aus diesen Stellen geht eindeutig hervor, dass es nichts gibt, das man »Seelenschlaf« nennen kann, und auch keine lange Zeit der Bewusstlosigkeit zwischen dem Leben auf der Erde und dem Leben im Himmel. Der Ausdruck »entschlafen«, der in manchen Bibelübersetzungen in 1. Thessalonicher 4,13 und ähnlichen Stellen gebraucht wird, ist ein beschönigender Ausdruck für den Tod, mit dem das Aussehen des Körpers beschrieben wird. Unser Körper »schläft« bis zur Auferstehung, während unser Geist zu einer bewussten Existenz in den Himmel gebracht wird (Daniel 12,2-3 nach LUT; 2. Korinther 5,8). Einige Stellen aus dem Alten Testament (z. B. Prediger 9,5) sprechen über den äußeren Anschein und drücken nicht die Fülle der neutestamentlichen Offenbarung über die sofortige Versetzung an einen anderen Ort und das Bewusstsein nach dem Tod aus.

Wenn wir sterben, wird unser Glaube gerichtet werden. Der Ausgang dieses Gerichts bestimmt, ob wir in den Zwischenhimmel oder in die Zwischenhölle kommen. Wenn wir den Sühnetod von Christus für uns angenommen haben, werden wir in den Himmel kommen.

Ist der Zwischenhimmel Teil unseres Universums oder eines anderen?

Der gegenwärtige Himmel ist normalerweise für diejenigen unsichtbar, die auf der Erde leben. Wer Schwierigkeiten hat zu glauben, dass es tatsächlich einen unsichtbaren Bereich gibt, sollte sich mit den bahnbrechenden Forschungen der String-Theorie befassen. Unter anderem behaupten Wissenschaftler in Yale, Princeton und Stanford, dass es zehn unsichtbare Dimensionen und wahrscheinlich eine unendliche Zahl nicht wahrnehmbarer Welträume gibt.[3] Wenn führende Wissenschaftler an etwas Derartiges glauben, sehe ich keinen Grund, weshalb sich jemand schämen sollte, weil er an *eine einzige* nicht wahrnehmbare Dimension glaubt, einen Bereich, in dem sich die Engel, der Himmel und die Hölle befinden.

Die Bibel sagt uns, dass manche Menschen einen Blick in den Himmel werfen dürfen. Als Stephanus wegen seines Glaubens an Christus gesteinigt wurde, schaute er in den Himmel: »Stephanus, vom Heiligen Geist erfüllt, blickte unverwandt zum Himmel hinauf, wo er die Herrlichkeit Gottes sah, und er sah Jesus auf dem Ehrenplatz zur Rechten Gottes stehen. Er sagte zu ihnen: ›Schaut doch, ich sehe den Himmel offen und den Menschensohn auf dem Ehrenplatz zur Rechten Gottes stehen‹« (Apostelgeschichte 7,55-56).

Wayne Grudem weist darauf hin, dass Stephanus »nicht bloß Symbole eines Seinszustandes gesehen hat. Seine Augen wurden vielmehr geöffnet, sodass sie die geistliche Dimension der Wirklichkeit sehen konnten, die Gott uns im Hier und Jetzt verborgen hält. Eine Dimension, die tatsächlich in unserem Raum-Zeit-Universum existiert und in der Jesus jetzt in seinem auferstandenen Körper lebt und darauf wartet, auf die Erde zurückzukehren.«[4]

Ich stimme Grudem zu, wenn er sagt, dass der Zwischenhimmel ein Raum-Zeit-Universum ist. Vielleicht hat er mit seiner Annahme recht, dass der Zwischenhimmel Teil unseres eigenen Universums ist, vielleicht liegt er aber auch in einem anderen Universum. Jedenfalls scheint es wahrscheinlich, dass Gott nicht einfach eine Vision für Stephanus geschaffen hat, um den Himmel gegenständlich *aussehen* zu lassen.

Der Prophet Elisa bat Gott, seinen Diener Gehasi einen Blick in den unsichtbaren Bereich werfen zu lassen. Er betete: »›Herr, öffne ihm die Augen, dass er sehe!‹ Da öffnete der Herr dem Diener die Augen und er sah, und siehe, da war der Berg voll feuriger Rosse und Wagen um Elisa her« (2. Könige 6,17; LUT). Man kann zu der Überzeugung gelangen, dass diese Pferde und Wagen (mit Engeln als Kriegern) neben uns in unserem Universum existieren, dass wir aber normalerweise blind für sie sind. Oder sie können sich auch in einem Universum neben dem unseren befinden, das eine Verbindung zu unserem Universum hat.

6

Ist der Zwischenhimmel ein gegenständlicher Ort?

Denn der Eingang in die größere Welt ist breit und sicher, und diejenigen, die auf die Enge und Beschwerlichkeit zurückblicken, von der sie befreit wurden, kommen aus dem Staunen nicht mehr heraus, wenn sie fröhlich und unsterblich in diese weiten Räume aufgenommen werden.
Amy Carmichael

Nachdem ein Missionar eines meiner Bücher gelesen hatte, schrieb er mir. Er war zutiefst beunruhigt darüber, dass ich denke, der Himmel ist ein gegenständlicher Ort. Obwohl ich ihm bei unserem Briefwechsel zahlreiche Bibelstellen nannte, konnte ich ihn nicht überzeugen. Er hatte bisher gelernt, dass der Himmel »geistlich« und deshalb nicht gegenständlich ist.

Es berührte mich nicht so sehr, dass er glaubte, der Zwischenhimmel sei nicht gegenständlich, sondern vielmehr, dass er davon überzeugt schien, der Himmel wäre weniger heilig, wenn er gegenständlich wäre.

Die gegenständliche neue Erde wird unser endgültiger Wohnort sein, doch wir sollten nicht erstaunt sein, wenn Gott uns bis dahin einen Warteplatz zuweist, der auch gegenständlich ist. Wenn der jetzige Himmel, also der Zwischenhimmel, ein Ort ist, in dem Gott, Engel und Menschen leben, ist es sinnvoll, dass der Himmel an die

Menschen angepasst wird, weil Gott keine Anpassung nötig hat. Wir wissen, dass Engel in einer gegenständlichen Welt existieren können, weil sie nicht nur im Himmel, sondern auch in unserer Welt leben. In der Tat nehmen Engel manchmal, vielleicht sogar oft, Menschengestalt an (Hebräer 13,2).

Warum widerstrebt uns der Gedanke, dass der Himmel gegenständlich sein könnte, so sehr? Die Antwort liegt meiner Meinung nach in dem unbiblischen Glauben, dass der geistliche Bereich gut und die materielle Welt schlecht ist, eine Anschauung, die ich Christoplatonismus nenne.

Plato, der griechische Philosoph, glaubte, dass materielle Dinge, einschließlich des menschlichen Körpers und der Erde, schlecht sind, während immaterielle Dinge, wie die Seele und der Himmel, gut sind. Diese Anschauung wird Platonismus genannt. Die christliche Gemeinde, die unter anderem aufgrund der Lehren von Philo (etwa 20 v. Chr. bis 50 n. Chr.) und Origenes (185–254 n. Chr.) stark vom Platonismus beeinflusst wurde, machte sich die »geistliche« Auffassung zu eigen, dass es dem menschlichen Geist ohne Körper besser geht und dass der Himmel ein körperloser Zustand ist.

Der Christoplatonismus wirkt sich verheerend aus auf unsere Fähigkeit, zu verstehen, was die Bibel über den Himmel sagt, insbesondere über den ewigen Himmel, die neue Erde. Ein gestandener Christ sagte mir einmal: »Der Gedanke, einen Körper zu haben, zu essen und an einem irdischen Ort zu sein …, das klingt einfach so ungeistlich.« Wenn wir, und sei es nur unbewusst, glauben, dass der Körper, die Erde und materielle Dinge ungeistlich, ja sogar schlecht sind, dann werden wir unvermeidlich jede biblische Offenbarung über die leibliche Auferstehung oder die gegenständlichen Eigenschaften der neuen Erde ablehnen oder im übertragenen Sinne deuten. Genau das ist in den meisten christlichen Gemeinden geschehen, und vor allem anderen liegt darin der Grund dafür, dass wir mit einer biblischen Lehre vom Himmel nicht zurechtkommen.

In Hebräer 12,22 lesen wir, dass das neue Jerusalem, das auf die neue Erde heruntergebracht wird, zurzeit im Zwischenhimmel ist. Wenn wir wissen, dass das neue Jerusalem gegenständlich auf der neuen Erde sein wird, und wenn wir auch wissen, dass es sich jetzt im Zwischenhimmel befindet, dann können wir folgern, dass das neue Jerusalem zurzeit ein gegenständlicher Ort ist. Warum sollte es nicht so sein? Wenn wir nicht von der Annahme ausgehen, dass der Himmel nicht gegenständlich sein kann, dann müssen wir uns davon überzeugen lassen, dass er in der Tat gegenständlich ist.

Haben Menschen im Zwischenhimmel einen vorläufigen Körper?

Anders als Gott und die Engel, die ihrem Wesen nach Geist sind (Johannes 4,24; Hebräer 1,14), sind Menschen von Natur aus sowohl Geist *als auch* Körper (1. Mose 2,7). Gott schuf Adam nicht als Geist und versah ihn dann mit einem Körper. Vielmehr schuf er zunächst einen Körper und blies ihm *danach* Geist ein. Zu dem, was Seele genannt wird, gehören der Verstand, die Gefühle, der Wille, das Streben nach Zielen und die Fähigkeit zur Anbetung. Es hat den Anschein, dass wir nicht in erster Linie Geister sind, die in Körpern wohnen, sondern dass wir unserem Wesen nach genauso Körper wie Geist sind.

Aufgrund der konsequenten gegenständlichen Beschreibungen des Zwischenhimmels und seiner Bewohner scheint es möglich – obwohl man sich sicher darüber streiten kann –, dass Gott uns zwischen unserem irdischen Leben und der Auferstehung unseres Körpers eine körperliche Gestalt gibt, die es uns ermöglicht, während dieses »unnatürlichen« Zustands des Wartens auf unsere Auferstehung Mensch zu sein. Es wird beschrieben, dass die Märtyrer im Himmel Kleider tragen (Offenbarung 6,9-11). Körperlose Geister tragen keine Kleider. Viele halten die Kleider nur für ein Sinnbild dafür, dass die Märtyrer von der Gerechtigkeit Christi bedeckt werden. Es könnte sich aber auch um wirkliche Kleider mit einer symbolischen Bedeutung handeln.

Wenn die Bewohner des Himmels eine vorübergehende Gestalt bekommen – ich halte das für eine Möglichkeit –, würde dies in keiner Weise die absolute Notwendigkeit oder entscheidende Bedeutung der künftigen Auferstehung unseres Körpers schmälern, wie Paulus mit Nachdruck in 1. Korinther 15,12-32 darlegt. In unserem christlichen Glaubensbekenntnis heißt es, dass der auferstandene Christus jetzt im Himmel wohnt. Wir bekennen, dass sein auferstandener Körper auf der Erde ein leiblicher war und dass dieser selbe leibliche Jesus in den Himmel aufgefahren ist, von dem er eines Tages auf die Erde zurückkehren wird (Apostelgeschichte 1,11). Deshalb scheint unstreitig festzustehen, dass es im jetzigen Himmel mindestens einen leiblichen Körper gibt.

Wenn der Körper von Christus im Zwischenhimmel leibliche Eigenschaften hat, kann man folgern, dass andere im Himmel auch eine leibliche Gestalt haben, auch wenn diese nur vorübergehend ist. Es ist auch logisch, dass andere Aspekte des Zwischenhimmels gegenständliche Eigenschaften haben. Wenn Stephanus zum Beispiel Christus auf der rechten Seite Gottes stehen sieht (Apostelgeschichte 7,56), dann muss er auf etwas stehen.

Die greifbare Gegenwart von Mose und Elia bei der Verklärung (Lukas 9,28-36) scheint zu zeigen, dass Gott manchmal für Menschen einen vorläufigen Körper schafft, in dem sie vor der Auferstehung der Toten wohnen. Die Frage ist, ob alle im Zwischenhimmel einen einstweiligen Körper erhalten.

In seiner Erzählung vom reichen Mann und armen Lazarus in Lukas 16,19-31 schreibt Jesus den Menschen, die gestorben sind, körperliche Eigenschaften zu. Er spricht vom Durst des reichen Mannes, von seiner Zunge und von Lazarus' Finger. Obwohl es sich hier um bildliche Ausdrücke handeln kann, sollten wir nicht die Möglichkeit abtun, dass hier ein Leben nach dem Tod beschrieben wird, das gegenständlich und greifbar ist.

7

Wie ist das Leben im Zwischenhimmel?

Als Junge versetzte mich der Gedanke an den Himmel mehr in Schrecken als der Gedanke an die Hölle. Ich stellte mir den Himmel als Ort vor, an dem ständig Sonntag ist, mit unaufhörlichen Gottesdiensten, aus denen es kein Entrinnen gibt.
David Lloyd George

Aus drei Schlüsselversen der Offenbarung können wir viel über den Zwischenhimmel erfahren:

> Und als das Lamm das fünfte Siegel brach, sah ich unter dem Altar die Seelen aller, die getötet worden waren, weil sie am Wort Gottes und an ihrem Bekenntnis zu Christus festgehalten hatten. Mit lauter Stimme riefen sie: »Heiliger und wahrhaftiger Herr, wie lange wird es noch dauern, bis du die Menschen, die dieser Welt angehören, für das Unrecht richtest, das sie uns zugefügt haben?« Da wurde jedem von ihnen ein weißes Gewand gegeben. Und es wurde ihnen gesagt, sie sollten noch eine kleine Weile Geduld haben, denn auch unter ihren Brüdern, die wie sie Christus dienten, gibt es noch einige, die zuvor noch für ihren Glauben sterben müssen.
> *Offenbarung 6,9-11*

Zu dieser Stelle möchte ich einundzwanzig kurze Anmerkungen machen:

Als diese Menschen auf der Erde starben, kamen sie in den Himmel (V. 9).

Diese Menschen im Himmel waren dieselben, die während ihres Lebens auf der Erde für Christus getötet wurden (V. 9). Das weist auf eine lückenlose Übereinstimmung zwischen unserer Identität auf der Erde und unserer Identität im Himmel hin. Die dort im Zwischenhimmel sind keine anderen Menschen – sie sind dieselben Menschen an einem anderen Ort, »vollendete Gerechte« (Hebräer 12,23; LUT).

Im Himmel erinnert man sich an das Leben von Menschen auf der Erde. Diese hier waren bekannt als diejenigen, »die getötet worden waren, weil sie am Wort Gottes und an ihrem Bekenntnis zu Christus festgehalten hatten« (V. 9).

»Sie riefen« (V. 10) bedeutet, dass sie fähig waren, sich hörbar auszudrücken. Daraus könnte man schließen, dass sie eine körperliche Gestalt hatten, mit Stimmbändern oder anderen konkreten Möglichkeiten, sich vernehmbar zu machen.

Menschen im Zwischenhimmel können ihre Stimme erheben (V. 10). Das ist ein Hinweis darauf, dass sie vernunftbegabte, kommunizierende und empfindsame – ja leidenschaftliche – Wesen sind, gerade so wie Menschen auf der Erde.

Sie riefen »mit lauter Stimme«, nicht »mit lauten Stimmen«. Dass Personen im Himmel mit einer Stimme sprechen, weist darauf hin, dass der Himmel ein Ort der Eintracht ist, an dem man das gleiche Ziel vor Augen hat.

Die Märtyrer sind bei vollem Bewusstsein, vernünftig und nehmen einander, Gott und die Situation auf der Erde wahr.

Sie bitten Gott, auf der Erde einzugreifen und in ihrem Namen zu handeln: »Wie lange wird es noch dauern, bis du die Menschen, die dieser Welt angehören, für das Unrecht richtest, das sie uns zugefügt haben?« (V. 10).

Wer im Himmel ist, kann Gott Fragen stellen, was bedeutet, dass man bei Gott Gehör findet. Es bedeutet auch, dass man lernen muss. Menschen im Himmel wollen Dinge verstehen und bemühen sich um Wissen.

Menschen im Zwischenhimmel wissen, was auf der Erde geschieht (V. 10). Die Märtyrer wissen genug, um zu erkennen, dass diejenigen, die sie getötet haben, noch nicht gerichtet wurden.

Den Bewohnern des Himmels liegt viel an Gerechtigkeit und Vergeltung (V. 10). Wenn wir in den Himmel kommen, werden wir nicht teilnahmslos und gleichgültig gegenüber dem, was auf der Erde geschieht. Im Gegenteil, unser Interesse wird leidenschaftlicher und unser Hunger nach Gerechtigkeit größer. Weder Gott noch wir geben uns zufrieden, bis seine Feinde gerichtet, unsere Körper auferstanden, die Sünde und der Satan besiegt, die Erde erneuert und Christus über alles erhöht ist.

Die Märtyrer erinnern sich genau an ihr Leben auf der Erde (V. 10). Sie erinnern sich sogar daran, dass sie getötet wurden.

Die Märtyrer im Himmel erbitten das Gericht über ihre Verfolger, die immer noch anderen Böses antun. Das lässt darauf schließen, dass die Gläubigen im Himmel die Gläubigen auf der Erde sehen und für sie beten.

Wer im Himmel ist, sieht Gottes Eigenschaften (»Herr … heilig und wahrhaftig«) in einer Weise, die das Gericht über die Sünde verständlicher macht.

Die Bewohner des Himmels sind Einzelwesen, Individuen: »Da wurde jedem von ihnen ein weißes Gewand gegeben« (V. 11). Die Identität des Einzelnen verschmilzt nicht in einer All-Einheit, in dem die Einzigartigkeit verwischt wird, sondern »jeder von ihnen« bleibt eine Persönlichkeit.

Aus der Tatsache, dass die Märtyrer weiße Kleider tragen, könnte man ableiten, dass die Bewohner des Himmels tatsächlich eine körperliche Gestalt haben, denn körperlose Geister tragen vermutlich keine Kleider. Die Kleider können sehr wohl eine symbolische Bedeutung haben, doch das bedeutet nicht, dass sie nicht auch gegenständlich sein können.

Gott beantwortet ihre Frage (V. 11), was auf Kommunikation und sich über einen Zeitraum erstreckende Prozesse im Himmel schließen lässt. Es zeigt auch, dass wir im Himmel nicht alles wissen werden – sonst hätten wir keine Fragen. Die Märtyrer wussten, nachdem Gott ihre Frage beantwortet hatte, mehr als zuvor. In dem Himmel, den ich den »jetzigen Himmel« nennen möchte, lernt man etwas.

Gott verspricht, die Bitten der Märtyrer zu erfüllen, doch er sagt, »sie sollten noch eine kleine Weile Geduld haben« (V. 11). Wer sich im Zwischenhimmel befindet, lebt in der Erwartung der künftigen Erfüllung von Gottes Versprechen. Im Gegensatz zum ewigen Himmel – wo es auf der neuen Erde keine Sünde, keinen Fluch und kein Leid mehr geben wird (Offenbarung 21,4) – existiert der jetzige Himmel gleichzeitig mit der Erde, die unter der Sünde, dem Fluch und dem Leid steht, und beobachtet sie.

Im Zwischenhimmel gibt es Zeit (V. 10-11). Die in weiße Gewänder gekleideten Märtyrer stellen Gott eine Frage, die die Zeit betrifft: »Heiliger und wahrhaftiger Herr, wie lange wird es noch dauern, bis du die Menschen, die dieser Welt angehören, für das Unrecht richtest, das sie uns zugefügt haben?« (V. 10). Sie sind sich bewusst, dass die Zeit vergeht, und warten ungeduldig auf das Kommen des Tages, an dem der Herr Gericht hält. Gott antwortet, dass sie noch »eine kleine Weile« warten müssen, bis bestimmte Ereignisse auf der Welt geschehen sind.

Die Kinder Gottes im Himmel haben eine starke familiäre Bindung zu denen auf der Erde, die ihre »Brüder« genannt werden (V. 11). Wir haben denselben Vater, den »Vater von allem, was im Himmel und auf der Erde ist« (Epheser 3,15). Wenn wir einmal im Himmel sind, gehören wir immer noch zur selben Familie wie die, die noch auf der Erde leben. Diese Verse weisen auf eine bedeutungsvolle Verbindung zwischen den Ereignissen und den Menschen im Himmel und den Ereignissen und den Menschen auf der Erde hin.

Unser großer Gott weiß bis in die letzten Einzelheiten hinein alles, was auf der Erde geschieht und geschehen wird (V. 11). Er weiß von jedem Tropfen Blut, der vergossen wurde, und von jedem Leid und Kummer, unter dem seine Kinder gelitten haben. *Voice of the Martyrs* schätzt, dass jedes Jahr über 150 000 Menschen für Christus sterben, im Durchschnitt jeden Tag mehr als vierhundert. Gott kennt den Namen und die Geschichte von jedem einzelnen. Er weiß genau, wie viele Märtyrer es geben wird, und er ist bereit, zurückzukommen und sein Reich zu errichten, wenn der letzte Märtyrer stirbt.

Was ich hier über den Zwischenhimmel gesagt habe, basiert auf nur drei Bibelversen. Wenn kein Grund zu der Annahme besteht, dass sich diese Erkenntnisse nur auf eine einzige Gruppe von Märtyrern und auf niemanden sonst im Himmel beziehen – und dafür sehe ich keine Anhaltspunkte –, dann müssen wir annehmen, dass das, was auf sie zutrifft, auch auf unsere Angehörigen und Freunde zutrifft, die bereits dort sind, und dass sie auch für uns gelten werden, wenn wir sterben.

Erinnern sich die Bewohner des Himmels an ihr Leben auf der Erde?

Wie wir gesehen haben, erinnern sich die in Offenbarung 6 beschriebenen Märtyrer zumindest an einige Dinge, die auf der Erde geschehen sind, unter anderem daran, dass sie viel gelitten haben. Wenn sie sich an ihren Märtyrertod erinnern können, besteht kein Grund zur Annahme, dass sie andere Belange ihres Lebens auf der Erde vergessen. Tatsächlich werden wir uns alle vermutlich im Himmel an mehr Dinge erinnern als auf der Erde, und wir werden wahrscheinlich sehen können, wie Gott und die Engel für uns eingetreten sind, ohne dass wir es gemerkt haben.

Wer auf der Erde Schlimmes durchgemacht hat, wird im Himmel getröstet (Lukas 16,25). Zu diesem Trost gehört die Erinnerung an das, was geschehen ist. Wieso bräuchte man Trost oder wie würde dieser Trost aussehen, wenn es keine Erinnerung an schlimme Dinge gäbe?

Nach unserem Tod müssen wir über unser Leben auf der Erde Rechenschaft ablegen, bis hin zu konkreten Taten und Worten (2. Korinther 5,10; Matthäus 12,36). Selbstverständlich müssen wir uns an die Dinge erinnern, über die wir Rechenschaft ablegen.

Die Lehre von der ewigen Belohnung gründet sich auf konkrete Taten der Treue, die auf der Erde ausgeführt wurden und die im Gericht über die Gläubigen bestehen und mit in den Himmel gebracht werden (1. Korinther 3,14). Im Himmel liegt das Hochzeitskleid der Braut für die »guten Taten der Menschen, die zu Gott gehören« bereit (Offenbarung 19,7-8). Unsere guten Taten auf der Erde werden nicht vergessen, sondern »folgen« uns in den Himmel nach (Offenbarung 14,13). Die erhabene Stellung und die Schätze, die wir im Himmel erhalten, werden uns immer an unser Leben auf der Erde erinnern, denn wir haben diese Belohnungen aufgrund unserer Taten auf der Erde verdient (Matthäus 6,19-21; 19,21; Lukas 12,33; 19,17-19; 1. Timotheus 6,19; Offenbarung 2,26-28).

Gott führt im Himmel Buch über das, was die Menschen auf der Erde tun, sowohl Ungläubige als auch Gläubige.

Die Erinnerung ist ein grundlegender Bestandteil der Persönlichkeit. Wenn wir im Himmel wirklich wir selbst sind, dann muss das Erinnerungsvermögen für Dinge auf der Erde im Himmel weiter bestehen. Wir werden keine anderen Menschen sein, sondern dieselben Menschen, die auf wunderbare Weise an einen anderen Ort gebracht und verwandelt wurden.

Sehen Menschen im Zwischenhimmel, was auf der Erde geschieht?

Wenn die Märtyrer im Himmel wissen, dass Gott ihre Verfolger noch nicht gerichtet hat (Offenbarung 6,9-11), scheint es auf der Hand zu liegen, dass die Bewohner des Zwischenhimmels teilweise sehen können, was auf der Erde geschieht. Nach dem Fall der Stadt Babylon zeigt ein Engel auf die Ereignisse, die auf der Erde geschehen, und ruft: »Aber du, Himmel, freue dich über ihr Schicksal! Und alle, die ihr zu Gott gehört, und ihr Apostel und ihr Propheten sollt euch freuen, denn Gott hat sie um euretwillen gerichtet« (Offenbarung 18,20). Dass der Engel sich insbesondere an Menschen richtet, die im Himmel wohnen, zeigt, dass sie wissen, was auf der Erde geschieht.

Wenn die Kinder Gottes mit Christus zurückkehren, um sein Tausendjähriges Reich zu errichten (Offenbarung 19,11-14), ist kaum vorstellbar, dass sie nicht wissen, dass der Höhepunkt der Menschheitsgeschichte auf der Erde stattfindet. Schließlich sind Gott, seine Engel und die Gläubigen selbst im Begriff, zur letzten Schlacht in der Geschichte des Universums zurückzukehren, an deren Ende Christus als König gekrönt wird.

Im Alten Testament lesen wir, wie König Saul sich unrechtmäßig an die Hexe von En-Dor wandte und sie bat, Samuel aus dem Jenseits zurückzurufen; das Medium erschrak zutiefst, als Gott tatsächlich Samuel schickte. Interessanterweise erinnerte sich Samuel an das, was Saul getan hatte, bevor Samuel starb, und er wusste auch, was geschehen war, nachdem er gestorben war (1. Samuel 28,16-19). Gott hätte Samuel einen kurzen Bericht über all das geben können, doch wahrscheinlicher ist, dass der Prophet einfach deshalb alles wusste, weil die Menschen im Himmel wissen, was auf der Erde geschieht.

In Hebräer 12,1 werden wir aufgefordert, »den Wettlauf bis zum Ende durchzuhalten, für den wir bestimmt sind«. Diese Aufforderung beschwört vor unserem inneren Auge das Bild der griechischen Wettkämpfe herauf, die von Menschenmengen, die hoch oben auf den Rängen der alten Stadien saßen, begierig verfolgt wurden. Die »Wolke von Zeugen« (LUT) bezieht sich auf Gläubige, die vor uns gegangen sind und deren Leistungen auf dem Spielfeld des Lebens jetzt Teil unserer reichen Geschichte sind. Auch wenn manche einwenden, dass sich das Wort *Zeugen* auf deren treuen Dienst für Gott bezieht und nicht darauf, dass sie uns beobachten, zeigen andere Stellen der Bibel eindeutig, dass man im Himmel weiß, was auf der Erde vor sich geht.

Im Himmel beobachtet Christus genau, was sich auf der Erde ereignet, besonders im Leben der Kinder Gottes (Offenbarung 2–3). Wenn Gott, der Herr, seine Aufmerksamkeit der Erde schenkt, warum sollte dann die Aufmerksamkeit seiner Untertanen im Himmel nicht auch auf die Erde gelenkt sein? Wenn ein großer Krieg ausbricht, sind dann die in der Heimat nicht darüber informiert?

Die Engel haben Christus auf der Erde gesehen (1. Timotheus 3,16). Es gibt auch deutliche Hinweise darauf, dass die Engel wissen, was auf der Erde geschieht (1. Korinther 4,9; 1. Timotheus 5,21). Wenn die Engel es wissen, warum dann nicht die Gläubigen? Ich denke, die Kinder Gottes im Himmel haben ein genauso wichtiges und rechtmäßiges Interesse an den geistlichen Ereignissen auf der Erde wie die Engel.

Abraham und Lazarus sahen den reichen Mann in der Hölle (Lukas 16,23-26). Wenn es zumindest in einigen Fällen möglich ist, die Hölle vom Himmel aus zu sehen, warum sollten die Menschen dann die Erde nicht vom Himmel aus sehen können?

Christus sagte: »Genauso ist im Himmel die Freude über einen verlorenen Sünder, der zu Gott zurückkehrt, größer als über neunundneunzig andere, die gerecht sind und gar nicht erst vom Weg abirrten« (Lukas 15,7). Genauso »wird Freude sein vor den Engeln Gottes über einen Sünder, der Buße tut« (Lukas 15,10; LUT). Achten Sie darauf, dass hier nicht steht, dass die Engel sich freuen, sondern dass Freude *vor* den Engeln sein wird. Wer freut sich im Himmel? Logischerweise glaube ich, dass nicht nur Gott sich freut, sondern auch die Gläubigen im Himmel, die das Wunder der Bekehrung eines Menschen am besten zu würdigen wissen – besonders die Bekehrung der Menschen, die sie auf der Erde kannten und liebten.

Beten die Menschen im Himmel für Menschen auf der Erde?

Aufgrund von biblischen Aussagen glaube ich, dass verstorbene Christen, die sich zurzeit im Zwischenhimmel aufhalten – zumindest zeitweilig –, für Menschen, die noch auf der Erde leben, beten. Christus, Gottmensch, sitzt im Himmel auf dem Ehrenplatz zur rechten Seite Gottes und tritt für uns Menschen auf der Erde ein (Römer 8,34), woraus wir schließen können, dass zumindest eine Person, die gestorben und in den Himmel gekommen ist, jetzt für die Menschen auf der Erde betet. Die Märtyrer im Himmel beten ebenfalls zu Gott (Offenbarung 6,10) und bitten ihn um konkretes Eingreifen auf der Erde. Das Gefühl der Verbundenheit und Treue zum Leib Christi – und das Mitempfinden mit den Gläubigen auf der Erde – ist wahrscheinlich im Himmel verstärkt und nicht vermindert (Epheser 3,15).

Wenn Gebet einfach das Gespräch mit Gott ist, dann werden wir im Himmel vermutlich mehr – und nicht weniger – beten als jetzt. Und da wir im Himmel gerecht sind, werden unsere Gebete wirksamer als je zuvor sein (Jakobus 5,16). Offenbarung 5,8 spricht von den »Gebeten derer, die zu Gott gehören« in einem Zusammenhang, dem man entnehmen kann, dass damit auch die Gläubigen im Himmel, nicht nur die auf der Erde, gemeint sind.

Kann es der Himmel sein, wenn Menschen etwas Schlimmes auf der Erde sehen?

In vielen Büchern über den Himmel wird behauptet, dass Menschen im Himmel nichts von Menschen und Ereignissen auf der Erde wissen können, denn sie würden wegen all des Leides und des Bösen unglücklich sein; der Himmel wäre dann nicht der Himmel.

Ich halte dieses Argument nicht für stichhaltig, schließlich weiß Gott genau, was auf der Erde geschieht, doch das beeinträchtigt den Himmel für ihn nicht. Genauso nicht für die Engel, obwohl auch sie wissen, was auf der Erde geschieht. Abraham und Lazarus sahen die Qualen des reichen Mannes in der Hölle, doch dadurch hörte das Paradies nicht auf, das Paradies zu sein (Lukas 16,23-26).

Das Glück im Himmel gründet sich nicht auf Unwissen, sondern auf den Blick, der auf Gott gerichtet ist.

Die Reichweite der Erlösung

8

Diese Welt ist nicht unser Zuhause ... oder doch?

Gott wird die neue Erde zu seiner Wohnung machen. ... Himmel und Erde werden dann nicht mehr wie jetzt getrennt sein, sondern sie werden eins sein. Wenn wir uns mit dem endgültigen Sein der Gläubigen befassen, dabei aber die neue Erde außer Acht lassen, nehmen wir dem, was die Bibel über das künftige Leben sagt, die Kraft.

Anthony Hoekema

Viele Bücher über den Himmel machen keine Aussagen über die neue Erde. Andere Bücher befassen sich mit der neuen Erde, verunklaren jedoch ihre wahre Beschaffenheit: »Ist diese neue Erde wie unsere jetzige Erde? Wahrscheinlich nicht.«[1] Doch warum nennt Gott sie die neue *Erde*, wenn sie nicht so ist wie die jetzige Erde? Der Verfasser eines Buches schreibt: »Die Ewigkeit des Himmels wird so anders sein als alles, was wir kennen, dass unsere gegenwärtige Sprache sie nicht einmal beschreiben kann.«[2] Gewiss kann unsere jetzige Sprache sie nicht *vollständig* beschreiben, doch sie *kann* dennoch die Ewigkeit beschreiben (wie z. B. in Offenbarung 21–22).

Viele Religionen, unter anderem der Buddhismus und der Hinduismus, beschreiben das Leben nach dem Tod als nebelhaft und unkörperlich. Das Christentum lehnt diese Vorstellung ausdrücklich ab. Paul Marshall schreibt: »Unser Geschick ist mit der Erde verbunden: eine neue Erde, eine erlöste und umgestaltete Erde, eine Erde, die mit dem Himmel vereint, aber trotzdem eine Erde ist.«[3]

Unsere Sehnsucht nach Eden

Wir haben Heimweh nach Eden.[4] Wir sehnen uns nach dem, was in unserem Herzen eingewurzelt ist. Wir sehnen uns nach dem, woran sich der erste Mann und die erste Frau freuten: nach einer vollkommenen und schönen Erde mit einer freien und unbeeinträchtigten Beziehung zu Gott, anderen Menschen, Tieren und unserer Umwelt. Jeder Versuch menschlichen Fortschritts ist ein Versuch, das wiederherzustellen, was beim Sündenfall verloren ging.

Unsere Vorfahren kamen aus dem Garten Eden. Wir sind auf dem Weg zu einer neuen Erde. In der Zwischenzeit leben wir auf einer von der Sünde verdorbenen Erde, zwischen dem Garten Eden und der neuen Erde. Doch wir dürfen nicht vergessen, dass dies nicht unser natürlicher Zustand ist. Sünde und Tod, Leiden, Krieg und Armut sind nicht naturbedingt – sie sind die verheerenden Folgen unserer Auflehnung gegen Gott. Da wir Menschen sind, sehnen wir uns nach etwas Greifbarem und Gegenständlichem, nach etwas, das nicht vergeht.

Adam wurde aus Erde geformt, was unsere fortwährende Verbindung zur Erde begründet (1. Mose 2,7). So wie wir aus Erde gemacht sind, wurden wir auch für die Erde geschaffen. Hier könnte man einwenden, Jesus habe aber doch gesagt, er werde einen Platz für uns vorbereiten, zu dem er uns holen wird und an dem wir für immer mit ihm leben (Johannes 14,2-3). Stimmt. Doch was für ein Platz ist das? Offenbarung 21 gibt eine klare Antwort darauf: Dieser Platz ist die neue Erde. Dort wird das neue Jerusalem sein, wenn es vom Himmel herunterkommt. Erst dann werden wir wirklich zu Hause sein.

Anhaltspunkte für die Beschaffenheit des ewigen Himmels

Im Radio hörte ich einmal einen Pfarrer sagen: »In unserem jetzigen Leben gibt es nichts, das darauf hinweisen kann, wie der Himmel ist.« Wenn der ewige Himmel eine neue Erde sein wird, dann müsste das aber doch bedeuten, dass die jetzige Erde uns Hinweise darauf bietet, wie der Himmel sein wird.

Die Bibel gibt uns eine Reihe von Bildern, die Spuren legen und Andeutungen über den Himmel machen. Es wird uns zum Beispiel gesagt, dass der Himmel eine Stadt ist (Hebräer 11,10; 13,14). Wir wissen, was eine Stadt ist. In einer Stadt gibt es Gebäude, Kultur, Kunst, Musik, Sport, Güter und Dienstleistungen, Ereignisse aller Art. Und natürlich gibt es in Städten Menschen, die tätig sind, sich versammeln, miteinander sprechen und arbeiten. Der Himmel wird auch als ein Land beschrieben (Hebräer 11,16; LUT). Wir wissen, was ein Land ist. In einem Land gibt es Regionen, Landesherren, nationale Interessen, Stolz auf die Staatsangehörigkeit und Bürger, die sowohl verschieden wie auch vereint sind.

Warum sollten wir versuchen, uns die neue Erde ohne Flüsse, Berge, Bäume und Blumen vorzustellen, wenn wir uns unsere jetzige Erde ohne das alles nicht vorstellen können? Wenn das Wort *Erde* in diesem Ausdruck etwas bedeutet, dann bedeutet es, dass wir dort Dinge der Erde vorfinden – unter anderem eine Atmosphäre, Berge, Wasser, Bäume, Menschen, Häuser – ja sogar Städte, Gebäude und Straßen. (Diese uns vertrauten Dinge werden in Offenbarung 21–22 ausdrücklich erwähnt.)

Es wird uns gesagt, dass wir einen Auferstehungskörper erhalten werden (1. Korinther 15,40-44). Wir wissen, was ein Körper ist – unser ganzes Leben lang hatten wir einen! (Und wir können uns daran erinnern, dass unser Körper einmal besser ausgesehen hat als heute, oder etwa nicht?) Folglich können wir uns einen neuen Körper vorstellen.

Die Bibel spricht von einem neuen Jerusalem, das aus Edelsteinen gebaut ist. Einige der in Offenbarung 21,19-20 aufgezählten Juwelen gehören zu den härtesten Stoffen, die wir kennen. Sie sind ein Hinweis auf die materielle Stabilität der neuen Erde. Das Problem liegt nicht darin, dass die Bibel nicht viel über den Himmel spricht, sondern dass wir nicht auf das achten, was sie sagt.

John Eldredge schreibt: »Wir können nur das erhoffen, was wir uns wünschen.«[5] Ich möchte diesen Gedanken weiterspinnen und hinzufügen: Wir können uns nur das wünschen, was wir uns vorstellen können. Wenn man glaubt, dass man sich den Himmel nicht vorstellen kann, dann kann man sich nicht für ihn begeistern. Dann kann man nicht in der kindlichen Erwartung und Vorfreude leben, die Gott so hoch schätzt (Markus 10,15).

Abraham wartete »auf eine Stadt mit festem Fundament ..., deren Bauherr und Schöpfer Gott selbst ist« (Hebräer 11,10). Glauben Sie nicht, dass er sich vorstellte, wie diese Stadt sein wird, wenn er doch auf sie wartete? Abrahams Nachkommen »suchten nach einem besseren Ort, einer Heimat im Himmel« (Hebräer 11,16). Und als Nachfolger von Christus haben wir »hier keine bleibende Stadt, sondern die künftige suchen wir« (Hebräer 13,14; LUT). »Wir aber erwarten den neuen Himmel und die neue Erde, die er versprochen hat« (2. Petrus 3,13).

Ist der ewige Himmel ein wirklicher Ort?

Viele können der Versuchung nicht widerstehen, alles, was die Bibel über den Himmel sagt, im übertragenen Sinn zu deuten. Ein evangelikaler Theologe vertritt den Standpunkt: »Der Himmel ist zwar ein Ort und ein Zustand, doch in erster Linie ein Zustand.«[6] Aber was bedeutet das? Ein anderer Theologe schreibt: »Paulus denkt an den Himmel nicht als einen Ort, sondern als Sein in der Gegenwart Gottes.«[7] Doch wird nicht die Vorstellung von einem Ort erweckt, wenn eine Person »gegenwärtig« ist?

Jesus hat nicht gesagt, dass der Himmel »in erster Linie ein Zustand« oder eine »geistliche Beschaffenheit« ist. Er sprach von einem Haus mit vielen Räumen, in dem er einen Platz für uns vorbereitet (Johannes 14,2). In Offenbarung 21–22 werden die neue Erde und der neue Himmel als tatsächliche Orte geschildert, mit ausführlichen, konkreten Beschreibungen.

Jesus sagte seinen Jüngern: »Dann … werde ich kommen und euch holen, damit ihr immer bei mir seid, dort, wo ich bin« (Johannes 14,3). Er benutzt alltägliche, irdische und räumliche Begriffe, um den Himmel zu beschreiben.

Hätte Jesus gesagt, dass der Himmel ein Platz, ein Ort, ist, wenn dem nicht so wäre? Wenn wir den Himmel zu etwas weniger oder zu etwas anderem als einen Ort machen, dann berauben wir die Worte Christi ihrer Bedeutung.

Sind wir nur auf der Durchreise?

Der alte Gospelsong *Diese Welt ist nicht meine Heimat, ich bin nur auf der Durchreise* ist eine Halbwahrheit. Wir gehen von der Erde durch den Tod, aber schließlich kehren wir zum Leben auf die wiederhergestellte Erde zurück.

Die Erde hat durch unsere Sünde Schaden erlitten (1. Mose 3,17). Deshalb ist die Erde so, wie sie jetzt ist (nämlich unter dem Fluch), nicht unser Zuhause. Die Welt, wie sie war und wie sie sein wird, ist unser Zuhause. Wir haben noch kein Leben ohne Sünde, ohne Leid und ohne Tod erlebt. Und doch sehnen wir uns nach einem solchen Leben und einer solchen Welt. Wenn wir einen tosenden Wasserfall, herrliche Blumen, ein wildes Tier in seinem natürlichen Lebensraum oder die Freude in den Augen unserer Haustiere sehen, dann spüren wir, dass diese Welt unser Zuhause ist – oder zumindest dafür bestimmt war, unser Zuhause zu sein.

Die biblische Lehre von der neuen Erde weist auf etwas Überraschendes hin: Wenn wir wissen wollen, wie der endgültige Himmel, unser ewiges Zuhause, sein wird, dann betrachten wir am besten unsere Umgebung. Wir sollten in unsere Vorstellung von der neuen Erde nichts von dem übernehmen, was mit der jetzigen Erde nicht in Ordnung ist. Aber warum sollten wir uns nicht vorstellen können, wie es sein wird, nicht mehr von Krankheit und Tod bedroht zu sein? Können wir uns nicht die Schönheit einer Natur vorstellen, die nicht von Zerstörung verunstaltet ist?

Die Vorstellung von der neuen Erde als gegenständlichem Ort ist nicht die Erfindung kurzsichtiger menschlicher Fantasie. Er ist vielmehr die Erfindung eines transzendenten Gottes, der körperliche menschliche Wesen geschaffen hat, die auf einer gegenständlichen Erde leben sollen, und der beschlossen hat, selbst Mensch auf dieser selben Erde zu werden.

Die drei Stufen der Geschichte der Erde

Um eine biblische Sicht der Welt zu bekommen, müssen wir ein Verständnis für unsere Vergangenheit, unsere Gegenwart und unsere Zukunft gewinnen und wissen, in welcher Beziehung sie zueinander stehen. Wenn wir Gottes ursprünglichen Plan für die Menschheit und die Erde nicht verstehen, dann können wir auch seinen künftigen Plan nicht verstehen.

Die folgende Darstellung schildert die Geschichte und die Zukunft der Menschen. Sie zeigt den ununterbrochenen Zusammenhang zwischen Vergangenheit, Gegenwart und Zukunft und den ununterbrochenen Zusammenhang zwischen dem Leben auf der alten Erde und dem Leben auf der neuen Erde. Wenn man jede Reihe von Aussagen mit den anderen vergleicht, erkennt man die deutlichen Unterschiede zwischen diesen drei Zeitabschnitten.

Die drei Zeitabschnitte der Menschheit und der Erde

Vergangenheit *1. Mose 1–2*	**Gegenwart** *1. Mose 3 bis Offenbarung 20*	**Zukunft** *Offenbarung 21–22*
Die ersten Menschen	Die gefallene Menschheit; einige glauben und werden verwandelt	Auferstehung der Menschheit
Die ursprüngliche Erde	Die gefallene Erde, mit undeutlichem Sichtbarwerden des ursprünglichen Zustandes	Neue (auferstandene) Erde
Gott überträgt unschuldigen Menschen Herrschaftsbefugnisse	Die Herrschaft wird Gott streitig gemacht, Satan und die gefallene Menschheit	Gott überträgt einer gerechten Menschheit Herrschaftsbefugnisse
Der Mensch bekommt einen Auftrag, ihm wird die Haushalterschaft für die Erde übertragen	Der Auftrag des Menschen wird behindert, eingeengt und entstellt	Der Auftrag des Menschen ist erfüllt; erlöste Haushalterschaft auf der Erde
Gott ist im Himmel, er besucht die Erde	Gott ist im Himmel, getrennt, aber handelnd (er wohnt durch seinen Geist in den Gläubigen)	Gott lebt für immer mit den Menschen auf der neuen Erde
Kein Fluch (überall herrschen Vollkommenheit und Segen)	Sünde und Fluch (Entzug des Segens oder der Segen wird von Fall zu Fall gegeben, zusätzlich allgemeine Gnade)	Kein Fluch mehr (größerer Segen, tiefgreifendere Vollkommenheit, unendliche Gnade)
Kein Schamgefühl	Schamgefühl	Kein Schamgefühl und keine Gelegenheit für Scham

Vergangenheit *1. Mose 1–2*	**Gegenwart** *1. Mose 3 bis Offenbarung 20*	**Zukunft** *Offenbarung 21–22*
Der Baum des Lebens im Garten Eden (der Mensch kann essen)	Der Baum des Lebens im Paradies (der Mensch wird von ihm getrennt)	Der Baum des Lebens im neuen Jerusalem (der Mensch kann für immer essen)
Der Fluss des Lebens	Die Flüsse und die Natur, mit undeutlichem Sichtbarwerden der Vergangenheit und der Zukunft	Der Fluss des Lebens geht vom Thron aus
Vor der Erlösung	Das Drama der Erlösung	Nach der Erlösung
Sünde ist unbekannt	Sünde zerstört; Angriff auf ihre Macht und Strafe, sie wird von Christus besiegt	Die Sünde wird für immer beseitigt
Kein Tod	Der Tod behauptet sich überall	Der Tod wird für immer beseitigt
Der Mensch wird aus Erde geschaffen	Der Mensch stirbt, kehrt zur Erde zurück; neues Leben für einige	Auferstehung der Menschen von der Erde, zu einem Leben auf der neuen Erde
Der erste Adam herrscht	Der erste Adam fällt; der Mensch herrscht schlecht, mit einigen Andeutungen des Guten; der zweite Adam kommt	Der zweite Adam regiert als Gottmensch, mit den Menschen als Miterben und beauftragten Königen
Schlange, Satan, auf der Erde	Die Schlange und Satan sind gerichtet, aber noch auf der Erde gegenwärtig	Die Schlange und Satan werden von der Erde vertrieben und in das ewige Feuer geworfen
Gott ist bei den Menschen im Garten	Die Menschen sind von Gott getrennt	Gott wohnt bei den Menschen
Gottes Herrlichkeit ist für alle und in allem erkennbar	Gottes Herrlichkeit ist verborgen, wird manchmal kurz sichtbar	Gottes Herrlichkeit wird für immer in allem offenbar
Der Einzelne betet Gott ungehindert an	Die Anbetung wird durch Sünde gehindert	Ungehinderte gemeinsame Anbetung Gottes

Vergangenheit *1. Mose 1–2*	**Gegenwart** *1. Mose 3 bis Offenbarung 20*	**Zukunft** *Offenbarung 21–22*
Gottes Güte ist bekannt	Gottes Güte ist einigen bekannt, wird von anderen in Zweifel gezogen	Gottes Güte wird für immer gepriesen
Die Schöpfung und der Mensch sind vollkommen	Die Schöpfung und die Menschheit sind von Sünde befleckt	Die Schöpfung und die Menschheit werden wieder vollkommen gemacht
Der Mensch gibt den Tieren Namen, sorgt für sie und herrscht über sie	Tiere und Menschen fügen einander Schaden zu	Tiere und Menschen leben in vollkommener Harmonie
Der Boden ist fruchtbar, die Pflanzenwelt üppig	Der Boden wird verflucht, die Pflanzenwelt wird krank	Der Boden ist fruchtbar, die Pflanzen gedeihen
Es gibt Nahrung und Wasser in Fülle	Hunger und Durst, mühselige Arbeit zur Beschaffung von Nahrung und Wasser	Es gibt Nahrung und Wasser in Fülle
Ruhe, Befriedigung bei der Arbeit	Unruhe, beschwerliche Arbeit	Gesteigerte Ruhe, Freude bei der Arbeit
Unschuld, Nähe bei Gott	Sünde (Entfremdung von Gott); einige werden in Christus für gerecht erklärt	Gerechtigkeit (vertrauter Umgang mit Gott); vollständige Gerechtigkeit in Christus
Paradies	Das Paradies ist verloren, wird gesucht; kurzes Sichtbarwerden, Vorgeschmack	Das Paradies wird wiedererlangt, es ist größer und herrlicher
Der Mensch lebt an einem idealen Ort	Der Mensch wird verbannt, kämpft und zieht durch gefallene Orte	Der Mensch lebt wieder an einem idealen Ort
Der Mensch kann entweder sündigen oder nicht sündigen	Der Mensch ist Sklave der Sünde; befähigt, nicht zu sündigen	Der Mensch ist zur Sünde unfähig, er erhält eine ständige Ermächtigung
Nackt in Unschuld	Bekleidet aufgrund der Sündhaftigkeit	Bekleidet mit Gerechtigkeit

Vergangenheit *1. Mose 1–2*	**Gegenwart** *1. Mose 3 bis Offenbarung 20*	**Zukunft** *Offenbarung 21–22*
Eine Ehe (Adam und Eva)	Viele Ehen	Eine Ehe (Christus und die Gemeinde)
Vollkommene Ehe	Die Ehe ist durch Sünde, Schuld und Machtkämpfe entstellt	Vollkommene, ungehinderte Ehe
Beginn der menschlichen Kultur	Verunreinigung und Fortschritt der Kultur	Reinigung und ewige Entfaltung der Kultur
Der Mensch lernt, schafft in Reinheit	Der Mensch lernt, schafft in Unreinheit (Kain, Babel)	Der Mensch lernt, schafft in Weisheit und Reinheit
Der Mensch regiert und erweitert das Paradies	Der Mensch wird aus dem Paradies vertrieben, sehnt sich nach dem Paradies zurück	Der Mensch hat unbeschränkten, freien Zutritt zum Paradies
Gottes Plan für die Menschheit und die Erde wird offengelegt	Gottes Plan wird aufgeschoben und erweitert	Gottes Plan für den Menschen und die Erde wird verwirklicht

Im ersten Buch Mose pflanzt Gott den Garten Eden, in der Offenbarung bringt er das neue Jerusalem mit einem Garten im Zentrum auf die neue Erde herunter. Im Garten Eden gibt es keine Sünde, keinen Tod und keinen Fluch, auf der neuen Erde gibt es keine Sünde, keinen Tod und keinen Fluch *mehr*. Im ersten Buch Mose wird der Erlöser versprochen, in der Offenbarung kommt der Erlöser zurück. Das erste Buch Mose berichtet vom verlorenen Paradies, die Offenbarung berichtet vom wiedererlangten Paradies. Im ersten Buch Mose wird die Haushalterschaft der Menschen verschleudert, in der Offenbarung ist die Haushalterschaft der Menschen erfolgreich, befähigt durch den menschlichen und göttlichen Jesus als König. Diese Parallelen sind so auffallend, dass sie beabsichtigt sein müssen.

Die Erde ist wichtig, unser Körper ist wichtig, die Tiere und Bäume sind wichtig, die Materie ist wichtig, weil Gott sie geschaffen hat und weil er will, dass sie seine Herrlichkeit verkündet. Wie wir in den folgenden Kapiteln sehen werden, hat Gott, der sie geschaffen hat, sie genauso wenig aufgegeben wie uns.

9

Warum ist die Erlösung der Erde für Gottes Plan unbedingt erforderlich?

Es fällt auf, dass im Grunde genommen alle grundlegenden Wörter, mit denen in der Bibel die Errettung beschrieben wird, eine Rückkehr zu einem ursprünglich guten Zustand zu verstehen geben. Erlösung ist ein gutes Beispiel dafür. Erlösen bedeutet »freikaufen«, wörtlich »zurückkaufen« … Der entscheidende Punkt bei der Erlösung ist, dass der Gefangene aus der Knechtschaft befreit, dass ihm die Freiheit zurückgegeben wird, die er früher einmal besaß.

Albert Wolters

Das ganze materielle Universum wurde zu Gottes Ehre geschaffen. Doch die Menschen lehnten sich auf, und das Universum fiel unter die Last unserer Sünde. Aber die Verführung Adams und Evas durch die Schlange hat Gott nicht überrumpelt. Er hatte schon einen Plan, mit dem er die Menschheit – und die ganze Schöpfung – von Sünde, Verdorbenheit und Tod erlösen wollte. So wie er verspricht, die Menschen neu zu machen, verspricht er auch, die Erde selbst zu erneuern.

- »Denn siehe, ich will einen neuen Himmel und eine neue Erde schaffen« (Jesaja 65,17; LUT).

- »Wir aber erwarten den neuen Himmel und die neue Erde, die er versprochen hat. Dort wird Gottes Gerechtigkeit herrschen« (2. Petrus 3,13).
- »Dann sah ich einen neuen Himmel und eine neue Erde, denn der alte Himmel und die alte Erde waren verschwunden« (Offenbarung 21,1).

Viele andere Stellen spielen auf den neuen Himmel und die neue Erde an, ohne diese Begriffe zu benutzen. Der Höhepunkt von Gottes Heilsplan ist nicht die Wiederkunft Christi und auch nicht das Tausendjährige Reich, sondern die neue Erde (Offenbarung 21,1-4). Bedenken Sie Folgendes: Wenn es Gottes Plan wäre, die Menschen einfach in den jetzigen Himmel, also den Zwischenhimmel, zu holen oder in einen Himmel, der der Wohnort von Geistwesen ist, dann bräuchte man keinen neuen Himmel und keine neue Erde. Er könnte seine ursprüngliche Schöpfung einfach zerstören und von ihr Abstand nehmen. Doch das will er nicht.

Er wird sie nicht aufgeben. Er wird sie wiederherstellen. Gott wird den Himmel und die Erde in ein und derselben Dimension zusammenbringen, ohne Trennwand und ohne bewaffnete Engel, die die Vollkommenheit des Himmels vor der sündigen Menschheit schützen (1. Mose 3,24). Gottes vollkommener Plan besteht darin, »alles im Himmel und auf der Erde der Vollmacht von Christus zu unterstellen« (Epheser 1,10).

Gottes Ziele bei der Erlösung sind viel anspruchsvoller, als wir uns vorstellen können. Er überlässt kein Gebiet dem Feind. Christus starb nicht nur, um das Beste aus einer verfahrenen Situation zu machen. Er starb, damit die Erde und das Universum selbst erneuert werden, um für immer seine Herrlichkeit zu verkünden.

Gottes Erneuerungsplan für die Erde

Gott hat seine ursprüngliche Schöpfung nie aufgegeben. Doch irgendwie haben wir das ganze biblische Vokabular außer Acht gelassen, das dies deutlich macht: Versöhnen. Erlösen. Wiederherstellen. Heilen. Zurückkehren. Erneuern. Umgestalten. Auferstehen. Jedes dieser Wörter aus der Bibel beginnt im Griechischen mit der Vorsilbe *ana*, was »zurück« bedeutet, also eine Rückkehr zu einem ursprünglichen Zustand, der verdorben oder verloren wurde. *Erlösung* bedeutet zum Beispiel etwas zurückkaufen, was man früher besaß.

Diese Wörter betonen, dass Gott uns immer so sieht, wie er uns geplant hat. In derselben Weise sieht er die Erde so, wie er sie geplant hat, und er hat vor, sie wiederherzustellen, damit sie dem Originalentwurf entspricht.

In *Creation Regained* schreibt der Religionsprofessor Albert Wolters:

> [Gott] hält an seiner gefallenen ursprünglichen Schöpfung fest und rettet sie. Er weigert sich, das Werk seiner Hände aufzugeben – ja, er opfert sogar seinen eigenen Sohn, um sein ursprüngliches Projekt zu retten. Die Menschheit, die ihren ursprünglichen Auftrag und damit die ganze Schöpfung verpfuscht hat, bekommt in Christus noch einmal eine Chance; wir werden als Gottes Geschäftsführer auf der Erde wieder eingesetzt. Die ursprüngliche gute Schöpfung wird wiederhergestellt.[1]

Hätte Gott uns in die Hölle werfen und alles von vorne beginnen wollen, hätte er es tun können. Er hätte einen neuen Adam und eine neue Eva schaffen und die alten in die Hölle schicken können. Doch das hat er nicht getan. Stattdessen hat er beschlossen, das, womit er angefangen hatte, zu erlösen – den Himmel, die Erde und die Menschen – und sie zu ihrem ursprünglichen Zweck zurückzuführen. »Die Erde und alles, was darauf ist, gehört dem Herrn. Die Welt und die Menschen sind sein« (Psalm 24,1). Gott hat seinen Besitzanspruch auf die Erde nie aufgegeben. Sie gehört ihm – und er wird sie nie seinen Feinden überlassen.

Wenn man den weitreichenden Rettungsplan der Erlösung nicht erfasst hat, kann man das Wirken von Christus nicht verstehen. Albert Wolters schreibt:

> Es ist auffallend, dass alle Wunder, die Jesus getan hat (mit Ausnahme der Verfluchung des Feigenbaums), Wunder der *Wiederherstellung* sind – die Wiederherstellung der Gesundheit, die Wiederherstellung des Lebens, die Wiederherstellung der Freiheit von dämonischer Besessenheit. Die Wunder von Jesus geben uns ein gutes Beispiel dafür, was Erlösung bedeutet: eine Befreiung der Schöpfung von den Fesseln der Sünde und des Bösen und eine Wiedereinsetzung des kreatürlichen Lebens, wie Gott es geplant hat.[2]

Gott setzte den Menschen auf die Erde, damit er sie füllt, über sie herrscht und zu Gottes Ehre erschließt. Doch dieser Plan wurde nie Wirklichkeit.

Was steckt hinter unserer Vorstellung, dass Gott die Erde zerstören wird und nichts mehr mit ihr zu tun haben will? Ich glaube, der Grund liegt in einer schwachen Theologie von Gott. Obwohl wir es nie so sagen würden, sehen wir ihn als gescheiterten Erfinder, dessen Schöpfung missglückt ist. Sein Trost angesichts der misslungenen Erde liegt darin, dass er einige wenige von uns vor dem Feuer rettet. Doch dieser Meinung wird von der Bibel nachdrücklich widersprochen. Gott hat einen großartigen Plan, und er wird die Erde nicht auf den Müll werfen.

Hier möchte ich noch einmal Wolters zitieren:

Erlösung bedeutet nicht, dass dem kreatürlichen Leben eine geistliche oder übernatürliche Dimension hinzugefügt wird, die ihm vorher fehlte. Erlösung besteht vielmehr darin, dass in das, was schon da ist, neues Leben und neue Lebenskraft gebracht wird.... Das Einzige, was die Erlösung zusätzlich bringt und was nicht in der Schöpfung enthalten ist, ist ein Heilmittel gegen die Sünde, und dieses Heilmittel wird nur deshalb hinzugefügt, damit die sündlose Schöpfung zurückgewonnen wird.... Die Gnade stellt die Natur *wieder her*, macht sie wieder heil.[3]

Die neue Erde ist die wiederhergestellte alte Erde

Petrus predigte: »Doch bis Gott alles erneuert, wird Jesus im Himmel bleiben, wie Gott es vor langer Zeit durch seine Propheten angekündigt hat« (Apostelgeschichte 3,21). Uns wird gesagt, dass eine Zeit kommt, in der Gott alles erneuern oder wiederherstellen wird. Das ist ein umfassendes Versprechen. Es umfasst viel mehr als die Zusage, dass Gott nur körperlose Menschen zu einer Gemeinschaft mit ihm in einem Bereich der Geister wiederherstellt. Dieses Versprechen bedeutet, dass Gott die Menschen wieder in den Zustand versetzt, in dem sie einmal waren und für den er sie geplant hat – vollständig körperliche, gerechte Wesen.

Wo wird die Wiederherstellung oder Erneuerung, von der Petrus predigt, verwirklicht werden? Die Antwort, sagt er, liegt in den Zusagen, die Gott »vor langer Zeit durch seine Propheten angekündigt hat«. Wenn man die Propheten liest, wird die Antwort klar: Gott wird alles auf der Erde wiederherstellen. Die Propheten befassen sich nie mit irgendeinem weit entfernten Bereich körperloser Geister. Sie befassen sich mit dem Land, dem Erbe, der Stadt Jerusalem und der Erde, auf der sie leben.

Wird die Erde, die wir kennen, ein Ende haben? Ja. Ein endgültiges Ende? Nein.

In Offenbarung 21,1 lesen wir, dass die alte Erde vergehen wird. Doch wenn Menschen vergehen (d. h. sterben), hören sie nicht auf zu existieren. Wie wir als neue Menschen auferstehen, so wird auch die Erde als eine neue Erde auferstehen.

Hat Petrus die Vorstellung, dass alles wiederhergestellt wird, »erfunden«? Nein – er hat dies direkt von Jesus gehört. Als Petrus in der Hoffnung auf ein Lob oder eine Belohnung Jesus darauf hinwies, dass die Jünger alles verlassen hatten, um ihm nachzufolgen, antwortete der Herr: »Ihr, die ihr mir nachgefolgt seid, werdet dereinst bei der Neugestaltung aller Dinge, wenn der Menschensohn auf dem Thron seiner Herrlichkeit sitzt, auch zwölf Throne innehaben und die zwölf Stämme Israels richten« (Matthäus 19,27-28; BRUNS).

Achten Sie auf die Wortwahl von Jesus. Er sagte nicht »nach der Zerstörung aller Dinge« und auch nicht »nach der Preisgabe aller Dinge«, sondern »bei der Neugestaltung aller Dinge«. Es handelt sich hierbei nicht um eine unbedeutende semantische Frage, sondern um das Unterscheidungsmerkmal von zwei grundlegend verschiedenen Theologien. Jesus sagte ausdrücklich, dass »alle Dinge« neu gestaltet werden.

Das Wort *paligenesia*, das in Matthäus 19,28 mit »Neugestaltung« übersetzt wurde, ist aus zwei Wörtern gebildet, die zusammen »neue Schöpfung« oder »Rückkehr vom Tod zum Leben« bedeuten.[4] Als Jesus sagte, dass »alle Dinge« neu gestaltet werden, meinte er nach Auffassung der Jünger damit »alle Dinge«, die Teil des einzigen Lebens waren, das sie kannten – also die Dinge auf der Erde.

Erlösung heißt Rückkehr

Die Erlösung ist der »Rückkauf« von Gottes ursprünglichem Plan.

Hätte Gott aufgrund des Sündenfalls sein ursprüngliches Ziel mit den Menschen, die Erde zu füllen und über sie zu herrschen

(1. Mose 1,28), aufgegeben, hätte er sicherlich nach der Sintflut nicht Noah gegenüber diesen Befehl wiederholt: »Vermehrt euch und bevölkert die Erde« (1. Mose 9,1). Doch bis die Sünde und der Fluch dauerhaft beseitigt sind, bleiben die Menschen unfähig, eine gute Haushalterschaft auf der Erde auszuüben.

Unser jetziges Ziel kann von Gottes ewigem Ziel für uns, nämlich für immer über die Erde als seine Kinder und Erben zu herrschen, nicht getrennt werden. Das ist die Hauptaussage der folgenden Erklärung des *Kleinen Katechismus* von Westminster: »Das Hauptziel des Menschen ist die Verherrlichung Gottes und die ewige Freude an ihm.«[5] Wir werden Gott verherrlichen und Freude an ihm finden, wenn wir das tun, wozu er uns geschaffen hat.

»Die Menschen sterben, weil alle mit Adam verwandt sind. Ebenso werden durch Christus alle lebendig gemacht und neues Leben empfangen. Es gibt aber eine Reihenfolge: Christus zuerst, und wenn er wiederkommt, dann die, die zu ihm gehören. Danach wird das Ende kommen, wenn er Gott, seinem Vater, das Reich übergeben wird, nachdem er alle seine Feinde vernichtet hat. Denn Christus muss herrschen, bis er alle seine Feinde unter seine Füße erniedrigt hat« (1. Korinther 15,22-25).

Der Auftrag von Christus besteht in der Erlösung dessen, was beim Sündenfall verloren wurde, und in der Zerstörung aller, die Gott die Herrschaft und die Macht streitig machen wollen.

Gottes Herrlichkeit auf Gottes Erde

Der sichtbare Himmel verkündet unablässig die Herrlichkeit Gottes (Psalm 19,2). Sogar jetzt, im Hinblick auf eine Erde, die unter dem Fluch steht, sagt Gott: »Alle Welt [ist] der Herrlichkeit des Herrn voll« (4. Mose 14,21; LUT). Doch das Universum wird eine noch viel größere Darbietung von Gottes Herrlichkeit erblicken, eine Herrlichkeit, zu der erlöste Männer und Frauen und erlöste Völker und eine erlöste Erde gehören.

Gott hatte die Erde im Sinn, als er versprach: »Die Herrlichkeit des Herrn soll offenbart werden, und alles Fleisch miteinander wird es sehen« (Jesaja 40,5; LUT). Dass Gott auf der Erde verherrlicht wird, ist eine Kernaussage zahlloser Bibelstellen, unter anderem auch der folgenden beiden:

- »Ganz sicher ist sein Heil bei denen, die ihm die Ehre geben; und unser Land wird von seiner Herrlichkeit erfüllt sein« (Psalm 85,10).
- »Und siehe, die Herrlichkeit des Gottes Israels kam von Osten …, und es ward sehr licht auf der Erde von seiner Herrlichkeit« (Hesekiel 43,2; LUT).

Das Wort, das in Psalm 85 mit »Land« übersetzt wurde (*erez*), ist das Wort für »Erde«. Hesekiel sah Gottes Herrlichkeit bei den Toren von Jerusalem – nicht in einem immateriellen Bereich, sondern auf der Erde.

Betrachten wir folgende Bibelstellen, um zu verstehen, warum Petrus predigte, dass Gott durch die Propheten verkündigen ließ, er werde »alles erneuern« (Apostelgeschichte 3,21):

- »Die Völker werden den Herrn fürchten und alle Könige der Erde werden vor seiner Herrlichkeit erbeben. Denn der Herr wird Jerusalem wieder aufbauen. Er wird erscheinen in seiner Herrlichkeit« (Psalm 102,16-17).
- »Man wird nirgends Sünde tun noch freveln auf meinem ganzen heiligen Berge; denn das Land wird voll Erkenntnis des Herrn sein, wie Wasser das Meer bedeckt. Und es wird geschehen zu der Zeit, dass das Reis aus der Wurzel Isais

dasteht als Zeichen für die Völker. Nach ihm werden die Heiden fragen, und die Stätte, da er wohnt, wird herrlich sein« (Jesaja 11,9-10; LUT).

- »›Sie sollen meine Herrlichkeit unter den Völkern verkündigen. Und sie werden alle eure Brüder aus allen Völkern herbringen dem Herrn zum Weihgeschenk auf Rossen und Wagen, in Sänften, auf Maultieren und Dromedaren nach Jerusalem, zu meinem heiligen Berge‹, spricht der Herr« (Jesaja 66,19-20; LUT).
- »Denn so spricht der Herr der Heerscharen: ›In Kürze werde ich den Himmel und die Erde noch einmal erschüttern, sodass Meere und Festland beben werden. Die Völker werde ich aufrütteln und die Schätze aller Nationen werden kommen. Ich werde dieses Haus mit Herrlichkeit erfüllen‹, spricht der Herr der Heerscharen« (Haggai 2,6-7).

Gottes Reich und Herrschaft sind nicht etwas, das an irgendeinem fernen, unirdischen Ort geschieht; es geschieht hier auf der Erde. Gott hat seine Herrlichkeit an die Erde und alles, was mit ihr zusammenhängt, gebunden – an Menschen, Tiere, Bäume, Flüsse, an *alles*.

Eine Vision der neuen Erde

Jesaja 60 ist eine weitere bedeutende Bibelstelle, in der die neue Erde beschrieben wird. Obwohl der Begriff »neue Erde« darin nicht vorkommt (anders als in Jesaja 65 und 66), können wir sicher sein, dass Jesaja sie meinte, weil Johannes genau diese Worte für die Beschreibung der neuen Erde in Offenbarung 21–22 benutzt. Deshalb dient Jesaja 60 als bester Bibelkommentar zu Offenbarung 21–22.

Am Beginn von Jesajas außergewöhnlicher prophetischer Botschaft sagt Gott zu seinem Volk in Jerusalem: »Über dir geht auf der Herr, und seine Herrlichkeit erscheint über dir. Und die Heiden werden zu deinem Lichte ziehen und die Könige zum Glanz, der über dir aufgeht« (V. 2-3; LUT). Gottes Volk wird eine herrliche Zukunft haben, an der die Völker und Könige der Erde teilhaben und Gutes von einem erneuerten und herrlichen Jerusalem erfahren. Es geht hier nicht nur um einige Völker, sondern um alle: »Alle sind versammelt und kommen zu dir« (V. 4; LUT).

Dies wird eine Zeit der Freude sein, wie man sie noch nie vorher erlebt hat: »Dann wirst du deine Lust sehen und vor Freude strahlen, und dein Herz wird erbeben und weit werden« (V. 5). Auf der erneuerten Erde werden die Völker ihre größten Schätze in diese verherrlichte Stadt bringen: »... wenn sich die Schätze der Völker am Meer zu dir kehren und der Reichtum der Völker zu dir kommt« (V. 5; LUT).

Auf der neuen Erde wird es Tiere aus verschiedenen Völkern geben (V. 6a), erlöste Menschen reisen aus fernen Orten in das verherrlichte Jerusalem (V. 6b), die Bewohner der Inseln werden Gott anbeten, und Schiffe werden aus Tarsis kommen (V. 9).

Die meisten von uns sind nicht daran gewöhnt, an Völker, Herrscher, Zivilisationen und Kulturen im Himmel zu denken – doch Jesaja 60 ist eine von vielen Stellen, die zeigt, dass die neue Erde in der Tat irdisch sein wird.

Jesaja spricht Worte, die Johannes geradewegs für das neue Jerusalem verwendet (in Offenbarung 21,25-26): »Deine Tore sollen stets offen stehen und weder Tag noch Nacht zugeschlossen werden, dass der Reichtum der Völker zu dir gebracht und ihre Könige herzugeführt werden« (V. 11; LUT).

Die Pracht der Völker wird in der großen Stadt des Königs freudig aufgenommen (V. 13). Die Einstellung der Völker zu Gott, seinem Volk und seiner Stadt wird verwandelt sein: »Es werden gebückt zu dir kommen, die dich unterdrückt haben, und alle, die dich gelästert haben, werden niederfallen zu deinen Füßen und dich nennen ›Stadt des Herrn‹« (V. 14; LUT). Gott verspricht dem neuen Jerusalem: »Dafür ... will ich dich zur Pracht ewiglich machen und zur Freude für und für« (V. 15; LUT). Hier ist nicht die Rede von einer vorübergehenden Zeit vergänglichen Wohlstands, sondern von einem Zustand, der »ewiglich« andauert. Das neue Jerusalem wird Nutznießer aller Volksgruppen und ihrer Herrscher sein (V. 16). Die Erfüllung all dieser Zusagen wird die Größe Gottes bezeugen (V. 16). Gott verspricht etwas, das bisher für das irdische Jerusalem noch nicht wahr geworden ist: »Ich will zu deiner Obrigkeit den Frieden machen und zu deinen Vögten die Gerechtigkeit. Man soll nicht mehr von Frevel hören in deinem Lande noch von Schaden oder Verderben in deinen Grenzen, sondern deine Mauern sollen ›Heil‹ und deine Tore ›Lob‹ heißen« (V. 17-18; LUT).

Dann erzählt Jesaja, was Johannes in direkte Verbindung mit der neuen Erde bringt (in Offenbarung 21,23; 22,5): »Die Sonne wird nicht mehr dein Licht sein am Tage, und der Glanz des Mondes soll dir nicht mehr leuchten, sondern der Herr wird dein ewiges Licht und dein Gott wird dein Glanz sein. Deine Sonne wird nicht mehr untergehen und dein Mond nicht den Schein verlieren; denn der Herr wird dein ewiges Licht sein, und die Tage deines Leidens sollen ein Ende haben« (V. 19-20; LUT).

Vom neuen Jerusalem wird uns gesagt: »Nichts Unreines wird hineindürfen, auch niemand, der Götzendienst treibt und Lügen verbreitet, sondern nur die, deren Namen im Lebensbuch des Lammes geschrieben stehen« (Offenbarung 21,27). Jesaja sagt das Gleiche: »Dein Volk sollen lauter Gerechte sein« (60,21; LUT). Und er fügt hinzu: »Sie werden das Land [*erez*] ewiglich besitzen.« Die

Erde wird ihnen gehören, nicht herrliche zehn, hundert oder tausend Jahre lang, sondern ewiglich.[6]

Es gibt keinen Grund für die Annahme, dass die Beschreibungen der neuen Erde in Jesaja 60 weniger wörtlich erfüllt werden als die Schilderungen in Jesaja 52–53. Da Jesajas Worte über das erste Kommen des Messias sich so peinlich genau erfüllten, bis hin zu konkreten, greifbaren Einzelheiten, sollten wir annehmen, dass seine Prophezeiungen über das Leben auf der neuen Erde sich ebenso wörtlich und konkret erfüllen werden.

Das Tausendjährige Reich von Christus kann eine vorhergehende bildliche Darstellung der Erfüllung von Gottes Zusagen über die Zukunft Jerusalems sein. Doch wir werden ihre endgültige Erfüllung erst im neuen Jerusalem auf der neuen Erde sehen, wenn der Fluch aufgehoben wurde, der Tod nicht mehr ist und Gottes Volk für immer auf der Erde leben wird.

Die Erlösung der Völker und der Kultur

Sowohl Jesaja als auch Johannes erklären mit ähnlichen Worten, dass auf der neuen Erde »die Könige der Welt ... kommen und ihre Herrlichkeit« in das neue Jerusalem bringen. Und »alle Völker werden ihre Herrlichkeit in die Stadt bringen« (Offenbarung 21,24.26; siehe Jesaja 60,3.5).

Johannes geht zwar in der Offenbarung nicht ausführlich darauf ein, was in die Heilige Stadt gebracht wird, doch Jesaja beschreibt diese Dinge ganz konkret. Er erwähnt die kulturellen Werke von einst heidnischen Völkern: die Schiffe von Tarsis, die Bäume des Libanon, die Kamele von Efa und das Gold und den Weihrauch von Saba, die von Menschen hereingebracht werden, die »des Herrn Lob verkündigen« (Jesaja 60,6; LUT). Schätze, die einst in Zusammenhang mit Götzendienst und Auflehnung gegen Gott standen, werden in der Stadt gesammelt, um Gott zu verherrlichen. In seiner ausgezeichneten Abhandlung über Jesaja und das neue Jerusalem *When the Kings Come Marching In* weist Richard Mouw darauf hin, dass dieselben Schiffe von Tarsis und die Bäume des Libanon, die in Jesaja 60 erwähnt werden, in Jesaja 2 als Gegenstände des menschlichen Stolzes betrachtet werden, die Gott zu Fall bringen will (Jesaja 2,2-13.16-18).[7] Jesaja spricht von einem Tag des Gerichts, an dem »man in die Höhlen der Erde gehen [wird] und in die Klüfte der Erde vor dem Schrecken des Herrn und vor seiner herrlichen Majestät, wenn er sich aufmachen wird, zu schrecken die Erde« (2,19). Diese Worte erinnern stark an die Beschreibung von Gottes Gericht in der Endzeit, bei dem die Menschen versuchen, sich »in den Höhlen und zwischen den Felsen der Berge« zu verstecken (Offenbarung 6,15).

In Jesaja 10,34 sagt der Prophet voraus, dass Gott »den dichten Wald« mit der Axt umhauen wird und dass der Libanon »durch einen Mächtigen« fallen wird. Weil Menschen ihren Stolz und ihre Hoffnung auf »ihre« Wälder und Schiffe setzen, zeigt Gott seine Überlegenheit, indem er die Wälder abholzt und die Schiffe versenkt.

Wie können die Bäume des Libanon und die Schiffe von Tarsis in der Heiligen Stadt wieder auftauchen und als Mittel zur Verherrlichung Gottes dienen, wie wir in Jesaja 60 lesen, wenn ausdrücklich erwähnt wird, dass sie bei Gottes künftigem Gericht zerstört werden?

Hier handelt es sich um eine der scheinbar widersinnigen Aussagen der Bibel, in denen gleichzeitig von Zerstörung und Erneuerung die Rede ist. Was jetzt dem Hochmut oder gar der Götzenverehrung dient, wird später, wenn die Herzen der Menschen umgewandelt und die Schöpfung selbst erneuert ist, zur Ehre Gottes benutzt.[8] Schiffe, Bauholz, Gold und Kamele sind nichts Schlechtes. Was Gott bei seinem Gericht zerstören wird, ist der götzendienerische Missbrauch dieser guten Dinge.

Der Theologe A. A. Hodge schreibt:

> Der Himmel, die ewige Heimat des Gottmenschen und aller erlösten Menschen, muss in seiner Struktur, seinen Bedingungen und Tätigkeiten notwendigerweise durch und durch menschlich sein. Seine Freuden und Tätigkeiten müssen alle zweckmäßig, moralisch, emotional, freiwillig und aktiv sein. Alle Fähigkeiten müssen eingesetzt, jeder Geschmack befriedigt, alle Begabungen entwickelt und alle Ideale verwirklicht werden. Der Verstand, die geistige Wissbegierde, die Vorstellungskraft, das Empfinden für Schönheit, heilige Ergriffenheit, gesellschaftliche Beziehungen, die unerschöpflichen Kraftquellen der menschlichen Seele, all das muss im Himmel ausgeübt und befriedigt werden. Auch müssen wir immer ein Ziel vor Augen haben, auf das wir hinarbeiten, eine Zukunft. …
> Der Himmel wird sich als die vollendete Blume und Frucht der gesamten Schöpfung und der ganzen Geschichte des Universums herausstellen.[9]

10

Was bedeutet die Aufhebung des Fluches?

Alles wird verherrlicht werden, sogar die Natur selbst. Darin besteht für mich die biblische Lehre über die Ewigkeit: dass das, was wir Himmel nennen, das Leben in dieser vollkommenen Welt ist, wie Gott sie für die Menschen vorgesehen hat. Als er am Anfang Adam ins Paradies brachte, fiel Adam in Sünde, und alles fiel mit ihm. Doch Männer und Frauen sind für das Leben in einem Körper geschaffen und werden in einem verherrlichten Körper auf einer verherrlichten Welt leben, und Gott wird bei ihnen sein.

Martyn Lloyd-Jones

Als Adam und Eva in Sünde fielen, schien Satan Gottes Plan durchkreuzt zu haben. Doch unmittelbar nach dem Sündenfall versprach Gott einen Erlöser, den Sohn einer Frau, der eines Tages kommen und die Schlange zertreten würde: »Von nun an setze ich Feindschaft zwischen dir und der Frau und deinem Nachkommen und ihrem Nachkommen. Er wird dir den Kopf zertreten und du wirst ihn in seine Ferse beißen« (1. Mose 3,15).

Als die Wunde der Sünde sozusagen noch frisch war, teilte Gott seinen Plan mit, einen vollkommen menschlichen Erlöser zu schicken, der viel mächtiger als Satan sein würde. Mit einem mutigen Eingriff zur Befreiung der Menschheit würde dieser Erlöser dem sich widerrechtlich als Herrn ausgebenden Teufel eine tödliche Wunde zufügen, dabei aber selbst verletzt werden.

Anthony Hoekema schreibt:

> Da der Tod eine der Folgen der Sünde war, musste zu dem versprochenen Sieg irgendwie auch die Beseitigung des Todes gehören. Da eine weitere Folge der Sünde die Verbannung unserer Ureltern aus dem Garten Eden war, von dem aus sie die Welt für Gott hätten regieren sollen, müsste eigentlich zum Sieg auch die Wiedereinsetzung des Menschen in ein wiedergewonnenes Paradies gehören, von dem aus er die Welt wieder bestimmungsgemäß und sündlos regieren kann. ... In gewisser Hinsicht war deshalb die Erwartung einer neuen Erde bereits in dem Versprechen aus 1. Mose 3,15 enthalten.[1]

Später wird gesagt, dass dieser Erlöser ein Nachkomme Abrahams sein wird (1. Mose 22,18), dass er aus dem Stamm Juda (1. Mose 49,10) und dem Haus Davids kommen wird (2. Samuel 7,12-13).

1. Mose 3,15 ist die erste von vielen Bibelstellen, in denen ein leidender Diener vorausgesagt wird, der gegen Satan kämpft und Gottes Volk erlöst (z. B. Jesaja 42,1-4; 49,5-7; 52,13-15; 53). Dieser leidende Diener wird Christus, der Messias, sein, der kommt, um alles neu zu machen.

Gott blieb der Sünde, dem Tod und dem Fluch gegenüber nicht untätig. Kaum war das Unheil über die Menschheit und die Erde hereingebrochen, verkündete Gott seinen Plan, Satan zu besiegen und die Menschen und die Erde zu seiner Verherrlichung zurückzuerobern.

Unser Erbe

Unser Interesse für die Endzeit beschränkt sich normalerweise auf die Zeit unmittelbar vor und nach der Wiederkunft Christi. Doch der Zielpunkt von Gottes Plan liegt nach dem Letzten Gericht, wenn Jesus als König sagt: »Kommt, ihr seid von meinem Vater gesegnet, ihr sollt das Reich Gottes erben, das seit der Erschaffung der Welt auf euch wartet« (Matthäus 25,34). Wo ist dieses Reich? Genau da, wo es von Anfang an war – auf der Erde.

Von welchem Erbe spricht Jesus? Wie die Kinder von Königen Königreiche erben und wie Königreiche aus Land und Besitztümern bestehen, so ist die Erde das Besitztum, das den Menschen von Gott gegeben wird.

Gott hat es sich nicht anders überlegt, er hat nicht das aufgegeben, was er ursprünglich bei der Schöpfung der Welt für uns geplant hatte. Wenn Jesus sagt: »Ihr sollt das Reich Gottes erben, das seit der Erschaffung der Welt auf euch wartet«, dann ist es, als würde er sagen: »Das habe ich die ganze Zeit für euch gewollt. Um euch das zu geben, bin ich ans Kreuz gegangen und habe den Tod besiegt. Nehmt es, herrscht darüber, genießt es und freut euch dabei mit mir zusammen.«

Satan will, dass wir Gott, unser Ziel, unsere Berufung und unseren Planeten aufgeben. Gott erinnert uns daran: »Der Geist, der in euch lebt, [ist] größer … als der Geist, der die Welt regiert« (1. Johannes 4,4). Satan will die Erde zerstören. Gott will die Erde wiederherstellen und erneuern, sie regieren und sie dann seinen Kindern zurückgeben. Gott wird den Kampf für uns und die Erde gewinnen.

Die Vereinigung von Himmel und Erde

Seit jeher hat Gott geplant, »dass alles zusammengefasst würde in Christus, was im Himmel und auf Erden ist« (Epheser 1,10; LUT).

»Alles« ist ein weiter und umfassender Begriff – nichts wird ausgelassen. Dieser Vers entspricht genau dem Höhepunkt der

Geschichte, den wir in Offenbarung 21 verwirklicht sehen, nämlich der Vereinigung der einst getrennten Bereiche des Himmels und der Erde unter der Herrschaft von Christus.

Wie Gott und die Menschen in Christus versöhnt sind, so werden auch die Wohnungen Gottes und der Menschen – Himmel und Erde – in Christus versöhnt werden. Weniger zu behaupten wäre eine bewusste Minderung des Erlösungswerks von Christus. Doch seltsamerweise wird in den Ausbildungsstätten und in den christlichen Gemeinden, zu denen ich gehörte, diese Kernwahrheit selten dargestellt.

Der Himmel ist Gottes Wohnung. Die Erde ist unsere Wohnung. Jesus Christus verbindet als Gottmensch für immer Gott und die Menschen und verbindet deshalb auf immer den Himmel und die Erde. Epheser 1,10 macht klar, dass die Vorstellung von der Vereinigung der Erde und des Himmels wirklich biblisch ist. Christus wird die Erde zum Himmel und den Himmel zur Erde machen. Wie die Wand, die Gott und die Menschen trennt, in Jesus abgerissen wird, so wird die Wand, die den Himmel und die Erde trennt, für immer niedergerissen. Es wird ein einziges Universum geben, und alles im Himmel und auf der Erde wird zusammen Jesus Christus unterstellt.

»Siehe, die Wohnung Gottes ist nun bei den Menschen. Er wird bei ihnen wohnen« (Offenbarung 21,3). Auf der neuen Erde wird Gott bei uns wohnen. Dadurch wird »alles zusammengefasst …, was im Himmel und auf Erden ist«.

Als Gott mit Adam und Eva im Garten Umgang pflegte, war die Erde eine Art Hinterhof des Himmels. Die neue Erde wird mehr als das sein – sie wird der Himmel selbst sein. Und diejenigen, die Jesus kennen, werden das Vorrecht haben, dort zu leben.

Wer wird über die Erde herrschen?

Das Geschick der Erde steht auf dem Spiel. Da die Erde der Bereich ist, in dem Gottes Ehre am meisten infrage gestellt und wo ihr am meisten entgegengearbeitet wurde, ist die Erde auch der Ort, an dem Gottes Herrlichkeit deutlicher wird als anderswo. Gott wird sein Ziel, sich selbst Ehre zu verschaffen, dadurch erreichen, dass er erneut Anspruch auf die Erde erhebt, sie wiederherstellt, erneuert und auferstehen lässt – und indem er einer wiedergeborenen Menschheit die Macht gibt, über diese Erde zu herrschen.

Christus wird der unbestrittene, absolute Herrscher des Universums sein; dann wird er das Reich, das er gewonnen hat, seinem Vater übergeben (1. Korinther 15,28). Erlöste Menschen werden Gottes unbestrittene, bevollmächtigte Herrscher auf der neuen Erde sein. Gott und die Menschen werden in ewiger Freude zusammenwohnen und ihre Beziehung ständig vertiefen, während die Herrlichkeit Gottes jeden Winkel der neuen Schöpfung durchdringt.

Der zweite Adam besiegt Satan

Im Garten Eden führte Satan den ersten Adam erfolgreich in Versuchung. Die theologischen Folgen von Adams Sünde (und das Erlösungswerk des zweiten Adams, Jesus Christus, dem jetzt die Menschheit unterstellt ist) werden in Römer 5,12-19 erklärt. Als Satan den zweiten Adam in der Wüste versuchte (zu der der Garten Eden geworden war), hat Christus ihm widerstanden. Doch der Böse bemühte sich verzweifelt weiter, Christus zu besiegen, ihn zu töten, wie er es mit dem ersten Adam getan hatte (Matthäus 4,1-11; Lukas 4,1-13).

Als der zweite Adam starb, sah es so aus, als hätte Satan gewonnen. Doch Jesus starb nicht wegen seiner Sünde. Er starb, weil er sich als Gottes Sohn dazu bereit erklärt hatte, den Preis für die Sünden der Menschheit zu zahlen, angefangen vom ersten Adam bis hin zur letzten Generation der gefallenen Erde. Satans scheinbarer Sieg beim Tod von Jesus bedeutete in Wirklichkeit die endgültige Niederlage des Teufels. Als Christus von den Toten auferstand, versetzte er dem Satan einen tödlichen Schlag, zertrümmerte ihm den Kopf und stellte dadurch sowohl die Vernichtung Satans als auch die Auferstehung der Menschen und der Erde sicher. Satan hat die Welt jetzt weniger fest im Griff. Er hält sie noch, doch wenn er einmal in den Feuersee geworfen ist und wenn Gott die alte Erde zur neuen Erde umgestaltet hat, dann werden die Menschen und die Erde für immer den begehrlichen Händen Satans entgleiten und nie wieder von ihm berührt werden (Offenbarung 20,10).

Christus hat Satan bereits besiegt, doch das volle Ausmaß seines Sieges ist auf der Erde noch nicht sichtbar geworden. Bei der Auferstehung hat Gott Jesus »den Ehrenplatz an Gottes rechter Seite im Himmel gegeben ... Jetzt ist er als Herrscher eingesetzt über jede weltliche Regierung, Gewalt, Macht und jede Herrschaft und über alles andere, in dieser wie in der zukünftigen Welt. Gott hat alles der Herrschaft von Christus unterstellt und hat Christus als Herrn über die Gemeinde eingesetzt« (Epheser 1,20-22).

Diese Worte umfassen alles, und sie stehen in der Vergangenheitsform, nicht im Futur. Christus regiert das Universum. Und doch wird Satan erst bei der sichtbaren Wiederkunft Christi gebunden.

Das Leben auf der jetzigen Erde wird genau von diesem scheinbar widersprüchlichen »Schon-und-noch-nicht« gekennzeichnet. Der König des Himmels ist sogar jetzt »Herr über alle Herrscher der Erde« (Offenbarung 1,5). Christus wird ewig siegreich regieren. Die einzige Frage, die wir beantworten müssen, lautet: Werden wir auf seiner Seite kämpfen oder gegen ihn? Wir beantworten diese

Frage nicht nur einmal und nicht nur mit Worten, sondern jeden Tag durch die Entscheidungen, die wir treffen.

Die Aufhebung des Fluches

»Nichts wird je wieder unter einem Fluch stehen« (Offenbarung 22,3). Wenn die Bibel nichts anderes über das Leben im ewigen Himmel, der neuen Erde, berichten würde, enthielten auch diese Worte allein schon außerordentlich viel Information.

Wie würde unser Leben aussehen, wenn der Fluch weggenommen wäre? Eines Tages werden wir es erfahren, doch schon jetzt können wir vieles wissen.

Nachdem Adam gesündigt hatte, sprach Gott: Jetzt »soll der Ackerboden deinetwegen verflucht sein« (1. Mose 3,17). Wenn der Fluch aufgehoben ist, müssen wir uns nicht mehr »abmühen« (V. 17), sondern können eine befriedigende Arbeit genießen. Die Erde wird keine »Dornen und Disteln« (V. 18) mehr tragen, sie wird unserer Herrschaft nicht mehr Widerstand entgegensetzen. Wir werden nicht mehr »zum Erdboden« zurückkehren, von dem wir »genommen« wurden (V. 19), verschlungen in den Tod als ungerechte Haushalter, die sich selbst und die Erde zugrunde gerichtet haben.

Unser Wohlergehen ist untrennbar mit dem Wohlergehen der Erde verbunden. Weil die Menschheit verflucht wurde, musste auch die Erde verflucht werden, und deshalb wird auch die Erde auferstehen, wenn wir auferstehen. Der Fluch wird aufgehoben werden.

Als Folge des Fluches konnte der erste Adam nicht mehr vom Baum des Lebens essen, denn sonst hätte er vermutlich auf ewig im Zustand der Sünde leben müssen (1. Mose 3,22). Der Tod ist zwar selbst ein Fluch, war aber der einzige Ausweg, um dem Fluch zu entkommen – und das nur, weil Gott eine Möglichkeit eröffnete, den Tod zu besiegen und die Beziehung der Menschen zu ihm wiederherzustellen.

Christus kam, um den Fluch der Sünde und des Todes aufzuheben (Römer 8,2). Er ist der zweite Adam, der den Schaden, den der erste Adam angerichtet hat, aufhebt (1. Korinther 15,22.45; Römer 5,15-19). Durch Kreuz und Auferstehung ermöglichte Gott nicht nur die Wiederherstellung seines ursprünglichen Plans für die Menschheit, sondern auch dessen Erweiterung. In unserem Auferstehungskörper werden wir wieder auf der Erde wohnen – auf einer neuen Erde –, völlig frei vom Fluch. Unbelastet von Sünde werden die Taten der Menschen eine blühende und herrliche Kultur hervorbringen.

Unter dem Fluch wurde die menschliche Kultur nicht ausgelöscht, doch sie wurde durch Sünde, Tod und Verfall ernsthaft beschädigt. Vor dem Sündenfall stand reichlich Nahrung zur Verfügung, ohne dass man große Mühe dafür aufwenden musste. Es gab genügend Zeit, tief gehenden oder schöngeistigen Gedanken nachzugehen, nur zum Vergnügen zu arbeiten, Gott durch die Entwicklung von Fertigkeiten und Fähigkeiten Freude zu bereiten und zu verherrlichen. Seit dem Sündenfall leben und sterben Generationen, indem sie ihre besten Jahre damit verbringen, mühsam ihren Lebensunterhalt auf der Suche nach Nahrung und Kleidung, einem Dach über dem Kopf und Schutz gegen Diebstahl und Krieg zu sichern. Die Menschen werden von Krankheit und Sünde gequält und geschwächt. In ähnlicher Weise wurde unsere kulturelle Entwicklung gehemmt, verdreht und manchmal – aber nicht immer – fehlgeleitet.

Die Aufhebung des Fluches bedeutet, dass die Menschen, die Kultur, die Erde und das Universum wieder so werden, wie Gott sie geplant hat. Die Aufhebung des Fluches kostet einen schrecklichen Preis: »Doch Christus hat uns vom Fluch des Gesetzes gerettet; am

Kreuz nahm er den Fluch auf sich« (Galater 3,13). Gottes Gesetz zeigt uns, wie sehr wir das Ziel verfehlen. Doch Jesus nahm den Fluch der Sünde und den Zorn Gottes auf sich.

Die Aufhebung des Fluches wird so umfassend und durchgreifend sein wie das Erlösungswerk von Christus. Bei unserer Errettung hat Christus bereits einen Teil des Schadens in unserem Herzen geheilt, doch zum Schluss wird er seine ganze Schöpfung letztlich vollständig so wiederherstellen, wie Gott sie ursprünglich geplant hatte (Römer 8,19-21).

So weit der Fluch reicht

Jesus kam nicht nur, um unseren Geist vor der Verdammnis zu retten. Das wäre höchstens ein Teilsieg gewesen. Nein, er kam, um seine ganze Schöpfung vor dem Tod zu retten, nicht nur unseren Geist, sondern auch unseren Körper, nicht nur die Menschen, sondern auch die Erde, und nicht nur die Erde, sondern das ganze Universum.

Der Sieg Christi über den Fluch wird kein Teilsieg sein. Der Tod wird nicht nur verwundet vom Schlachtfeld humpeln. Er wird ausgerottet, völlig zerstört (Jesaja 25,7-8). Isaac Watts' großartiges Weihnachtslied *Joy to the World* drückt es theologisch treffend aus:

No more let sins and sorrows grow
Sünde und Schmerz nehmen ein Ende,
Nor thorns infest the ground;
der Boden bringt keine Dornen mehr hervor;
He comes to make His blessings flow
er kommt und lässt seinen Segen fließen,
Far as the curse is found.
so weit der Fluch reicht.

Gott wird den Fluch aufheben, nicht nur auf moralischer Ebene (in Bezug auf die Sünde) und nicht nur in psychologischer Hinsicht (in Bezug auf Schmerz und Leid), sondern auch greifbar und materiell (in Bezug auf die »Dornen« auf der Erde). Wie weit geht das Erlösungswerk von Christus? *So weit der Fluch reicht.* Wenn die Erlösung nicht bis zu den äußersten Grenzen des Fluches reichen würde, wäre sie unvollständig. Der Gott, der die Welt mit Wahrheit und Gnade regiert, gibt sich nicht zufrieden, solange nicht mit jeder Sünde, mit jedem Leid und mit jedem »Dorn« abgerechnet ist.

Gemäß reformatorischer Tradition ist Albert Wolters der Auffassung, dass die Erlösung unermesslich weit reicht:

> Der Glaube der Bibel ... sieht den gesamten Verlauf der Geschichte als das Fortschreiten von einem Garten zu einer Stadt und verstärkt diese Bewegung. ... Die Erlösung von Jesus Christus reicht so weit wie der Sündenfall. Der Horizont der Schöpfung ist gleichzeitig der Horizont sowohl der Sünde als auch der Errettung. Wenn man der Meinung ist, dass der Sündenfall oder das Erlösungswerk von Christus weniger einschließt als die ganze Schöpfung, verwässert man die biblische Lehre, die von dem alles umfassenden Sündenfall und der kosmischen Reichweite der Erlösung spricht.[2]

Jesus kam nicht nur, um die Menschen vor der endgültigen Zerstörung zu retten. Er kam auch, um das ganze Universum vor der endgültigen Zerstörung zu retten. Er wird unsere sterbende Erde in eine lebensprühende neue Erde verwandeln, eine Erde, die frisch und unbefleckt ist und nicht mehr unter dem Joch des Todes und der Zerstörung steht. Wir haben die Erde noch nie so gesehen, wie Gott sie geschaffen hat. So, wie wir unseren Planeten kennen, ist er ein ungenaues Abbild des Originals, in gebrochenen Farben. Doch dieses Bild reizt unsere Neugier auf die neue Erde. Wenn die gegenwärtige Erde schon so schön und wunderbar ist, obwohl sie durch den Fluch beschädigt wurde, und wenn schon unser Körper, der durch den Fluch angeschlagen ist, zuweilen von einem Gefühl für die Schönheit und Wunder der Erde überwältigt werden kann, wie großartig muss dann erst die neue Erde sein?! Und wie wird es sein, die neue Erde in etwas zu erleben, das wir nie gekannt haben: in einem vollkommenen Körper?

Ohne Christus wären sowohl die Erde als auch die Menschen verloren. Doch Christus kam, starb und stand aus dem Grab auf. Er brachte Erlösung, nicht Zerstörung. Um seinetwillen sind wir nicht verloren, und um seinetwillen ist auch die Erde nicht verloren.

Die Erde kann nicht dadurch vom Fluch erlöst werden, dass sie zerstört wird. Sie kann nur durch ihre Auferstehung erlöst werden.

Die Erwartung der Auferstehung

11

Warum ist die Auferstehung so wichtig?

Macht euch nichts vor: Erstand Er überhaupt, dann als Sein Leib; wenn nicht der Zelltod sich umkehrte, Moleküle sich neu verbanden, Aminosäuren neu erglühten, wird die Kirche fallen.
Lasst uns nicht Gottes spotten mit Metapher, Analogie, ausweichender Transzendenz, das Ereignis zur Parabel machen, zum Zeichen, gemalt auf die verblasste Leichtgläubigkeit früherer Zeiten: Gehen wir durch die Tür.
John Updike[1]

Das wichtigste christliche Glaubensbekenntnis lautet: »Ich glaube an die Auferstehung des Fleisches.« Doch bei vielen Gesprächen habe ich den Eindruck gewonnen, dass Christen dazu neigen, die Auferstehung der Toten im übertragenen Sinne zu deuten, ja sogar zu verneinen. Sie lehnen die Auferstehung als Lehre nicht ab, aber sie verneinen ihre wesentliche Bedeutung: eine dauerhafte Rückkehr zu einer körperlichen Existenz in einem materiellen Universum.

Die biblische Lehre von der Auferstehung der Toten beginnt mit dem menschlichen Körper, geht aber weit über ihn hinaus. R. A. Torrey schreibt: »In der künftigen Welt werden wir keine körperlosen Geister, sondern erlöste Geister in erlösten Körpern in einem erlösten Universum sein.«[2] In 1. Mose 2,7 steht: »Da formte Gott der Herr aus der Erde den Menschen und blies ihm den Atem des Lebens in die Nase. So wurde der Mensch lebendig.« Das hebräische Wort für »lebendig« lautet *näfäsch*, ein Wort, das oft mit »Seele« übersetzt wird. Adam wurde *näfäsch*, als Gott seinen Körper (Erde) und Geist (Atem) miteinander verband. Adam war erst dann ein lebendiger Mensch, als er sowohl materielle (körperliche) als auch immaterielle (geistige/geistliche) Anteile hatte. Das Wesen des Menschen ist deshalb nicht nur Geist, sondern Geist in Verbindung mit einem Körper. Unser Körper ist nicht nur eine Wohnung für unser Ich – er ist genauso ein Teil von uns wie unser Geist.

Wenn wir diesen Gedanken für falsch halten, dann liegt es daran, dass wir tief vom Christoplatonismus beeinflusst sind. Vom Standpunkt des Christoplatonismus aus bewohnt unsere Seele nur unseren Körper, so wie ein Einsiedlerkrebs in einer Schale wohnt. Sie könnte aber natürlich – oder sogar idealerweise – auch in einem körperlosen Zustand leben.

Die Bibel hat eine völlig andere Sicht vom Menschen. In ihr lesen wir, dass Gott unseren Körper als wesentlichen Bestand teil unseres Wesens gedacht hat. Unser Körper ist ein wichtiger Teil unserer Person, nicht nur eine Schale, die von unserem Geist bewohnt wird.

Der Tod ist ein widernatürlicher Zustand, weil er das auseinanderreißt, was Gott geschaffen und zusammengefügt hat. Gott wollte, dass unser Körper so lange besteht wie unsere Seele. Unser Wesen beruht auf der Vereinigung von Körper und Geist. Deshalb ist die körperliche Auferstehung der Toten so wesentlich. Und deshalb freut sich Hiob, dass er Gott in seinem Fleisch schauen wird (Hiob 19,26).

Gott hat Jesus auf die Erde geschickt, damit er für unseren Körper und für unseren Geist stirbt. Er ist nicht nur gekommen, um den »Atem des Lebens« (Geist) zu erlösen, sondern auch »den Staub der Erde« (Körper). Wenn wir sterben, geht nicht unser »wirkliches Ich« in den Zwischenhimmel und unser »falsches Ich« ins Grab; vielmehr geht ein Teil von uns in den Zwischenhimmel und ein Teil von uns ins Grab, um auf die Auferstehung des Körpers zu warten. Erst wenn Körper und Geist bei der Auferstehung wieder vereint sind, werden wir ganz so sein, wie Gott uns geplant hat.

Jede Auffassung über das Leben nach dem Tod, die sich mit weniger als einer körperlichen Auferstehung zufriedengibt – einschließlich Christoplatonismus, Reinkarnation und Seelenwanderung –, ist eindeutig unchristlich. Die Urkirche hat mit Nachdruck gegen die Gnostik und den Manichäismus gekämpft, dualistische Weltanschauungen, die Gott mit dem geistlichen Bereich des Lichts und Satan mit der materiellen Welt der Finsternis in Zusammenhang brachten. Diese Irrlehren standen im Widerspruch zur Bibel, die sagt, dass Gott an dem gesamten materiellen Bereich, den er geschaffen hatte, Gefallen fand und ihn »sehr gut« nannte (1. Mose 1,31). Die Botschaft von der Auferstehung Christi stellte sich gegen die Philosophien der Gnostik und des Manichäismus. Dennoch ist es zweitausend Jahre später diesen hartnäckigen Irrlehren gelungen, unsere Theologie des Himmels zu überwältigen.

Zum Teil liegt unsere falsche Vorstellung von der körperlichen Auferstehung darin begründet, dass wir nicht verstehen, in welcher Umgebung auferstandene Menschen leben werden, nämlich auf der neuen Erde. Anthony Hoekema hat recht: »Auferstandene Körper sind nicht dafür gedacht, im Raum zu schweben oder von Wolke zu Wolke zu flattern. Sie verlangen nach einer *neuen Erde*, auf der sie zur Verherrlichung Gottes leben und arbeiten. Die Lehre von der Auferstehung des Körpers ist ohne die Lehre von einer neuen Erde tatsächlich völlig sinnlos.«[3]

Es geht um Kontinuität

Paulus sagt, dass wir immer noch in unseren Sünden gefangen wären, wenn Christus nicht von den Toten auferstanden wäre (1. Korinther 15,17), was bedeutet, dass wir auf dem Weg in die Hölle, nicht in den Himmel wären.

Paulus sagt nicht, dass das Leben als Christ vergeblich wäre, wenn es keinen Himmel gäbe. Er sagt, dass die Hoffnung der Christen trügerisch wäre und dass wir zu bemitleiden wären, wenn wir unseren Glauben auf Christus setzen, es aber keine Auferstehung der Toten gäbe. Paulus hat kein Interesse an einem Himmel, der nur für den Geist des Menschen bestimmt ist. Es ist kein Wunschdenken, wenn wir uns tief im Herzen ein auferstandenes Leben auf einer auferstandenen Erde anstelle einer körperlosen Existenz in einem geistlichen Bereich wünschen. Wir verspüren diesen Wunsch vielmehr genau deshalb, weil Gott vorhat, dass wir zu einem neuen Leben auf der neuen Erde auferweckt werden. Gott hat uns so geschaffen, dass wir uns das wünschen, wozu wir geschaffen wurden. Gott ist es, der »die Ewigkeit in ihr [der Menschen] Herz gelegt« hat (Prediger 3,11; LUT). Und unsere körperliche Auferstehung ermöglicht es uns, zu einem Leben auf der Erde zurückzukehren – dieses Mal befreit von der Sünde und vom Fluch.

»Das bedeutet aber, wer mit Christus lebt, wird ein neuer Mensch. Er ist nicht mehr derselbe, denn sein altes Leben ist vorbei. Ein neues Leben hat begonnen« (2. Korinther 5,17). Ein neuer Mensch werden klingt nach einer radikalen Veränderung, und das ist es auch. Doch obwohl wir neue Menschen werden, wenn wir zu Christus kommen, bleiben wir trotzdem noch dieselben Menschen.

Als ich als Gymnasiast zu Christus kam, wurde ich ein neuer Mensch, doch ich war immer noch der, der ich war. Meine Mutter entdeckte viele Veränderungen bei mir, aber sie erkannte mich noch.

Sie sagte immer noch: »Guten Morgen, Randy!«, nicht: »Wer sind denn *Sie*?« Ich war immer noch Randy Alcorn, doch ein wesentlich veränderter Randy Alcorn. Derselbe Randy wird bei seinem Tod eine weitere Veränderung durchmachen und bei der Auferstehung der Toten noch einen weiteren Wandel. Aber durch all diese Veränderungen hindurch werde ich immer noch der bleiben, der ich war und der ich bin. Zwischen diesem Leben und dem nächsten herrscht Kontinuität. Umwandlung bedeutet nicht, dass das Alte beseitigt, sondern dass es umgeformt wird. Trotz der durchgreifenden Änderungen, die durch die Errettung, den Tod und die Auferstehung stattfinden, bleiben wir, wer wir sind. Wir haben dieselbe Geschichte, dasselbe Aussehen, dasselbe Gedächtnis, dieselben Interessen und Fertigkeiten. Das ist der Grundsatz der Kontinuität der Erlösung. Gott wird seine ursprüngliche Schöpfung nicht »verschrotten« und von vorn beginnen. Stattdessen wird er seine gefallenen, verdorbenen Kinder nehmen und sie so wiederherstellen und erneuern, dass sie seinem ursprünglichen Plan entsprechen.

Der Theologe Herman Bavinck vertrat die Ansicht, dass eine ähnliche Kontinuität auch zwischen der alten und der neuen Erde besteht:

> Gottes Ehre besteht genau darin, dass er dieselben Menschen, dieselbe Welt, denselben Himmel und dieselbe Erde, die durch Sünde verdorben und beschmutzt wurden, erlöst und erneuert. Wie jeder, der mit Christus lebt, ein neuer Mensch ist, dessen altes Leben vorbei ist und der ein neues Leben begonnen hat (2. Korinther 5,17), so vergeht auch diese Welt in ihrer gegenwärtigen Form, damit sie auf Gottes Machtwort hin eine neue Welt hervorbringen kann.[4]

Die neue Erde wird immer noch die Erde sein, aber eine veränderte Erde. Sie wird umgewandelt, sie wird auferstehen, aber sie wird immer noch die Erde sein und als solche auch wiederzuerkennen sein. So wie diejenigen, die durch die Errettung wiedergeboren wurden, in Kontinuität mit dem Menschen bleiben, der sie waren, so wird auch die neue Welt in Kontinuität mit der alten Welt wiedergeboren werden (Matthäus 19,28). Wenn wir den Grundsatz der Kontinuität bei der Erlösung nicht begreifen, können wir das Wesen unserer Auferstehung nicht verstehen. »Es muss eine Kontinuität herrschen«, schreibt Anthony Hoekema, »denn sonst wäre es müßig, überhaupt von einer Auferstehung zu sprechen. Vollständig neue Menschen ins Leben zu rufen, die ganz anders als die jetzigen Bewohner der Erde sind, wäre keine Auferstehung.«[5]

Paulus sagt in 1. Korinther 15,53: »Denn unser vergänglicher Körper muss in einen himmlischen Körper verwandelt werden, der nicht mehr sterben wird.« Dieses (das Vergängliche und Sterbliche) wird in jenes verwandelt (das Unvergängliche und Unsterbliche). Ähnlich werden wir, dieselben Menschen, die auf dieser Erde leben, auf der neuen Erde leben. »Und so werden wir bei dem Herrn sein allezeit« (1. Thessalonicher 4,17; LUT).

Unser neuer Körper

Das leere Grab ist der endgültige Beweis dafür, dass der Auferstehungskörper Christi derselbe Körper war, der am Kreuz gestorben ist. Würde Auferstehung die Schaffung eines neuen Körpers bedeuten, wäre der ursprüngliche Körper von Christus im Grab geblieben. Als Jesus nach seiner Auferstehung zu seinen Jüngern sagte: »Ich bin's«, betonte er, dass er die Person war – Geist *und* Körper –, die ans Kreuz gegangen war (Lukas 24,39). Seine Jünger sahen die Wunden der Kreuzigung, unverkennbare Beweise dafür, dass es derselbe Körper war.

Jesus sagte: »Zerstört diesen Tempel, und in drei Tagen werde ich ihn wieder aufbauen« (Johannes 2,19). Johannes stellt klar, dass Jesus »mit diesem Tempel seinen eigenen Körper gemeint« hat (V. 21). Der Körper, der auferstanden ist, war der Körper, der zerstört worden war. Deshalb folgert Hank Hanegraaff: »Der Körper von Christus, der gestorben ist, und der Körper, der auferstanden ist, entsprechen sich eins zu eins.«[6]

Der *Große Katechismus* von Westminster (1647) kristallisiert die rechtmäßige Lehre in einzigartiger Weise heraus: »Dieselben Körper der Toten, die in das Grab gelegt wurden, werden wieder für immer mit ihren Seelen vereint und durch die Macht Christi auferweckt.«[7] Im Bekenntnis von Westminster, einem der großartigsten Glaubensbekenntnisse des christlichen Glaubens, heißt es: »Alle Toten werden auferweckt, mit eben demselben Körper und keinem anderen.«[8]

»Mit eben demselben Körper« – das ist die Lehre von der Kontinuität durch die Auferstehung hindurch.

Die grundlegendste Wahrheit über unseren auferstandenen Körper lautet also: Es ist derselbe Körper, den Gott für uns geschaffen hat, doch er wird zu größerer Vollkommenheit auferweckt, als wir je an ihm gekannt haben. Wir wissen natürlich nicht alles über diesen Körper, doch wir wissen recht viel. Die Bibel lässt uns über unseren Auferstehungskörper nicht im Dunkeln.

Da jeder von uns einen Körper hat, haben wir bereits den besten Bezugspunkt für die Vorstellung von einem neuen Körper. Hier muss ich an das neueste Update meiner Textverarbeitungs-Software denken. Als ich hörte, dass es ein Update gibt, habe ich doch nicht gesagt: »Ich habe keine Ahnung, wie es sein wird.« Ich wusste, dass es zum größten Teil so wie das alte Programm sein würde, nur besser. Natürlich hat es auch einige neue Merkmale, die ich nicht erwartet hatte, über die ich jedoch froh bin. Doch selbstverständlich erkenne ich es als dasselbe Programm, das ich schon seit zehn Jahren benutze. In ähnlicher Weise wird unser Auferstehungskörper einige angenehme Überraschungen zu bieten haben, aber im Wesentlichen wissen wir, wie er sein wird.

Das Leben von Christus nach der Auferstehung ist ein Modell für unser Leben nach der Auferstehung

Wir wissen nicht nur, wie unser jetziger Körper aussieht, wir finden in der Bibel auch ein Beispiel dafür, wie ein Auferstehungskörper aussieht. Wir erfahren viel über den auferstandenen Körper von Christus, und uns wird gesagt, dass unser Körper so wie seiner sein wird.

- »Jesus Christus, der Herr, … wird unseren schwachen, sterblichen Körper verwandeln, sodass er seinem verherrlichten Körper entspricht« (Philipper 3,20-21).
- »Meine lieben Freunde, wir sind schon jetzt die Kinder Gottes, und wie wir sein werden, wenn Christus wiederkommt, das können wir uns nicht einmal vorstellen. Aber wir wissen, dass wir bei seiner Wiederkehr sein werden wie er, denn wir werden ihn sehen, wie er wirklich ist« (1. Johannes 3,2).
- »So wie wir jetzt dem irdischen Menschen, Adam, gleichen, so entsprechen wir eines Tages dem himmlischen Menschen, Christus« (1. Korinther 15,49).

Obwohl Jesus in seinem auferstandenen Körper verkündete, dass er kein Geist ist (Lukas 24,39), glauben zahlreiche Christen, dass sie im ewigen Himmel ein Geist sein werden. Ich weiß es, weil ich mit vielen von ihnen gesprochen habe. Sie glauben, dass sie ein körperloser Geist sein werden oder eine Geistererscheinung. Ihnen ist der großartige Sieg von Jesu Auferstehung unfassbar, ein Sieg, der den Kosmos erschüttert hat – ein konkreter Triumph über einen konkreten Tod in einer materiellen Welt. Wäre Jesus ein Geist gewesen und würden *wir* Geister werden, dann *wäre die Erlösung nicht vollendet.*

In seinem Auferstehungskörper lebte Jesus vierzig Tage lang auf der Erde und zeigte uns, wie wir als auferstandene Menschen leben werden. In der Tat zeigte er auch, wo wir als auferstandene Menschen leben werden: auf der Erde. Der Auferstehungskörper von Christus war für das Leben auf der Erde geeignet und nicht in erster Linie für ein Leben im Zwischenhimmel. Wie Jesus auferweckt wurde, um auf die Erde zurückzukommen und dort zu leben, so werden auch wir auferweckt werden, um auf die Erde zurückzukommen und dort zu leben (1. Thessalonicher 4,14; Offenbarung 21,1-3).

Auf der Straße nach Emmaus wanderte und sprach der auferstandene Jesus mit zwei Jüngern (Lukas 24,13-35). Sie stellten ihm Fragen, er erklärte ihnen, was sie nicht verstanden hatten, und vertiefte ihr Verständnis der Heiligen Schrift. Sie sahen nichts Besonderes an ihm, das auf seine Identität hinweisen konnte, bis ihnen die Augen aufgingen (V. 31). Das deutet darauf hin, dass Gott verhinderte, dass sie Jesus früher erkannten, was sie sonst gewiss getan hätten. Das Entscheidende ist, dass ihnen nichts auffiel. Sie sahen den auferstandenen Jesus als normalen, gewöhnlichen Menschen. Seine Fußsohlen schwebten nicht über dem Boden, er wanderte wie jeder andere Mensch.

Wir wissen, dass der auferstandene Christus wie ein Mann aussah, weil Maria ihn »Herr« nannte, als sie dachte, er sei der Gärtner (Johannes 20,15). Nach seiner Auferstehung verbrachte Jesus ganz normale Momente mit seinen Jüngern. Einmal stand er früh am Morgen in einiger Entfernung »am Ufer« (Johannes 21,4). Er schwebte nicht über das Wasser, er ging auch nicht über das Wasser, obwohl er es gekonnt hätte. Er stand da und rief den Jüngern etwas zu (V. 5). Offensichtlich klang seine Stimme menschlich, denn sie ertönte über dem Wasser, und die Jünger hatten keinen Zweifel daran, dass es sich um eine menschliche Stimme handelte. Als Jesus den Jüngern bei einer anderen Gelegenheit erschien, trat sein Auferstehungskörper nahtlos mit den sterblichen Körpern der Jünger in Kontakt (Johannes 20,19-23). Nichts weist darauf hin, dass seine Kleidung seltsam war oder dass ein Heiligenschein um seinen Kopf schwebte. Er näherte sich ihnen so sehr, dass er sie anhauchen konnte (V. 22).

Andererseits erschien Jesus plötzlich in dem Raum, in dem sich die Jünger trafen, obwohl die Türen verschlossen waren (V. 19). Man konnte den Körper von Jesus berühren, sich an ihn festklammern, er konnte essen, und doch konnte er offensichtlich auch wie ein Geist erscheinen und verschwinden. Wie ist das möglich? Könnte es sein, dass ein Auferstehungskörper so strukturiert ist, dass seine Moleküle durch Feststoffe dringen können oder dass er plötzlich sichtbar oder unsichtbar werden kann?

Wenn wir den auferstandenen Christus beobachten, erfahren wir nicht nur etwas über einen auferstandenen Körper, sondern auch etwas über auferstandene Beziehungen. Christus tauscht mit seinen Jüngern Gedanken aus und zeigt seine Liebe zu ihnen als Gruppe und als Einzelne. Er unterweist sie und betraut sie mit einer Aufgabe (Apostelgeschichte 1,4-8). Wenn man untersucht, wie er mit Maria Magdalena (Johannes 20,11-18), Thomas (20,24-29) und Petrus (21,15-22) umging, so erkennt man, dass er vor seinem Sterben mit diesen Menschen sehr ähnlich umgegangen war. Dass Jesus seine Beziehungen da wieder anknüpfte, wo er sie beendet hatte, lässt uns ahnen, wie unser eigenes Leben nach der Auferstehung aussehen wird. Wir werden eine Kontinuität zwischen unserem jetzigen Leben und unserem auferstandenen Leben erfahren und dieselben Erinnerungen und Beziehungen haben.

Wenn uns klar wird, dass die Auferstehung von Jesus der Prototyp für die Auferstehung der Menschen und der Erde ist, erkennen wir, dass uns die Bibel einen Präzedenzfall liefert, mit dem wir Stellen über die Auferstehung der Menschen und das Leben auf der neuen Erde erklären können. Sollten wir nicht Bibelstellen, die auf das Leben auferstandener Menschen auf der neuen Erde hinweisen, genauso wörtlich verstehen wie Bibelstellen über das Leben des auferstandenen Christus während der vierzig Tage, die er auf der alten Erde verbrachte?

Die Zusage eines unvergänglichen Körpers

Über den Auferstehungskörper sagt Paulus: »Es wird gesät verweslich und wird auferstehen unverweslich. Es wird gesät in Niedrigkeit und wird auferstehen in Herrlichkeit. Es wird gesät in Armseligkeit und wird auferstehen in Kraft. Es wird gesät ein natürlicher Leib und wird auferstehen ein geistlicher Leib. Gibt es einen natürlichen Leib, so gibt es auch einen geistlichen Leib« (1. Korinther 15,42-44; LUT).

Die folgende Tabelle fasst die in diesem Vers aufgezeigten Gegensätze zusammen:

Irdischer Körper	Auferstehungskörper
gesät verweslich	auferstehen unverweslich
gesät in Niedrigkeit	auferstehen in Herrlichkeit
gesät in Armseligkeit	auferstehen in Kraft
gesät ein natürlicher Leib	auferstehen ein geistlicher Körper

Wenn Paulus den Begriff »geistlicher Körper« (1. Korinther 15,44) benutzt, spricht er nicht von einem Körper, der aus Geist besteht, oder von einem unstofflichen Körper – so etwas gibt es nicht. Ein *Körper* ist etwas Stoffliches: Fleisch und Knochen. Das Wort *geistlich* ist hier ein Adjektiv, das einen *Körper* beschreibt und ihm nicht seine Bedeutung als Körper aberkennt. Ein geistlicher Körper ist in erster Linie ein wirklicher Körper, sonst könnte man ihn nicht Körper nennen. Paulus hätte einfach sagen können: »Es wird ein natürlicher Körper gesät und ein Geist auferstehen«, wenn dies der Fall wäre. Wenn man vom Auferstehungskörper Christi ausgeht, so scheint es, dass ein geistlicher Körper die meiste Zeit so wie ein normaler stofflicher Körper aussieht und handelt, mit der Ausnahme, dass der geistliche Körper bestimmte metaphysische Kräfte hat, das heißt Kräfte, die über normale körperliche Fähigkeiten hinausgehen.

Paulus fährt fort: »So wie wir jetzt dem irdischen Menschen, Adam, gleichen, so entsprechen wir eines Tages dem himmlischen Menschen, Christus. Was ich damit sagen will, liebe Brüder, ist, dass Fleisch und Blut das Reich Gottes nicht erben können. Der vergängliche Körper, den wir jetzt haben, kann nicht ewig leben … [Wir] werden verwandelt werden, sodass wir nie mehr sterben. Denn unser vergänglicher irdischer Körper muss in einen himmlischen Körper verwandelt werden, der nicht mehr sterben wird. Wenn dies geschieht – wenn unsere vergänglichen, irdischen Körper in unvergängliche, himmlische Körper verwandelt sind –, dann wird sich das Schriftwort erfüllen: ›Der Tod wurde verschlungen vom Sieg. Tod, wo ist dein Sieg? Tod, wo ist dein Stachel?‹« (1. Korinther 15,54-55).

Wenn Paulus sagt, dass »Fleisch und Blut das Reich Gottes nicht erben können«, bezieht er sich auf unser Fleisch und Blut in dem Zustand, in dem sie jetzt sind: verflucht und unter der Sünde. Unser jetziger Körper ist gefallen und zerstörbar, aber unser künftiger Körper, der dennoch Körper im vollsten Sinne des Wortes sein wird, wird von der Sünde unberührt und unzerstörbar sein. Er wird wie der Auferstehungskörper Christi sein – sowohl stofflich als auch unzerstörbar.

Viele von uns freuen sich jetzt mehr auf den Himmel als zu einer Zeit, als unser Körper noch gesund und frisch war. Joni Eareckson Tada drückt dies treffend aus: »Irgendwo in meinem gebrochenen, gelähmten Körper steckt der Same dessen, was ich einmal sein werde. Die Lähmung lässt das, was ich einmal sein werde, noch großartiger erscheinen, wenn man die zurückgebildeten, nutzlosen Beine mit prächtigen auferstandenen Beinen kontrastiert. Ich bin überzeugt, falls es im Himmel Spiegel gibt (und warum eigentlich nicht?), dann werde ich in meinem Spiegelbild unverkennbar ›Joni‹ sehen, wenn auch eine wesentlich bessere, prächtigere ›Joni‹.«[9]

Auch wenn Ihr Körper verfällt, liegt in ihm der Entwurf für Ihren Auferstehungskörper. Sie sind vielleicht mit Ihrem jetzigen Körper und Ihrer jetzigen psychischen Verfassung nicht zufrieden – doch von den Auferstehungs-Updates werden Sie begeistert sein. Mit ihnen werden Sie Gott besser dienen und verherrlichen können und sich eine Ewigkeit lang an den Wundern erfreuen, die er für Sie bereithält.

12

Warum wartet die ganze Schöpfung auf unsere Auferstehung?

Das Reich Gottes … ist nicht nur die Errettung gewisser Personen und auch nicht die Errettung einer ausgewählten Gruppe von Menschen. Das Reich Gottes ist nichts weniger als die vollständige Erneuerung des gesamten Kosmos, eine Erneuerung, deren Höhepunkt der neue Himmel und die neue Erde ist.
Anthony Hoekema

Das Evangelium ist viel umfassender, als die meisten von uns es sich vorstellen können. Es ist nicht nur eine gute Botschaft für uns – es ist eine gute Botschaft für alle Tiere, Pflanzen, Sterne und Planeten. Es ist eine gute Botschaft für den Himmel über uns und die Erde unter uns. Albert Wolters schreibt: »Die Erlösung in Jesus Christus ist die Wiederherstellung einer ursprünglich guten Schöpfung.«[1]

Eine weitreichendere Auffassung von der Erlösung

Die meisten von uns sehen die Erlösung viel zu eng. Deshalb kommen wir auf den falschen Gedanken, dass der Himmel völlig anders als die Erde sein muss – weil wir der Ansicht sind, dass die Erde schlecht, unverbesserlich und hoffnungslos verloren ist. »Die Lehre, dass die neue Schöpfung einem radikalen Neubeginn gleichkommt«, schreibt der Theologe Cornelius Venema, »würde jedoch bedeuten, dass die Sünde und das Böse so sehr Teil des inneren Wesens der gegenwärtigen Schöpfungsordnung sind, dass diese unheilbar und von Grund auf böse geworden ist.«[2]

Wir sollten aber nicht vergessen, dass Gott die ursprüngliche Erde – die Erde, so wie er sie geplant hatte – »sehr gut« nannte (1. Mose 1,31).

Wir können die ganze Breite und Tiefe des Erlösungswerks von Christus nicht erfassen, solange wir glauben, dass es nur für die Menschen gilt. In Kolosser 1,16-20 lesen wir:

> Durch ihn [Jesus] hat Gott *alles* erschaffen, was *im Himmel und auf der Erde* ist. Er machte alles, was wir sehen, und das, was wir nicht sehen können, ob Könige, Reiche, Herrscher oder Gewalten. *Alles* ist durch ihn und für ihn erschaffen. Er war da, noch bevor *alles* andere begann, und er hält die *ganze* Schöpfung zusammen. Christus ist das Haupt der Gemeinde, und die Gemeinde ist sein Leib. Er ist der Anfang und als Erster von den Toten auferstanden, damit er in *allem* der Erste ist. Denn Gott wollte in seiner ganzen Fülle in Christus wohnen. Durch ihn hat er *alles* mit sich selbst versöhnt. Durch sein Blut am Kreuz schloss er Frieden mit *allem, was im Himmel und auf der Erde ist.*

Gott wollte *alles, was im Himmel und auf der Erde ist*, mit sich versöhnen. Die Bedeutung des griechischen Wortes für »alles«, *ta panta*, ist äußerst umfassend.[3]

In seiner Umschreibung von Kolosser 1,18-20 in *The Message* drückt Eugene Peterson die allumfassenden Auswirkungen des Erlösungswerks von Christus treffend aus:

> Am Anfang war er der Höchste, und als Anführer des Triumphzuges der Auferstandenen ist er auch am Ende der Höchste. Von Anfang bis zum Ende ist er da, hoch

> erhaben über allem und jedem. Er ist so groß, dass alles, was zu Gott gehört, seinen Platz in ihm findet. In ihm gibt es keine Enge. Doch damit ist es nicht genug: All die zerbrochenen und nicht mehr an ihrem richtigen Platz befindlichen Teile des Universums – Menschen und Dinge, Tiere und Atome – werden wieder in die Ordnung gebracht und in einer Art pulsierender Harmonie zusammengefügt – alles wegen seines Todes und seines Blutes, das am Kreuz vergossen wurde.

Die Kraft der Auferstehung Christi ist nicht nur für unsere Erneuerung stark genug, sondern auch für die Erneuerung eines jeden Zentimeters des Universums – für Berge, Flüsse, Pflanzen, Tiere, Sterne, Spiralnebel, Quasare und Galaxien. Das Erlösungswerk Christi ist eine atemberaubende Bestätigung von Gottes Größe, die uns zu Bewunderung und zum Lob Gottes anregen kann.

Die ganze Schöpfung wartet sehnsüchtig

Haben Sie schon einmal die Unruhe der Schöpfung verspürt? Fühlen Sie die Einsamkeit des Waldes, das Aufgewühltsein des Meeres? Hören Sie eine Sehnsucht in den Schreien der Wale? Trotz Spuren von Schönheit und Freude ist auf dieser Erde etwas ganz offensichtlich nicht in Ordnung. Nicht nur Gottes Geschöpfe, auch die unbelebten Dinge scheinen es zu spüren. Doch es gibt auch Hoffnung, die nach einem strengen Winter im Frühling sichtbar wird. Martin Luther hat es so formuliert: »Unser Herr hat die Zusage der Auferstehung nicht nur in Bücher geschrieben, sondern auf jedes Blatt im Frühling.«[4] Die Schöpfung hofft auf die *Auferstehung*, ja sehnt sich nach ihr. Genau das sagt die Bibel.

> Denn die ganze Schöpfung wartet sehnsüchtig auf den Tag, an dem Gott offenbar machen wird, wer wirklich zu seinen Kindern gehört. Alles auf Erden wurde der Vergänglichkeit unterworfen. Dies geschah gegen ihren Willen durch den, der sie

unterworfen hat. Aber die ganze Schöpfung hofft auf den Tag, an dem sie von Tod und Vergänglichkeit befreit wird zur herrlichen Freiheit der Kinder Gottes. Denn wir wissen, dass die ganze Schöpfung bis zu diesem Augenblick mit uns seufzt, wie unter den Schmerzen einer Geburt. Und selbst wir, obwohl wir im Heiligen Geist einen Vorgeschmack der kommenden Herrlichkeit erhalten haben, seufzen und erwarten sehnsüchtig den Tag, an dem Gott uns in unsere vollen Rechte als Kinder einsetzen und uns den neuen Körper geben wird, den er uns versprochen hat.
Römer 8,19-23

Der »neue Körper« bezieht sich auf die Auferstehung der Toten. Paulus sagt, dass nicht nur wir, sondern »die ganze Schöpfung« auf die Befreiung der gesamten Erde wartet, die mit der Auferstehung unseres Leibes stattfinden wird. Nicht nur die Menschheit im Allgemeinen, sondern die Gläubigen im Besonderen (erfüllt vom Heiligen Geist) sind Teil der Schöpfung, die, ohne sich dessen unbedingt bewusst zu sein, von Gott die Befreiung erhofft. Wir wissen, was Gott für die Menschen und die Erde geplant hat, deshalb wissen wir, wonach wir uns sehnen. Wir seufzen nach dem, wonach die Schöpfung seufzt – nach Erlösung. Gott hat die gesamte Schöpfung getroffen, als er den Fluch nicht nur auf die Menschheit, sondern auf die ganze Erde brachte (1. Mose 3,17). Warum? Weil die Menschen und die Erde untrennbar verbunden sind. Und so wie wir zusammen zu Fall kamen, werden wir auch zusammen auferstehen.

Das Geschick der Menschheit ist das Geschick der Schöpfung

Warum wartet die Schöpfung sehnsüchtig auf unsere Auferstehung? Aus einem einfachen, aber entscheidend wichtigen Grund: *Das Geschick der Menschheit ist das Geschick der ganzen Schöpfung.* So wie die ganze Schöpfung durch unsere Auflehnung verdorben wurde, hängt die Erlösung der ganzen Schöpfung von unserer Erlösung ab. Als Kind war mein Hobby die Astronomie. Jahre bevor ich Christus kennenlernte, war ich fasziniert von den gewaltigen Zusammenstößen von Galaxien, den Explosionen von Sternen und den Implosionen zu Neutronensternen und schwarzen Löchern. Sogar die fernsten Gebiete des Universums weisen riesige Bereiche feuriger Zerstörung auf. Die Entropie, der zweite Hauptsatz der Thermodynamik, besagt, dass alle Dinge dem Verfall anheimgestellt sind. Das bedeutet, dass alles früher einmal in einem besseren Zustand war, als es jetzt ist. Folgt daraus nicht logischerweise, dass die Bedingungen von Gottes ursprünglicher Schöpfung so waren, dass Menschen und Tiere nicht starben, dass die Energie der Sterne immer wieder erneuert wurde und die Planeten nie aus ihrer Umlaufbahn kamen? Könnte es nicht sein, dass unsere Herrschaft über die Erde sich nach Gottes Plan schließlich auf das gesamte materielle Universum erstrecken sollte? Dann wäre es nicht erstaunlich, dass die gesamte Schöpfung, für die wir ja Verantwortung trugen, unter den Fluch kam. Der Theologe Erich Sauer schreibt:

> Sogar nach dem Sündenfall bleiben das Geschick und die Erlösung der Erde unzertrennlich mit der Existenz und der Entwicklung der Menschheit verbunden. Die Erlösung der Erde ist trotz allem an den Menschen gebunden.... Der *Mensch* ist das Werkzeug für die Erlösung der irdischen Schöpfung. Und weil das Gottes Wille und Ziel bleibt, kann es einen neuen Himmel und eine neue Erde nur *nach* dem letzten Gericht geben, das heißt nach der Vollendung und nach dem Abschluss der Geschichte der Erlösung der Menschen.[5]

Vom Sündenfall zu unserer Auferstehung

Wie kann das gesamte Universum die Auswirkungen unserer leiblichen Auferstehung spüren? Genauso wie die ganze Schöpfung unter unserem Sündenfall gelitten hat. Zwischen der Menschheit und dem materiellen Universum besteht eine metaphysische und eine moralische Verbindung.

Römer 8 enthält eine inhaltsschwere theologische Aussage, die die Lehre vom Sündenfall viel weitreichender darstellt, als wir normalerweise erwarten. Doch damit zeigt dieses Kapitel gleichzeitig, dass auch die Erlösung durch Christus noch viel weitreichender ist.

Wir dürfen erwarten, dass alles, was vom Sündenfall betroffen wurde, wieder in seinen ursprünglichen Zustand zurückversetzt wird. Die Dinge werden nicht mehr schlechter werden. Wenn sie sich verändern, werden sie nur besser. Das gilt für unseren Körper, unseren Verstand und die menschliche Kultur im neuen Universum. Und es gibt keinen Grund zu der Annahme, dass die Verbindung zwischen der Menschheit und dem Universum aufgehoben wird.

Paulus sagt: »Wir wissen, dass die gesamte Schöpfung … seufzt« (Römer 8,22). Wenn der Ausdruck »die ganze Schöpfung« so umfassend ist, wie es scheint, dann gibt es keine Amöbe, kein Chromosom, keinen DNA-Strang und keine Galaxie, die nicht vom Sündenfall betroffen ist. Das ist die schlechte Nachricht. Paulus bringt danach sofort die gute Nachricht: dass das, was im Sündenfall mit der Menschheit in den Niedergang gerissen wurde, sich mit uns wieder emporschwingen wird, wenn das Erlösungswerk von Christus vollendet ist.

Schmerz und Freude der Geburt

Nach meinen Erfahrungen glaubt die überwiegende Zahl der Christen, dass nichts von unserer jetzigen Kultur, Kunst, Technik oder den Erzeugnissen der menschlichen Kreativität im Himmel anzutreffen sein wird. Stattdessen gibt es weitverbreitete Zweifel, ob wir uns überhaupt an unser Leben auf der Erde oder an die Menschen, die Gott gebraucht hat, um uns zu beeinflussen und zu prägen, einschließlich unserer Familie und engsten Freunde, werden erinnern können.

Welches Bild würde unserer Erwartung nach Paulus wohl für das Geschick der Schöpfung gebrauchen, wenn unsere Mutmaßungen über das Ende der Welt richtig wären? Einen alten Mann im Sterben? Einen tödlich verwundeten Soldaten, der sein Leben aushaucht? Diese Bilder würden gut zu dem Glauben passen, dass das Universum ein gewaltsames, endgültiges Ende finden wird. Doch Paulus spricht nicht von Tod und Zerstörung. Er benutzt das Bild der Geburt: »Denn wir wissen, dass die ganze Schöpfung bis zu diesem Augenblick mit uns seufzt, wie unter den Schmerzen einer Geburt« (Römer 8,22).

Während der Geburt erleiden Mutter und Kind Schmerzen, doch das Ergebnis ist eine Fortsetzung, die Erfüllung eines Prozesses, der schon lange vorher begonnen hat. Die Schmerzen der Geburt entsprechen dem gegenwärtigen Leiden der Menschen, der Tiere und des gesamten Universums. Doch diese Leiden sind wegen des unmittelbar bevorstehenden Wunders der Geburt nichts Bleibendes. Eine viel bessere Welt und eine viel bessere Menschheit werden aus dem, was jetzt ist, geboren werden. Die neue Erde wird das Kind der alten Erde sein, wie die neue Menschheit das Kind der alten Menschheit sein wird. Und doch sind es immer noch wir, dieselben Menschen, und es wird immer noch dieselbe Erde sein.

Römer 8 birgt eine kraftvolle Theologie des Leidens. Man hört geradezu das Stöhnen derjenigen, die ohne Hoffnung sterben, und im Gegensatz dazu das Stöhnen derjenigen, die in Wehen liegen. Beide Vorgänge sind schmerzhaft, doch völlig unterschiedlich. Auf der einen Seite stehen die Schmerzen hoffnungslosen Grauens, auf der anderen Seite die Schmerzen hoffnungsvoller Erwartung. Der Schmerz des Christen ist real, doch er ist der Schmerz einer Mutter, die sich darauf freut, bald ihr Kind im Arm zu halten.

Es ist kein Zufall, dass die beiden ersten Kapitel der Bibel (1. Mose 1–2) mit der Schöpfung des Himmels und der Erde beginnen und dass die beiden letzten Kapitel (Offenbarung 21–22) mit der Neuschöpfung des Himmels und der Erde enden.

Alles, was am Anfang verloren wurde, wird am Ende wiederhergestellt. Und noch viel mehr erwartet uns.

Sagen, was ist

Ein Prediger im Radio, der über eine Christin sprach, deren Mann, ebenfalls ein Christ, gestorben war, sagte: »Als sie an jenem Morgen ihren Mann umarmte, wusste sie nicht, dass sie ihn nie wieder umarmen würde.«

Obwohl die Worte des Predigers gut gemeint waren, waren sie nicht wahr. Er hätte sagen können: »In diesem Leben wird sie ihren Mann nicht mehr umarmen«, oder besser: »Sie wird ihren Mann erst wieder in der künftigen Welt umarmen können.« Wegen der künftigen Auferstehung der Toten können wir einander wieder umarmen – auf der neuen Erde.

Jemand könnte jetzt einwenden: »Wir wissen alle, was der Prediger meinte.« Doch ich bin mir da nicht so ganz sicher – auch nicht, dass er wirklich meinte, was er sagte. Ich möchte nicht pingelig scheinen, aber wir müssen unsere Worte abwägen, damit wir das ausdrücken, was wahr ist. Sonst werden wir letztendlich nicht biblisch denken, sondern weiterhin an den gängigen Klischees vom Himmel festhalten.

»Das ist das letzte Mal, dass ich ihn in seinem Körper sehe«, sagte ein Mann, dessen Sohn gestorben war. Da sie beide Christen waren, werden sie einander in ihrem Auferstehungskörper wiedersehen.

»Ich werde meine Tochter auf dieser Erde nie wiedersehen.« Wenn Ihre Tochter und Sie gläubig sind, ist diese Aussage falsch. Sie *werden* Ihre Tochter auf dieser Erde wiedersehen. Sie werden beide umgewandelt, und die Erde wird umgewandelt, doch Sie und Ihre Tochter werden Sie selbst sein, auf einer Erde, die tatsächlich dieselbe Erde ist.

Wir sagen nicht nur, was wir glauben – wir glauben schließlich auch, was wir sagen. Deshalb sollten wir uns bewusst machen, was wir sagen, damit es der biblischen Wahrheit entspricht. Es fällt uns schwer, uns die neue Erde richtig vorzustellen, weil wir es so sehr gewohnt sind, vom Himmel als dem Gegenpol zur Erde zu sprechen. Das Umlernen ist wahrscheinlich nicht leicht, doch wir sollten es tun. Da die vergeistigten Vorstellungen vom Himmel weitgehend unangefochten geblieben sind, denken wir oft, der Himmel sei weniger konkret und nicht materiell fassbar wie unser Leben hier und jetzt. Doch im Himmel werden wir keine Schattenmenschen sein, die in Schattenreichen wohnen, um ein Bild von C.S. Lewis zu gebrauchen. Stattdessen werden wir in einem völlig materiellen Universum mit einem richtigen Körper richtig lebendig sein.

In gewisser Hinsicht werden wir den Körper unseres Freundes nie so »richtig« sehen wie im Himmel. Eine Umarmung auf der Erde konnte hier nie so vollkommen das ausdrücken, was sie dort ausdrücken wird. Und wir haben hier nie gewusst, was diese Erde alles umfasst, doch dort werden wir es erfahren.

Jesus Christus starb, um ein auferstandenes Leben auf einer auferstandenen Erde für uns möglich zu machen. Achten wir darauf, so darüber zu sprechen, dass wir uns von unseren falschen Auffassungen befreien und der Größe von Christi Erlösungswerk gerecht werden.

Die Wiederherstellung der Erde

13

Woher und wann kommt unsere Erlösung?

Es gibt nichts im gesamten Bereich des menschlichen Lebens, von dem Christus, der Herr über alles, nicht behauptet: »Es gehört mir!«

Abraham Kuyper

Jesaja und die anderen Propheten lassen keinen Zweifel am Geschick der Kinder Gottes. Sie werden in Frieden und Wohlstand als freie Menschen in dem Land leben, das ihnen versprochen wurde. Doch wie steht es mit den Adressaten dieser Versprechen, die bereits gestorben sind – einschließlich der Menschen, die in Sklaverei und Gefangenschaft, Krieg, Armut und Krankheit lebten? Für viele war das Leben kurz, hart und manchmal grausam. Haben diese armen Leute in ihrem Leben je Frieden und Wohlstand, Gerechtigkeit oder das Ende von Bosheit erlebt?

Nein.

Haben ihre Nachkommen einen solchen Ort erlebt?

Nein. »All diese Menschen glaubten bis zu ihrem Tod, ohne erhalten zu haben, was Gott ihnen versprochen hatte. Doch sie sahen das, was ihnen zugesagt war, von Weitem und freuten sich darauf, denn sie hatten erkannt und bezeugt, dass sie hier auf der Erde nur Gäste und Fremde waren. Und sie bekannten damit, dass sie auf der Suche waren nach einem Land, das sie ihre Heimat nennen konnten … Aber sie suchten nach einem besseren Ort, einer Heimat im Himmel … [Gott] hat ihnen eine Stadt im Himmel gebaut« (Hebräer 11,13-14.16).

Das »Land, das sie ihre Heimat nennen konnten«, von dem in Hebräer 11 die Rede ist, ist ein reales Land mit einer realen Hauptstadt, dem neuen Jerusalem. Es ist ein wirklicher Ort, an dem diese »Gäste und Fremden« auf der Erde in einem wirklichen Körper leben werden. Wenn die Versprechen, die Gott ihnen gegeben hat, Versprechen hinsichtlich der Erde waren (und das waren sie), dann muss zu dem himmlischen »Land, das sie ihre Heimat nennen« auch die Erde gehören. Die Erfüllung dieser Prophezeiungen erfordert genau das, was die Bibel an anderer Stelle verspricht: eine Auferstehung von Gottes Kindern und von Gottes Erde.

Was diese hoffnungsvollen Gläubigen begeisterte, war nicht, dass Gott im Himmel regieren würde – das tat er bereits. Ihre Hoffnung war, dass er eines Tages auf der Erde regiert und die Sünde, den Tod, das Leiden, die Armut und alles Herzeleid abschafft. Sie glaubten, dass der Messias kommt und den Himmel auf die Erde bringt. Er wird dafür sorgen, dass Gottes Wille auf der Erde genauso wie im Himmel geschieht. Die alten Israeliten hegten diese Hoffnung nicht nur für ihre fernen Nachkommen, sie lebten für sich selbst in dieser Hoffnung. Sie sehnten sich nach Gottes Herrschaft auf der Erde, nicht nur für hundert oder tausend Jahre, sondern für immer.

»Aber deine Toten werden leben, deine Leichname werden auferstehen. Wachet auf und rühmet, die ihr liegt unter der Erde! … Die Erde wird die Toten herausgeben« (Jesaja 26,19). Wie Adam aus Erde gemacht wurde, werden wir wieder aus der Erde gemacht, zu der wir bei unserem Tod zurückkehren. Gottes Kinder freuen sich nicht auf die Erlösung von der Erde, sondern auf die Erlösung auf der Erde. Und genau die werden wir nach unserer leiblichen Auferstehung erleben.

Die Frage nach dem Tausendjährigen Reich

Offenbarung 20 bezieht sich sechsmal auf das Tausendjährige Reich und beschreibt es so:

- Der Teufel wird für tausend Jahre in Ketten gelegt (V. 2).
- Tausend Jahre lang werden die Völker nicht mehr verführt (V. 3).
- Die Gläubigen werden wieder lebendig und herrschen tausend Jahre lang mit Christus (V. 4).
- Die übrigen Toten werden nicht wieder lebendig, bis die tausend Jahre vorüber sind (V. 5).
- Die Gläubigen werden tausend Jahre lang Priester und Könige sein (V. 6).
- Wenn die tausend Jahre vorüber sind, wird Satan aus seinem Gefängnis freigelassen werden und die Menschen zu einem letzten Aufstand gegen Gott anstacheln (V. 7-8).

Die Theologen sind sich nicht einig, ob das Tausendjährige Reich wörtlich als Herrschaft, die tausend Jahre dauert, verstanden werden muss und wann es in Bezug auf das zweite Kommen von Christus stattfindet.

Obwohl ich persönlich glaube, dass es wirklich eine tausendjährige Herrschaft von Christus auf der jetzigen Erde geben wird, verstehe und achte ich die einleuchtenden Auslegungen und Argumente derjenigen, die sich gegen ein wörtliches Verständnis des Tausendjährigen Reiches aussprechen. Obwohl das Tausendjährige Reich für viele ein interessantes Thema ist, kann es nicht Gegenstand dieses Buches sein. Ich erwähne es nur, um darauf hinzuweisen, dass unsere Ansichten zum Tausendjährigen Reich keinen Einfluss auf unseren Standpunkt zur neuen Erde haben müssen. Wichtig ist nur, dass die neue Erde beginnen wird, egal wann die alte Erde zu Ende geht. Die Bibel betont mit Nachdruck, dass Gottes künftiges Reich und unsere endgültige Heimat nicht auf der alten, sondern auf der neuen Erde sein werden, wo endlich Gottes ursprünglicher Plan erfüllt und für immer – nicht nur tausend Jahre lang – bestehen bleibt.

Die versprochene neue Welt

Eines der Hauptthemen aller Prophezeiungen im Alten Testament ist Gottes Plan für ein irdisches Reich der Gerechtigkeit. Dies bezieht sich auf die Erde im Allgemeinen und auf Jerusalem im Besonderen.

Jesaja, zum Beispiel, sagt wiederholt diese künftige neue Welt voraus. Der Messias wird »auf dem Thron Davids und in seinem Königreich … bis in Ewigkeit« regieren (Jesaja 9,6; LUT). Davids Thron war ein Thron auf der Erde mit einer Vergangenheit auf der Erde und einer Zukunft auf der Erde.

In Jesaja 11,1-10 lesen wir vom Auftrag des Messias auf der Erde: Er »wird mit Gerechtigkeit richten die Armen und ein rechtes Urteil sprechen den Elenden im Lande, und er wird … den Gewalttätigen schlagen und … den Gottlosen töten« (V. 4; LUT). Mit der Aufhebung des Fluches bringt der Messias auch dem Tierreich Frieden: »Da werden die Wölfe bei den Lämmern wohnen und die Panther bei den Böcken lagern« (V. 6; LUT). Das ist die Verwirklichung der Befreiung, von der in Römer 8 gesprochen wird. Jesaja sagt, dass Jerusalem frei von Schaden und Zerstörung sein wird (V. 9; LUT). Der Messias wird »als Zeichen für die Völker« dastehen und »nach ihm werden die Heiden fragen« (V. 10; LUT). »Die Stätte, da er wohnt, wird herrlich sein« (V. 10; LUT). Das ist eine Vorhersage im Blick auf das, wovon Offenbarung 21–22 spricht.

Wo wird das geschehen? Nicht »da oben«, in einem fernen Himmel, sondern »hier unten«, auf der Erde, in Jerusalem. Wie wir in Kapitel 9 gesehen haben, ist in Jesaja 60 davon die Rede, dass die Stadttore immer offen stehen, weil es keine Feinde mehr gibt. Mit Worten, die fast haargenau mit den Worten übereinstimmen, mit denen Johannes die neue Erde beschreibt (Offenbarung 21,24-26), wird berichtet, wie Völker und Könige ihren Reichtum herbeibringen. Wir lesen, dass Gottes Licht die Sonne ersetzt, und hören das Versprechen, dass »die Tage deines Leidens … ein Ende haben« sollen (Jesaja 60,19-20; LUT) – zwei Prophezeiungen, die eindeutig in der Offenbarung erfüllt werden.

Die Überzeugung, dass Gott ein Reich auf der Erde errichtet, könnte nicht klarer als in Jesaja 65 ausgedrückt werden:

> Denn siehe, ich will einen neuen Himmel und eine neue Erde schaffen … Freut euch und seid fröhlich immerdar über das, was ich schaffe. Denn siehe, ich will Jerusalem zur Wonne machen und sein Volk zur Freude, und ich will fröhlich sein und mich freuen über mein Volk. Man soll in ihm nicht mehr hören die Stimme des Weinens noch die Stimme des Klagens … Sie werden Häuser bauen und bewohnen, sie werden Weinberge pflanzen und ihre Früchte essen … Wolf und Schaf sollen beieinander weiden; der Löwe wird Stroh fressen wie das Rind, aber die Schlange muss Erde fressen. Sie werden weder Bosheit noch Schaden tun auf meinem heiligen Berge, spricht der Herr.
>
> *Jesaja 65,17-19.21.25; LUT*

Die neue Erde wird der Schauplatz für Gottes Reich sein. Das neue Jerusalem wird der Ort sein, zu dem die Menschen kommen, um ihm ihre Hochachtung zu bezeugen: »Denn wie der neue Himmel und die neue Erde, die ich mache, vor mir Bestand haben, spricht der Herr, so soll auch euer Geschlecht und Name Bestand haben …

Alles Fleisch wird … kommen, um vor mir anzubeten, spricht der Herr« (Jesaja 66,22-23; LUT).

Wer darauf besteht, dass Offenbarung 21–22 im übertragenen Sinne zu verstehen ist, muss auch alle Stellen aus Jesaja im übertragenen Sinne deuten. Aber die jüdischen Gelehrten verstanden sie wörtlich. Und alles weist darauf hin, dass auch Jesus diese Stellen wörtlich nahm. Es war der tiefste Wunsch des Volkes, dass der Messias kommt und sein reales Reich auf der Erde errichtet.

Ich möchte noch einmal betonen, dass wir damit rechnen sollten, dass sich die Prophezeiungen Jesajas über die Wiederkunft des Messias wortwörtlich erfüllen, weil sich seine ausführlichen Prophezeiungen über das erste Kommen des Messias wortwörtlich erfüllt haben (z. B. Jesaja 52,13; 53,4-12). Als Jesus vor seiner Himmelfahrt mit seinen Jüngern sprach, sagte er ihnen, dass es ihnen nicht zusteht, zu wissen, wann er Gottes Reich auf der Erde wiederherstellen wird (Apostelgeschichte 1,6-8), aber er sagte nicht, dass sie nicht wissen könnten, ob er Gottes Reich wiederherstellen wird. Schließlich war die Wiederherstellung von Gottes Reich auf der Erde sein wichtigster Auftrag.

Der Engel Gabriel versprach Maria im Hinblick auf Jesus: »Gott, der Herr, wird ihn auf den Thron seines Vaters David setzen. Er wird für immer über Israel herrschen und sein Reich wird niemals untergehen« (Lukas 1,32-33). Der Thron Davids ist nicht im Himmel, sondern auf der Erde. Gottes Herrschaft auf der Erde, nicht im Himmel, ist der Kernpunkt des ganzen Erlösungsgeschehens. Diese irdische Herrschaft wird für immer auf der neuen Erde errichtet werden.

14

Wird die alte Erde zerstört ... oder erneuert?

Mit seinem Erlösungswerk zerstört Gott nicht die Werke seiner Hände, sondern reinigt sie von Sünde und macht sie vollkommen, sodass sie schließlich das Ziel erreichen, für das er sie geschaffen hat. Auf das vorliegende Problem angewandt bedeutet dieser Grundsatz, dass die neue Erde, die wir erwarten, nicht völlig anders als die jetzige sein wird, sondern eine Erneuerung und Verherrlichung der Erde, auf der wir jetzt leben.

Anthony Hoekema

Werden die jetzige Erde und das gesamte Universum völlig zerstört und die neue Erde und das neue Universum aus dem Nichts neu erschaffen? Oder wird das ursprüngliche Universum erneuert und in das neue umgewandelt? In 2. Petrus 3,10 steht: »Der Tag des Herrn wird so unerwartet kommen wie ein Dieb. Dann wird der Himmel unter schrecklichem Lärm vergehen, und alles wird sich in Flammen auflösen; und die Erde wird mit allem, was auf ihr ist, dem Gericht ausgeliefert werden.«

Andere Bibelstellen helfen uns begreifen, was das bedeutet, indem sie Wörter wie *Erneuerung* und *Umgestaltung* benutzen und dadurch zu verstehen geben, dass dieselbe Erde, die für die Zerstörung bestimmt ist, auch für eine Wiederherstellung bestimmt ist. Viele Bibelleser haben nur die erste Aussage verstanden, aber nicht die zweite. Deshalb wenden sie 2. Petrus 3,10 falsch an, in dem Sinne, dass damit die unumschränkte oder endgültige Zerstörung gemeint sei und nicht das, was die Bibel tatsächlich meint: eine vorübergehende Zerstörung, die durch die Auferstehung und die Wiederherstellung aufgehoben wird. John Piper argumentiert, dass Gott die Materie nicht geschaffen hat, um sie wegzuwerfen. Er schreibt: »Wenn in Offenbarung 21,1 und in 2. Petrus 3,10 steht, dass die jetzige Erde und der jetzige Himmel ›verschwinden‹, bedeutet das nicht, dass sie nicht mehr existieren, sondern vielleicht, dass in ihnen eine solche Änderung stattfindet, dass ihre jetzige Beschaffenheit verschwindet. Man könnte sagen: ›Die Raupe verschwindet, und der Schmetterling kommt zum Vorschein.‹ Es ist ein echtes Verschwinden, und es ist eine echte Kontinuität, ein echter Zusammenhang.«[1]

Meine Frau und ich werden nie vergessen, wie wir am 18. Mai 1980 vom Gottesdienst nach Hause fuhren und sahen, wie sich über uns eine Wolke aus Vulkanasche auftürmte. Die Ursache war der Ausbruch des Vulkans Mount Saint Helens, ungefähr 120 Kilometer von unserem Haus entfernt. Wochenlang fiel jeden Tag eine dicke Schicht Asche herunter, sodass wir wiederholt die Windschutzscheibe des Autos und die Hofeinfahrt mit dem Gartenschlauch abspritzen mussten. Viele Menschen im Gebiet von Portland trugen einen Mundschutz, um nicht dauernd husten zu müssen. Die Zerstörung des einst wunderschönen Berges und seiner Umgebung war katastrophal. Experten sagten voraus, dass es sicher Jahrzehnte, ja möglicherweise sogar Jahrhunderte dauern würde, bis sich dieses Gebiet erholt haben würde. Doch innerhalb weniger Jahre konnte man den Beginn einer neuen Vegetation erkennen, ein Beweis für die Selbstheilungskräfte, die Gott in seine Schöpfung hineingelegt hat und die sogar unter dem Fluch sichtbar werden.

Seit ich gesehen habe, wie eine neue Schönheit selbst solch eine hochgradige Zerstörung überwindet – selbst ohne dass Gott in übernatürlicher Weise eingreift –, kann ich mir unschwer ausmalen, wie Gott eine verkohlte Erde wieder in eine neue, frische und lebensprühende Erde verwandelt.

Erlösung bedeutet Wiederherstellung

Auch wenn der Begriff »neue Erde« nirgendwo in der Bibel vorkäme, auch wenn wir nicht Dutzende anderer Bibelstellen wie Jesaja 60 hätten, die sich deutlich darauf beziehen, würde der Vers in Apostelgeschichte 3,21 genügen. Dort lesen wir: »Doch bis Gott alles erneuert, wird Jesus im Himmel bleiben, wie Gott es vor langer Zeit durch seine Propheten angekündigt hat.« Wenn Jesus wiederkommt, ist es nicht Gottes Plan, alles zu zerstören und von vorn zu beginnen, sondern »alles« zu erneuern und wiederherzustellen. Derselbe Petrus, der diese Worte in Apostelgeschichte 3 sprach, schrieb die Worte über die Zerstörung der Erde in 2. Petrus 3 – offensichtlich fand er nicht, dass sie sich widersprechen.

John Piper sagt: »Was Petrus meint, kann sehr wohl bedeuten, dass am Ende dieser Zeit verheerende Ereignisse dieser Welt, wie wir sie kennen, ein Ende bereiten werden, dass die Erde dadurch jedoch nicht völlig ausgelöscht wird, sondern dass alles, was böse ist, weggewischt, durch Feuer gereinigt und für eine Zeit der Herrlichkeit und Gerechtigkeit und des Friedens hergerichtet wird, die nie enden wird.«[2]

Der Schlüssel zum Verständnis der eingeschränkten Bedeutung dieser Bilder von der Zerstörung im zweiten Petrusbrief liegt in der Stelle selbst, die eine Parallele zwischen der Erde zur Zeit Noahs, die durch die Sintflut »vernichtet« wurde, und der künftigen Zeit zieht, wenn die gegenwärtige Welt wieder im Gericht vernichtet wird, dieses Mal aber nicht durch Wasser, sondern durch Feuer (2. Petrus 3,6-7). Der gegebene Bezugspunkt für das Verständnis der künftigen Zerstörung der Welt ist die Sintflut. Die Sintflut war gewiss verheerend und katastrophal, aber hat sie die Welt vertilgt und völlig ausgelöscht? Nein. Noah und seine Familie und die Tiere wurden vor Gottes Gericht gerettet, damit sie in einer neuen Welt leben, die durch Gottes reinigendes Gericht für sie vorbereitet wurde. Die Reinigung durch Feuer wird gründlicher sein als die Sintflut, denn durch sie wird die Sünde dauerhaft beseitigt. Doch wie Gottes Gericht durch Wasser die Erde nicht dauerhaft unbewohnbar machte, wird Gottes Gericht durch Feuer dies auch nicht tun.

In der Übersetzung von Bruns lautet 2. Petrus 3,10: »Die Erde und was auf ihr geschieht, wird verbrannt werden.« Doch das Wort, das mit »verbrannt« übersetzt wurde, erscheint in den ältesten griechischen Handschriften nicht; in ihnen steht ein Wort, das »gefunden« oder »gezeigt« bedeutet. Die Bibelübersetzung *Neues Leben* überträgt dieses Wort mit »dem Gericht ausgeliefert werden«. Wörtlich übersetzt bedeutet dieser Vers, dass Gottes Gerichtsfeuer das Schlechte verzehrt, aber das Gute läutert, die Dinge also so zeigt, wie sie wirklich sind.

Der Theologe Cornelius Venema stellt eine Verbindung zwischen 2. Petrus 3 und Römer 8 her, wenn er bemerkt: »2. Petrus 3,5-13 bestätigt … das grundlegende Ideal, das, wenn auch mit anderen Worten, ebenfalls in Römer 8 beschrieben wird. Der neue Himmel und die neue Erde werden aus Gottes Erlösungswerk hervorgehen. … Dazu gehört die Erneuerung aller Dinge, nicht die Schöpfung völlig neuer Dinge … [und] daraus folgt, dass das künftige Leben in der neuen Schöpfung so reich und so voller Lebendigkeit im Dienst des Herrn sein wird, wie es von Anfang an vorgesehen war.«[3] Einige bekannte Theologen früherer Jahrhunderte erkannten die Kontinuität zwischen der jetzigen Erde und der neuen Erde an. Hieronymus sagte oft, dass Himmel und Erde nicht vernichtet, sondern in etwas Besseres verwandelt werden. Augustinus äußerte sich ähnlich, ebenso Gregor der Große, Thomas von Aquin und viele Theologen des Mittelalters.[4]

Die Bedeutung von »neu«

Wie wir gesehen haben, ist der Ausdruck »Himmel und Erde« eine biblische Bezeichnung für das gesamte Universum. Wenn also in Offenbarung 21,1 von einem neuen Himmel und einer neuen Erde gesprochen wird, ist dies ein Hinweis auf die Verwandlung des gesamten Universums. Das griechische Wort *kainos*, das mit »neu« übersetzt wurde, bedeutet, dass die Erde, die Gott schafft, nicht einfach neu im Gegensatz zu alt sein wird, sondern neu in Bezug auf Qualität und bessere Beschaffenheit.[5]

Paulus benutzt dasselbe Wort, *kainos*, wenn er sagt, dass ein Gläubiger ein »neuer Mensch« geworden ist (2. Korinther 5,17). Die neue Erde wird dieselbe sein wie die alte Erde, so wie ein neuer Christ immer noch dieselbe Person ist, die er vorher war. Anders? Ja. Aber trotzdem dieselbe Person.

Wie Gott die verstreuten DNA-Stränge, Atome und Moleküle unseres Körpers wieder verknüpfen kann, so wird er auch die versengte und entstellte Erde wiederherstellen. Wie unser Körper zu einem neuen Körper auferweckt wird, wird die alte Erde auferweckt werden, um die neue Erde zu werden. Wird also die Erde zerstört oder erneuert? Die Antwort lautet: *Sowohl als auch* – aber die »Zerstörung« wird zeitlich begrenzt und unvollständig sein, während die Erneuerung ewig und vollständig sein wird.

In einer bedeutenden Abhandlung erklärt der Theologe Greg Beale, dass diese »neue Schöpfung ein einleuchtender und streitbarer Kerngedanke der neutestamentlichen Theologie ist«. Er erläutert: »Die Bibel beginnt mit der ursprünglichen Schöpfung, die verdorben wird – der Rest des Alten Testaments ist ein erlösungsgeschichtlicher Prozess, der auf eine Wiederherstellung der gefallenen Schöpfung in einer neuen Schöpfung hinarbeitet. Das Neue Testament sieht dann den Anfang der Erfüllung dieser Hoffnungen und sagt eine künftige Erfüllung in einer vollendeten neuen Schöpfung voraus, die in Offenbarung 21,1–22,5 beschrieben wird.«[6]

Wie wir anhand von Jesaja und im ganzen Alten Testament gesehen haben, ist die Lehre vom neuen Himmel und der neuen Erde keine spätere, nachträgliche Überlegung, sondern ein wesentlicher Bestandteil der Heilsgeschichte und des Erlösungsziels. Sie ist das Paradigma der biblischen Sicht, zu der auch die Themen des Reiches Gottes, des Bundes, der Auferstehung und der Errettung und noch viel mehr gehören. Der Tod der Erde ist so wenig endgültig wie unser Tod. Auf die Zerstörung der alten Erde in Gottes reinigendem Gericht folgt unmittelbar ihre Auferstehung zu neuem Leben. Das feurige »Ende« der Erde führt geradewegs zu einem herrlichen Neubeginn.

15

Wird uns die neue Erde vertraut sein ... wie unser Zuhause?

Das Leben, das wir jetzt führen, als die Personen, die wir jetzt sind, wird in dem Universum, in dem wir jetzt leben, weiter bestehen.

Dallas Willard

Manchmal, wenn wir die atemberaubende Schönheit dieser Welt betrachten, wenn wir an einem großartigen Ort die Bäume, Blumen, Flüsse und Berge bewundern, empfinden wir eine schmerzhafte Enttäuschung. Warum? Weil wir wissen, dass wir all das zurücklassen werden. Als Trost oder Tadel gegen uns selbst sagen wir vielleicht: »Diese Welt ist nicht mein Zuhause.« Wenn wir jedoch ehrlich sind, fügen wir vermutlich hinzu: »Aber etwas in mir wünscht, es wäre mein Zuhause.«

Was wir im Tiefsten wollen, ist, für immer in dieser Welt mit all ihrer Schönheit, aber ohne das Hässliche zu leben, in einer Welt ohne Sünde, Tod und Fluch und ohne all die persönlichen und zwischenmenschlichen Probleme und Enttäuschungen, die die Folge davon sind.

Diejenigen, die unser Bürgerrecht im Himmel betonen – und ich gehöre zu ihnen –, haben manchmal die unglückliche Angewohnheit, unsere Verbindung zur Erde und unsere Bestimmung – auf ihr zu leben und über sie zu herrschen – herunterzuspielen. Bis wir uns dann die Ewigkeit als unirdischen, geistlichen Zustand vorstellen, in dem die Erde nicht mehr als eine vage Erinnerung ist.

Wie unser Zuhause wirklich sein wird

Wenn wir verstehen, dass die neue Erde eine reale, materielle ist, werden eine Menge Irrtümer ausgeräumt. Wir werden dann frei, die Welt, die Gott geschaffen hat, ohne Schuldgefühle zu lieben und gleichzeitig die durch die Sünde verdorbene Welt abzulehnen. Uns wird klar, dass Gott selbst uns die Erde *und eine Liebe* zur Erde geschenkt hat und dass er uns mit Freude auch die neue Erde schenken wird.

Wird uns die neue Erde fremd sein, wenn wir dort zum ersten Mal die Augen öffnen? Oder werden wir sie als unser Zuhause erkennen? Als Menschen sehnen wir uns nach unserem Zuhause, auch wenn wir in ferne Länder aufbrechen, um unbekannte Gebiete zu erforschen. Wir sehnen uns nach der Vertrautheit des Alten, auch wenn wir darauf brennen, Neues, Unbekanntes zu entdecken. Denken Sie an all das Neue, das uns Freude macht: der Umzug in ein neues Haus, der Geruch eines neuen Autos, ein neues Buch, ein neuer Film, ein neues Lied, eine neue Freundschaft, die Freude über ein neues Haustier, neue Geschenke an Weihnachten, der Aufenthalt in einem hübschen Hotelzimmer, die Ankunft in einer neuen Schule oder an einem neuen Arbeitsplatz, die Geburt eines Kindes oder Enkelkindes, der Genuss eines neuen Essens, das uns schmeckt. Wir freuen uns an Neuem – doch in jedem dieser Beispiele ist dieses Neue mit etwas Vertrautem verbunden. Wir mögen keine Dinge, die uns völlig fremd sind. Stattdessen finden wir Gefallen an der unverbrauchten und einfallsreichen Veränderung von Dingen, die wir kennen und mögen. Wenn wir hören, dass wir im Himmel einen neuen Körper haben und auf einer neuen Erde leben werden, sollten wir das Wort *neu* in diesem Sinn verstehen – eine wiederhergestellte und vervollkommnete Ausführung unseres vertrauten Körpers, unserer vertrauten Erde und unserer vertrauten Beziehungen.

Ein häufiges Missverständnis besteht in der Vorstellung, dass uns der neue Himmel völlig fremd sein wird. Keineswegs! Die folgende Tabelle vergleicht weitverbreitete Vermutungen über den Himmel mit biblisch begründeten Merkmalen des Himmels:

Was wir über den Himmel annehmen	Was die Bibel über den Himmel sagt
Nicht-Erde	neue Erde
unbekannt; unirdisch	vertraut; irdisch
körperlos	auferstanden (mit einem Körper)
fremd	ein Zuhause (all die Bequemlichkeiten, die wir kennen, mit all den Neuerungen eines unendlich schöpferischen Gottes)
Lieblingsdinge werden zurückgelassen	Gutes wird beibehalten; das Beste kann und wird noch entdeckt werden
zeit- und raumlos	Zeit und Raum
statisch	dynamisch
weder alt (wie der Garten Eden) noch neu und irdisch; einfach ungewohnt und unbekannt	sowohl alt als auch neu
nichts zu tun; auf den Wolken schweben	Wir haben einen Gott, den wir anbeten und dem wir dienen, ein Universum, das wir regieren, wir haben sinnvolle Arbeit zu verrichten, Freunde, mit denen wir uns freuen
nichts zu lernen oder zu entdecken; sofortiges vollständiges Wissen	eine Ewigkeit des Lernens und der Entdeckung

Was wir über den Himmel annehmen	Was die Bibel über den Himmel sagt
langweilig	faszinierend
Wunschlosigkeit	ständige Erfüllung von Wünschen
nichts Schreckliches (aber auch wenig von dem, was wir uns wünschen)	wunderbare Dinge sind vorhanden (alles, was wir wünschen, und nichts, was wir nicht wünschen)

In unserer Vorstellung haben wir den Himmel zu einem Ort gemacht, auf den wir uns nur als Alternative zu einer unerträglichen Existenz hier auf der gegenwärtigen Erde freuen können. Nur Greise, Behinderte, Leidende und Verfolgte können sich nach dem Himmel sehnen, den wir uns ausmalen. Doch die Bibel beschreibt das Leben in Gottes Gegenwart, in unserem auferstandenen Körper und in einem auferstandenen Universum, als so spannend und unwiderstehlich, dass sogar die Jüngsten und Gesündesten davon mit offenen Augen träumen können.

Kein Wunder, dass Satan nicht will, dass wir die Wahrheit über den Himmel erfahren. Wenn wir uns in diesen Ort verlieben und uns auf die Zukunft freuen, die Gott für uns bereithält, werden wir Gott noch mehr lieben und ihm mutig und mit größerer Entschlossenheit nachfolgen – mit einem Blick für das richtige Verhältnis der Dinge.

Sobald wir einen Fuß auf die neue Erde setzen, wissen wir, dass sie genau der Ort ist, an den wir hingehören. Aber wir müssen nicht warten, bis wir gestorben sind, um etwas vom Himmel zu erfahren. Wie eine Braut jeden Tag in der Vorfreude auf die Ankunft des Bräutigams lebt, der sie in das Haus holt, das er für sie gebaut hat, sollten wir täglich an Jesus und den Himmel denken. Die Braut kommt sich nicht verlassen vor, sondern fühlt sich geehrt, weil sie weiß, dass sie in dem Haus leben wird, das der Bräutigam liebevoll in Gedanken an sie gebaut hat. Sie empfindet wohl manchmal Einsamkeit und Schwierigkeiten, aber sie weiß, dass er sie nicht vergessen hat und dass das, was er tut, ihr künftiges Glück sicherstellt. Ihr gegenwärtiges Glück hängt vom Vertrauen auf ihn ab, von dem Glauben, dass er kommen und sie nach Hause holen wird, wo sie für immer fröhlich miteinander leben werden.

Die Vertrautheit des eigenen Hauses

Welche Bedeutungen sollten wir mit dem Wort *Zuhause* verbinden, wenn uns die Bibel sagt, dass der Himmel unser Zuhause ist?

Unser Haus oder unser Zuhause ist ein Ort der Vertrautheit, ein Ort, an den wir hingehören. Es ist der Ort, der für uns gemacht wurde. Die meisten Häuser, in denen wir auf der Erde wohnen, wurden nicht ursprünglich für uns gebaut. Doch die neue Erde wird eigens für uns gemacht. Immer wenn Nanci schwanger war, bereiteten wir einen Platz für das Baby vor. Wir renovierten das Zimmer, wählten eine passende Tapete aus, stellten ein Kinderbettchen auf und suchten die besten Kissen und Decken aus. Die Qualität des Ortes, den wir für unsere Töchter vorbereiteten, wurde nur durch unser Können, unsere Mittel und unsere Vorstellungskraft beschränkt.

Welcher Platz wartet wohl im Himmel auf uns? Welchen Platz bereitet unser Herr wohl für uns vor? Da er durch nichts eingeschränkt ist und da er uns noch mehr liebt, als wir unsere Kinder lieben, glaube ich, dass wir den besten Platz vorfinden, der jemals in der ganzen Geschichte des Universums von irgendjemandem für irgendjemanden vorbereitet wurde. Der Gott, der uns zu Gastfreundschaft ermutigt, lässt sich in seiner Gastfreundschaft uns gegenüber nicht übertreffen.

Ein guter Zimmermann stellt sich vor seinem inneren Auge das vor, was er bauen will. Er plant und konstruiert. Dann führt er seine Arbeit sorgfältig und geschickt und nach genauen Vorgaben aus. Er ist stolz auf sein Werk und zeigt es voll Freude anderen. Und wenn er etwas für seine Braut oder seine Kinder herstellt, tut er es mit besonderer Sorgfalt und Freude.

Jesus ist der Zimmermann aus Nazareth. Er kann bauen. Er hat Erfahrung, denn er hat ganze Welten gebaut (Milliarden Welten, im ganzen Universum). Er baut eine Welt für uns, ein neues Modell der alten Erde in großem Maßstab. Wie großartig wird dieser Planet sein, den er die neue Erde nennt, von der er sagt, dass sie unser Zuhause … und sein Zuhause sein wird!

Ein neues Lied, ein neues Auto, eine neue Erde

Dadurch, dass Gott die neue Erde *Erde* genannt hat, sagt er uns mit allem Nachdruck, dass sie irdisch und deshalb für uns vertraut sein wird. Warum sollte er sie sonst Erde nennen?

Wenn die Bibel von einem »neuen Lied« spricht, denken wir nicht, dass dieses Lied ohne Text, ohne Melodie und ohne Rhythmus ist. Warum nicht? Weil es dann kein Lied wäre. Wenn ich Ihnen ein neues Auto verspreche, sagen Sie doch auch nicht: »Wenn es neu ist, hat es wahrscheinlich keinen Motor, kein Getriebe, keine Türen, keine Räder, kein Radio und keine Sitze.« Wenn ein neues Auto all diese Dinge nicht hätte, wäre es kein Auto. Wenn wir ein neues Auto kaufen, wissen wir, dass es eine bessere Ausführung von dem ist, was wir bereits haben. In ähnlicher Weise wird die neue Erde eine grundlegend verbesserte Ausführung der alten Erde sein.

Das Wort *neu* ist ein Adjektiv, das ein Substantiv näher beschreibt. Das Substantiv ist das Hauptwort. Ein neues Auto ist zuallererst ein Auto. Ein neuer Körper ist in erster Linie ein Körper. Eine neue Erde ist in erster Linie eine Erde.

Wie unser jetziger Körper der Entwurf für unseren Auferstehungskörper ist, so ist die jetzige Erde der Entwurf für die neue Erde.

Durch die Menschwerdung von Christus ist der Himmel immanent geworden. Die künftige neue Erde wird Gottes Wohnort sein, sie wird so rein und heilig sein, wie der Himmel schon immer war. Deshalb kann es nicht unangemessen sein, sich den Himmel irdisch vorzustellen, weil die Bibel selbst uns quasi dazu zwingt. Um mit Paul Marshall zu sprechen: »Was wir nötig haben ist nicht, aus der Welt gerettet zu werden, ist nicht, aufzuhören Mensch zu sein, ist nicht, aufzuhören sich um die Welt zu kümmern oder aufzuhören, die menschliche Kultur zu gestalten. Was wir nötig haben, ist die Kraft, all diese Dinge nach dem Willen Gottes zu tun. Wir müssen erlöst werden, genauso wie der Rest der Schöpfung.«[1]

Heimweh zu Hause

Können Sie sich an eine Zeit erinnern, in der Sie weit weg von Ihrem irdischen Zuhause waren und schrecklich Heimweh hatten? Vielleicht hatten Sie das erlebt, als Sie Student waren oder Ihren Wehrdienst ableisteten oder als Sie eine weite Reise unternommen haben oder wegen Ihrer Arbeit unterwegs waren. Ein solches Empfinden sollten wir dem Himmel gegenüber haben. Wir sind *displaced people*, Flüchtlinge, die Heimweh haben. C. S. Lewis sagte: »Wenn wir nun in uns selbst ein Bedürfnis entdecken, das durch nichts in dieser Welt gestillt werden kann, dann können wir daraus doch schließen, dass wir für eine andere Welt erschaffen wurden.«[2]

Nichts wird häufiger falsch diagnostiziert als unser Heimweh nach dem Himmel. Wir meinen, dass wir Sex, Drogen, Alkohol, eine neue Arbeitsstelle, eine Gehaltserhöhung, einen Doktortitel, einen Ehepartner, einen Fernseher mit Großbildschirm, ein neues Auto, eine Hütte im Wald oder eine Wohnung auf Hawaii haben wollen. Wonach wir uns jedoch wirklich sehnen, ist die Person, für die wir geschaffen wurden, Jesus, und der Ort, für den wir geschaffen wurden, der Himmel. Nichts anderes kann uns befriedigen. In seiner Abhandlung über die christliche Orthodoxie schrieb G.K. Chesterton:

> Die moderne Philosophie hatte mir immer und immer wieder gesagt, dass ich am rechten Ort bin, doch sogar als ich innerlich zustimmte, fühlte ich mich niedergeschlagen. ... Als ich hörte, dass ich am falschen Ort bin ... sang meine Seele vor Freude wie ein Vogel im Frühling. Ich wusste jetzt ..., warum es möglich ist, dass ich zu Hause Heimweh habe.[3]

Mir gefällt Chestertons Bild vom Heimweh zu Hause. Wir können sagen: »Der Himmel wird unser ewiges Zuhause sein«, oder: »Die Erde wird unser ewiges Zuhause sein«, aber wir sollten nicht sagen: »Der Himmel, nicht die Erde, wird unser ewiges Zuhause sein«, weil der Himmel, in dem wir leben werden, der Mittelpunkt der neuen Erde sein wird.

Ein Christ, mit dem ich ein kurzes Gespräch führte, sagte mir, dass er sich Sorgen mache, weil er sich nicht wirklich nach dem Himmel sehne. Stattdessen wünschte er sich sehnlichst eine Erde, die so ist, wie Gott sie geplant hatte. Wegen seines Wunsches fühlte er sich schuldig und kam sich ungeistlich vor. Zu jener Zeit waren meine Augen noch nicht für die Zusagen einer neuen Erde geöffnet, die in der Bibel gemacht werden. Wenn ich mit diesem Mann noch einmal sprechen könnte (ich hoffe, er liest dieses Buch), würde ich ihm sagen, was ich ihm das erste Mal hätte sagen sollen: dass sein Sehnen biblisch und richtig ist. Der Ort, nach dem er sich schon immer gesehnt hat, eine Erde, auf der Gott wirklich verherrlicht wird, ist in der Tat genau der Ort, an dem er für immer leben wird.

Wenn man zu einem Menschen, der die Wunder der Welt zu schätzen weiß, sagt: »Diese Welt ist nicht unser Zuhause«, dann hat das die Wirkung einer eiskalten Dusche. Wir sollten aber die Liebe zur Erde anfachen und nicht auslöschen. Sonst schmähen wir unsere von Gott geschenkte, instinktive Liebe zu unserem irdischen Zuhause. Und wir reduzieren »geistliches Leben« auf die Ablehnung von Kunst, Kultur, Wissenschaft, Sport, Bildung und alles Menschliche. Dadurch machen wir uns außerdem zu Heuchlern: Wenn wir in der Kirche sitzen, geben wir möglicherweise vor, die Welt zu verachten, doch sobald wir in unserem Auto sitzen, stellen wir unsere Lieblingsmusik an und fahren nach Hause zu einem Grillfest mit Freunden, schauen ein Fußballspiel an, spielen Golf, fahren Rad, arbeiten im Garten oder sitzen bequem mit einer duftenden Tasse Kaffee und einem guten Buch im Sessel. Wir tun diese Dinge nicht, weil wir Sünder sind, sondern weil wir Menschen sind. Wenn wir sterben und in den Himmel kommen, sind wir immer noch Menschen. Das ist keine enttäuschende Tatsache, sondern Gottes Plan. Er hat uns so gemacht, wie wir sind – mit Ausnahme der Sünde, und die hat nichts mit Freunden, Essen, Sport, Gartenarbeit oder Lesen zu tun.

Was uns an diesem Leben gefällt, sind die Dinge, die an das Leben erinnern, für das wir geschaffen wurden. Die Dinge, von denen wir begeistert sind, sind nicht nur das Beste, was dieses Leben zu bieten hat, sie sind so etwas wie eine Vorschau auf das künftige, großartigere Leben.

Unsere Beziehung zu Gott

16

Was bedeutet es, Gott zu sehen?

Ich werde von den Toten auferstehen. ... Ich werde den Sohn Gottes, die Sonne der Herrlichkeit, sehen und selbst wie diese Sonne scheinen. Ich werde mit den Menschen längst vergangener Zeiten vereint sein und auch mit Gott selbst, der keinen Morgen hatte, der nie begann. ... Kein Mensch hat Gott je gesehen und ist am Leben geblieben. Und doch werde ich nicht leben, bis ich Gott sehe. Und wenn ich ihn gesehen habe, werde ich nie mehr sterben.

John Donne

Würde ich die verschiedenen Aspekte des Himmels in der Rangordnung ihrer Bedeutung besprechen, hätte ich mit einem Kapitel über Gott und unsere ewige Beziehung zu ihm begonnen. Ich hielt es aber für erforderlich, zunächst ein klares Bild von unserem gegenständlichen, auferstandenen Leben auf der neuen Erde zu zeichnen. Wenn in den ersten Kapiteln nicht die Grundlage gelegt wird, wird der Gedanke, »Gott zu sehen«, unvermeidlich durch christoplatonische Vorstellungen vom Leben nach dem Tod verfälscht.

»Gott, du bist mein Gott; dich suche ich von ganzem Herzen. Meine Seele dürstet nach dir, mein ganzer Leib sehnt sich nach dir in diesem dürren, trockenen Land, in dem es kein Wasser gibt« (Psalm 63,2). Wir meinen, dass wir tausend verschiedene Dinge brauchen, doch in Wirklichkeit sehnt sich unser Herz nach Gott.

Seine Gegenwart schenkt Befriedigung, ist er nicht da, empfinden wir Durst und Sehnsucht. Unsere Sehnsucht nach dem Himmel ist eine Sehnsucht nach Gott, eine Sehnsucht, die nicht nur unsere Seele, sondern auch unseren Körper betrifft. Bei Gott zu sein – darum geht es im Himmel. Jedes andere Vergnügen dort leitet sich von Gottes Gegenwart ab, ist ihr untergeordnet. Gottes größtes Geschenk für uns ist er selbst.

Die glückselig machende Vision

Früher sprachen Theologen oft von der »seligen Schau«. Der Begriff leitet sich vom lateinischen *visio beatifica* ab, was »glücklich machender Anblick« bedeutet. Der Anblick, von dem sie sprachen, war Gott. In Offenbarung 22,4 steht von Gottes Dienern auf der neuen Erde: »Und sie werden sein Gesicht sehen.« Gottes Gesicht sehen ist das bedeutendste Verlangen – obwohl es bedauerlicherweise bei den meisten von uns nicht an erster Stelle auf der Wunschliste steht.

Als Mose Gott bat: »Lass mich deine Herrlichkeit sehen«, antwortete Gott: »Ich will meine Güte an dir vorüberziehen lassen … Mein Gesicht kannst du jedoch nicht sehen, denn jeder Mensch, der mich sieht, muss sterben … Stell dich hier auf diesen Felsen neben mich. Wenn ich dann in meiner Herrlichkeit vorüberziehe, werde ich dich in die Felsspalte stellen und meine Hand schützend über dich halten, bis ich vorübergegangen bin. Dann will ich meine Hand wegnehmen und du wirst mir hinterhersehen. Mein Gesicht aber kann niemand sehen« (2. Mose 33,18-23).

Mose sah Gott, aber nicht Gottes Gesicht. Im Neuen Testament steht: »[Gott] wohnt in einem Licht, zu dem niemand kommen kann. Niemand hat ihn je gesehen oder kann ihn sehen« (1. Timotheus 6,16). Es war völlig undenkbar, Gottes Gesicht zu sehen.

Wenn uns in Offenbarung 22,4 gesagt wird, dass wir Gottes Gesicht sehen werden, muss uns das deshalb überraschen. Was uns daran hindert, Gott zu sehen, wissen wir: »Wer nicht heilig ist, wird den Herrn nicht sehen« (Hebräer 12,14). Nur weil wir in Christus völlig gerecht und sündlos sein werden, können wir Gott sehen und leben.

Wir werden nicht nur sein Gesicht sehen und leben, sondern wir werden uns wahrscheinlich fragen, ob wir überhaupt je richtig gelebt haben, bevor wir sein Gesicht sahen! Gott zu sehen wird unsere größte Freude sein, die Freude, an der alle anderen Freuden gemessen werden.

Das Gesicht von Vater und Sohn

David sagt: »Eine einzige Bitte habe ich an den Herrn. Ich sehne mich danach, solange ich lebe, im Haus des Herrn zu sein, um seine Freundlichkeit zu sehen und in seinem Tempel still zu werden« (Psalm 27,4). David beschäftigte sich intensiv mit Gottes Person, aber auch mit Gottes Wohnort. Er sehnte sich danach, da zu sein, wo Gott ist, und seine Schönheit zu sehen. Wenn man Gottes Gesicht sieht, betrachtet man seine Schönheit, die Quelle aller anderen Schönheiten. Gott, der transzendent ist, wurde immanent in Jesus Christus, der Immanuel genannt wird, »Gott ist mit uns« (Matthäus 1,23). Gott der Sohn schlug sein Zelt unter uns auf der Erde auf und wurde einer von uns (Johannes 1,14). Deshalb werden wir immer, wenn wir Jesus im Himmel sehen, Gott sehen. Weil Jesus Christus Gott und eine ständige sichtbare Erscheinung Gottes ist, konnte er zu Philippus sagen: »Wer mich gesehen hat, hat den Vater gesehen« (Johannes 14,9). Auf der neuen Erde werden wir also den Vater in erster Linie durch seinen Sohn, Jesus, sehen.

Doch Jesus sagte: »Gott segnet die, die ein reines Herz haben, denn sie werden Gott sehen« (Matthäus 5,8). Und wenn in Offenbarung 22,4 gesagt wird: »Sie werden sein Gesicht sehen, und sein Name wird auf ihren Stirnen geschrieben stehen«, so muss damit das Sehen des Gesichtes von Gott dem Vater gemeint sein.

»Gott ist Geist« (Johannes 4,24). Wenn die Bibel auf Gottes Körperteile Bezug nimmt (z. B. »die Augen des Herrn« oder »Gottes Arme«), so handelt es sich um eine bildliche Redeweise. In gewisser Hinsicht sah jedoch Mose das leuchtende Wesen Gottes selbst, auch ohne Gottes Gesicht zu sehen. Ist Leuchten wirklich Teil des Wesens von Gott dem Vater, oder ist es eine Form, mit der er sich körperlichen Augen offenbart? Ich erhebe nicht den Anspruch zu verstehen, wie wir das Gesicht des Vaters sehen werden, doch es scheint, dass es in einem gewissen Sinn für uns sichtbar sein wird.

Gott mit unserem neuen Körper sehen

In einem Buch über den Himmel habe ich gelesen: »Die Erlösten werden Gott sehen – aber bestimmt nicht mit körperlichen Augen.«[1] Aber warum denn nicht? Die in Offenbarung 22,3-4 beschriebenen Ereignisse finden nach unserer körperlichen Auferstehung statt: »Denn der Thron Gottes … wird dort [in der Stadt] sein, und seine Diener werden … sein Gesicht sehen.« Als körperliche Wesen werden wir sicherlich körperliche Augen haben – wie sonst könnten wir Gott sehen? Unser Auferstehungskörper wird körperlich-geistliche Augen haben, die nicht von Sünde, Krankheit oder Tod verdorben sind.

Wird der Christus, den wir im Himmel als Gott verehren, auch Mensch sein? Ja. »Jesus Christus ist gestern [als er auf der Erde lebte], heute [wenn er im Zwischenhimmel lebt] und in Ewigkeit [wenn er auf der neuen Erde, dem ewigen Himmel, leben wird] derselbe« (Hebräer 13,8). Christus hat keinen Körper angezogen, als würde es sich um einen Mantel handeln. Er bestand nicht aus zwei getrennten Bestandteilen, Mensch und Gott, die nach Belieben ein- und ausgeschaltet werden konnten. Er war und ist und wird immer Mensch und Gott sein.

In seinem Schmerz schreit Hiob in treffender Klarheit heraus: »Ich weiß, dass mein Erlöser lebt, und als der Letzte wird er über dem Staub sich erheben. Und ist meine Haut noch so zerschlagen und mein Fleisch dahingeschwunden, so werde ich doch Gott sehen. Ich selbst werde ihn sehen, meine Augen werden ihn schauen und kein Fremder. Danach sehnt sich mein Herz in meiner Brust« (Hiob 19,25-27; LUT). Die Erwartung, Gott in einem auferstandenen Körper von Angesicht zu Angesicht zu sehen, ist tief empfunden und alt.

Wir brauchen nicht auf die neue Erde zu warten, bevor wir kurze Blicke auf Gott erhaschen können. Wir lesen, dass wir den »unsichtbaren Gott« an allem, »was Gott geschaffen hat«, »klar erkennen können« (Römer 1,20). Betrachten wir die Bäume, die Blumen, die Sonne, den Regen und die Menschen um uns herum. Ja, überall um uns herum und in uns ist Zerstörung. Doch die Sterne am Himmel verkünden dennoch Gottes Herrlichkeit (Psalm 19,2), genauso wie die Tiere, die Kunst und die Musik. Doch unser Blick wird von demselben Fluch beeinträchtigt, der die ganze Schöpfung verdorben hat. Eines Tages werden wir und das Universum für immer von der Sünde geheilt sein. An jenem Tag werden wir Gott sehen.

Gott sehen: unsere höchste Freude

Im Himmel werden die Grenzen zwischen erlösten Menschen und Gott für immer aufgehoben sein. Wenn wir in Gottes Augen schauen, sehen wir, wonach wir uns immer gesehnt haben: die Person, die uns zu ihrer Freude geschaffen hat. Wenn wir Gott sehen, ist es, als würden wir alles andere zum ersten Mal sehen. Warum? Weil wir nicht nur Gott sehen werden, sondern weil er wie das Objektiv einer Kamera sein wird, durch das wir alles andere sehen – Menschen, uns selbst und die Ereignisse dieses Lebens.

Was ist das Wesentliche am ewigen Leben? »Dich zu erkennen, den einzig wahren Gott, und Jesus Christus, den du in die Welt gesandt hast« (Johannes 17,3). Unsere höchste Freude im Himmel wird sein, Gott zu kennen und zu sehen. Jede andere Freude leitet sich davon ab, fließt aus dem Brunnen unserer Beziehung zu Gott.

In Psalm 73,25 sagt Asaf: »Wen habe ich im Himmel außer dir? Du bist mir wichtiger als alles andere auf der Erde.« Das mag übertrieben klingen – dieser Mensch will nichts auf der Erde als nur Gott? Ja, dieser Vers bekräftigt, dass unser Herz sich in erster Linie nach Gott sehnt. Wir mögen uns nach anderen Dingen sehnen, doch während wir uns nach diesen Dingen sehnen, sehnen wir uns in Wirklichkeit nach Gott. Augustinus nannte Gott »das Ende unserer Sehnsüchte«. Er betete: »Du hast uns für dich gemacht, Herr, und unser Herz ist ruhelos, bis es Ruhe findet in dir.«[2]

Nehmen wir an, Sie sind krank. Ihr Freund bringt Ihnen etwas zu essen. Was befriedigt Ihre Bedürfnisse – das Essen oder der Freund? Beide. Natürlich gäbe es ohne Ihren Freund kein Essen, doch auch ohne das Essen würden Sie Ihre Freundschaft in Ehren halten. Deshalb ist Ihr Freund Ihre höhere Freude und die Quelle Ihrer nachrangigen Freude (dem Essen). In ähnlicher Weise ist Gott die Quelle aller anderen Güter, und wenn diese uns zufriedenstellen, dann ist es Gott selbst, der uns zufriedenstellt.

Wenn ich an anderer Stelle in diesem Buch über die vielfältigen Freuden des auferstandenen Lebens im neuen Universum spreche, könnten einige Leser einwerfen: Doch unsere Augen sollten auf den Geber, nicht auf die Gabe gerichtet sein. Wir müssen uns auf Gott konzentrieren, nicht auf den Himmel. Diese Einstellung klingt geistlich, trennt aber in irreführender Weise die Erfahrungen, die wir mit Gott gemacht haben, vom Leben, von den Beziehungen und von der Welt – von allem, was Gott uns in seiner Gnade schenkt. Wer so denkt, sieht den materiellen Bereich und andere Menschen als Gottes Konkurrenten und nicht als Wege, auf denen er uns seine Liebe und sein Wesen mitteilt. Dadurch wird etwas Wichtiges verkannt: Da Gott die höchste Quelle der Freude ist und da alle nachrangigen Freuden von ihm ausgehen, kann die Liebe zu nachrangigen Freuden auf der Erde bedeuten, dass man Gott als ihre Quelle liebt – im Himmel wird das jedenfalls immer der Fall sein.

Aufgrund der gegenwärtigen Dunkelheit in unserem Herzen müssen wir darauf achten, Gottes Gaben nicht zu Götzen zu machen. Doch wenn wir einmal von der Sünde befreit sind und in Gottes Gegenwart leben, brauchen wir uns nicht mehr zu sorgen, dass wir Menschen oder Dinge über Gott stellen könnten. Das ist dann undenkbar. Alle nachrangigen Freuden sind von Natur aus abgeleitete Freuden. Sie können nicht von Gott getrennt werden. Blumen sind schön, weil Gott schön ist. Ein Regenbogen ist überwältigend, weil Gott überwältigend ist. Junge Hunde sind wunderbar, weil Gott wunderbar ist. Sport macht Spaß, weil Gott Spaß macht. Ein Studium ist lohnend, weil Gott lohnend ist. Arbeit befriedigt, weil Gott befriedigt.

Es liegt schon eine gewisse Ironie darin, dass die Menschen, die am festesten entschlossen sind, bloß nichts frevelhaft über Gott zu stellen, täglich tausend Gelegenheiten versäumen, ihm zu danken, ihn zu loben und ihm näherzukommen, weil sie der Meinung sind, sie sollten genau die Dinge nicht genießen, die er gemacht hat – eben gerade, damit wir ihn kennen und lieben lernen.

Gott ist ein großzügiger Geber. »Gott hat nicht einmal seinen eigenen Sohn verschont, sondern hat ihn für uns alle gegeben. Und wenn Gott uns Christus gab, wird er uns mit ihm dann nicht auch alles andere schenken?« (Römer 8,32). Der Gott, der uns seinen Sohn gegeben hat, freut sich, uns großzügig auch »alles andere« zu schenken. Dieses »alles andere« kommt zusätzlich zu Christus, aber nicht anstelle von ihm – die Bibel sagt, es kommt »mit ihm«. Wenn wir Christus nicht hätten, hätten wir nichts. Da wir Christus haben, haben wir alles. Deshalb können wir uns an den Menschen und den Dingen, die Gott gemacht hat, erfreuen und uns dabei auch an Gott freuen, der sie zu seiner und unserer Freude geschaffen und gegeben hat.

Dankgebete für gutes Essen, wärmende Feuer, Spiele, Bücher, Beziehungen und alle anderen Dinge gefallen Gott. Wenn wir Gott nicht als die Quelle aller guten Dinge anerkennen, geben wir ihm nicht die Ehre, die ihm gebührt. Wir trennen die Freude von Gott, und das ist etwa so, als wollte man Wärme vom Feuer oder Nässe vom Regen trennen.

Jeden Tag sollten wir Gott in seiner Schöpfung sehen: in dem Essen, das wir zu uns nehmen, in der Luft, die wir atmen, in unseren Freundschaften, in unserer Familie, in unserer Arbeit und unseren Hobbys. Es stimmt, manchmal müssen wir auf zweitrangige Freuden verzichten, und wir sollten auch nie zulassen, dass sie Gott in den Schatten stellen. Außerdem sollten wir Überfluss und Verschwendung vermeiden, wenn andere Not leiden. Doch wir sollten Gott für alle Freuden des Lebens, die großen und die kleinen, danken und zulassen, dass sie uns näher zu ihm ziehen.

Genau das werden wir auch im Himmel tun – warum fangen wir also nicht jetzt schon damit an?

Wenn wir Gott anschauen, haben wir immer und immer wieder noch mehr zu sehen, weil sein unendliches Wesen nie erschöpft werden kann. Wir könnten – und werden – zahllose Jahrtausende damit verbringen, die Tiefen von Gottes Wesen zu erkunden, und trotzdem immer den Eindruck haben, ihn zum ersten Mal zu sehen. Darin liegen die Großartigkeit Gottes und die Wunder des Himmels.

Der Theologe Sam Storms schreibt:

> Wir werden ständig mehr erstaunt sein über Gott, ihn mehr lieben und folglich immer mehr Gefallen an seiner Gegenwart und unserer Beziehung zu ihm finden. Unsere Kenntnisse von Gott werden nie vollkommen sein. Wir werden nie ankommen, so wie man etwa auf einem Gipfel ankommt und entdeckt, dass es kein weiteres Ziel mehr gibt. Unsere Kenntnisse von Gott werden nie schal werden. Sie werden sich vertiefen und weiterentwickeln, verstärken und verbreitern, entfalten, vergrößern, ausdehnen und vervielfältigen.[3]

Wir werden Gott anschauen, ihn kennenlernen und ihn in Ewigkeit anbeten, ihn erforschen, ihm dienen und seine herrliche Schönheit in allem und jedem um uns herum sehen. Wir werden Christus in seiner Herrlichkeit sehen. Die berauschendsten Erlebnisse auf der Erde, wie Wildwasser-Rafting, Fallschirmspringen oder Extremsportarten, werden fade erscheinen im Vergleich zu der Sensation, Jesus zu sehen.

Bei ihm sein. Ihn anschauen. Mit ihm sprechen. Ihn anbeten. Ihn umarmen. Mit ihm essen. Mit ihm spazieren gehen. Mit ihm lachen. Können wir uns das vorstellen?!

Werden wir jemals müde, ihn zu loben? Augustinus schreibt:

> Gott selbst, der Begründer der Tugend, wird unsere Belohnung sein. Da es nichts Größeres und Besseres als Gott selbst gibt, hat Gott uns sich selbst versprochen. Gott wird das Ende aller unserer Sehnsüchte sein, wir werden ihn ohne Ende sehen, wir werden nicht überdrüssig, ihn zu lieben, und nicht müde, ihn zu loben.[4]

17

Was bedeutet es, dass Gott unter uns wohnt?

Wenn das Gute, die Schönheit und die Wunder der Schöpfung für den Menschen so herrlich sind, zieht die Quelle von Gottes eigener Güte (verglichen mit den Tröpfchen des Guten, die man in der Schöpfung findet) den menschlichen Geist voller Freude gänzlich zu sich.

Thomas von Aquin

Im Garten Eden kam Gott, sooft er wollte, auf die Erde, die Heimat der Menschen (1. Mose 3,8). Auf der neuen Erde können Gott und die Menschen, sooft sie wollen, zueinanderkommen. Gott und die Menschen werden für immer im selben Zuhause – der neuen Erde – zusammenleben.

Gott sagt: »Ich will mitten unter euch wohnen und will mich nicht mehr voller Abscheu von euch abwenden. Ich will mitten unter euch leben; ich will euer Gott sein und ihr sollt mein Volk sein« (3. Mose 26,11-12). »Ich will mitten unter ihnen sein und mitten unter ihnen leben. Ich will ihr Gott sein, und sie sollen mein Volk sein« (2. Korinther 6,16).

Die Freude eines Himmels mit Gott als Mittelpunkt

Lesen Sie einmal ganz langsam diesen Vers: »Gott selbst wird bei ihnen sein« (Offenbarung 21,3). Warum wird hier die Betonung auf Gott selbst gelegt? Weil Gott uns nicht einfach einen Vertreter schickt. Er wird tatsächlich kommen, um auf der neuen Erde bei uns zu wohnen. Steven J. Lawson erklärt dazu:

> Gottes Herrlichkeit wird den ganzen neuen Himmel erfüllen und durchdringen, nicht nur einen zentralen Ort. Wohin wir im Himmel auch gehen, wir werden in der direkten Gegenwart der ganzen Herrlichkeit Gottes sein. Wo immer wir auch hingehen, werden wir uns an der vollständigen Offenbarung von Gottes Gegenwart freuen. In der ganzen Ewigkeit werden wir nie von der unmittelbaren, ungehinderten Gemeinschaft mit Gott getrennt sein.[1]

Gottes Herrlichkeit wird die Luft sein, die wir atmen, und wir werden immer tiefer atmen, um mehr davon zu bekommen. Wie groß die Wunder des Himmels auch sind, Gott selbst ist unser größter Gewinn im Himmel. Vater Boudreau schreibt: »Die Glückseligkeit des Himmels besteht hauptsächlich im Sehen Gottes, in der Liebe Gottes und in der Freude an Gott selbst.«[2]

Im Himmel werden wir endlich von Selbstgerechtigkeit und Selbsttäuschung befreit. Wir werden Gottes Güte nicht mehr infrage stellen. Wir werden sie sehen, uns an ihr freuen und die Menschen um uns her auf sie hinweisen. Sicherlich werden wir uns fragen, wie wir je seine Güte infrage stellen konnten. Denn dann werden wir sehen, was wir geglaubt haben – wir werden Gott sehen.

Bei Gott sein

Es befassen sich viele Bücher und Fernsehsendungen mit Nachrichten aus der Geisterwelt, angeblich von Menschen, die gestorben sind und jetzt durch einen Channeler oder ein Medium sprechen. Sie behaupten, dass sie vom Himmel gekommen sind, um mit Menschen, die sie lieben, Kontakt aufzunehmen, aber sie sprechen fast nie von Gott oder davon, Jesus gesehen zu haben. Dabei würde doch niemand, der tatsächlich im Himmel war, es versäumen, das zu erwähnen, was laut Bibel das Wichtigste dort ist. Wenn Sie einen ganzen Abend lang mit einem König gegessen hätten, würden Sie nicht zurückkommen und nur über die Räumlichkeiten sprechen. Als der Apostel Johannes den Himmel gesehen hatte und der Gemeinde einen Brief darüber schrieb, berichtete er von vielen Einzelheiten – doch vor allen Dingen hörte er vom Anfang bis zum Schluss nicht auf, über Jesus zu sprechen.

Der 1998 erschienene Film *What Dreams May Come* zeigt den Himmel als wunderschönen, aber einsamen Ort, weil die Frau eines Mannes nicht dort ist. Es fällt jedoch auf, dass in dem Film auch ein anderer in der Schilderung des Himmels fehlt: Gott.

Ein Himmel ohne Gott wäre wie ein Palast ohne König. Wenn es keinen König gibt, gibt es keinen Palast. Wenn es keinen Gott gibt, gibt es keinen Himmel. Teresa von Ávila sagte: »Wo Gott ist, da ist der Himmel.«[3] Was daraus folgt, liegt auf der Hand: Die Hölle ist da, wo Gott nicht ist. Der Himmel wird einfach eine materielle Ausdehnung von Gottes Güte sein. Bei Gott sein – ihn kennen und ihn sehen – ist die »Hauptattraktion« des Himmels.

Die Gegenwart Gottes macht das Wesen des Himmels aus, so wie die Abwesenheit Gottes das Wesen der Hölle ausmacht. Da Gott über alle Maßen schön ist, wäre es schon mehr als genug, wenn wir nichts anderes darüber wüssten, als dass der Himmel sein Wohnort ist.

Bei Jesus sein

Jesus hat seinen Jüngern versprochen: »Ich [werde] kommen und euch holen, damit ihr immer bei mir seid, dort, wo ich bin« (Johannes 14,3). Sterben bedeutet für Christen, »daheim beim Herrn« zu sein (2. Korinther 5,8). Der Apostel Paulus sagt: »Ich sehne mich danach, zu sterben und bei Christus zu sein, denn das wäre bei Weitem das Beste« (Philipper 1,23). Er hätte sagen können: »Ich sehne mich danach, zu sterben und im Himmel zu sein«, doch das sagte er nicht. Sein Wunsch bestand darin, bei seinem Herrn Jesus zu sein, was das Wichtigste am Himmel ist.

Von Martin Luther stammt der Ausspruch: »Ich wäre lieber mit Christus in der Hölle als ohne ihn im Himmel.«[4] Ein Ort mit Christus kann nicht die Hölle, sondern nur der Himmel sein. Ein Ort ohne Christus kann nicht der Himmel, sondern nur die Hölle sein.

Jesus nannte seine Jünger Freunde (Johannes 15,15). Er ist auch unser bester Freund, und wenn wir ihn von Angesicht zu Angesicht sehen, werden wir niemals daran zweifeln.

Wenn Jesus betet, dass wir mit ihm im Himmel sein werden, erklärt er auch, warum: »Vater, ich möchte, dass die, die du mir gegeben hast, bei mir sind, damit sie meine Herrlichkeit sehen. Du hast mir die Herrlichkeit geschenkt, weil du mich schon vor Erschaffung der Welt geliebt hast« (Johannes 17,24). Wenn wir etwas erreicht haben, möchten wir es mit denen teilen, die uns am nächsten stehen. Genauso möchte Jesus seine Herrlichkeit mit uns teilen – seine Person und das, was er erreicht hat.

Es sollte uns tief berühren, dass Christus den Wunsch hat, dass wir seine Herrlichkeit sehen. Welch unerwartetes Kompliment ist es, dass der Schöpfer des Universums so weit gegangen ist und ein solches Opfer gebracht hat, um für uns einen Platz vorzubereiten, an dem wir seine Herrlichkeit sehen und an ihr teilhaben können!

Haben Sie sich schon einmal vorgestellt, wie es wäre, wie die Jünger auf der Erde mit Jesus zu leben? Sie werden diese Gelegenheit bekommen – auf der neuen Erde. Alles, was wir mit Jesus tun, tun wir auch mit dem dreieinigen Gott. Wie wird es sein, neben Gott zu laufen, mit Gott zu lachen, mit Gott über ein Buch zu sprechen, mit Gott zu singen, zu klettern, zu schwimmen und Fangen zu spielen? Jesus hat versprochen, dass wir in seinem Reich mit ihm essen werden. Das ist ein vertrauter Umgang mit Gott, der für jeden undenkbar ist, der nicht die Bedeutung der Menschwerdung verstanden hat. Mit Jesus zu essen bedeutet, mit Gott zu essen.

Mit Christus in Gott verborgen

In gewisser Hinsicht sind wir bereits mit Christus im Himmel: »Da ihr mit Christus zu neuem Leben auferweckt wurdet, sucht Christus, der zur Rechten Gottes im Himmel sitzt. Denkt nicht an weltliche Angelegenheiten, sondern konzentriert eure Gedanken auf ihn! Denn ihr seid gestorben, als Christus starb, und euer wahres Leben ist mit Christus in Gott verborgen. Wenn Christus, der euer Leben ist, der ganzen Welt bekannt werden wird, dann wird auch sichtbar werden, dass ihr seine Herrlichkeit mit ihm teilt« (Kolosser 3,1-4).

Unsere persönliche Verbindung mit Christus in seinem Erlösungswerk macht uns schon jetzt von ihm untrennbar. Wenn wir in dieser Welt mit ihm leben und mit ihm sprechen, erfahren wir einen schwachen Vorgeschmack auf die Freuden und Wunder des Himmels.

Beachten Sie, dass die folgende Beschreibung, die für Gläubige geschrieben wurde, die auf der Erde leben, in der Vergangenheit und nicht in der Zukunft steht, dass demnach eine vollendete Handlung ausgedrückt wird: »Ihr seid zum Berg Zion gekommen, zur Stadt des lebendigen Gottes, dem himmlischen Jerusalem, wo Tausende von Engeln sich zu einem Fest versammelt haben. Ihr seid zur Gemeinde der erstgeborenen Kinder Gottes gekommen, deren Namen im Himmel aufgeschrieben sind. Ihr seid zu Gott selbst gekommen, dem Richter aller Menschen. Und ihr seid zu den Geretteten im Himmel gekommen, die nun im Geist bei Gott angekommen und vollkommen gemacht sind« (Hebräer 12,22-23).

Geistlich sind wir bereits in die Gemeinde des Himmels eingetreten. Der Himmel ist nicht nur unser künftiges Zuhause, er ist schon jetzt unser Zuhause, das auf der anderen Seite des Berges auf uns wartet. Wenn wir diese Wahrheit wirklich verstanden haben, hat sie eine nachhaltige Wirkung auf unser Leben in Heiligkeit. Ein Mann, der sieht, wie er im Himmel seinen Platz neben Christus in der Gegenwart Gottes hat, dieses Gottes, dem die Engel zurufen: »Heilig, heilig, heilig!«, verbringt seine Abende nicht damit, im Internet pornografische Bilder anzusehen.

Kein Wunder, dass der Teufel unbedingt verhindern will, dass wir begreifen, wer wir in Christus schon sind, denn wenn wir uns mit Christus zusammen im Himmel sehen, können wir gar nicht anders, als ihn hier und jetzt anzubeten und ihm zu dienen. Es ist, als würden wir dadurch kleine Wellen auf der Oberfläche des himmlischen Wassers auslösen, die sich in alle Ewigkeit ausdehnen werden.

18

Wie werden wir Gott anbeten?

Was macht den Himmel aus? ... [Es ist die] Glückseligkeit, den dreieinigen Gott zu sehen, ihn zu lieben und sich an ihm zu freuen. Denn die drei Personen Gottes haben eine unendlich vollkommene Sicht füreinander, Liebe zueinander und Freude am göttlichen Wesen und aneinander. Und in diesem unendlichen Wissen, dieser unendlichen Liebe und Freude, liegt das eigentliche Leben des dreieinigen Gottes, das innerste Wesen des fortwährenden und unendlichen Glücks. Wenn die Gesegneten endlos und im höchsten Maße glücklich sein sollen, dann werden sie das Leben des dreieinigen Gottes teilen, in diesem göttlichen Leben, das sie fortwährend unendlich glücklich macht.

E. J. Fortman

Haben Sie schon einmal – im Gebet, im Gottesdienst oder während eines Spaziergangs am Strand – einige kurze Augenblicke lang die konkrete Gegenwart Gottes erlebt? Es ist eine spannende Begegnung, doch für die meisten von uns dauert sie aufgrund der Ablenkungen des Alltags nur einen kurzen Moment. Wie wird es sein, Gottes Gesicht zu sehen, ohne von weniger wichtigen Dingen abgelenkt zu werden? Wie wird es sein, wenn alles weniger Wichtige unsere Aufmerksamkeit unfehlbar wieder auf Gott richtet?

Gott zu sehen ist etwas Dynamisches, nichts Statisches. Es bedeutet, fortwährend neue Schönheiten zu entdecken und neue Rätsel zu ergründen. Wir werden Gottes Wesen erforschen, eine herrliche Erfahrung, die über unser Verstehen hinausgeht. Das verwunderte Staunen, das wir in Offenbarung 4–5 bei den Bewohnern des Himmels erkennen, lässt auf eine immer tiefer werdende Wahrnehmung von Gottes Größe schließen. Das ist nicht alles, was den Himmel ausmacht, aber auch wenn es so wäre, wäre es mehr als genug.

Im Himmel werden wir bei dem Gott, den wir lieben und der uns von ganzem Herzen liebt, zu Hause sein. Liebende langweilen sich nicht miteinander. Menschen, die Gott lieben, können sich in seiner Gegenwart nie langweilen. Denken wir daran, dass die Dreieinigkeit selbst eine fortwährende Beziehung ist. Gott zu sehen bedeutet, an der unendlichen Freude ihrer Gemeinschaft teilzuhaben.

Allumfassende Anbetung

Die meisten Menschen wissen, dass wir im Himmel Gott anbeten werden. Doch es ist ihnen nicht klar, wie faszinierend das sein wird. Eine unüberschaubare Menge von Gläubigen aus allen Nationen, Stämmen, Völkern und Sprachen versammelt sich, um Gott anzubeten für seine Größe, Weisheit, Stärke, Gnade und sein mächtiges Erlösungswerk (Offenbarung 5,13-14). Von seiner Herrlichkeit überwältigt werden wir in uneingeschränkter Freude niederfallen und rufen: »Lob und Herrlichkeit und Weisheit und Dank und Ehre und Macht und Stärke gehören unserem Gott für immer und ewig. Amen!« (Offenbarung 7,9-12).

Mit Gott zusammen sein – wenn es wirklich geschieht – ist großartiger als ein feines Essen, ein spannendes Spiel, Jagen, Gartenarbeit, Bergsteigen oder die Fußballweltmeisterschaft. Die Kirche, Gottes Volk, wird da sein. Aber es wird keine Tempel oder Kirchen im Sinne von Gebäuden geben und, soweit wir wissen, auch keine Gottesdienste (Offenbarung 21,22).

Werden wir ständig mit Anbetung beschäftigt sein? Ja und nein. Wenn wir Anbetung im engeren Sinne verstehen, lautet die Antwort nein. Doch wenn wir die Anbetung im weiten Sinn verstehen, dann lautet die Antwort ja. Cornelius Venema erklärt, dass die Anbetung im Himmel allumfassend sein wird:

> Als König erhebt Christus Anspruch auf alle Tätigkeiten des Lebens – sei es in der Ehe, in der Familie, im Geschäft, im Spiel, in Freundschaften, in der Ausbildung, Politik usw. ... Diejenigen, die für immer mit Christus leben und regieren, werden sicherlich entdecken, dass die Vielfalt und Vielschichtigkeit ihrer Anbetung Gottes im künftigen Leben reicher, nicht ärmer werden. Jede Tätigkeit des neuen kreatürlichen Lebens wird Teil der Anbetung Gottes sein.[1]

Werden wir bei der Anbetung immer vor den Füßen von Christus auf den Knien liegen? Nein, weil in der Bibel steht, dass wir viele andere Dinge tun werden – an Orten wohnen, essen und trinken, mit Christus regieren und für ihn arbeiten. Die Bibel beschreibt Menschen, die stehen, gehen, in die Stadt hinein- und aus ihr herausgehen und sich zu Festen treffen. Wenn wir das tun, liegen wir nicht vor Christus auf den Knien. Trotzdem wird alles, was wir tun, ein Akt der Anbetung sein. Wir werden in einer umfassenden und ungebrochenen Gemeinschaft mit Christus leben. Manchmal wird sich diese Gemeinschaft zu größeren Höhen des Lobes steigern, wenn wir mit unzähligen anderen, die ihn auch anbeten, zusammenkommen.

Zu Anbetung gehört mehr als Singen und Beten. Ich bete Gott oft an, während ich ein Buch lese, Fahrrad fahre oder spazieren gehe. Ich bete ihn jetzt an, während ich schreibe. Doch allzu oft bin ich abgelenkt, sodass Gott im Alltag in den Hintergrund gedrängt wird. Im Himmel wird Gott in meinen Gedanken immer an erster Stelle stehen.

Wir werden aufgefordert: »Seid immer fröhlich. Hört nicht auf zu beten. Was immer auch geschieht, seid dankbar« (1. Thessalonicher 5,16-18). Dass Gott von uns erwartet, dass wir viele andere Dinge tun, wie arbeiten, ausruhen und mit unserer Familie zusammen sein, zeigt, dass wir immer fröhlich sein, beten und danken sollen, während wir andere Dinge tun.

Haben Sie schon einen Tag oder einige Stunden erlebt, in denen Sie die Gegenwart Gottes gespürt haben, während Sie wanderten, arbeiteten, sich im Garten betätigten, Auto fuhren, lasen oder Geschirr spülten? Das alles gibt uns einen Vorgeschmack auf den Himmel – nicht, weil wir nichts tun, außer Gott anzubeten, sondern weil wir ihn anbeten, während wir all das andere tun.

Wenn wir erst einmal Gott so sehen, wie er wirklich ist, muss uns niemand mehr mit Bitten oder Drohen dazu bringen, ihn zu loben. Wir werden vor Dankbarkeit und Lob überfließen. Wir sind zur Anbetung Gottes geschaffen. Es gibt kein größeres Vergnügen. Manchmal werden wir uns im Lobpreis verlieren und nichts anderes tun, als ihn anzubeten. Zu anderen Zeiten werden wir ihn anbeten, während wir einen Schrank zimmern, ein Bild malen, ein Essen kochen, mit einem Freund sprechen, spazieren gehen oder einen Ball werfen.

Warum Anbetung nicht langweilig sein kann

Nichts ist faszinierender als Gott. Je tiefer wir sein Wesen erforschen, umso mehr wollen wir von ihm erfahren.

Diese Faszination werden wir nie verlieren, wenn wir Gott näher kennenlernen. Das freudige Erschauern, ihn zu kennen, wird nie nachlassen. Der Wunsch, ihn besser kennenzulernen, wird der Beweggrund für alles sein, was wir tun. Wenn die Anbetung Gottes in unserer Vorstellung langweilig werden könnte, dann übertragen wir unsere schlechten Erfahrungen mit sogenannter Anbetung auf den Himmel. Satan ist entschlossen, die Kirche zu einem langweiligen Ort zu machen, damit wir annehmen, dass der Himmel auch langweilig ist. Doch die Kirche kann aufregend und die Anbetung anregend sein. Spätestens im Himmel. Wir werden Gott sehen und verstehen, warum die Engel und die anderen Kreaturen ihn mit Freuden anbeten.

Kennen Sie Menschen, die nicht langweilig sein können, auch wenn sie es versuchen? Es gibt Menschen, die sind einfach faszinierend. Ich habe den Eindruck, ich könnte ihnen in einem fort zuhören. Vielleicht glaube ich das aber nur, und irgendwann hätte ich doch genug von ihnen. Von Gott können wir nie genug haben. Sein Wissen, sein Können und sein Wesen sind unerschöpflich. Bis in die Tiefen seines Wesens ist er überwältigend, und diese Tiefen können nie ausgelotet werden. Kein Wunder, dass die Bewohner des Himmels ihre Augen immer wieder auf ihn richten – sie wollen nicht, dass ihnen etwas entgeht.

Manchmal knie ich mitten am Tag in meinem Büro nieder und danke Gott für seine Güte. Wenn ich mit meiner Frau esse, mit einem Freund spreche oder mit dem Hund spazieren gehe, bete ich Gott für seine Güte an. Die Welt ist voller Dinge, die uns zum Lobpreis auffordern – und die neue Erde wird übervoll davon sein.

Christus und seine Braut

In Offenbarung 19,9 steht: »Gesegnet sind diejenigen, die zum Hochzeitsmahl des Lammes eingeladen sind.« Es ist schon erstaunlich, dass wir zur Hochzeit des Königs eingeladen werden. Mehr als erstaunlich ist jedoch, dass wir seine Braut sein werden.

Zwischen Mann und Frau besteht eine vertraute Beziehung, zu der enge Freundschaft gehört, die jedoch darüber hinausgeht.

Die Wiederkunft Christi bedeutet nicht nur, dass der Vater seine Kinder rettet, sondern auch, dass der Bräutigam seine Braut rettet. Als Gemeinde Christi sind wir in einem höheren Sinn Teil der Geschichte von Aschenputtel – wir werden aus einem Zuhause gerettet, in dem wir uns oft ohne Anerkennung oder Lohn geschunden haben. Eines Tages schließt uns der Prinz in die Arme und eilt mit uns in seinen Palast, damit wir dort mit ihm leben. Wenn »die Zeit für das Hochzeitsmahl des Lammes« gekommen ist (Offenbarung 19,7), kommt das neue Jerusalem, das nicht nur aus Gebäuden, sondern auch aus Gottes Volk besteht, aus dem Himmel herab, »wie eine schöne Braut, die sich für ihren Bräutigam geschmückt hat« (Offenbarung 21,2). »Und seine Braut hat sich vorbereitet. Sie darf sich in strahlend weißes Leinen kleiden« (Offenbarung 19,7-8). Die Augen des Universums werden auf den Bräutigam gerichtet sein, aber auch auf die Braut, für die er gestorben ist.

Ich erinnere mich deutlich an die reine Schönheit meiner Frau und meiner Töchter im Hochzeitskleid. Die Gemeinde, die Braut Christi, soll auch durch Reinheit gekennzeichnet sein, als passendes Geschenk für unseren Bräutigam, den Kronprinzen, der uns bis zum Letzten treu geblieben ist.

Keine Rivalität zwischen Christus und dem Himmel

Während einer Versammlung sagte ein Mann zu einer kleineren Gruppe, bei der ich stand: »Ich sehne mich nach dem Himmel.« Nachdem er weggegangen war, fragte mich ein anderer: »Ist es nicht besser, sich nach Gott zu sehnen, statt nach dem Himmel?« Das klingt irgendwie geistlich, aber ist es das wirklich? Die Bibel spricht positiv von der Sehnsucht »nach einem besseren Ort« (Hebräer 11,16). Ich kenne das Herz dieses Mannes nicht, aber seine Aussage ist biblisch begründet. Die rechte Sehnsucht nach dem Himmel ist eine Sehnsucht nach Gott, und die Sehnsucht nach Gott ist eine Sehnsucht nach dem Himmel. Wenn wir verstehen, was der Himmel ist (Gottes Wohnort) und wer Gott ist, sehen wir keinen Konflikt zwischen beiden Wünschen. Eine Frau, die sich danach sehnt, wieder bei ihrem Mann zu sein, sagt vielleicht einfach: »Ich will nur nach Hause.«

Oft wird mir sinngemäß folgende Frage gestellt: »Warum sprechen wir über den Himmel, wenn wir doch einfach von Jesus sprechen könnten?« Die Antwort lautet, dass beide zusammengehören. Wir wurden für eine Person (Christus) und für einen Ort (den Himmel) geschaffen. Es gibt keine Rivalität zwischen Christus und dem Himmel.

Manche nehmen fälschlicherweise an, dass die Wunder, Schönheiten, Abenteuer und herrlichen Beziehungen im Himmel irgendwie in Konkurrenz zu dem stehen müssen, der sie geschaffen hat. Gott hat keine Angst, dass wir vom Himmel zu sehr begeistert sind. Schließlich sind die Wunder des Himmels nicht unsere, sondern seine Idee. Es gibt keinen Widerspruch zwischen unserer Vorfreude auf den Himmel und unserer Freude an Christus. Beide gehören zusammen. Durch die Wunder des neuen Himmels und der neuen Erde wird Gott sich selbst und seine Liebe zu uns mitteilen.

Das Nachdenken über den Himmel sollte nicht als Hindernis für das Kennenlernen von Gott betrachtet werden, sondern als Mittel, ihn kennenzulernen. Der unendliche Gott wird für uns im Konkreten und Endlichen anschaulich. Neben dem menschgewordenen Christus erzählt uns der Himmel mehr über Gott als alles andere. Hin und wieder wurde mir gesagt: »Ich will nur bei Jesus sein. Es ist mir egal, ob der Himmel eine Bruchbude ist.« Nun, Jesus ist das nicht egal. Er will, dass wir uns auf den Himmel und seine Herrlichkeit freuen und nicht sagen: »Das ist mir egal«, oder: »In einer Bruchbude wäre ich genauso glücklich.« Wenn Sie Ihre

Eltern in dem Haus, in dem Sie aufgewachsen sind, besuchen, ist es keine Beleidigung, wenn Sie ihnen sagen: »Hier gefällt es mir.« Es ist vielmehr ein Kompliment, über das Ihre Eltern sich freuen.

Jeder Gedanke an den Himmel sollte unser Herz zu Gott hinziehen, genauso wie jeder Gedanke an Gott unser Herz zum Himmel hinzieht. Deshalb kann uns Paulus auffordern, unser Herz auf den Himmel auszurichten, nicht nur unser Herz auf Gott auszurichten. Wenn man das eine tut, tut man auch das andere. Der Himmel ist kein Götze, der mit Gott in Konkurrenz tritt, sondern wie eine Linse, mit deren Hilfe wir Gott klarer sehen können.

Wenn wir unpassende Vorstellungen vom Himmel haben, haben wir auch unpassende Vorstellungen von Gott. Deshalb erweisen die weitverbreiteten karikierenden Vorstellungen vom Himmel Gott einen furchtbar schlechten Dienst und beeinträchtigen unsere Beziehung zu ihm. Wenn es uns gelingt, am Himmel, wie Gott ihn in der Bibel beschreibt, mehr Gefallen zu finden, werden wir unvermeidlich auch Gott mehr lieben. Wenn der Himmel unser Herz und unseren Sinn ausfüllt, dann füllt Gott unser Herz und unseren Sinn aus.

Wer Gott liebt, sollte häufiger, nicht seltener an den Himmel denken.

Die Herrschaft auf der neuen Erde

19

Was gehört zu Gottes ewigem Reich?

Warum kennen wir das Land nicht, dessen Bürger wir sind? Weil wir so weit weggezogen sind, dass wir es vergessen haben. Doch Christus, unser Herr, der König des Landes, ist zu uns heruntergekommen und hat die Vergesslichkeit aus unseren Herzen vertrieben. Gott selbst hat unser Fleisch angenommen, damit er unser Weg zurück sein kann.

Augustinus

Wovon würden Sie sprechen, wenn Sie ein Königreich beschreiben sollten? Natürlich von einem König und von Untertanen, die regiert werden. Wovon sonst noch? Wenn man ein Königreich richtig beschreiben will, müsste man auch von einem Staatsgebiet, einer Regierung und einer Kultur sprechen. Warum denken wir dann oft nur an den König und seine Untertanen und vergessen das Staatsgebiet und die Kultur, wenn wir von Gottes Reich sprechen? Wir verstehen Gottes Reich im übertragenen Sinn, halten es für unirdisch und immateriell. Doch die Bibel sagt uns etwas anderes.

Offenbarung 5,1-10 beschreibt eine herrliche Szene im gegenwärtigen Himmel. Gott, der Vater, der Herrscher des Himmels, sitzt mit einer versiegelten Schriftrolle in der rechten Hand auf dem Thron. Was versiegelt ist – mit sieben Siegeln, um jede Möglichkeit einer Fälschung des Dokuments auszuschließen –, ist der Wille des Vaters, sein Plan für die Verteilung und Verwaltung seines Vermögens. In diesem Fall ist das Vermögen die Erde, und zu ihr gehören ihre Menschen. Gott will, dass die Erde von Menschen regiert wird. Doch wer wird nach vorn kommen, um das Dokument zu öffnen und die Erbschaft anzutreten? Jesus, der Messias, der Gottmensch, wird die Erde übernehmen und sie als Erbe regieren.

Dieser künftige König wurde »geschlachtet«, und sein Blut hat »Menschen für Gott freigekauft« – nicht nur einen kleinen Teil der gefallenen Menschheit, sondern »aus jedem Stamm und jeder Sprache und jedem Volk und jeder Nation« (Offenbarung 5,9).

Der Abschnitt erreicht seinen Höhepunkt mit einer Aussage über die Nachfolger von Christus: »Du hast sie für Gott zu einem Königreich und zu seinen Priestern gemacht. Und sie werden auf der Erde regieren« (Offenbarung 5,10).

Die Bedeutsamkeit des Landes

Ein wichtiger Bestandteil eines jeden Königreiches ist Land. In *Paradise Restored* sagte David Chilton: »Als Gott Adam schuf, stellte er ihn auf ein Stück Land und gab ihm die Herrschaft darüber. Land ist die Grundlage der Herrschaft, deshalb bringt die Erlösung die Rückerstattung von Land und Eigentum mit sich. … Das biblische Ideal ist, dass jeder Mensch Eigentum besitzt – einen Ort, an dem er unter Gottes Führung die Herrschaft hat.«[1]

Auf dieser Erde, die vergeht, sind wir Pilger, doch auf der neuen Erde werden wir Pioniere und Siedler sein. Die Erde ist der Wohnort, der für uns geeignet ist: »Denn nur die gerechten Menschen werden dieses Land bewohnen, nur die Rechtschaffenen werden darin bleiben. Die Gottlosen aber werden aus dem Land verbannt« (Sprüche 2,21-22).

Christus sagt: »Ich werde ihn [der siegreich ist] mit dem Namen meines Gottes kennzeichnen und er wird Bürger in der Stadt meines Gottes sein – in dem neuen Jerusalem, das von meinem Gott aus dem Himmel herabkommt. Und mein neuer Name wird auf ihm geschrieben stehen« (Offenbarung 3,12).

Beachten Sie, wie sich das Thema, dass die Erde Gott und seinen Menschen gehört (nicht den Ungerechten, die sie zurzeit manchmal regieren), wie ein roter Faden durch die Psalmen, die Sprüche und das Buch Jesaja zieht:

- »Du hast ihn [den Menschen] über alles gesetzt, was du geschaffen hast, und ihm Vollmacht über alles gegeben« (Psalm 8,7).
- »Die Erde und alles, was darauf ist, gehört dem Herrn. Die Welt und die Menschen sind sein« (Psalm 24,1).
- »Denn die Bösen werden vernichtet werden, aber die Menschen, die auf den Herrn vertrauen, werden das Land besitzen … Den Armen wird dann das Land gehören, und es wird ihnen gut gehen und sie werden in Frieden leben … Die Menschen, die der Herr segnet, werden das Land besitzen, aber die Menschen, die er verflucht, werden sterben« (Psalm 37,9.11.22).
- »Wenn schon die Gerechten hier auf Erden ihren Lohn erhalten, wie viel mehr werden dann die Bösen und Sünder bekommen, was sie verdienen« (Sprüche 11,31).
- »Ich … habe dich behütet und zum Bund für das Volk bestellt, dass du das Land aufrichtest und das verwüstete Erbe zuteilst« (Jesaja 49,8; LUT).
- »Wer auf mich traut, wird das Land erben und meinen heiligen Berg besitzen« (Jesaja 57,13; LUT).

Das hebräische Wort *erez*, das in Jesaja 57,13 mit »Land« übersetzt wurde, ist dasselbe Wort, das in anderem Zusammenhang, auch in den oben genannten Versen, mit »Erde« übersetzt wird. Erstellt man eine Liste der am häufigsten gebrauchten Hauptwörter des Alten Testaments, so steht *erez* an vierter Stelle, denn es kommt über 2 500 Mal vor.[2] Die Häufigkeit des Wortes weist auf seine Bedeutung hin. Das Alte Testament ist gefüllt mit Gedanken an Orte, Erde und Land. Die Erde ist der Platz für die gesamte Menschheit – Israel, insbesondere Jerusalem, ist der Platz für Gottes Bundesvolk.

Gott übertrug Adam und Eva die Haushalterschaft für die Erde. Alle Menschen würden ihre Nachkommen sein und ihrerseits Verantwortung für die Erde übernehmen. Dann kamen der Sündenfall und die Sintflut. Was versprach Gott als Erstes, als er seinen Bund mit Abraham schloss? Land (1. Mose 12,1.7). Obwohl die ganze Erde unter dem Fluch stand, gab Gott Abraham ein Stück Land, auf dem er leben konnte und das so regiert und verwaltet werden sollte, dass es Gott zur Ehre und allen Ländern und Nationen zum Segen wurde.

»Und weil ihr nun zu Christus gehört, seid ihr die wahren Nachkommen Abrahams. Ihr seid seine Erben, und alle Zusagen Gottes an ihn gelten euch« (Galater 3,29). Die Christen des Neuen Bundes, nicht nur Israel, sind Erben der Versprechen, die Abraham gegeben wurden, und bei diesen Versprechen handelt es sich um den Besitz von Land.

Nachdem Gott zugesagt hatte, dass die Menschen auferstehen und das Reich (von Christus) auf der Erde regieren werden (Daniel 12,2-3), versprach er Daniel: »Du aber … ruhe, bis du aufstehst zu deinem Erbteil« (Daniel 12,13; LUT). Zu einem Erbteil gehört normalerweise nicht nur Geld, sondern auch Land, ein Platz, an dem Menschen leben und den sie verwalten. Nach der Auferstehung unseres Körpers werden wir ein gegenständliches, materielles Erbteil erhalten.

Das Ziel der Geschichte

Gott ist der unumschränkte Herrscher des Universums, und doch hat er beschlossen, das Universum nicht allein zu regieren. Er überträgt den Engeln Verantwortung, die unter dem Oberbefehl des Erzengels Michael stehen (Judas 9; Offenbarung 12,7). Gott schuf die Menschen nach seinem Bild, als Schöpfer und Herrscher, damit sie seinen göttlichen Willen ausführen. Es macht ihm Freude, uns die Herrschaft über die Erde anzuvertrauen. Er hat uns einzigartig geschaffen und begabt, damit wir diese verantwortungsvolle Aufgabe bewältigen und daran Freude finden können.

Wir wurden in die Familie eines unglaublich reichen Landbesitzers hineingeboren. Unser Vater hat einen Familienbetrieb, der das ganze Universum umfasst. Er vertraut uns die Verwaltung des Familienbetriebs an, und deshalb wird es unsere Aufgabe in der Ewigkeit sein, Gottes Vermögen zu verwalten, sein Universum zu regieren und ihn als sein Ebenbild, als seine Kinder und Botschafter zu vertreten.

Das Wissen, dass die neue Erde kommt, kann uns bei unseren täglichen Herausforderungen Gewissheit und die richtige Perspektive für alle Dinge schenken. Es bedeutet, dass es nicht nur Hoffnung, sondern auch einen Sinn in unserem Leiden gibt. Es bedeutet, dass die Ungerechtigkeit zwar weit verbreitet, aber nicht von Dauer ist. Gott wird alles recht machen, er wird seine Leute dafür belohnen, dass sie ihm vertrauen. Er wird die auf den Kopf gestellte Welt ordnen und der Fürsorge seiner geliebten Kinder anvertrauen.

Das Versprechen einer neuen Erde erinnert uns daran, dass die Ereignisse der Menschheitsgeschichte nicht sinnlos sind. Sie führen vielmehr zur Erfüllung eines göttlichen Plans, zu dem die neue Erde mit einer Kultur und mit Bürgern gehört, die Gott verherrlichen.

Denken Sie an Gottes ausdrücklich dargelegten Plan, »alles im Himmel und auf der Erde der Vollmacht von Christus zu unterstellen« (Epheser 1,10). Sein Plan, den er durch Christus verwirklicht hat, lautet: »Durch ihn [Christus] hat er alles mit sich selbst versöhnt. Durch sein Blut am Kreuz schloss er Frieden mit allem, was im Himmel und auf der Erde ist« (Kolosser 1,20).

Denken Sie einmal über diese prophetische Aussage nach: »Die ganze Erde ist jetzt zum Reich unseres Herrn und seines Christus geworden, und er wird in alle Ewigkeit herrschen« (Offenbarung 11,15). Hier steht nicht, dass Christus die Erde zerstören wird. Hier steht nicht, dass er die Erde durch eine andere ersetzen wird. Nein, die ganze Erde wird tatsächlich zum Reich von Christus werden. Gott wird die Reiche der Erde nicht vernichten, sondern in sein eigenes Reich verwandeln. Und es ist dieses neue, irdische Reich, das dann mit Gottes himmlischem Reich vereint ist, über das er »in alle Ewigkeit« herrschen wird.

Das ist ein revolutionärer Gesichtspunkt, der in völligem Gegensatz zu dem weitverbreiteten Mythos steht, dass Gottes Reich die Reiche der Erde zerstören und ersetzen wird, anstatt sie zu reinigen, zu erlösen und in sein ewiges Reich hinein aufzuerwecken. Das bringt uns wieder zu der bedeutenden Aussage über das neue Jerusalem zurück: »Die Völker der Erde werden in ihrem Licht leben, und die Könige der Welt werden kommen und ihre Herrlichkeit in die Stadt bringen. Ihre Tore bleiben geöffnet ... Und alle Völker werden ihre Herrlichkeit und Ehre in die Stadt bringen« (Offenbarung 21,24-26).

Bruce Milne sagt zu diesem Text: »Nichts, was in der langen Geschichte der Völker wertvoll war, wird aus der himmlischen Gemeinschaft ausgeschlossen. Alles, was wirklich den Gott der Wahrheit widerspiegelt, alles, was innerhalb der Geschichte der Nationen und des kulturellen Erbes der Völker der Welt von bleibendem Wert ist, wird seinen Platz im neuen Jerusalem finden.«[3]

So wie die Weisen in das alte Jerusalem kamen, um den Messias und König anzubeten, so werden auf der neuen Erde zahllose Weise in das neue Jerusalem ziehen. Mit anbetendem Herzen werden sie demütig Jesus als König die Schätze ihrer Kultur darbringen. Und er wird sie mit Freuden empfangen. Der König wird die Herrschaft über die Nationen gerne denen anvertrauen, die ihm treu gedient haben, als die Erde vor ihrer triumphalen und ewigen Befreiung noch unter dem Schatten der Sünde lebte.

20

Werden wir wirklich mit Christus regieren?

Im messianischen Reich werden die Märtyrer die Welt als ihren Besitz, der ihnen von ihren Verfolgern abgesprochen wurde, zurückfordern. Dann werden sie in der Schöpfung regieren, in der sie Knechtschaft erduldeten.

Irenäus

Gott schuf Adam und Eva, damit sie als König und Königin über die Erde herrschten. Ihre Aufgabe war es, die Erde zur Ehre Gottes zu regieren.

Sie versagten.

Jesus Christus ist der zweite Adam, und die christliche Gemeinde ist seine Braut, die zweite Eva. Christus ist der König, die Gemeinde seine Königin. Christus wird seine Herrschaft über alle Völker der Erde ausüben: »Er herrsche von einem Meer bis zum anderen und vom Euphrat bis zum Ende der Erde … Alle Könige werden vor ihm niederfallen und alle Völker ihm dienen« (Psalm 72,8.11). Als das neue Oberhaupt der Menschheit wird Christus zusammen mit seinem geliebten Volk als seiner Braut und seinem Mitregenten endlich das verwirklichen, was Gott Adam und Eva aufgetragen hatte. Gottes Heilige werden auf der neuen Erde die Aufgaben übernehmen, die Gott auf der alten Erde zunächst Adam und Eva zugewiesen hatte. »Sie werden für immer und ewig herrschen« (Offenbarung 22,5).

Richard Mouw schrieb: »Immer und immer wieder gibt die Bibel unmissverständlich zu verstehen: Die politische Macht, die in den Händen und Herzen sündiger Herrscher korrumpiert und missbraucht wurde, muss zu ihrer rechtmäßigen Quelle zurückgebracht werden.«[1]

Menschliche Reiche werden emporkommen und fallen, bis Christus ein Reich errichtet, das für immer an die Stelle der anderen Reiche tritt, ein Reich, in dem die Menschen in Gerechtigkeit herrschen werden. »Der gab ihm Macht, Ehre und Reich, dass ihm alle Völker und Leute aus so vielen verschiedenen Sprachen dienen sollten. Seine Macht ist ewig und vergeht nicht, und sein Reich hat kein Ende« (Daniel 7,14; LUT).

»Freue dich sehr … Siehe, dein König kommt zu dir, ein Gerechter und ein Helfer, arm und reitet auf einem Esel, auf dem Füllen einer Eselin … Er wird Frieden gebieten den Völkern, und seine Herrschaft wird sein von einem Meer bis zum andern und vom Strom bis an die Enden der Erde« (Sacharja 9,9-10; LUT). Aus Matthäus 21,5 geht hervor, dass die Prophezeiung Sacharjas vom Messias handelt. Wie der erste Teil der Prophezeiung wörtlich erfüllt wurde, als Jesus auf einem Esel nach Jerusalem ritt, können wir erwarten, dass sich auch der zweite Teil wörtlich erfüllt, wenn Jesus den Völkern Frieden bringt und über sie alle herrscht. Jesus wird als »König der Könige und Herr der Herren« (Offenbarung 19,11-16) auf die Erde zurückkehren. Wir haben das Versprechen: »Der Herr wird König sein über alle Lande« (Sacharja 14,9; LUT).

Die thoratreuen Juden im ersten Jahrhundert waren nicht dumm, wenn sie glaubten, dass der Messias der König der Erde sein würde. Aber sie irrten sich in der Identität des Messias, als sie Christus ablehnten, und sie irrten sich, als sie nicht erkannten, dass er als leidender Knecht kommen musste, um die Welt zu erlösen. Doch sie hatten recht mit ihrem Glauben, dass der Messias für immer die Erde regieren wird.

Warum erstaunt es uns, dass wir die Erde regieren werden?

Ich hatte oft Gelegenheit, zu beobachten, wie Menschen reagieren, wenn ihnen gesagt wird, dass sie die Erde regieren werden. Viele sind skeptisch – es ist ein befremdlicher Gedanke, der ihnen kurios vorkommt. Warum sind wir so erstaunt, obwohl an vielen Stellen in der Bibel davon gesprochen wird?

Da eine Krone das wichtigste Symbol der Herrschaft darstellt, ist jeder biblische Hinweis auf eine Krone als Belohnung ein Hinweis auf unser Herrschen mit Christus. In seinen Gleichnissen spricht Jesus von unserer Herrschaft über Städte (Lukas 19,17). Paulus spricht ganz selbstverständlich darüber, dass Christen Regierungsbefugnisse haben werden: »Wisst ihr denn nicht, dass wir eines Tages die Welt richten werden? ... Ist euch nicht bewusst, dass wir Engel richten werden?« (1. Korinther 6,2-3). Die Verbform in dieser Frage gibt zu verstehen, dass wir sie nicht nur ein einziges Mal richten, sondern ständig über sie herrschen werden.

Gottes Beschluss, dass seine Diener »für immer und ewig« auf der neuen Erde herrschen werden (Offenbarung 22,5), ist eine unmittelbare Erfüllung des ursprünglichen Auftrags an Adam und Eva: »Vermehrt euch, bevölkert die Erde und herrscht über sie. Herrscht über die Fische im Meer, die Vögel in der Luft und über alle Tiere auf der Erde« (1. Mose 1,28). Dieser Auftrag wird von David bestätigt: »Du hast ihn [den Menschen] über alles gesetzt, was du erschaffen hast, und ihm Vollmacht über alles gegeben« (Psalm 8,7).

Wenn wir uns klarmachen, dass die Herrschaft der Menschen über die Erde in den ersten Kapiteln der Bibel zur Sprache gebracht wird, dass sie immer und immer wieder im Alten Testament erwähnt, von Jesus in den Evangelien und von Paulus in seinen Briefen behandelt und in den letzten Kapiteln der Bibel von Johannes wiederholt wird, dann muss es uns erstaunen, dass wir darüber hinweglesen. Denken Sie über die folgenden Beispiele aus einem kurzen Abschnitt der Bibel, nämlich aus Offenbarung 2–5, nach und behalten Sie dabei im Gedächtnis, dass die Krone ein Zeichen für Herrschaft und Machtbefugnis ist:

- »Sei getreu bis an den Tod, so will ich dir die Krone des Lebens geben« (2,10; LUT).
- »Wer siegreich ist und bis zum Ende mir gehorsam ist, dem werde ich Macht über alle Völker geben« (2,26).
- »Siehe, ich komme bald; halte, was du hast, dass niemand deine Krone nehme« (3,11; LUT).
- »Ich werde jeden, der siegreich ist, einladen, mit mir auf meinem Thron zu sitzen, so wie ich siegreich war und mich mit meinem Vater auf seinen Thron gesetzt habe« (3,21).
- »Da … fallen die vierundzwanzig Ältesten nieder vor dem, der auf dem Thron sitzt … Und sie legen ihre Kronen vor den Thron« (4,10).
- »Dein Blut hat Menschen für Gott freigekauft, Menschen aus jedem Stamm und jeder Sprache und jedem Volk und jeder Nation. Du hast sie für Gott zu einem Königreich und zu seinen Priestern gemacht. Und sie werden auf der Erde regieren« (5,9-10).

Wer wird nach Gottes Aussage regieren? Menschen aus jedem Stamm und jeder Sprache und jeder Nation. Wo werden sie regieren? Auf der Erde, nicht in irgendeinem immateriellen himmlischen Bereich. Wo auf der Erde? Wahrscheinlich dort, wo Menschen aus ihrem eigenen Stamm, ihrer eigenen Sprache und Nation leben – diese Unterscheidungen werden nach der Bibel auf der neuen Erde nämlich fortbestehen (Offenbarung 21,24.26; 22,2).

Sollten wir regieren wollen?

Oft wenden Menschen ein: »Aber ich will nicht regieren. Vom Himmel habe ich eine andere Vorstellung.«

Das mag sein, aber es geht hier um Gottes Vorstellung vom Himmel.

Wir gehören zu Gottes Familie. Das Regieren des Universums ist das Geschäft der Familie. Wenn man daran nicht teilhaben will, will man auch nichts mit unserem Vater zu tun haben. Zu sagen, dass einem nichts daran liegt, zu regieren und zu herrschen, mag geistlich klingen, doch Gott will, dass wir regieren, und die geistliche Reaktion wäre, sich für seine Pläne und seiner Ziele zu interessieren.

Über wen werden wir herrschen? Über andere Menschen und über Engel. Wenn Gott will, mag er neue Wesen schaffen, über die wir regieren. Wer wird über uns herrschen? Andere Menschen.

Es wird eine Rangordnung in der Regierung geben, aber es gibt keinen Hinweis auf eine Rangordnung in den Beziehungen untereinander. Mit anderen Worten: Der Apostel Paulus wird eine höhere Führungsposition als die meisten von uns innehaben, doch das bedeutet nicht, dass er unnahbar ist.

Es wird keinen Stolz, keinen Neid, keine Prahlerei und auch sonst nichts geben, das mit Sünde in Zusammenhang steht. Unsere Unterschiede werden ein Beweis für Gottes Kreativität sein. So wie wir uns in Ethnie, Staatsangehörigkeit, Geschlecht, Persönlichkeit,

Begabungen und Interessen unterscheiden, werden wir auch in unserem Dienst unterschiedliche Stellungen haben.

Alle werden wir eine gewisse Verantwortung tragen, in der wir Gott dienen. Der Bibel entnehmen wir, dass unser Dienst, den wir jetzt auf der Erde für Gott tun, »ausgewertet« wird, um zu bestimmen, wie wir ihm auf der neuen Erde dienen werden. Der demütige Diener wird die Leitung einer großen Aufgabe übertragen bekommen, wogegen demjenigen, der sich in der jetzigen Welt als Herr über andere aufspielt, Macht genommen wird: »Denn die Stolzen werden gedemütigt, die Demütigen aber geehrt werden« (Lukas 14,11). Wenn wir auf der jetzigen Erde treu dienen, wird Gott uns auf der neuen Erde bleibende Führungspositionen übertragen. »Wer in kleinen Dingen treu ist, wird auch in großen treu sein« (Lukas 16,10). Der große Eigentümer hat ein Auge auf uns: Wenn wir uns als treu erweisen, ist er zufrieden und vertraut uns mehr an.

Aufgrund unserer Erfahrungen bringen wir Regieren fast automatisch mit selbstherrlicher Arroganz, Bestechlichkeit, Ungerechtigkeit und Unzulänglichkeit in Verbindung. Doch all das sind Entstellungen und keine Eigenschaften, die von Natur aus zu einer leitenden Stellung gehören. Zum Regieren gehört Verantwortung – vielleicht freuen sich deshalb manche nicht darauf? Es gibt Menschen, die in der Erwartung des Ruhestandes leben, weil dann jede Verantwortung von ihnen genommen wird. Warum sollten sie dann die ewige Aufgabe des Regierens übernehmen wollen? Doch es besteht vermutlich ein großer Unterschied zwischen dem, was sie jetzt meinen zu wollen, und dem, was sie als Auferstandene wollen, mit einem starken Körper und einem starken Geist in einer Gesellschaft, die von Sünde unberührt ist.

Stellen wir uns Verantwortung, Dienst und Leitung einmal als reine Freude vor. Die Verantwortung, die Gott uns als Belohnung anvertraut, kann nur gut für uns sein, und wir werden daran Vergnügen finden. Auf der neuen Erde zu regieren bedeutet, diejenigen, die unter unserer Leitung stehen, fähig zu machen, auszurüsten, anzuleiten und ihnen Weisheit und Ermutigung zu vermitteln. Wir haben so oft erlebt, dass Macht missbraucht wurde, dass wir die biblische Sicht für das, was Regieren und Herrschaftausüben wirklich bedeutet, verloren haben.

Manche Menschen haben große Angst davor, in der Öffentlichkeit zu sprechen, und sie stellen sich vor, Regieren bedeutet, dass sie immer »vorn stehen« und vor vielen Menschen sprechen müssen. Doch die Furcht, die Angst, die Panik und die Unruhe, die wir mit bestimmten Tätigkeiten auf der jetzigen Erde in Zusammenhang bringen, werden auf der neuen Erde Vergangenheit sein. Wenn Gott möchte, dass wir etwas tun, werden wir auch die Fähigkeiten dazu bekommen. Unser Dienst bringt nicht nur Gott Ehre, sondern uns auch Freude.

Einige der fähigsten Leiter im Himmel werden Menschen sein, die jetzt nicht leiten wollen. Einige, die hier geborene Leiter sind, aber nicht treu waren, werden im Himmel keine Leiter sein. Denken Sie daran: Es sind nicht die Stolzen und Selbstbewussten, denen die Erde gehören wird und die sie regieren werden; es sind die Bescheidenen (Matthäus 5,5). Und sogar die Bescheidenen werden von ihren falschen Motiven und der Versuchung, andere auszunutzen, befreit sein. Wir werden der Regierung nicht mehr skeptisch und ernüchtert gegenüberstehen, weil wir von Christus und christusähnlichen Leitern regiert werden.

Wessen Idee ist das alles?

Viele Menschen haben mir gesagt, dass sie bei dem Gedanken, dass Menschen über die Erde gebieten, Städte regieren und für immer herrschen werden, ein ungutes Gefühl haben. Der Gedanke komme ihnen anmaßend und eingebildet vor. Ich würde dem zustimmen, wenn es unsere Idee wäre, dass wir über das Universum herrschen. Doch es ist nicht unsere Idee, sondern die Idee Gottes. Und es handelt sich dabei nicht um eine unbedeutende Lehre am Rande, sondern um die Kernaussage der Bibel.

Wir müssen lernen, die Bibel ernst zu nehmen, wenn sie von unserer Herrschaft über die Erde spricht. Wenn wir uns einreden, dass wir die Bibel nicht wörtlich verstehen dürfen, geschieht es leicht, dass wir ihre klarsten Aussagen ablehnen. Unsere Vermutungen beeinflussen unsere Auslegungen. Wenn wir uns zum Beispiel vorstellen, dass der ewige Himmel körperlos und unirdisch ist, dann kommen uns Begriffe wie Regierung, Kultur, gesellschaftliche Strukturen und Aufgabenverteilung natürlich naiv oder zumindest befremdlich vor. Wenn wir aber die Lehre von der Auferstehung der Toten und der Wirklichkeit der neuen Erde verstehen, sind diese Begriffe durch und durch sinnvoll.

Jesus sagt: »So wie mein Vater mir ein Königreich gegeben hat, gebe ich euch das Recht, in diesem Reich an meinem Tisch zu essen und zu trinken. Ihr werdet auf Thronen sitzen und die zwölf Stämme Israels richten« (Lukas 22,29-30). Gottes Ziel und Plan wird erst dann vollständig verwirklicht, wenn Christus uns das Reich gegeben hat, das er gewonnen hat. Das findet nach der Auferstehung unseres Körpers statt, wenn wir mit dem auferstandenen Christus auf einer auferstandenen Erde an einem Tisch sitzen und mit ihm essen und trinken werden. Dass es sich um eine tatsächliche Herrschaft über ein gegenständliches, irdisches Reich und nicht um eine geistliche Herrschaft in einem körperlosen Zustand handelt, wird dadurch bewiesen, dass wir mit Christus an einem Tisch sitzen und essen und trinken werden.

Die Vorfreude auf das, was Gott für uns bereithält

Der Herr wird sagen: »Recht so, du tüchtiger und treuer Knecht, du bist über wenigem treu gewesen, ich will dich über viel setzen; geh hinein zu deines Herrn Freude« (Matthäus 25,23; LUT).

Die Vorstellung, »zur Freude des Herrn hineinzugehen«, ist ein eindrucksvolles Bild vom Himmel. Nicht nur das Zusammensein mit dem Herrn ruft Freude in uns hervor, obwohl das sicherlich der Fall sein wird. Unser Herr freut sich vielmehr selbst. Er freut sich an sich selbst, an seinen Kindern und an seiner Schöpfung. Seine Freude ist ansteckend. Wenn wir einmal von der Sünde befreit sind, die Gottes Freude und unsere eigene Freude blockiert, werden wir in seine Freude hineingehen. Freude wird die Luft sein, die wir atmen. Der Herr ist unerschöpflich, deshalb wird auch seine Freude unerschöpflich sein.

Gott bereitet uns auf eine führende Stellung vor. Er beobachtet, wie wir unsere Treue unter Beweis stellen. Das tut er mit seinem »Unterrichtsprogramm«, mit dem er uns auf den Himmel vorbereitet. Christus bereitet nicht nur einen Platz für uns vor, er bereitet uns auch für diesen Platz vor.

Wir alle haben Träume, aber meistens werden sie nicht Wirklichkeit. Wir verlieren den Mut und die Hoffnung. Doch als Lehrlinge von Christus müssen wir bestimmte Dinge lernen. Während der Ausbildung müssen Lehrlinge diszipliniert arbeiten und viel lernen, um sich auf die nächste Prüfung oder berufliche Herausforderung vorzubereiten. Die Lehrlinge würden vielleicht gerne drei Wochen oder länger Urlaub machen, um ihren Interessen, die außerhalb des Lehrplans liegen, nachzugehen. Doch der Herr setzt sich unter Umständen über die Wünsche seiner Lehrlinge hinweg, damit sie die richtige Perspektive gewinnen und Geduld lernen – was ihnen in der Zukunft sehr dienlich sein wird. Während die jungen Lehrlinge erleben, wie ihre Träume zerplatzen, formt sie der Meister, damit sie fähig werden, noch größere Träume zu haben, Träume, die sie einmal auf der neuen Erde mit mehr Weisheit, Können, Verständnis und Freude wahr machen werden.

Für welche Träume, die Sie auf der neuen Erde wahr machen werden, bereitet Gott Sie durch die Herausforderungen vor, mit denen Sie zurzeit zu kämpfen haben?

21

Wie werden wir Gottes Reich regieren?

Unser Engagement bei der Erfüllung unserer Pflichten, unsere Geduld in Trübsal, unsere Verehrung Gottes, die Kraft unserer Liebe, Dankbarkeit und alle unsere Tugenden, ja die Existenz unserer Religion und des Christentums hängen von den vertrauensvollen, ernsthaften Gedanken an unsere Ruhe [den Himmel] ab.
Richard Baxter

Die Erde besteht aus demselben Grund wie die Menschen und alles andere: um Gott zu verherrlichen. Gott wird verherrlicht, wenn wir unseren rechtmäßigen, für uns bestimmten Platz in seiner Schöpfung einnehmen und die Herrschaft ausüben, die er uns verliehen hat. Gott hat die Menschen dazu bestimmt, die Erde zu regieren:

> Und Gott sprach: Lasset uns Menschen machen, ein Bild, das uns gleich sei, die da herrschen über die Fische im Meer und über die Vögel unter dem Himmel und über das Vieh und über alle Tiere des Feldes und über alles Gewürm, das auf Erden kriecht. Und Gott schuf den Menschen zu seinem Bilde, zum Bilde Gottes schuf er ihn; und schuf sie als Mann und Frau. Und Gott segnete sie und sprach zu ihnen: Seid fruchtbar und mehret euch und füllet die Erde und machet sie euch untertan und herrschet über die Fische im Meer und über die Vögel unter dem Himmel und über das Vieh und über alles Getier, das auf Erden kriecht.
> *1. Mose 1,26-28*

Gottes Absicht war es, dass die Menschen die gesamte Erde bewohnen und über sie herrschen. Diese Herrschaft sollte zu Gesellschaften führen, die Gott lobpreisen, in denen wir die Kreativität, die Vorstellungskraft, den Verstand und die Fertigkeiten besitzen, die für Wesen angemessen sind, die nach Gottes Bild geschaffen sind und deshalb Gottes Eigenschaften zeigen. Nach Gottes Bild geschaffen zu sein, bringt noch einen anderen Auftrag mit sich: Die Bestimmung unserer schöpferischen Tätigkeit als Gottes »Subunternehmer« ist, ihn bekannt zu machen, also den unsichtbaren Gott sichtbar zu machen und ihn so vor der ganzen Schöpfung zu verherrlichen.

In seinem Buch *Der König der Erde* schreibt der Theologe Erich Sauer über den Ausdruck *herrschen* in 1. Mose 1,26:

> Dieses Wort macht deutlich, dass es die Bestimmung der Menschen ist zu herrschen. Dieses Wort ist auch eine Aufforderung, für ständiges Wachstum auf dem Gebiet der Kultur zu sorgen. Kulturelle Leistungen stehen keineswegs mit Gott im Widerstreit, sondern sind ein wesentliches Merkmal der Erhabenheit des Menschen, wie sie ihm im Paradies zu eigen war. Erfindungen und Entdeckungen, Wissenschaft und Kunst, Kultiviertheit und Vervollkommnung – kurz, die Fortentwicklung des menschlichen Geistes – entsprechen ganz klar dem Willen Gottes. Sie sind die Inbesitznahme der Erde durch die königliche Menschheit (1. Mose 1,28), die Erfüllung eines Auftrags des Schöpfers durch Diener, die Gott geadelt hat, der Dienst eines von Gott bestimmten Herrschers zum Segen für diese Welt.[1]

Dieses Ziel Gottes für die Menschen auf der Erde, nämlich Beherrschen, Erweitern und Bereichern der Kultur, wurde nie widerrufen oder aufgegeben. Seine Erfüllung wurde durch den Sündenfall nur aufgehalten. Doch weder Satan noch die Sünde können Gottes Ziele durchkreuzen. Das Erlösungswerk von Christus wird schließlich Gottes ursprünglichen Plan wieder in Kraft setzen und erweitern.

Wie sollen wir also zu unserer Welt stehen? Sollen wir sie lieben oder hassen? Denken Sie an die missliche Lage anständiger deutscher Bürger unter der Nazidiktatur. Liebten sie ihr Heimatland oder hassten sie es? Sowohl als auch. Sie hassten die Naziregierung, die Anmaßung, die Verderbtheit, den Fanatismus, die Brutalität und die Verfolgung. Doch sie wussten, dass es ein besseres Deutschland gab, auch wenn es unter der überhandnehmenden Macht des Faschismus begraben lag. Diesem besseren Deutschland blieben sie treu, und sie konnten trotz allem Zeichen erkennen, die auf dieses Deutschland hinwiesen – in der herrlichen Landschaft, in einem Konzert, in den Augen eines freundlichen Nachbarn, in Menschen, die wegen ihres Widerstands gegen die Nazis ins Gefängnis kamen, und in denen, die Juden retteten. Paradoxerweise war es manchmal ihre Liebe zu Deutschland, die ihren Widerstand gegen Nazideutschland auslöste. Genauso löst unsere Liebe zur Erde Gottes unseren Widerstand gegen die gefallene Erde aus.

Die Welt war sehr gut und sie wird wieder sehr gut sein. Die jetzige Welt, die von Menschen bewohnt ist, wie wir es jetzt sind, ist entstellt. Doch das ist ein vorübergehender Zustand, für den es ein ewiges Heilmittel gibt: das Erlösungswerk von Christus.

Gottes Reich ... und unseres

In Daniel 7 lesen wir eine Weissagung von vier irdischen Reichen, beginnend beim Babylon Nebukadnezars, die eines Tages für immer durch ein fünftes Reich ersetzt werden. »Es kam einer aus den Wolken des Himmels wie eines Menschen Sohn und gelangte zu dem, der uralt war, und wurde vor ihn gebracht. Der gab ihm Macht, Ehre und Reich, dass ihm alle Völker und Leute aus so vielen verschiedenen Sprachen dienen sollten. Seine Macht ist ewig und vergeht nicht, und sein Reich hat kein Ende« (Daniel

7,13-14; LUT). Da die vier heidnischen Reiche auf der Erde sind, folgt, dass das fünfte Reich, Gottes ewiges Reich, ebenfalls auf der Erde sein wird. Angesichts der ununterbrochenen Folge sündiger Herrscher auf der Erde müssten wir den Tag herbeisehnen, an dem unser gerechter Gott nicht nur im Himmel, sondern auch auf der Erde regiert. Es geht um die Frage, ob Gottes Wille auf der Erde geschieht. Die Antwort ist, dass Gottes Wille auf Erden geschehen wird, und zwar für alle Ewigkeit unter der Herrschaft von Christus und den erlösten Menschen als seinen Dienern, die gleichzeitig Könige sind.

Gott hat nie seinen ursprünglichen Plan aufgegeben, dass nämlich gerechte Menschen die Erde bewohnen und regieren. Das folgere ich nicht einfach daraus, dass in der Bibel nichts Gegenteiliges steht. In Daniel 7,18 wird es ausdrücklich bekräftigt: »Die Heiligen des Höchsten werden das Reich empfangen und werden's immer und ewig besitzen« (LUT). Dieses Reich ist die Erde.

Die Übertragung des Reiches

In Daniel 7,25 lesen wir, dass die Heiligen den Mächtigen der Erde ausgeliefert und dass sie eine Zeit lang verfolgt werden. Doch dann tritt eine verblüffende Wende ein. »Aber das Reich und die Macht und die Gewalt über die Königreiche unter dem ganzen Himmel wird dem Volk der Heiligen des Höchsten gegeben werden, dessen Reich ewig ist, und alle Mächte werden ihm dienen und gehorchen« (V. 27). Das Reich wird Gott gehören, doch er wird seine Heiligen zu Herrschern unter seiner Leitung bestimmen, und sie »werden ihm dienen und gehorchen«.

Was ist die »Gewalt über die Königreiche unter dem ganzen Himmel«, die »dem Volk der Heiligen des Höchsten gegeben werden«? Ich glaube, dazu gehört alles, was Nationen groß macht.

Unter anderem gehören die kulturellen, künstlerischen, sportlichen, wissenschaftlichen und intellektuellen Leistungen der Völker dazu. All das geht nicht verloren und wird nicht zerstört, sondern »wird dem Volk der Heiligen des Höchsten gegeben«, wenn sie Gottes ewiges Reich auf der neuen Erde regieren. Wir werden einmal die Haushalter, die Verwalter, des Reichtums und der Errungenschaften der Erde sein. Denken wir einmal über diese kaum fassbare Offenbarung nach: Gottes Kinder, die unter gottlosen Königen litten, werden für immer ihren Platz als irdische Könige einnehmen! Die großen kulturellen Errungenschaften der gottlosen Nationen werden den Kindern Gottes übergeben, damit sie sie verwalten und, so nehme ich an, weiterentwickeln.

Dieselbe Erde, auf die der Satan einst Anspruch erhob, wird von seinem Regiment befreit und denen gegeben, die er hasst und vernichten wollte: Gottes Heiligen. All das Böse, das auf der Erde von Tyrannen verübt wurde, wird der Vergangenheit angehören. Es wird keine Verfolgung und keine Ungerechtigkeit mehr geben. Die Erde wird erlöst, wiederhergestellt und unter die gerechte Herrschaft einer erlösten und wiederhergestellten Menschheit gebracht.

Selbst wenn in der Bibel an keiner anderen Stelle davon die Rede wäre, dass Gläubige die ganze Erde regieren werden, würde die eindringliche Botschaft aus Daniel 7 genügen: Die Heiligen Gottes werden die Erde für immer regieren.

Viele sind der Meinung, dass es für andere Herrscher keinen Platz gibt, wenn Gott das Universum regiert. Doch das kann nicht wahr sein, weil uns gesagt wird, dass »alle Mächte [d.h. alle Herrscher] … ihm dienen und gehorchen werden« (V. 27). Wie wir anhand von Jesaja 60 und Offenbarung 21 gesehen haben, wird es auf der neuen Erde immer noch Nationen geben, und diese werden immer noch Herrscher haben. Doch es werden gerechte Herrscher sein, die Christus untertan sind. Menschen aus jeder Volksgruppe – Stamm und Sprache und Volk und Nation – werden das Lamm anbeten (Offenbarung 5,9). Einige werden Städte, andere Nationen regieren.

Blaise Pascal sagte, dass der Mensch »den Schmerz eines entthronten Monarchen« leidet. Durch die Auflehnung gegen den König der Könige haben die Menschen auf die Herrschaft über die Erde verzichtet. Doch Christus wird uns den Thron zurückgeben, den Adam und Eva für so kurze Zeit innehatten. Er wird uns das Reich geben. Zu seinen Jüngern sagte er: »Hab also keine Angst, kleine Herde. Denn es macht eurem Vater große Freude, euch das Reich Gottes zu schenken« (Lukas 12,32).

Dienst als Belohnung

Diejenigen, die aus der großen Prüfung kommen, werden besonders belohnt und bekommen einen Platz »vor dem Thron Gottes«, wo sie ihm »Tag und Nacht« dienen (Offenbarung 7,14-15). Achten Sie darauf, dass der Herr seine treuen Diener nicht dadurch belohnt, dass er ihnen Verantwortung abnimmt, sondern dadurch, dass er ihnen größere Verantwortung überträgt.

Dienst ist eine Belohnung, keine Strafe. Dieser Gedanke ist Menschen fremd, denen ihre Arbeit nicht gefällt und die sich nur im Gedanken an die Rente mit ihr abfinden. Sie glauben deshalb, dass treue Arbeit mit Urlaub für den Rest ihres Lebens belohnt werden sollte. Doch Gott hat für uns etwas ganz anderes geplant: mehr Arbeit, mehr Verantwortung, mehr Möglichkeiten, zusammen mit größeren Begabungen, mehr Mitteln, Weisheit und Befähigung. Wir werden einen scharfen Verstand, einen starken Körper und klare Ziele vor Augen haben und unaufhörliche Freude erleben. Je mehr wir jetzt Christus dienen, umso größer wird unsere Fähigkeit sein, ihm auch im Himmel zu dienen.

Wird jeder die Möglichkeit bekommen, im neuen Universum zu regieren? Der Apostel Paulus sagt, dass ewige Belohnungen »nicht nur mir« gegeben werden, »sondern allen, die seine Rückkehr herbeisehnen« (2. Timotheus 4,8). Das Wort »alle« ist ermutigend.

»Denkt daran, dass der Herr jeden von uns für das Gute belohnen wird, das wir tun, ob wir nun Sklaven sind oder frei« (Epheser 6,8). Das Wort »jeden« ist ebenso ermutigend. Belohnt werden nicht nur ein paar Auserwählte.

Sollte der Gedanke, dass Gottes Belohnung für uns darin besteht, dass er uns zu Herrschern in seinem Reich macht, uns begeistern? Unbedingt! Jesus sagt: »Freut euch darüber! Jubelt! Denn im Himmel erwartet euch eine große Belohnung« (Matthäus 5,12).

Gott entscheidet, wer einmal als König regieren wird, und ich glaube, wir müssen uns auf ein paar große Überraschungen gefasst machen. Christus gibt uns in der Bibel Anhaltspunkte zu den Personen, die er auswählen wird: »Gott segnet die, die erkennen, dass sie ihn brauchen, denn ihnen wird das Himmelreich geschenkt ... Gott segnet die Freundlichen und die Bescheidenen, denn ihnen wird die ganze Erde gehören ... Gott segnet die, die ihr Leben Gott ganz zur Verfügung stellen, denn das Himmelreich wird ihnen gehören« (Matthäus 5,3.5.10). »›Gott stellt sich den Stolzen entgegen, den Demütigen aber schenkt er Gnade.‹ Deshalb beugt euch demütig unter die Hand Gottes, dann wird er euch ehren, wenn die Zeit dafür gekommen ist« (1. Petrus 5,5-6).

Schauen Sie sich nach den Bescheidenen und Demütigen um. Dazu gehören vielleicht Straßenkehrer, Hilfsarbeiter, Busfahrer oder Mütter, die zu Hause bleiben und den ganzen Tag lang für Gott Windeln wechseln, Wäsche waschen, Schulbrote schmieren, Tränen abwischen und Kinder zur Musikschule oder zum Sport fahren.

Ich habe einmal eines meiner Bücher einem sehr netten Hotelpagen geschenkt. Dabei entdeckte ich, dass er ein entschiedener

Christ war. Er erzählte mir, dass er für unsere Gruppe, die in dem Hotel eine Konferenz abhielt, betete. Später gab ich ihm ein kleines Geschenk, ein einfaches Holzkreuz. Er war verblüfft und überwältigt. Mit Tränen in den Augen flüsterte er: »Das war doch nicht nötig. Ich bin doch hier nur der Page.« Mir wurde klar, dass dieser Bruder sein ganzes Leben lang nur gedient hatte. Wahrscheinlich werde ich das Vorrecht haben, unter einem wie ihm in Gottes Reich zu dienen. Er war »nur ein Hotelpage«, der mit Wärme und Liebe sprach, der diente und still im Hintergrund für den Erfolg einer Konferenz in seinem Hotel betete. In diesem Pagen sah ich Jesus; hier war das »nur« fehl am Platz.

Wer werden die Könige der neuen Erde sein? Ich glaube, dieser Page wird einer sein. Und es wird mir eine Ehre sein, seine Koffer zu tragen.

Wie wird die auferstandene Erde aussehen?

22

Wird die neue Erde ein Paradiesgarten sein?

Welchen Bezugspunkt haben wir, um die neue Erde zu verstehen? Das Paradies, den Garten Eden. Die neue Erde wird natürlich mehr als der Garten Eden sein, nicht weniger. Der Garten Eden, das Paradies, ist der Ausgangspunkt.

Und was ist unser Bezugspunkt, um den Garten Eden zu verstehen? Die Erde, wie sie heute ist. Wenn wir einen Blick vom Himmel erhaschen möchten, sollten wir die Erde genau betrachten und uns vorstellen, wie sie einmal war, und folglich, wie sie einmal wieder sein wird.

Jede Freude auf der Erde – auch die Freude, geliebte Menschen wiederzutreffen – ist eine Andeutung, ein Raunen der größeren Freude. Der Grand Canyon, die Alpen, die Regenwälder des Amazonas, die Serengeti – all das sind flüchtige Skizzen der neuen Erde. Unser ganzes Leben lang träumen wir von der neuen Erde. Immer, wenn wir Schönheit im Wasser, im Wind, in einer Blume, einem Reh, einem Mann, einer Frau oder einem Kind sehen, erhaschen wir einen Blick vom Himmel. Wie der Garten Eden wird die neue Welt ein Ort der Augenweide, atemberaubender Schönheit, befriedigender Beziehungen und tiefer Freude sein.

Wird das Paradies wiederhergestellt?

Wie der Garten Eden unser Bezugspunkt in der Vergangenheit ist, so ist die neue Erde unser Bezugspunkt in der Zukunft. Wir können erwarten, dass die neue Erde so wie der Garten Eden sein wird, nur besser. Genau das verspricht die Bibel:

- »Ja, der Herr tröstet Zion, er tröstet alle ihre Trümmer und macht ihre Wüste wie Eden und ihr dürres Land wie den Garten des Herrn, dass man Wonne und Freude darin findet, Dank und Lobgesang« (Jesaja 51,3; LUT).
- »Und man wird sagen: Dies Land war verheert, und jetzt ist's wie der Garten Eden, und diese Städte waren zerstört, öde und niedergerissen und stehen nun fest gebaut und sind bewohnt« (Hesekiel 36,35; LUT).
- »Die Wüste und Einöde wird frohlocken, und die Steppe wird jubeln und wird blühen wie die Lilien« (Jesaja 35,1; LUT).
- »Es sollen Zypressen statt Dornen wachsen und Myrten statt Nesseln« (Jesaja 55,13; LUT).

Der Theologe Anthony Hoekema schreibt: »Weissagungen dieser Art sollten als Beschreibungen der neuen Erde verstanden werden, die Gott nach der Wiederkunft Christi entstehen lässt – eine neue Erde, die bestehen bleibt, nicht nur tausend Jahre lang, sondern für immer. … Die Lehre von der neuen Erde … erschließt die Bedeutung weiter Teile der prophetischen Literatur des Alten Testaments in erstaunlich neuer Weise.«[1]

Wie wird die neue Natur aussehen?

Noch nie haben wir Männer und Frauen so gesehen, wie Gott sie gedacht hatte. Noch nie haben wir die Tiere so gesehen, wie sie vor dem Sündenfall waren.

Genauso wenig haben wir die Natur von Ketten befreit und unbeeinträchtigt gesehen. Wir kennen sie nur verflucht und im Verfall begriffen. Und trotzdem gibt es so vieles, was uns gefällt, begeistert und unser Herz zur Anbetung bringt.

Wenn schon die »verkehrte Seite« des Himmels so schön sein kann, wie muss dann erst die »richtige Seite« aussehen?

Die irdische Schönheit, die wir jetzt sehen, wird nicht verloren gehen. Wir werden die Schönheit der Erde nicht gegen die Schönheit des Himmels eintauschen, sondern die Schönheit der Erde behalten und eine noch beeindruckendere Schönheit erhalten.

Werden die Orte dieser Erde auf der neuen Erde auferstehen?

Wird die alte Erde viel von dem, was sie einmal war, behalten, wenn sie neu wird? Die neue Erde wird genauso Erde sein, wie wir als neue Geschöpfe immer noch wir selbst sein werden. »Die Welt, in die wir bei der Wiederkunft Christi eintreten werden, ist … keine andere Welt; es ist diese Welt, dieser Himmel, diese Erde; beide jedoch werden vergehen und erneuert. Diese Wälder, diese Felder, diese Städte, diese Straßen, diese Menschen werden der Schauplatz der Erlösung sein.«[2]

Müssten wir dann nicht erwarten, dass einige der geografischen Merkmale der alten Erde auch auf der neuen Erde vorhanden sind? Sollte Gott die Regenwälder oder den Grand Canyon umgestalten?

Könnte der Bodensee der neue Bodensee werden, wenn die Erde zur neuen Erde wird?

Werden wir an einen bekannten Ort fahren können und sagen: »Genau da haben wir gestanden«, so wie wir sagen werden: »Das sind genau dieselben Hände, mit denen ich den Bedürftigen geholfen habe«?

In *Der letzte Kampf* beschreibt C. S. Lewis, wie das Mädchen Lucy über den Verlust von Narnia trauert, einer großartigen Welt, die von Aslan geschaffen worden war, einer Welt, die sie geliebt hat und von der sie jetzt annimmt, dass sie für immer zerstört ist. Jewel, das Einhorn, trauert auch und ruft seinem geliebten Narnia zu: »Das ist die einzige Welt, die ich kannte.«

Obwohl Lucy und ihre Angehörigen und Freunde an der Schwelle von Aslans Land (dem Himmel) stehen, schaut Lucy immer noch auf Narnia zurück und empfindet einen tiefen Verlust. Aber als sie tiefer in Aslans Land eindringt, bemerkt sie etwas völlig Unerwartetes. Was dann geschieht, spiegelt meiner Meinung nach die biblische Offenbarung von der neuen Erde wider:

> »Diese Berge«, fragte Lucy, »die schönen bewaldeten und dahinter die blauen – gleichen sie nicht den südlichen Grenzen von Narnia?«
> »Ganz genau!«, rief Edmund nach einem Augenblick des Schweigens. »Wirklich, sie sind ganz gleich. Schaut, da ist unser Berg, der Gabelkopf, und da ist der Pass zum Archenland.«
> »Aber sie sind nicht wirklich gleich«, sagte Lucy. »Sie sind anders. Sie sind farbiger und sehen weiter entfernt aus, als ich sie in Erinnerung habe. Sie sind mehr ... mehr ... ja, ich weiß nicht ...«
> »Mehr als das Wirkliche«, sagte Lord Digory sanft.
> Plötzlich spreizte Weitsicht, der Adler, seine Schwingen, stieg zehn oder zwölf Meter in die Luft auf, kreiste herum und setzte dann leicht wieder auf dem Boden auf.

»Könige und Königinnen«, rief er, »wir sind doch alle blind gewesen! Jetzt erst fangen wir an zu sehen, wo wir sind. Von oben habe ich alles erblickt: Ettinsmoor, den Biberdamm, den Großen Fluss und Feeneden, das noch am Rande der Östlichen See liegt. Narnia ist nicht tot. Das hier ist Narnia.«

»Aber wie kann das sein?«, fragte Peter. »Aslan sagte uns doch, wir Älteren kehrten niemals mehr nach Narnia zurück, und doch sollen wir in Narnia sein?«

»Ja«, erwiderte Eustachius, »wir sahen doch, wie Narnia zerstört und die Sonne ausgelöscht wurde.«

»Alles hier ist auch so anders«, stellte Lucy fest.

»Der Adler hat recht«, erklärte Lord Digory. »Hör zu, Peter. Als Aslan sagte, du könntest nie mehr nach Narnia zurückkehren, meinte er das Narnia, das in deiner Vorstellung lebte. Aber das war nicht das richtige Narnia. Das hatte einen Anfang und ein Ende. Es war nur ein Schatten oder ein Abklatsch des wirklichen Narnia, das immer hier gewesen ist und sein wird – genauso wie unsere eigene Welt, unser Land und alles Übrige nur ein Abklatsch von etwas in Aslans wirklicher Welt ist. Du brauchst um Narnia nicht zu trauern, Lucy. Alles, was noch zum alten Narnia gezählt hat, all die lieben Geschöpfe, sind durch die Tür in das wirkliche Narnia gezogen. Natürlich ist es anders, ebenso verschieden wie ein wirkliches Ding von einem Schatten. So verschieden, wie wirkliches Leben sich von einem Traum unterscheidet.« …

Der Unterschied zwischen dem neuen und dem alten Narnia war ebenso. Das neue Narnia war ein Land mit tiefem Sinn: Jeder Felsen, jede Blume und jeder Grashalm sahen so aus, als ob sie noch mehr bedeuteten.

Man kann es nicht besser beschreiben als so. Kommt jemand dorthin, wird er wissen, was gemeint ist.

Das Einhorn fasste zusammen, was jeder fühlte. Mit dem rechten Vorderhuf stampfte es auf den Boden, wieherte laut und rief dann: »Nun bin ich doch noch nach Hause gekommen! Das ist meine wahre Heimat. Hierher gehöre ich. Nach diesem Land habe ich mich mein ganzes Leben lang gesehnt. Aber das wusste ich bis jetzt nicht. Warum liebten wir das alte Narnia? Weil es manchmal ein bisschen wie dieses Land hier aussah.«[3]

Besser als jeder Theologe, den ich gelesen habe, erfasst Lewis die biblische Theologie von der alten und der neuen Erde und die Kontinuität zwischen ihnen. Unsere Welt ist ein Schattenreich, eine Kopie von dem, was einst der Garten Eden war und was einmal die neue Erde sein wird. Alles, was auf der alten Erde zählt, wird sozusagen in den Himmel hineingezogen werden.

Später geht Lewis in *Der letzte Kampf* noch weiter:

> »Was!«, schrie Peter. »Das ist doch England! Da liegt das Haus, Professor Kirks altes Haus, wo unsere Abenteuer begannen.«
>
> »Ich dachte, das Haus wäre zerstört worden«, sagte Edmund.
>
> »So war es«, erklärte der Faun. »Aber du blickst nun auf das England innerhalb Englands, das wirkliche England, genau wie dies hier das wirkliche Narnia ist. Und in dem inneren England ist nichts zerstört worden.«[4]

Auf der Grundlage der Bibel glaube ich, dass das, was Lewis ausmalt, sehr wohl möglich ist. Auf der neuen Erde werden wir die richtige Erde sehen, zu der nicht nur die guten Dinge aus Gottes ursprünglicher Schöpfung gehören, sondern auch die kreativen Dinge, die Menschen zu Gottes Ehre geschaffen haben. Auf der neuen Erde wird nichts Gutes zerstört worden sein.

Wenn wir verstehen, dass uns alles, was wir auf der alten Erde lieben, auch auf der neuen Erde gehören wird – entweder in derselben Form oder in einer anderen –, dann ändert sich alles. Wenn wir das begriffen haben, tut es uns nicht leid, all die Wunder der Welt, die wir gesehen haben, zurückzulassen, und wir trauern auch nicht über die zahllosen anderen Wunder, die wir nicht gesehen haben. Warum? Weil wir sie noch sehen werden können.

23

Wie wird die große Stadt aussehen?

Warum machten sich Magellan und Kolumbus und all die anderen Forscher und ihre Mannschaften auf, um die »neue Welt« zu suchen? Weil wir für das Suchen neuer Welten geschaffen sind. Wir wurden als Sucher und Forscher geschaffen. Während wir Gottes Schöpfung erforschen, wächst auch unser Wissen von Gott, und das ermutigt uns, das Wunder, das Gott selbst ist, zu erforschen.

Die Anforderungen und Ablenkungen des modernen Lebens bringen uns dazu, unseren Forscherdrang zu vernachlässigen oder zu unterdrücken, doch er macht sich immer wieder bemerkbar. Auf der neuen Erde wird dieser Wunsch nicht von praktischen Überlegungen vereitelt oder behindert. Er wird vielmehr von Gott und anderen Menschen und allem, was in uns ist, unterstützt und ermutigt.

Der erste Ort, den wir wahrscheinlich erforschen möchten, ist die größte Stadt, die je existierte, die Hauptstadt der neuen Erde. Das neue Jerusalem wird ein Ort verschwenderischer Schönheit und grandioser Naturwunder sein. Er wird ein riesiger Garten Eden sein, erfüllt vom Besten, was die menschliche Kultur hervorgebracht hat, und er wird unter der Herrschaft von Christus stehen. Der Reichtum dieser immensen Stadt wird größer sein als alles, was je in der ganzen Menschheitsgeschichte zusammengetragen wurde.

Wie luxuriös wird die Stadt sein?

Vermutlich wird es auf der neuen Erde noch andere Städte geben, wie die Städte, die Jesus in den Gleichnissen von den Haushaltern erwähnt (Lukas 19,17-19). Die Könige der Nationen, die ihre Schätze in das neue Jerusalem bringen, müssen von irgendwoher kommen und irgendwohin zurückkehren, vermutlich kommen sie aus Gegenden und Städten außerhalb des neuen Jerusalems. Doch keine Stadt wird dieser Stadt gleichen, denn sie wird die Wohnung des Königs der Könige sein.

Die Hauptstadt des Himmels wird voll sichtbarer Herrlichkeit sein.

»Sie war ganz von der Herrlichkeit Gottes erfüllt und funkelte wie ein kostbarer Edelstein, kristallklar wie Jaspis« (Offenbarung 21,11). Johannes beschreibt den üppigen Reichtum noch ausführlicher: »Die Mauer bestand aus Jaspis, und die Stadt war reines Gold, so klar wie Glas. Die Mauer der Stadt war auf zwölf Grundsteinen erbaut, die mit zwölf Edelsteinen geschmückt waren« (Offenbarung 21,18-19). Johannes zählt dann die zwölf Edelsteine auf; acht von ihnen sind Steine, die auch auf der Brusttasche des Hohen Priesters angebracht waren (2. Mose 28,17-20).

Die Edelsteine und das Gold sind Zeichen grenzenlosen Reichtums, Hinweise auf Gottes unglaubliche Pracht.

Was ist der Fluss des Lebens?

Johannes beschreibt ein Naturwunder im Zentrum des neuen Jerusalem: »Der Engel zeigte mir einen reinen Fluss mit dem Wasser des Lebens, so klar wie Kristall, der vom Thron Gottes und des Lammes entspringt und in der Mitte der Hauptstraße hinabfließt« (Offenbarung 22,1-2). Warum ist Wasser so wichtig? Weil die Stadt ein Mittelpunkt menschlichen Lebens ist und weil Wasser ein wesentlicher Bestandteil des Lebens ist. Wir alle kennen das Gefühl von Durst, doch die ersten Leser, die in einem trockenheißen Klima lebten, begriffen sogleich, welches Wunder es ist, ständig frisches, reines und unverschmutztes Wasser zur Verfügung zu haben, mit dem man den tiefen Durst stillen kann.

Auf der neuen Erde müssen wir nicht die Stadt verlassen, um die Schönheit der Natur zu finden. Sie wird in der Stadt selbst sein, mit dem Fluss des Lebens als Quelle.

Was ist der Baum des Lebens?

»Auf beiden Seiten des Flusses ist je ein Baum des Lebens, der zwölf verschiedene Früchte trägt und jeden Monat eine neue Frucht hervorbringt. Die Blätter dienen zur Heilung der Völker« (Offenbarung 22,2). Der Baum des Lebens wird in 1. Mose 2, im Garten Eden, dreimal erwähnt und dann viermal in der Offenbarung, davon dreimal im letzten Kapitel. Wir erfahren, dass der Baum des Lebens zurzeit im Paradies, dem Zwischenhimmel, ist (Offenbarung 2,7). Das neue Jerusalem selbst, das auch im jetzigen Himmel ist, wird herabgebracht, mitsamt dem Baum des Lebens und allem anderen, und auf die neue Erde gestellt (Offenbarung 21,2). So wie der Baum offensichtlich aus dem Garten Eden in den jetzigen Himmel verpflanzt wurde, wird er wieder auf die neue Erde verpflanzt.

Im Garten Eden war der Baum die Quelle für unaufhörliches körperliches Leben. Die Gegenwart des Baumes des Lebens lässt an eine übernatürliche Aufrechterhaltung des Lebens denken, die dadurch geschah, dass Adam und Eva die Früchte aßen, die ihr

Schöpfer ihnen bereitstellte. Adam und Eva sollten ewig leben, doch dazu mussten sie wahrscheinlich vom Baum des Lebens essen. Als sie gesündigt hatten, wurden sie aus dem Garten verbannt, von dem Baum getrennt und dem körperlichen Tod ausgesetzt, so wie sie bereits den geistlichen Tod erlebt hatten.

Auf der neuen Erde werden wir uneingeschränkt von der Frucht desselben Baumes essen können, von dem sich Adam und Eva ernährten: »Wer siegreich ist, dem werde ich in Gottes Paradies vom Baum des Lebens zu essen geben« (Offenbarung 2,7). Die Menschen werden von diesem Baum neue Kraft und Energie erhalten. Der Baum bringt nicht nur eine Frucht, sondern zwölf Früchte hervor. Die Unverbrauchtheit und Frische des Himmels zeigen sich an der monatlichen Ernte der Früchte. Die Früchte sollen nicht nur bewundert, sondern verzehrt werden.

Die Beschreibung des Baumes des Lebens in Offenbarung 22 entspricht genau der Weissagung in Hesekiel 47,12: »Und an dem Strom werden an seinem Ufer auf beiden Seiten allerlei fruchtbare Bäume wachsen; und ihre Blätter werden nicht verwelken, und mit ihren Früchten hat es kein Ende. Sie werden alle Monate neu Früchte bringen; denn ihr Wasser fließt aus dem Heiligtum. Ihre Früchte werden zur Speise dienen und ihre Blätter zur Arznei« (LUT).

Auch Johannes berichtet, dass die »Blätter zur Heilung der Völker« dienen (Offenbarung 22,2). Doch worin liegt der Sinn von heilenden Blättern, wenn wir im Himmel nicht mehr unter Schmerzen oder Krankheiten leiden? Vielleicht haben sie, wie die Früchte des Baumes, Leben erhaltende und Leben stärkende Eigenschaften, die den Menschen helfen, ihre Gesundheit und Energie zu behalten. Folglich ist unser Wohlergehen nicht ein für alle Mal gewährleistet, sondern wird immer wieder aufrechterhalten und erneuert – in Abhängigkeit von Gott und aus seinen Gaben schöpfend.

Wird es auf der neuen Erde andere Naturwunder geben?

Was die Bibel uns über den Fluss des Lebens und den Baum des Lebens sagt, weist darauf hin, dass es auf der neuen Erde Naturwunder geben wird. »Der Baum« schließt wahrscheinlich mehrere Bäume ein, und »der Fluss« bedeutet wahrscheinlich mehrere Flüsse, die Seen bilden. Weil es die neue Erde ist, können wir geografische Eigenschaften der Erde erwarten: Berge, Wasserfälle und andere Naturwunder.

Bei der Beschreibung der neuen Erde spricht Johannes von einem »großen, hohen Berg« (Offenbarung 21,10). Achten Sie darauf, dass Johannes von *einem* Berg spricht, nicht von *dem* Berg. Wir wissen, dass es auf der neuen Erde mindestens einen Berg gibt, und wir können annehmen, dass es Hunderte oder Tausende von Bergen gibt.

Genauso wie unser Auferstehungskörper besser sein wird als unser jetziger Körper, werden die Naturwunder der neuen Erde vermutlich großartiger sein als die, die wir jetzt kennen. Wir können grandiosere Berge und schönere Seen und Blumen als auf dieser Erde erwarten.

24

Wird es Raum und Zeit geben?

Viele Bücher geben zu verstehen, dass es im Himmel weder Raum noch Zeit geben wird. In einem Buch wird der Himmel als »Daseinsweise, in der Raum und Zeit bedeutungslose Begriffe sind« beschrieben.[1] Stimmt das?

Wie wird der neue Himmel sein?

Im Alten Testament gibt es kein Wort für Universum oder Kosmos. Wenn in 1. Mose 1,1 gesagt wird, dass Gott »Himmel und Erde« schuf, so sind diese Wörter bedeutungsgleich mit dem, was wir unter Universum verstehen. Das Wort »Himmel« bezieht sich auf die Bereiche über der Erde: die Atmosphäre, Sonne, Mond und Sterne und alles, was sich im Weltraum befindet.

Später sagt Gott: »Denn siehe, ich will einen neuen Himmel und eine neue Erde schaffen« (Jesaja 65,17; LUT). Dies entspricht 1. Mose 1,1, denn es weist auf die vollständige Erneuerung desselben gegenständlichen Universums hin, das Gott am Anfang geschaffen hat.

Die Erde ist der erste Bereich für die Haushalterschaft des Menschen, doch sie ist nicht der einzige Bereich. Da das gesamte Universum aufgrund der Sünde der Menschen gefallen ist, können wir folgern, dass das ganze Universum unter der Herrschaft des Menschen hätte stehen sollen. Wenn dem so ist, wird uns das ganze neue Universum zur Verfügung stehen, damit wir darin reisen, es bewohnen und regieren – zur Ehre Gottes.

Glaube ich ernsthaft, dass zu dem neuen Himmel neue Galaxien, Planeten, Monde, weiße Zwerge, Neutronensterne, schwarze Löcher und Quasare gehören? Ja. Da sie Teil des ersten Universums sind und da Gott sie als »sehr gut« bezeichnete, zumindest in ihrer ursprünglichen Form, werden sie auch Teil des auferstandenen Universums sein.

Werden die neuen Planeten nur so etwas wie Verzierungen sein oder hat Gott vor, dass wir eines Tages dorthin gelangen? Sogar unter dem Fluch sind wir fähig, den Mond zu erforschen, und wir haben die Technologie, um auf dem Mars zu landen. Was werden wir erst zu Gottes Ehre erreichen können, wenn wir über einen auferstandenen Verstand, unbegrenzte Mittel und umfassende wissenschaftliche Zusammenarbeit verfügen und uns kein Tod mehr droht? Werden wir die Grenzen der auf Christus ausgerichteten Herrschaft einer gerechten Menschheit ausdehnen können, nicht als Eroberer, die das, was anderen gehört, an sich reißen, sondern als treue Haushalter, die Gottes Schöpfung völlig in Besitz nehmen und verwalten?

Was ist der Morgenstern?

Jesus sagt von dem, der siegreich ist: »Ich werde ihm den Morgenstern geben« (Offenbarung 2,28). Der Morgenstern ist ein Himmelskörper, der Planet Venus. Obwohl die meisten Menschen diese Aussage von Jesus sinnbildlich verstehen, könnte damit auch gemeint sein, dass Gott seinen Kindern im neuen Himmel Planeten oder Sterne mit ihren jeweiligen Planetensystemen anvertraut. Wenn die neue Schöpfung tatsächlich ein auferstandenes Modell der alten ist, dann wird es dort auch einen neuen Planeten Venus geben.

Zurzeit ist Venus ein höchst unwirtlicher Planet. In seiner unglaublichen Hitze und ätzenden Atmosphäre könnte kein Mensch überleben. Es ist jedoch möglich, dass unzerstörbare auferstandene Körper seine Atmosphäre ertragen. Es kann auch sein, dass Venus ein herrliches Paradies wird, wenn der Fluch aufgehoben ist.

Werden wir einen neuen Saturn, einen neuen Jupiter, einen neuen Ganymed, neue Plejaden und eine neue Milchstraße sehen? Ich glaube, das ist der logische Schluss aus dem, was in der Bibel steht. So wie die neue Erde umgestaltet wird und trotzdem, in Kontinuität mit der alten, noch die wahre Erde ist, wird der neue kosmische Himmel ebenfalls der erneuerte alte Himmel sein.

Was hat Gott in den Höhen ferner Galaxien, die nie von einem menschlichen Auge wahrgenommen wurden, geschaffen? Eines Tages werden wir diese Wunder erblicken und sie mit staunender Ehrfurcht in uns aufnehmen. Und als ob das nicht genug wäre! Ich bin überzeugt, dass Gott in seiner ersten Schöpfung Dinge zurückgehalten hat, über die wir nur staunen können, ja dass wir auf die Knie fallen und ihn anbeten, wenn wir sie in der neuen Schöpfung sehen.

Werden wir im Himmel Raum und Zeit erleben?

Die Lehre von der Auferstehung schließt ein, dass wir für immer Raum einnehmen werden. Wir werden körperliche Menschen sein, die in einem gegenständlichen Universum leben. Der auferstandene Christus sagte: »Berührt mich und vergewissert euch, dass ich kein Geist bin; denn ein Geist hat keinen Körper, und ich habe einen, wie ihr seht« (Lukas 24,39). Er ging auf der Erde; wir werden auf der Erde gehen. Er nahm Raum ein; wir werden Raum einnehmen.

In der Bibel steht: »Ein Tag [ist] für den Herrn wie tausend Jahre … und tausend Jahre wie ein Tag« (2. Petrus 3,8). Bedeutet das, dass es im Himmel keine Zeit gibt?

Das natürlichste Verständnis der neuen Erde ist, dass sie in Raum und Zeit existieren wird und dass die Zukunft sich allmählich entwickelt, genau wie jetzt. Doch immer wieder wird gesagt, dass es im Himmel keine Zeit gibt. Ein Theologe behauptet: »Was für eine Erleichterung und was für eine Freude bringt das Wissen mit sich, dass es im Himmel keine Zeit mehr geben wird.«[2] Ein anderer Autor schreibt: »Der Himmel ist ein Ort, an dem die Zeit stillsteht.«[3]

Woher kommen solche Vorstellungen? Eine irreführende Übersetzung in der Lutherbibel lautet: »Es soll hinfort keine Zeit mehr sein« (Offenbarung 10,6; LUT). Davon ausgehend kamen Ausleger zu dem Schluss, dass es im Himmel keine Zeit mehr geben wird. Doch andere Übersetzungen geben diesen Satz so wieder: »Gott wird nicht länger warten«, was bedeutet, dass nicht die Zeit an sich aufhört, sondern dass es keine Zeit mehr gibt, die vor dem Gericht Gottes liegt.

Die Bibel enthält viele andere Hinweise auf Zeit im Himmel:

- Die Märtyrer im Himmel werden aufgefordert, »noch eine kleine Weile Geduld« zu haben, wenn sie fragen, »wie lange« es noch dauern wird, bis Jesus die Bewohner der Erde richtet und das Blut der Märtyrer rächt (Offenbarung 6,10-11). Würde im Himmel die Zeit nicht vergehen, könnten die Bewohner des Himmels nicht fragen: »Wie lange«, und sie würden als Antwort nicht bekommen, dass sie »noch eine kleine Weile Geduld« haben sollen.

- Gottes Kinder im Himmel »dienen ihm Tag und Nacht in seinem Tempel« (Offenbarung 7,15).
- Der Baum des Lebens auf der neuen Erde wird »jeden Monat eine neue Frucht« hervorbringen (Offenbarung 22,2). Sowohl im Zwischenhimmel als auch im ewigen Himmel gibt es Tage und Monate.
- Gott sagt: »Der neue Himmel und die neue Erde, die ich mache, [haben] vor mir Bestand ... Und alles Fleisch wird einen Neumond nach dem andern und einen Sabbat nach dem andern kommen, um vor mir anzubeten« (Jesaja 66,22-23; LUT). Wenn es Neumonde und Sabbate gibt, dann muss es einen Mond, die Sonne und Zeit geben.
- Wir erfahren, dass »etwa eine halbe Stunde lang Stille im Himmel« herrschte (Offenbarung 8,1).
- Die Bewohner des Himmels singen (Offenbarung 5,9-12). Die Musik im Himmel setzt Zeit voraus. Taktmaß, Tempo und Pausen sind wesentliche Bestandteile der Musik, und jedes davon ist zeitbezogen. Bestimmte Noten werden länger als andere ausgehalten. Lieder haben einen Anfang, eine Mitte und ein Ende. Das bedeutet, dass das Singen in der Zeit stattfindet.

Kann die Bibel noch deutlicher über Zeit im Himmel sprechen? Zu behaupten, dass wir außerhalb der Zeit existieren werden, hieße zu sagen, dass wir allwissend sein werden. Aber das würde Ewigkeit mit Unendlichkeit verwechseln.

Werden wir immer noch in einer zeitlichen Aufeinanderfolge leben, wo ein Wort auf das andere, ein Schritt auf den anderen und ein Ereignis auf das vorhergehende folgt? Die Antwort der Bibel lautet: ja.

Wie werden wir dort leben?

25

Werden wir »wir selbst« sein?

In Charles Dickens' *A Christmas Carol* hat Ebenezer Scrooge Angst, als er ein Gespenst sieht.

> »Wer bist du?«, fragte Scrooge.
>
> »Frage mich, wer ich war«, antwortete der Geist.
>
> »Wer warst du?«, fragte Scrooge.
>
> »Im Leben war ich dein Geschäftspartner, Jacob Marley.«[1]

Körperlose Geister sind nicht die Personen, die sie einmal waren. Die Kontinuität der Identität ist nur durch die leibliche Auferstehung gewährt.

Wenn wir nicht richtig verstanden haben, was Auferstehung bedeutet, können wir nicht glauben, dass wir im Leben nach dem Tod weiterhin wir selbst sein werden. Wir sind körperliche Wesen. Wenn der ewige Himmel ein körperloser Zustand ist, dann wird unser Menschsein entweder eingeschränkt oder transzendiert, das heißt, wir werden nach unserem Tod nie mehr wir selbst sein.

Vergleichen wir Jacob Marley mit Hiob und Jesus. Hiob sagt: »Ich selbst werde ihn [Gott] sehen, meine Augen werden ihn schauen und kein Fremder« (Hiob 19,27; LUT). Der auferstandene Christus sagt: »Seht euch meine Hände an. Seht euch meine Füße an. Ihr könnt doch sehen, dass ich es wirklich bin. Berührt mich und vergewissert euch, dass ich kein Geist bin; denn ein Geist hat keinen Körper und ich habe einen, wie ihr seht« (Lukas 24,39).

Jesus nannte alle Menschen im Himmel bei ihrem Namen, einschließlich Lazarus im Zwischenhimmel (Lukas 16,25) und Abraham, Isaak und Jakob im ewigen Himmel (Matthäus 8,11). Der Name steht für eine persönliche Identität, für den Menschen als Einzelnen. Dass Menschen im Himmel mit demselben Namen genannt werden, den sie auf der Erde hatten, zeigt, dass sie dieselben Menschen geblieben sind. Im Himmel werde ich immer noch Randy Alcorn – mit Ausnahme meiner schlechten Eigenschaften – sein. Wenn Sie Jesus kennen, werden Sie für immer Sie selbst bleiben – ohne Ihre schlechten Eigenschaften.

Werden wir einzigartig sein?

Im Buddhismus, im Hinduismus und im Mystizismus des New Age wird die Individualität ausgelöscht oder sie geht ins Nirwana ein. Der Bibel zufolge verlieren wir jedoch nicht unsere Identität, wenn wir Gott sehen, obwohl wir uns vielleicht angesichts seiner Größe verloren vorkommen. Stattdessen werden wir unsere wahre Identität finden. »Wer sein Leben für mich aufgibt, wird das wahre Leben finden« (Matthäus 16,25).

So wie jetzt unser genetischer Code und unsere Fingerabdrücke einzigartig sind, können wir das auch von unserem neuen Körper erwarten. Die Identität des Einzelnen ist ein wesentlicher Teil seiner Persönlichkeit. Gott ist der Schöpfer der Identität von Einzelnen und ihrer Persönlichkeit. Er macht nicht einmal zwei Schneeflocken identisch, wie viel weniger zwei Menschen. Selbst eineiige Zwillinge sind nicht genau gleich. Die Individualität war schon vor der Sünde und vor dem Fluch da. Sie war von Anfang an Gottes Plan.

Die Bewohner des Himmels freuen sich nicht einfach über namenlose Menschenmengen, die zu Gott kommen. Sie freuen sich über jeden Einzelnen (Lukas 15,4-7.10). Das bestätigt eindeutig, dass der Himmel jeden Menschen als Einzelnen sieht, dessen Leben beobachtet wird und der persönlich wertgeachtet ist.

Als Mose und Elia vom Himmel kamen und bei der Verklärung neben Christus standen, erkannten die Jünger Mose und Elia als die Personen, die sie waren, die Männer, die sie auf der Erde waren, doch von Heiligkeit durchdrungen.

Wenn uns gesagt wird, dass wir an einem festlich gedeckten Tisch sitzen und zusammen mit Abraham und Isaak und anderen essen werden, sitzen, essen, sprechen und lachen wir nicht mit einer nicht näher definierten Menschenansammlung, sondern mit Einzelnen (Matthäus 8,11).

Was macht es eigentlich, dass Sie Sie sind? Nicht nur Ihr Körper, sondern auch Ihr Gedächtnis, Ihre Charaktereigenschaften, Begabungen, Hobbys, Vorlieben und Interessen. Ich bin davon überzeugt, dass bei der endgültigen Auferstehung all diese Seiten ungetrübt von Sünde und vom Fluch wiederhergestellt und zur Entfaltung gebracht werden.

Werden wir Gefühle haben?

In der Bibel wird berichtet, dass Gott sich freut, liebt, lacht, Gefallen findet und dass er wütend, glücklich, eifersüchtig und froh ist. Wir sollten diese Beschreibungen nicht als bloße Vermenschlichungen Gottes abtun, sondern uns einmal überlegen, dass unsere Gefühle ja von Gott »abgeleitet« sind. Da wir nach Gottes Bild geschaffen wurden, sind unsere Gefühle eine Widerspiegelung von Gottes Gefühlen. Aufgrund der Sünde sind sie manchmal eine Verzerrung von Gottes Gefühlen. Wie Gott zu sein, bedeutet, Gefühle zu haben und ihnen Ausdruck zu verleihen. Deshalb können wir erwarten, dass es im Himmel immer noch Gefühle zur Ehre Gottes und zu unserem Wohl gibt.

Im Himmel betätigen wir nicht nur unseren Verstand, sondern haben auch Gefühle (Offenbarung 6,10; 7,10). Sogar Engel reagieren gefühlsbetont (Offenbarung 7,11-12; 18,1-24).

Unsere gegenwärtigen Gefühle sind durch die Sünde verbogen, aber sie werden wieder in Ordnung gebracht, wenn Gott den Fluch aufhebt. Viele Menschen haben mit ihren Gefühlen Probleme. Im Himmel werden wir alle die Freiheit haben, intensiv zu fühlen, ohne vor unseren Gefühlen Angst haben zu müssen.

Werden wir Wünsche haben?

Im Himmel werden wir viele Wünsche haben, doch es werden keine sündigen Wünsche sein. Alles, was wir wollen, wird gut sein. Unsere Wünsche werden Gott gefallen. Die Welt wird in Ordnung und nichts wird verboten sein. Wenn ein Vater auf dem Barbecue Steaks grillt, will er, dass seine Familie schaut, wie sie brutzeln, und sich schon auf das Essen freut. Gott schuf unsere Wünsche und alles, was wir uns wünschen. Es bereitet ihm Freude, wenn uns »das Wasser im Mund zusammenläuft« nach dem, was er für uns zubereitet hat. Wenn wir Freude daran haben, machen wir ihm Freude.

Eines der wunderbarsten Dinge im Himmel wird sein, dass wir unsere Wünsche nicht mehr bekämpfen müssen. Sie werden immer rein und auf ihren eigentlichen Zweck hin ausgerichtet sein. Ohne Völlerei oder Essstörungen werden wir das Essen genießen. Wir werden Bewunderung und Zuneigung ausdrücken, ohne Wollust, Unzucht oder Treuebruch.

Hinsichtlich unserer Wünsche ist das Christentum einzigartig, denn gemäß christlicher Lehre werden sie auf der neuen Erde von

Sünden gereinigt und erfüllt. Im Gegensatz dazu gehört zum buddhistischen Erlösungsbegriff, dass die Wünsche der Menschen eines Tages getilgt werden. Das ist etwas grundlegend anderes. Das Christentum lehrt, dass Jesus unsere Sünden wegnimmt und dabei unsere Wünsche erlöst. Wünsche sind ein wesentlicher Bestandteil des Menschseins, etwas, das Gott in den Menschen hineingelegt hat, bevor die Sünde ihre dunklen Schatten auf die Erde warf. Ich freue mich darauf, dass meine Wünsche erlöst werden. Manchmal weiß ich nicht, ob meine Wünsche richtig sind oder nicht. Ich sehne mich nach der Befreiung von dieser Unsicherheit und diesen Zweifeln. Ich sehne mich danach, fähig zu werden, nur das zu wollen, was gut und richtig ist.

Auf der neuen Erde wird endlich das, was wir tun sollen, mit dem, was wir tun wollen, übereinstimmen. Es wird keinen Widerstreit zwischen Pflicht und Freude mehr geben.

Werden wir unsere eigene Identität behalten?

Im Himmel werden Sie Sie selbst sein. Wer sonst würden Sie sein? Wenn ich im Himmel ankomme und feststelle, dass ich nicht dieselbe Person mit derselben Identität, demselben Lebenslauf und denselben Erinnerungen bin, dann bin ich nicht in den Himmel gekommen.

Der auferstandene Jesus wurde kein anderer; er blieb derjenige, der er vor seiner Auferstehung war: »Ihr könnt doch sehen, dass ich es wirklich bin« (Lukas 24,39). Im Johannesevangelium geht Jesus mit Maria, Thomas und Petrus sehr persönlich um und bezieht sich dabei darauf, dass er sie vorher kannte (Johannes 20,11-18.24-29; 21,15-22). Als Thomas sagte: »Mein Herr und mein Gott«, wusste er, dass er zu demselben Jesus sprach, dem er nachgefolgt war.

Wenn wir im Leben nach dem Sterben nicht mehr wir selbst wären, könnten wir nicht für das, was wir in diesem Leben getan haben, zur Rechenschaft gezogen werden. Das Jüngste Gericht wäre sinnlos. Die Lehren vom Gericht und den ewigen Belohnungen gründen sich darauf, dass die Menschen ihre Identität auch im künftigen Leben behalten.

Bruce Milne schreibt: »Wir brauchen keine Angst vor einer Verschmelzung in einer ›All-Einheit‹, wie der Buddhismus behauptet, oder vor einer Reinkarnation in irgendeine andere Lebensform, worin die Erwartung des Hinduismus nach dem Tod besteht, zu haben. … Das Ich, mit dem uns der Schöpfer ausgestattet hat, als er uns das Leben schenkte, das Ich, dessen Wert für immer dadurch festgeschrieben wurde, dass Gott an unserer Stelle ans Kreuz ging, dieses Ich wird in Ewigkeit fortbestehen. Der Tod kann uns nicht zerstören.«[2]

Unsere eigene Identität und unsere Lebensgeschichte werden auch in der kommenden Welt fortbestehen. »Denn wie der neue Himmel und die neue Erde, die ich mache, vor mir Bestand haben, spricht der Herr, so soll auch euer Geschlecht und Name Bestand haben« (Jesaja 66,22; LUT). Nicht das, was wir einmal waren, wird mit dem, was Abraham, Isaak und Jakob einmal waren, sprechen – wir selbst, dieselben Menschen, allerdings völlig gereinigt, werden an einem Tisch mit dem wirklichen Abraham, Isaak und Jakob sitzen und mit ihnen essen (Matthäus 8,11).

Behalten wir im Himmel unseren jetzigen Namen? Die Namen der Kinder Gottes sind in das Buch des Lebens des Lammes geschrieben (Offenbarung 20,15; 21,27). Ich glaube, dass es sich dabei um unsere irdischen Namen handelt. Gott hat die Namen anerkannt, die Adam den Tieren gab. Gott ruft Menschen mit ihrem irdischen Namen, dem Namen, den ihnen ihre Eltern gegeben haben. Im Himmel ruft er die Menschen mit diesem Namen, zum Beispiel Abraham, Isaak und Jakob. Unser Name spiegelt unsere Identität wider. Dass derselbe Name, den wir auf der Erde hatten, im Himmel aufgeschrieben ist, ist ein Hinweis auf die Kontinuität zwischen diesem Leben und dem kommenden.

Zusätzlich zu unserem irdischen Namen werden wir im Himmel neue Namen erhalten (Jesaja 62,2; 65,15; Offenbarung 2,17; 3,12). Doch neue Namen machen die alten nicht ungültig.

Werden wir unser Ich verlieren?

Ein Mann schrieb mir von seiner Angst, dass er im Himmel seine Identität verliert: »Bedeutet das Sein wie Jesus die Auslöschung des Ichs?« Er fürchtete, dass wir alle gleich werden, dass er und seine Freunde ihre Unterscheidungsmerkmale und Verschrobenheiten verlieren, die gerade das Besondere an ihnen ausmachen. Doch er braucht sich keine Sorgen zu machen. Wir alle können dem Charakter nach wie Jesus sein und uns doch in der Persönlichkeit sehr voneinander unterscheiden.

Unterschiede und Besonderheiten sind Gottes und nicht Satans Schöpfung. Das, was uns einzigartig macht, wird überleben. In der Tat wird vermutlich viel von unserer Einzigartigkeit erst dann überhaupt entdeckt werden.

Ganz am Ende seines Buches *Pardon, ich bin Christ* schreibt C. S. Lewis:

> Bevor wir ihm nicht unser Selbst gebracht haben, haben wir kein wirkliches Selbst. Gleichheit findet sich am meisten unter »natürlichen« Menschen, nicht unter denen, die sich Christus ergeben haben. Wie eintönig ähnlich sind sich doch all die großen Tyrannen und Eroberer gewesen – wie großartig verschieden aber sind die Heiligen. ... Nichts in dir, das nicht gestorben ist, wird je von den Toten auferstehen. Suche dich selbst, und du wirst auf die Dauer nur Hass, Einsamkeit, Verzweiflung, Zorn, Auflösung und Verfall finden. Doch suche Christus, und du wirst ihn finden, und mit ihm alles andere als Zugabe.[3]

26

Welchen Körper werden wir haben?

Unser Auferstehungskörper wird frei vom Fluch der Sünde sein. Er wird erlöst, und seine ursprüngliche Schönheit und seine ursprünglichen Fähigkeiten, wie sie im Garten Eden waren, werden wiederhergestellt sein.

Die schönsten Menschen, die Sie je unter dem Fluch gesehen haben, sind ein Schatten der Schönheit, die der Mensch einst besaß. Wenn wir Adam und Eva so sähen, wie sie im Garten Eden waren, würde es uns den Atem verschlagen. Wenn sie uns so sehen würden, wie wir jetzt sind, wären sie wahrscheinlich schockiert und hätten Mitleid mit uns.

Gott wird entscheiden, wie unser vollkommener Körper aussehen wird, doch wir können bestimmt nicht annehmen, dass die Körper aller Menschen gleich sein werden. Unterschiede in Größe und Gewicht sind ebenso wahrscheinlich wie verschiedene Hautfarben. Ethnische Unterschiede werden weiter bestehen (Offenbarung 5,9; 7,9), was bedeutet, dass die genetischen Merkmale vom alten Körper auf den neuen übertragen werden. Jetzt spekuliere ich etwas, aber ich halte es durchaus für denkbar, dass Menschen, die groß waren, auch einen großen Auferstehungskörper bekommen und dass diejenigen, die klein waren, wahrscheinlich auch klein sein werden. Die von Natur aus Dünnen werden dünn sein, und die von Natur aus Dicken werden dick sein. Doch alle werden gesund und attraktiv sein, unbeeinträchtigt vom Fluch, von Krankheiten oder Einschränkungen, und wir alle werden vollkommen glücklich mit der Form sein, die Gott für uns entworfen hat.

Die meisten Menschen sehnen sich nicht so sehr nach einem vollkommenen Körper, sondern nach dem Gefühl des Wohlbehagens und der Anerkennung, was ihrer Meinung nach mit ihm zusammenhängt. Eines können wir mit Gewissheit sagen: Unser Körper wird dem Herrn, uns und anderen gefallen, egal, wie wir aussehen. Wir werden nicht in den Spiegel starren und uns eine andere Nase, andere Wangen, Ohren oder Zähne wünschen. Die sündlose Schönheit des inneren Menschen wird in die Schönheit des äußeren Menschen übergehen. Wir werden weder unsicher noch eingebildet sein. Wir müssen gar nicht versuchen, schön auszusehen – wir werden schön sein.

Am dankbarsten werden wir nicht für unser Aussehen, sondern für unsere Gesundheit und Kraft sein. Wir werden wissen, dass der Schöpfer uns so geformt hat, wie er uns wollte, und dass wir die Gesundheit und Schönheit, die er uns geschenkt hat, nie verlieren.

Wird unser neuer Körper neue Fähigkeiten haben?

Der Auferstehungskörper von Christus hatte die Fähigkeit, plötzlich zu erscheinen, als er offensichtlich durch eine verschlossene Tür zu den Aposteln kam (Johannes 20,19), und vor den Augen der beiden Jünger von Emmaus zu »verschwinden« (Lukas 24,31). Als Christus die Erde verließ, setzte er sich über die Schwerkraft hinweg und stieg in den Himmel auf (Apostelgeschichte 1,9).

Es ist möglich, dass der auferstandene Christus, der Mensch und Gott ist, bestimmte körperliche Fähigkeiten hat, die wir nicht haben werden. Das Erscheinen und Verschwinden könnte ein begrenzter Ausdruck seiner Allgegenwart sein, und seine Himmelfahrt ist womöglich etwas, das unser Körper nicht nachahmen kann. Da uns aber in zahlreichen Bibelstellen gesagt wird, dass unser Auferstehungskörper wie der von Christus sein wird, kann es einerseits zuweilen möglich sein, dass wir die gegenwärtigen physikalischen Gesetze überwinden und/oder so reisen, wie es uns jetzt nicht möglich ist. Andererseits gehört zu unserem gottgeschenkten Menschsein, dass wir Geschöpfe mit einem Körper sind, die in Raum und Zeit leben. Deshalb ist es wahrscheinlich, dass dieselben physikalischen Gesetze, denen Adam und Eva unterworfen waren, auch für uns gelten. Wir können es nicht sicher wissen, doch wie es auch sein mag, es wird herrlich sein.

Wird unser Körper vollkommen sein?

Jedes Mal, wenn ich mit schwerbehinderten Menschen zusammen bin, wird mir besonders bewusst, wie wunderbar es sein wird, einen auferstandenen Körper zu haben. Mein Freund David O'Brien ist ein hochintelligenter Mann, der in einem Körper gefangen ist, der nach Erlösung seufzt. Sobald er diese Welt verlässt und in den Zwischenhimmel eintritt, wird seine Gehirnlähmung verschwunden sein, doch das schönste Geschenk wird er bei seiner Auferstehung bekommen, wenn er einen neuen Körper erhält, der für immer frei von Krankheit ist. Ich stelle mir David vor, wie er sich nie mehr wiederholen muss, weil andere ihn nicht verstanden haben. Ich sehe ihn über die Wiesen der neuen Erde laufen. Ich freue mich darauf, neben David zu laufen … und wahrscheinlich werde ich hinter ihm zurückbleiben.

Ich denke oft daran, wie Querschnittsgelähmte, Menschen, deren Arme und Beine gelähmt sind, und Menschen, die ständig unter Schmerzen leiden, auf der neuen Erde gehen, laufen, springen und lachen werden. Gläubige, die jetzt blind sind, werden die Wunder der neuen Erde mit weit aufgerissenen Augen bestaunen. Was für ein Vergnügen wird das für sie sein!

Joni Eareckson Tada, eine Frau, die an Armen und Beinen gelähmt ist, schreibt:

> Ich kann es kaum glauben. Ich, mit meinen verkümmerten, gekrümmten Fingern, zurückgebildeten Muskeln, knorrigen Knien und von den Schultern abwärts ohne jedes Gefühl, werde eines Tages einen neuen leichten, strahlenden und in Gerechtigkeit gekleideten Körper haben – voller Kraft und unfassbar. Können Sie sich vorstellen, welche Hoffnung das einem Menschen wie mir mit einer Wirbelsäulenverletzung vermittelt? Oder einem Menschen mit Gehirnlähmung, Gehirnverletzung oder multipler Sklerose? Stellen Sie sich vor, welche Hoffnung dies manisch-depressiven Menschen gibt. Keine andere Religion, keine andere Philosophie verspricht neue Körper, Herzen und Sinne. Nur im Evangelium Christi finden verletzte Menschen eine so unfassbare Hoffnung.[1]

Mein Körper und mein Verstand mögen zurzeit verhältnismäßig gesund sein. Doch als insulinabhängiger Diabetiker weiß ich, was es bedeutet, wenn mein Körper und mein Bewusstsein versagen. Sie leiden in einem Maße unter dem Fluch, dass auch ich genau weiß, was ich will: einen neuen Körper und einen neuen Verstand, befreit von Sünde, von Leiden und von Behinderung. Mit jedem Jahr sehne ich mich mehr danach, ein auferstandener Mensch zu sein, der auf einer auferstandenen Erde lebt, zusammen mit meinen auferstandenen Brüdern und Schwestern und vor allem mit meinem Herrn, dem auferstandenen Jesus.

Werden wir Männer oder Frauen sein?

In einem Buch über den Himmel wird behauptet: »Es wird keine Männer und keine Frauen geben. Wir alle werden Gottes Kinder sein, und das Geschlecht wird kein Teil unseres Wesens sein.«[2]

In der Bibel steht nichts Derartiges. War Jesus nach seiner Auferstehung geschlechtslos? Natürlich nicht. Niemand hat ihn mit einer Frau verwechselt oder für androgyn gehalten.

Wir werden nie geschlechtslos sein, weil menschliche Körper nicht geschlechtslos sind. Der Kernpunkt der Auferstehung liegt darin, dass wir wirkliche menschliche Körper haben werden, die wesentlich mit unserem ursprünglichen Körper in Zusammenhang stehen. Das Geschlecht ist ein von Gott geschaffener Teil des Menschseins.

Werden wir Kleidung tragen?

Manche denken, dass wir im Himmel keine Kleidung tragen brauchen, da Adam und Eva nackt waren und sich nicht schämten. Doch auch im Zwischenhimmel, vor der endgültigen Auferstehung, werden Menschen beschrieben, die Kleidung tragen, weiße Kleider als Zeichen der Gerechtigkeit in Christus (Offenbarung 3,4; 6,11). Es scheint, dass wir Kleidung tragen, nicht weil es dort Scham oder Versuchung gibt, sondern weil Kleidung unsere Erscheinung und unser Wohlbefinden verbessert.

Das Tragen von Kleidern oder wallenden Gewändern kommt uns vielleicht seltsam oder steif vor. Doch den Lesern des ersten Jahrhunderts wäre alles andere komisch vorgekommen. Warum? Weil sie nun mal Kleider oder wallende Gewänder trugen. Anstatt daraus zu schließen, dass wir alle solche Kleider tragen werden, wäre es besser, zu folgern, dass wir uns alle so anziehen, wie wir es auf der alten Erde auch getan haben.

Werden wir alle weiße Kleidung tragen? Die weißen Kleider sind ein Zeichen für unsere Gerechtigkeit (Offenbarung 7,9), wie auch bei Christus während der Verklärung. Die Betonung der weißen Farbe ist eventuell als Hinweis auf die Sauberkeit zu verstehen, die im Orient schwer aufrechtzuerhalten war. Es fällt auf, dass die einzige Person im Himmel, die mit einem Gewand beschrieben wird, das nicht weiß ist, Jesus Christus ist: »Er trug ein Gewand, das in Blut getaucht worden war« (Offenbarung 19,13).

Wird Weiß die einzige Kleiderfarbe sein? Nein. Es wird goldene Gürtel geben (Offenbarung 15,6). Da Auferstandene ihre Individualität und ihre Nationalität behalten (damit werden wir uns noch näher befassen) und weil viele ethnische Gruppen farbenfrohe Kleidung tragen, können wir dies auch auf der neuen Erde erwarten.

Das Buch der Offenbarung sagt voraus, dass wir im Himmel Priester und Könige sein werden. Wenn man Gottes besondere Ausstattung für die Priester des Alten Testaments betrachtet (2. Mose 28,4-43), dann ist es wahrscheinlich, dass Gottes Könige und Priester im Himmel wunderbare Kleidung tragen.

Welches Alter werden wir haben?

Wird ein Kind, das mit sechs Jahren gestorben ist, im Himmel wie ein Sechsjähriger aussehen? Wird der Mann, der mit achtzig gestorben ist, auf der neuen Erde achtzig Jahre alt sein?

Seit Jahrhunderten stellen Menschen diese Fragen. Alister McGrath schreibt dazu:

> Wegen dieser Frage wurden Ströme theologischer Tinte vergossen, besonders im Mittelalter. ... Ende des 13. Jahrhunderts kristallisierte sich folgende Überzeugung

> der Kirche heraus: »Da jeder Mensch den Gipfel der Vollkommenheit etwa im Alter von 30 Jahren erreicht, wird er so auferstehen, wie er zu jener Zeit war oder gewesen wäre – auch wenn er in seinem Leben dieses Alter gar nicht erreicht hat.« … Das neue Jerusalem wird deshalb von Männern und Frauen bewohnt, die alle aussehen, als wären sie dreißig, … nur dass jeder Makel beseitigt ist.[3]

Hank Hanegraaff meint:

> Unsere DNA ist so programmiert, dass wir an einem bestimmten Punkt die optimale Entwicklung in funktioneller Hinsicht erreichen. Meistens erreichen wir dieses Stadium zwischen zwanzig und vierzig Jahren. … Wenn die Pläne für unseren verherrlichten Körper in der DNA liegen, dann wäre es vernünftig, dass unser Körper in dem von der DNA bestimmten optimalen Entwicklungsstadium auferstehen wird.[4]

Bedeutet das, dass Kinder, die in den Himmel kommen, dort keine Kinder mehr sind? Oder dass sie auf der neuen Erde keine Kinder mehr sind? Jesaja 11,6-9 spricht von einer Erde, wo »die Wölfe bei den Lämmern wohnen und die Panther bei den Böcken lagern. Ein kleiner Knabe wird Kälber und junge Löwen und Mastvieh miteinander treiben … Ein Säugling wird spielen am Loch der Otter, und ein entwöhntes Kind wird seine Hand stecken in die Höhle der Natter. Man wird nirgendwo Sünde tun noch Frevel finden auf meinem ganzen heiligen Berg« (LUT).

Da der größere Zusammenhang des Buches Jesaja das ewige Reich Gottes auf der Erde betrifft, scheint es unangemessen, diese Stelle auf ein Tausendjähriges Reich zu beschränken, das mit der Auflehnung und Vernichtung der Menschen endet. Das Ende der Sünde und die völlige Gerechtigkeit aller Bewohner der Erde kommen erst mit der neuen Erde. Aber wer sind dann diese Säuglinge und kleinen Kinder, die mit Tieren spielen, wenn Jesaja 11 von der neuen Erde spricht wie auch die Parallelstelle in Jesaja 65? Ist es möglich, dass Kinder nach ihrer Auferstehung auf der neuen Erde dasselbe Alter haben wie bei ihrem Tod?

Wenn ja, würden diese Kinder vermutlich auf der neuen Erde heranwachsen dürfen – eine Kindheit, die einfach beneidenswert wäre! Gläubige Eltern könnten dann vermutlich ihre Kinder heranwachsen sehen – und würden dabei wahrscheinlich eine wichtige Rolle spielen. Obwohl dies nicht direkt in der Bibel steht und ich deshalb im spekulativen Bereich bleibe, ist es möglich, dass Eltern, deren Herz durch den Tod ihrer Kinder gebrochen wurde, sie nicht nur in ihre Arme schließen, sondern auch die Freude erleben werden, sie heranwachsen zu sehen ... in einer vollkommenen Welt.

Es ist auch möglich, dass wir auf der neuen Erde ohne Alter sein werden. C. S. Lewis beschreibt das in *Die große Scheidung*, wo er von den Bewohnern des Himmels sagt: »Mir fiel nicht auf, dass jemand in dieser Gruppe ein bestimmtes Alter hatte. Sogar in unserem Land erhascht man hin und wieder einen kurzen Blick von Dingen, die nichts mit dem Alter zu tun haben – tiefe Nachdenklichkeit im Gesicht eines kleinen Kindes und ausgelassene Kindlichkeit auf dem Gesicht eines sehr alten Mannes.«[5]

In meinen Romanen spiele ich auf die Möglichkeit an, dass wir im Himmel die Menschen so sehen, wie wir sie auf der Erde in bester Erinnerung hatten. So werde ich meine Eltern älter und sie mich jünger sehen. Ich werde meine Kinder jünger und sie mich älter sehen. Damit meine ich nicht, dass die körperlichen Formen sich tatsächlich ändern, sondern dass der Auferstehungskörper die wirkliche Person vermittelt, die wir gekannt haben, und dass wir einander mit unterschiedlichen Augen sehen.

Die neue Erde wird sowohl ein Ort der Reife als auch der Vollkommenheit sein. Ich glaube, dass unser Körper, egal wie alt wir aussehen, die positiven Eigenschaften der Jugendlichkeit aufweisen wird, die Jesus an Kindern so geschätzt hat. Gott hätte es ja so einrichten können, dass Menschen voll entwickelt auf die Welt kommen und nicht als Kinder, die erst erwachsen werden müssen. Doch er tat es nicht. Er stattete die Kinder mit besonderen, wunderbaren Eigenschaften aus. Ich rechne fest damit, dass wir alle solche Eigenschaften haben werden, also Neugierde, Dankbarkeit, Lerneifer, Forscherdrang und die Begierde, Geschichten zu hören und nahe bei geliebten Menschen zu sein.

Jonathan Edwards erklärte: »Die Bewohner des Himmels … bleiben ewig jung.«[6] Der Himmel wird voller Kinder sein …, auch wenn wir wie Erwachsene aussehen.

27

Werden wir auf der neuen Erde essen und trinken?

Wörter, die Essen, Mahlzeiten und Nahrung beschreiben, kommen über tausendmal in der Bibel vor und das Wort *Festessen* oder *Festmahl* weit mehr als hundertmal. Zu einem Festessen gehören Gäste und der Spaß daran, zusammen zu sein. Angeregte Gespräche, das Erzählen von Geschichten, der Aufbau von Beziehungen, Scherzen und Lachen. Festessen, auch das Passahmahl, waren geistliche Geschehnisse, die die Aufmerksamkeit auf Gott, seine Größe und seine Erlösung lenkten.

Menschen, die sich mögen, essen gerne miteinander. Jesus sagte zu seinen Jüngern: »So wie mein Vater mir ein Königreich gegeben hat, gebe ich euch das Recht, in diesem Reich an meinem Tisch zu essen und zu trinken« (Lukas 22,29-30). Im Alten Testament steht: »Und der Herr Zebaoth wird auf diesem Berge allen Völkern ein fettes Mahl machen, ein Mahl von reinem Wein, von Fett, von Mark, von Wein, darin keine Hefe ist« (Jesaja 25,6; LUT).

Werden wir im wörtlichen Sinne essen und trinken?

Der auferstandene Jesus lud seine Jünger ein: »Kommt her und frühstückt!« Er bereitete ihnen ein Essen zu und aß dann Brot und Fisch mit ihnen gemeinsam (Johannes 21,4-14). Er bewies damit, dass ein Auferstehungskörper fähig ist zu essen, und zwar echte Nahrung.

Andere Stellen weisen darauf hin, dass wir mit Christus in einem irdischen Reich essen werden. Jesus sagte zu seinen Jüngern: »Ich werde keinen Wein mehr trinken, bis das Reich Gottes gekommen ist« (Lukas 22,18). Bei anderer Gelegenheit sagte er: »Viele Menschen werden aus der ganzen Welt herbeiströmen und mit Abraham, Isaak und Jakob im Himmelreich zu Tisch sitzen« (Matthäus 8,11).

Wohin wird das Reich Gottes kommen? Auf die Erde. Wo wird Gottes Reich seinen Zielpunkt und seine Form für alle Ewigkeit erreichen? Auf der neuen Erde.

Ein Engel im Himmel sagte zu Johannes: »Gesegnet sind diejenigen, die zum Hochzeitsmahl des Lammes eingeladen sind« (Offenbarung 19,9). Was tun Menschen bei einem gemeinsamen Essen, insbesondere bei einem Hochzeitsmahl? Essen und trinken, miteinander sprechen, Geschichten erzählen, feiern, lachen und Nachtisch essen. Im Orient dauern Hochzeitsessen oft eine ganze Woche lang. Wenn wir zum Hochzeitsmahl des Lammes kommen, werden wir keine Gäste sein – wir werden die Braut sein!

Bei einem Essen im Haus eines Pharisäers sagte Jesus einmal zu seinem Gastgeber: »Wenn du mittags oder abends Gäste zum Essen einlädst, dann ... lade vielmehr die Armen, die Krüppel, die Gelähmten und die Blinden ein. Bei der Auferstehung der Gottesfürchtigen wird Gott dich belohnen, weil du Menschen eingeladen hast, die es dir nicht vergelten konnten« (Lukas 14,12-14). Weil Jesus hier die Auferstehung der Toten erwähnte, sagte ein anderer Mann bei demselben Essen zu ihm: »Gesegnet sind die, die am Festessen im Reich Gottes teilnehmen« (Lukas 14,15). Da sie gerade zusammen aßen, liegt die offensichtliche Beziehung von Essen und Festessen auf der Hand. Hätte der Mann, der dies sagte, unrecht gehabt mit seiner Vorstellung vom wörtlich verstandenen Essen nach der körperlichen Auferstehung, hätte Jesus nun Gelegenheit gehabt, ihn zu verbessern. Doch das tat er nicht. Er nahm vielmehr die Worte des Mannes zum Anlass für eine Geschichte über einen Mann, der ein großes Festessen vorbereitete und viele Gäste einlud (Lukas 14,16-24). Es ist eindeutig, dass sowohl der Mann als auch Jesus über ein echtes Essen bei einem echten Festmahl sprachen, so einem wie das, bei dem sie gerade saßen. In manchen Bibelübersetzungen wird der Satz des Mannes so wiedergegeben: »Welch Vorrecht ist es, Anteil am Reich Gottes zu haben!« Doch das griechische Wort bedeutet nicht »Anteil am Reich Gottes haben«, sondern im Reich Gottes »essen«. Ich nehme die Bibel nicht immer wörtlich. Sie enthält viele bildlich gemeinte Ausdrücke. Doch nur weil einige Bilder benutzt werden, um den Himmel zu beschreiben, darf man nicht annehmen, dass alles, was die Bibel über den Himmel sagt, im übertragenen Sinne gemeint ist. Wenn uns erst gesagt wird, dass wir einen Auferstehungskörper wie Christus haben werden, und danach, dass er in seinem Auferstehungskörper gegessen hat, dann gibt es keinen Grund anzunehmen, dass er im übertragenen Sinne sprach, wenn er von Tischen, Festmählern, Essen und Trinken im Reich Gottes erzählte.

Wie wird das Essen schmecken?

Vor dem Sündenfall lebten nur zwei Menschen. Das heißt, dass nur zwei Menschen schon einmal Nahrung gegessen haben, wie sie am besten schmeckt, und die Fähigkeit hatten, den Geschmack uneingeschränkt zu genießen.

Wer hat unsere Geschmacksknospen geschaffen? Wer hat bestimmt, was uns schmeckt und was nicht? Gott. Die Nahrung, die wir essen, stammt aus Gottes Hand. Unser auferstandener Körper wird auferstandene Geschmacksknospen haben. Wir können uns darauf verlassen, dass die Nahrung, die wir auf der neuen Erde essen – manches wird uns bekannt, anderes völlig neu vorkommen –, besser schmecken wird als alles, was wir bisher gegessen haben.

Essen ist nicht nur etwas Funktionelles. Wir könnten uns ernähren, indem wir alles ohne Rücksicht auf Farbe, Konsistenz oder Geschmack zusammenmixen. Essen ist auch zu unserer Freude da. Das gilt nicht nur für den Verzehr, sondern auch für die Vorbereitung und die Dekoration. Sollten wir diesbezüglich nicht auch grenzenlose Kreativität erwarten?

Auf der neuen Erde brauchen wir keine besonders guten Mahlzeiten – wir brauchen sie ja jetzt auch nicht. Aber wir genießen sie jetzt aus demselben Grund, aus dem wir sie dann genießen werden: weil Gott uns geschaffen hat, damit wir sie genießen und damit wir ihn ehren, wenn wir essen und trinken (1. Korinther 10,31).

Können wir uns auf Festessen freuen?

Sie und ich, wir haben noch nie etwas in einer Welt, die vom Sündenfall und dem Fluch unbeeinträchtigt ist, gegessen. Das beste Essen, das wir zu uns genommen haben, ist nicht annähernd so gut, wie es im Garten Eden geschmeckt haben muss oder wie es auf der neuen Erde schmecken wird.

Die besten Mahlzeiten Ihres Lebens liegen noch vor Ihnen, auf der neuen Erde.

Wenn Sie es oberflächlich und ungeistlich finden, sich auf solche Dinge zu freuen, dann denken Sie daran, dass Gott es ist, der verspricht, dass wir auf der neuen Erde bei Festmählern an Tischen sitzen und die feinsten Speisen und Getränke genießen werden. Und um noch eins draufzusetzen: Unser Vater verspricht, dass er selbst uns die feinsten Speisen zubereiten wird (Jesaja 25,6).

Glauben Sie nicht, dass er will, dass wir uns darauf freuen, an seinem Tisch zu essen?

28

Werden wir sündigen können?

Manchmal habe ich im Gespräch schon den Einwand gehört: »Der Himmel wird vollkommen sein, aber eine sündlose Umgebung bedeutet nicht, dass wir nicht sündigen können. Adam und Eva haben es bewiesen. Sie lebten an einem sündlosen Ort und sündigten trotzdem.«

Es stimmt, dass Satan sie versucht hat, doch auch er war ursprünglich ein vollkommenes Wesen in einer vollkommenen Umgebung und konnte Gott selbst anschauen. Damals gab es nicht nur im Himmel keine Sünde, es gab im ganzen Universum keine Sünde. Und doch sündigte Satan. Deshalb, so scheint es, ist die Vollkommenheit des Himmels keine Garantie dafür, dass es in Zukunft keine Sünde mehr gibt.

Manche Leute argumentieren auch, dass Menschsein bedeutet, Entscheidungsfreiheit zu haben, und dass wir deshalb im Himmel die Fähigkeit haben müssen, uns für das Böse zu entscheiden. Wenn das stimmt, könnten wir einen weiteren Sündenfall erleben.

Es liegt auf der Hand, dass diese Frage von großer Bedeutung ist.

Können wir wissen, dass wir nicht sündigen werden?

Christus verhieß für die neue Erde: »Es wir keinen Tod und keine Trauer und kein Weinen und keinen Schmerz mehr geben. Denn die erste Welt mit ihrem ganzen Unheil ist für immer vergangen« (Offenbarung 21,4). Da »der Lohn der Sünde« der Tod ist (Römer 6,23), bedeutet das Versprechen, dass es keinen Tod mehr gibt, auch, dass es keine Sünde mehr gibt. Wer nie stirbt, kann nie sündigen, da Sünder immer sterben. Die Sünde verursacht Trauer und Weinen und Schmerz. Wenn all das nicht mehr geschieht, kann auch die Sünde nicht mehr geschehen.

Betrachten Sie den letzten Teil von Offenbarung 21,4: »Denn die erste Welt mit ihrem ganzen Unheil ist für immer vergangen.« Was nach dem Wort »denn« folgt, erklärt, weshalb es im Himmel keinen Tod, keine Trauer, kein Weinen und keinen Schmerz mehr gibt. All das ist Teil einer alten Ordnung, die für immer hinter uns liegen wird. Die Sünde, die sie verursacht hat, wird es nicht mehr geben. Wir brauchen keine Angst vor einem zweiten Sündenfall zu haben.

Die Bibel betont, dass Christus einmal gestorben ist, um die Macht der Sünde zu brechen, und dass er nie wieder sterben muss (Hebräer 9,26-28; 10,10; 1. Petrus 3,18). Wir werden vor Gott gerecht sein (2. Korinther 5,21). Im Himmel werden wir aus dem gleichen Grund wie Gott nicht sündigen: Er kann nicht sündigen. Unsere ewige Unfähigkeit zu sündigen ist durch das Blut von Christus erkauft worden.

»Nichts Unreines wird hineindürfen [in das neue Jerusalem], auch niemand, der Götzendienst treibt und Lügen verbreitet, sondern nur die, deren Namen im Lebensbuch des Lammes geschrieben stehen« (Offenbarung 21,27). Der Gegensatz zwischen Sündern und Gerechten ist uneingeschränkt. Dass Satan und die Übeltäter für immer in den Feuersee geworfen werden (Offenbarung 20,10; 21,8), zeigt, dass das Böse ewig von der neuen Erde getrennt ist. Der Himmel wird völlig frei von Bösem sein, und es besteht keine Gefahr, dass das Böse den Himmel beeinträchtigen wird. In den letzten beiden Kapiteln der Bibel wird uns dreimal gesagt, dass diejenigen, die noch in ihrer Sünde leben, nie Zugang zum Himmel bekommen (Offenbarung 21,8.27; 22,15).

Wir werden »unverweslich« auferstehen (1. Korinther 15,52; LUT). *Unverweslich* ist ein stärkeres Wort als *unverwest*. Unser auferstandener Körper, und damit unser neues Wesen, wird immun gegen Verwesung sein. Da der Lohn der Sünde der Tod ist, können wir, wenn wir nicht sterben können, auch nicht sündigen.

»Denn als wir mit Christus starben, wurden wir von der Macht der Sünde befreit« (Römer 6,7). Christus wird nicht zulassen, dass wir für genau das anfällig sind, wovon er uns durch sein Sterben befreit hat. Da unsere Gerechtigkeit in Christus, der ewig gerecht ist, verwurzelt ist, können wir sie nie verlieren.

Werden wir im Himmel einen freien Willen haben?

Wenn wir im Himmel einen freien Willen haben, so glauben manche, dann haben wir auch die Freiheit zu sündigen, wie die ersten Menschen. Doch die Situation von Adam und Eva war anders. Sie waren unschuldig, aber nicht von Christus gerecht gemacht worden. Wir dagegen sind durch das Sühneopfer von Christus gerecht geworden (Römer 5,19). Wenn man die Vorstellung erweckt, dass man die Gerechtigkeit von Christus haben und trotzdem sündigen kann, gibt man zu verstehen, dass Christus sündigen kann. Gott befreit uns vollständig von der Sünde, einschließlich der Anfälligkeit für die Sünde.

Schon heute können wir »Anteil an seiner göttlichen Natur haben …, denn [wir sind] dem Verderben dieser verführerischen Welt entflohen« (2. Petrus 1,4). Im Himmel gibt es keine schlechten Wünsche und kein Verderben mehr, und wir werden voll und ganz Anteil haben an der sündlosen Vollkommenheit Gottes.

Was bedeutet das im Hinblick auf die Freiheit des Menschen? Ich glaube, Entscheidungsfähigkeit ist Teil unseres Menschseins. Es ist schwer zu glauben, dass Gott Gefallen an unserer Anbetung findet, wenn wir nicht anders könnten, als ihn anzubeten. Christus macht seiner Braut den Hof; er beeinflusst sie nicht auf unredliche Weise, sodass sie gar keine andere Wahl hat, als ihn zu lieben.

Die Unfähigkeit zu sündigen verstößt nicht an sich gegen den freien Willen. Meine Unfähigkeit, Gott, ein Engel, ein Kaninchen oder eine Blume zu sein, ist kein Verstoß gegen meinen freien Willen. Mein Wesen ist einfach so. Das neue Wesen, das wir im Himmel haben werden, die Gerechtigkeit von Christus, ist ein Wesen, das nicht sündigen kann. Gott kann nicht sündigen und doch hat niemand einen freieren Willen als er.

Der Theologe Paul Helm folgert: »Die Freiheit des Himmels ist also die Freiheit von Sünde; nicht, dass der Gläubige einfach zufällig von Sünde frei ist, sondern dass er so beschaffen oder wiederhergestellt ist, dass er nicht sündigen kann. Er will nicht sündigen, und er will nicht sündigen wollen.«[1]

Werden wir versucht?

Werden wir versucht, sobald wir uns von Christus abwenden? Nein. Was könnte uns versuchen? Unschuld ist das Fehlen von etwas (Sünde), während Gerechtigkeit die Gegenwart von etwas (Gottes Heiligkeit) ist. Gott wird uns nie seine Heiligkeit entziehen, deshalb können wir nicht sündigen.

Wir werden nie vergessen, wie hässlich die Sünde ist. Menschen, die schwere Verbrennungen erlitten haben, sind nicht versucht, dem Lagerfeuer noch einmal zu nahe zu kommen. Wir lassen uns nicht einreden, dass Gott etwas Gutes von uns fernhält oder dass die Sünde zu unserem Guten dient.

Satan wird keinen Zutritt zu uns haben. Und auch wenn er Zutritt zu uns hätte, würden wir nicht in Versuchung fallen. Uns wird immer bewusst sein, was der Preis der Sünde war. Jedes Mal, wenn wir die Narben auf den Händen unseres Königs Jesus sehen, werden wir daran erinnert. Wir werden die Sünde so sehen, wie Gott sie sieht. Die Sünde wird all ihrer Faszination beraubt und völlig uninteressant sein.

Da unsere Herzen rein sein werden und da wir die Menschen so sehen werden, wie sie wirklich sind, werden alle Beziehungen im Himmel rein sein. Wir werden alle der Liebe unseres Lebens, nämlich Jesus als unserem König, treu bleiben.

Einmal fragte mich jemand: »Werden wir, wenn wir sündlos sind, noch menschlich sein?« Obwohl jetzt die Sünde Teil von uns ist, ist sie doch kein wesentlicher Bestandteil unseres Menschseins – eigentlich ist sie unserem Menschsein fremd. Die Sünde entstellt uns und hält uns davon ab, das zu sein, was wir einmal waren und was wir eines Tages wieder sein werden.

29

Was werden wir wissen und lernen?

Werden wir im Himmel alles wissen?

Es ist nicht richtig, dass wir im Himmel alles wissen werden. Gott allein ist allwissend. Wenn wir sterben, werden wir sicherlich die Dinge klarer sehen und viel mehr wissen als jetzt, aber wir werden nie alles wissen.

Der Apostel Paulus schrieb: »Wir sehen jetzt durch einen Spiegel ein dunkles Bild; dann aber von Angesicht zu Angesicht. Jetzt erkenne ich stückweise; dann aber werde ich erkennen, wie ich erkannt bin« (1. Korinther 13,12; LUT).

In seinem Werk *Systematic Theology* schreibt Wayne Grudem:

> In 1. Korinther 13,12 steht nicht, dass wir allwissend werden oder alles verstehen (Paulus hätte sagen können, dass wir alle Dinge, *ta panta*, wissen werden, wenn er das gewollt hätte), doch richtig übersetzt sagt er einfach, dass unser Wissen vollständiger oder gründlicher sein wird. »Wie ich erkannt bin« heißt, dass unser Wissen ohne Fehler oder Missverständnisse sein wird.[1]

In der Übersetzung *Neues Leben* wird dieser Vers so wiedergegeben: »Jetzt sehen wir die Dinge noch unvollkommen, wie in einem trüben Spiegel.« Korinth zur Zeit des Paulus war für seine Bronzespiegel bekannt, dennoch wurden die Farben nicht wiedergegeben und die Formen waren verzerrt. Das Bild in einem Spiegel war nicht annähernd so gut wie das Bild, das man von jemandem hatte, den man von Angesicht zu Angesicht sah. Im griechischen Denken waren Wissen und Sehen fast gleichbedeutend.[2] Je mehr man sah, umso mehr wusste man.

Eines Tages werden wir Gottes Angesicht sehen und dann werden wir ihn wirklich kennen (Offenbarung 22,4). Unter dem Fluch sind wir sozusagen kurzsichtig. Wenn wir auferstehen, wird unser Sehvermögen korrigiert. Wir werden dann endlich fähig sein, die ewigen Wirklichkeiten zu sehen, die bisher für uns unsichtbar waren (2. Korinther 4,18).

Im Himmel werden wir makellos sein, doch es ist kein Makel, wenn man nicht alles weiß. Das gehört zu unserem endlichen Wesen. Die gerechten Engel wissen nicht alles und sehnen sich danach, mehr zu wissen (1. Petrus 1,12). Wir können damit rechnen, dass wir uns wie die Engel nach größerem Wissen sehnen. Und wir werden die Ewigkeit damit verbringen, das größere Wissen zu erwerben, nach dem wir uns sehnen.

Werden wir lernen?

Ein Autor schreibt: »Im Himmel werden Tätigkeiten wie Forschen, Verstehen und Untersuchen nicht mehr erforderlich sein. Unser Verstehen wird vollständig sein.«[3]

Nach der Bibel werden wir im Himmel lernen. In Epheser 2,6-7 lesen wir: »Er [Gott] hat uns mit auferweckt und mit eingesetzt im Himmel in Christus Jesus, damit er in den kommenden Zeiten erzeige den überschwänglichen Reichtum seiner Gnade durch seine Güte gegen uns in Christus Jesus« (LUT). Das Wort *erzeigen* bedeutet »aufdecken, klarmachen«. Der Ausdruck »in den kommenden Zeiten« weist unverkennbar darauf hin, dass es sich um ein allmähliches, fortwährendes Klarmachen handelt, bei dem wir immer mehr über Gottes Güte erfahren.

Jesus sagte zu seinen Jüngern: »Lernt von mir« (Matthäus 11,29; LUT). Auf der neuen Erde werden wir das Vorrecht haben, wie Maria zu Jesu Füßen zu sitzen, wie seine Jünger mit ihm durch das Land zu ziehen und immer von ihm zu lernen. Im Himmel werden wir unaufhörlich Neues über Gott lernen und unser Wissen ständig vertiefen.

Gott, nicht Satan, hat uns zu Lernenden gemacht. Gott will nicht, dass wir mit Lernen aufhören. Er will vielmehr, dass all das aufhört, was uns am Lernen hindert.

Der puritanische Prediger Jonathan Edwards, der sich intensiv mit dem Himmel auseinandersetzte, glaubte, dass »die Heiligen in der Ewigkeit ständig Fortschritte in ihrem Wissen machen«.[4] Er fügte hinzu: »Die Zahl der Gedanken der Heiligen wird in Ewigkeit anwachsen.«[5]

Macht es Ihnen nicht Spaß, etwas Neues zu entdecken? Auf der neuen Erde stehen möglicherweise einige unserer größten Entdeckungen mit dem Leben, das wir hier führen, in Zusammenhang. Wir werden überwältigt sein, wenn wir erfahren, wie Gott die Ereignisse unseres Lebens gesteuert hat, um Menschen zu beeinflussen, die wir vielleicht längst vergessen haben.

Gelegentlich hören wir Geschichten, die uns einen kleinen Vorgeschmack auf das geben, was wir in der Ewigkeit lernen. Eines Morgens, nachdem ich in einer Kirche gesprochen hatte, kam eine junge Frau auf mich zu und fragte mich: »Erinnern Sie sich an einen jungen Mann, einen Studenten, der einmal neben Ihnen im Flugzeug saß? Sie haben ihm Ihren Roman *Deadline* geschenkt.« Ich verschenke oft Bücher in Flugzeugen, aber nach einigen näheren Erklärungen erinnerte ich mich tatsächlich an ihn. Er war nicht gläubig. Wir sprachen über Jesus, und ich schenkte ihm das Buch und betete für ihn, als wir aus dem Flugzeug stiegen.

Ich war erstaunt, als mir die junge Frau erzählte: »Er sagte mir, dass er sich nie mit Ihnen in Verbindung gesetzt hat, deshalb können Sie nicht wissen, was geschehen ist. Er kam in seiner Universität an, ging ins Studentenwohnheim, setzte sich hin und las Ihr Buch. Als er fertig war, bekannte er seine Sünden und übergab sein Leben Jesus. Und ich kann Ihnen sagen, er ist der lebendigste Christ, dem ich je begegnet bin.«

Alles, was ich getan habe, war, kurz mit ihm zu sprechen, ihm ein Buch zu geben und für ihn zu beten. Wenn die junge Frau mir nicht davon berichtet hätte, hätte ich keine Ahnung gehabt, was weiter geschah. Diese Geschichte erinnert mich daran, welch große Geschichten uns im Himmel erwarten und wie viele wir erst hören werden, wenn wir schon eine lange Zeit im Himmel sind. Wir werden nie alles wissen, und auch das, was wir erfahren werden, werden wir nicht auf einmal erfahren. Wir werden für immer Lernende bleiben. Nur wenige Dinge begeistern mich mehr als das.

Wird es Fortschritt geben?

In Offenbarung 4–6 erkennen wir am Staunen der Bewohner des Himmels, dass der Himmel nicht von Stillstand geprägt ist, sondern immer neu und aufregend ist und eine stets noch tiefer werdende Erkenntnis von Gottes Größe birgt.

In *Hamlet* nennt Shakespeare das, was jenseits des Todes liegt, »das unentdeckte Land«.[6] Wir sehnen uns danach, dieses Land zu entdecken, und durch die Gnade von Christus werden wir es entdecken. Jonathan Edwards, einer der hervorragendsten theologischen Denker, die die Welt je kannte, nahm diesen Gedanken auf, den er für wesentlich hielt und ausführlich darlegte. Er schrieb: »Wie schnell kommen irdische Liebende bei der Entdeckung der Schönheiten des Geliebten an ein Ende; wie schnell sehen sie alles, was es zu sehen gibt! Doch im Himmel gibt es eine ewige Fortentwicklung mit neuen Schönheiten, die es zu entdecken gibt.«[7] Edwards behauptete, dass wir im Himmel ständig glücklicher werden, in »einer nie endenden, immer weiter gehenden Entdeckung der unendlichen Herrlichkeit Gottes, die mit immer größerer Freude an ihm einhergeht«.[8] Nie wird »die Zeit kommen, zu der die Einheit zwischen Gott und der Gemeinde vollständig« ist, weil wir ständig etwas Neues über unseren Bräutigam lernen.[9] Wir können uns auf eine Ewigkeit freuen, in der wir an Christusähnlichkeit wachsen, indem wir Gottes Angesicht schauen und »ihm immer ähnlicher werden und immer stärker seine Herrlichkeit widerspiegeln« (2. Korinther 3,18). Wir können mit dieser wunderbaren Entwicklung schon hier und jetzt beginnen, und alles weist darauf hin, dass sie sich für immer fortsetzen wird.

Wie werden wir auf der neuen Erde lernen?

Wenn wir in den Himmel kommen, sind wir vermutlich auf dem Wissensstand, den wir zur Zeit unseres Todes hatten. Gott vergrößert wahrscheinlich unser Wissen und korrigiert zahllose falsche Vorstellungen. Wenn wir einmal unseren Auferstehungskörper mit einem auferstandenen Gehirn haben, wächst wahrscheinlich unsere Lernfähigkeit. Vielleicht bekommen Schutzengel oder Menschen, die bereits im Himmel sind, die Aufgabe, uns zu unterrichten und anzuleiten.

Wir werden auch studieren. Martin Luther sagte: »Wenn Gott in seiner rechten Hand alle die Antworten hätte und in seiner linken Hand das Ringen um diese Antworten, dann würde ich Gottes linke Hand wählen.« Warum? Weil wir die Wahrheit nicht nur wissen wollen, wir wollen auch das Vergnügen haben, die Wahrheit zu erfahren. Gott offenbart sich uns in einem Lernprozess, oft in kleinen Portionen, so wie es für unseren endlichen Verstand richtig ist.

Werden wir im Himmel Theologie und christliche Dogmatik studieren? Was Gott lehrt, ist Wahrheit, und Wahrheit gehört zu Gottes Wesen, und deshalb kann sie nie erschöpft werden. Wir werden die Ewigkeit haben, um sie zu erforschen. Die Wahrheit wird lebendig und frisch sein, nie trocken und staubig. Wir werden über die Wahrheit diskutieren, nicht um einander zu beeindrucken, sondern um einander und uns selbst zu bereichern, indem wir immer mehr von Gott entdecken.

Wenn wir die Schöpfung studieren, studieren wir den Schöpfer. Wissenschaft sollte anbetende Entdeckung sein, weil der Himmel und die ganze Schöpfung Gottes Herrlichkeit verkünden. Gott offenbart sein Wesen in Blumen, Wasserfällen, Tieren und Planeten. Auf der neuen Erde wird alles wie eine Lupe sein, durch die wir ihn sehen. Biologie, Zoologie, Chemie, Astronomie, Physik – alles wird ein Studium Gottes sein.

In diesem Universum gibt es so viel zu entdecken, aber wir haben zu wenig Zeit und Gelegenheit dazu. Ich freue mich darauf, unaufhörlich neue Dinge im Himmel zu entdecken. Am Ende eines jeden Tages habe ich so viel Lebenszeit übrig wie am Tag zuvor. Die Dinge, die ich an diesem Tag nicht gelernt habe, die Menschen, die ich nicht gesehen habe, und die Dinge, die ich nicht tun konnte, kann ich immer noch am nächsten Tag lernen, sehen oder tun. Orte werden nicht verfallen und Menschen werden nicht sterben – ich auch nicht. Ich hörte einmal, wie ein Prediger sagte: »Im Himmel gibt es keinen Unterricht mehr. Das ist nicht nötig.« Doch das würde bedeuten, dass wir allwissend sein und nichts lernen werden, was der Bibel widerspricht und auch der Art, in der uns Gott geschaffen hat. Auf dieser gefallenen Erde mögen Erziehung und Unterricht zuweilen langweilig sein, und manches davon kann sogar die Wahrheit untergraben, doch im himmlischen Unterricht wird Gottes faszinierende Wahrheit dargelegt, die uns immer noch näher zu ihm hinziehen wird.

Überlegen Sie einmal, wie aufregend diese intellektuelle Entwicklung sein wird. Vater Boudreau schrieb:

> Das Leben im Himmel ist ein intellektuelles Vergnügen. … Dort erhält der Verstand des Menschen ein übernatürliches Licht. … Er wird gereinigt, gestärkt, erweitert, vergrößert und befähigt, Gott zu sehen, wie er in seinem innersten Wesen ist. Er wird befähigt, Gott, der die erste und grundlegendste Wahrheit ist, von Angesicht zu Angesicht zu betrachten. Er schaut, ohne geblendet zu werden, auf die erste unendliche Schönheit, Weisheit und Güte, aus der alle begrenzte Weisheit, Schönheit und Güte, die wir in den Geschöpfen finden, stammen. Wer kann die erstklassigen Vergnügungen des menschlichen Verstandes ergründen, wenn er all diese Wahrheit so, wie sie an sich ist, sieht![10]

Wenn das Sehen der Wahrheit, »wie sie an sich ist«, für jemanden, der hier auf der Erde eine gewisse Bildung erhalten hat, so aufregend ist, wie wird es dann erst für die sein, die nie Lesen und Schreiben gelernt und keine Erziehung genossen haben.

Stellen Sie sich vor, wie es sein wird, mit Isaac Newton, Michael Faraday und Thomas Edison über Naturwissenschaft oder mit Pascal über Mathematik zu sprechen. Stellen Sie sich lange Gespräche mit Malcolm Muggeridge oder Francis Schaeffer vor. Denken Sie mal, dass Sie die Bücher von C. S. Lewis, J. R. R. Tolkien, G. K. Chesterton oder Dorothy Sayers lesen und sich dann mit den Autoren selbst darüber unterhalten. Würden Sie gerne an einem Tisch mit John Milton, Daniel Defoe, Victor Hugo, Fjodor Dostojewski, Leo Tolstoi und Flannery O'Connor über den Einfluss von Literatur nachsinnen?

Wie wäre es, mit Stephen Charnock, A.W. Pink, A.W. Tozer und J.I. Packer über die Eigenschaften Gottes zu sprechen? Oder mit Augustinus, Thomas von Aquin, Calvin und Luther theologische Fragen zu erörtern? Sollten dabei Meinungsverschiedenheiten auftauchen, könnte man ja Jesus persönlich einladen, damit er die Dinge klarstellt.

Oder stellen Sie sich vor dazusitzen und zuzuhören, wie Susanna Wesley über Familienleben und Gebet spricht. Oder Sie könnten Gedanken über geistliche Aufträge mit Bruder Andrew, George Verwer, Luis Palau, Billy Graham, Joni Eareckson Tada, Chuck Colson oder Elisabeth Elliot austauschen.

Wir werden Gottes Person und seine Werke betrachten, lange Gespräche beim Essen, bei einer Tasse Kaffee, bei Spaziergängen, in Wohnzimmern, an Flussufern und am Lagerfeuer führen. Intellektuelle Neugier ist nicht Teil des Fluches, sie ist Gottes Segen für die Menschen, die nach seinem Bild geschaffen wurden. Er hat uns mit einem produktiven, neugierigen Verstand ausgestattet, damit wir die Wahrheit suchen und ihn finden, unsere größte Quelle der Freude.

Gibt es im Himmel Bücher?

Wir wissen, dass es im Himmel sechsundsechzig Bücher, nämlich die Bücher der Bibel, geben wird: »Für alle Zeit, Herr, hat dein Wort im Himmel Bestand« (Psalm 119,90). Jesus sagte: »Himmel und Erde werden vergehen, doch meine Worte bleiben ewig« (Matthäus 24,35). Vermutlich werden wir Gottes Wort lesen, studieren, darüber nachdenken und miteinander darüber sprechen.

Es gibt noch andere Bücher im Himmel: »Ich sah die Toten, die großen und die kleinen, vor Gottes Thron stehen. Und es wurden Bücher aufgeschlagen, darunter das Buch des Lebens. Und die

Toten wurden nach dem gerichtet, was in den Büchern über sie geschrieben stand« (Offenbarung 20,12).

Was sind das für Bücher? Sie scheinen Aufzeichnungen über alles zu enthalten, was von jedem Menschen auf der Erde getan wurde. Sie müssen, gelinde gesagt, sehr umfangreich sein.

Einige Menschen verstehen diese Bücher sinnbildlich als Zeichen für Gottes Allwissenheit. Dann wäre es aber leicht gewesen, zu berichten, »dass der allwissende Gott alle Menschen richtete«. Wir sollten nicht annehmen, dass es sich hier nicht um richtige Bücher handelt.

Das andere Buch ist das Buch des Lebens, in das die Namen von Gottes Kindern geschrieben sind. Johannes erwähnt es mehrfach in der Offenbarung (Offenbarung 3,5; 13,8; 17,8; 20,12.15; 21,27). Es wird auch im Alten Testament erwähnt (2. Mose 32,32-33; Daniel 12,1).

Andere Bibelstellen beschreiben eine Schriftrolle im Himmel. Jesus öffnet eine große Schriftrolle (Offenbarung 5,1.5), und ein Engel hält eine kleine Schriftrolle (Offenbarung 10,2). Der Psalmdichter David ruft: »Du zählst alle meine Klagen und sammelst alle meine Tränen in einem Gefäß, ja, du hast jede einzelne in deinem Buch festgehalten« (Psalm 56,9). Er weiß, dass seine Tränen in den unvergänglichen Aufzeichnungen des Himmels festgehalten werden.

Maleachi 3,16-18 (LUT) ist eine interessante Stelle, aus der wir erfahren, dass Gott die guten Taten seiner Kinder auf der Erde dokumentiert:

> Aber die Gottesfürchtigen trösten einander: Der Herr merkt und hört es, und es wird vor ihm ein Gedenkbuch geschrieben für die, welche den Herrn fürchten und an seinen Namen gedenken. Sie sollen, spricht der Herr Zebaoth, an dem Tage, den ich machen will, mein Eigentum sein, und ich will mich ihrer erbarmen, wie ein Mann sich seines Sohnes erbarmt, der ihm dient. Ihr werdet am Ende schon

sehen, was für ein Unterschied ist zwischen dem Gerechten und dem Gottlosen, zwischen dem, der Gott dient, und dem, der ihm nicht dient.

Ein König hatte oft Schreiber, die die Taten seiner Bürger aufzeichneten, damit er sich an die guten Taten seiner Untertanen erinnern und sie angemessen belohnen konnte (Ester 6,1-11). Obwohl Gott keine schriftlichen Erinnerungshilfen braucht, fertigt er unauslöschliche Aufzeichnungen an, damit das ganze Universum eines Tages die Gründe kennt, wegen derer er die Gerechten belohnt und die Bösen bestraft.

Es gibt keinen Hinweis darauf, dass Gott einmal einige oder alle Bücher oder Schriftrollen im Himmel zerstören wird. Wahrscheinlich werden diese Aufzeichnungen über die gerechten Werke von Gottes Kindern auf der Erde in der Ewigkeit regelmäßig gelesen.

Die Bücher enthalten ausführliche Aufzeichnungen des Lebens aller Menschen auf der Erde. Jeder von uns kommt in diesen Aufzeichnungen vor. Dunkle Ereignisse, Worte, die nur eine Handvoll Menschen gehört haben, werden bekannt gemacht. Ihre treuen und freundlichen Taten, die niemand sonst kennt, sind Gott sehr wohl bekannt. Er dokumentiert sie in seinen Büchern. Im Himmel wird er Sie dafür belohnen.

Wie oft haben Sie auf der Erde kleine Handreichungen getan, ohne eine Wirkung zu erkennen? Wie oft haben wir anderen von Christus erzählt und gedacht, sie nehmen es sich nicht zu Herzen, sind aber Jahre später zu Jesus gekommen, zum Teil wegen des Samens, den wir ausgestreut haben? Wie viel Geschirr haben wir gespült, wie viele Windeln gewechselt und wie viele weinende Kinder mitten in der Nacht in den Schlaf gesungen, während wir das Gefühl hatten, dass wir uns vergeblich mühen? Wie oft haben wir keine Reaktion auf unsere Liebe gesehen, doch Gott hat trotzdem an unserem Handeln Gefallen gefunden?

Gott beobachtet alles. Er verliert nichts aus den Augen. Im Himmel wird er uns für die Taten der Treue zu ihm belohnen, bis hin zu jedem Becher kalten Wassers, den wir einem Bedürftigen in seinem Namen gereicht haben (Markus 9,41). Er macht einen unauslöschlichen Eintrag in die Bücher des Himmels.

Wird es neben den Büchern Gottes noch andere Bücher geben?

Ich glaube, dass wir auf der neuen Erde auch neue und alte Bücher lesen werden, die von Menschen geschrieben wurden. Da wir einen leistungsfähigeren Verstand, große Wissbegier und unbegrenzte Zeit haben, werden Bücher in unserem himmlischen Leben wahrscheinlich eine größere Rolle spielen als jetzt. Ich stelle mir vor, dass die Bibliotheken auf der neuen Erde fantastisch sind und allen offen stehen.

Anders als die Geschichten, die wir auf der Erde lesen, werden die Bücher des Himmels vorurteilslos und wahr sein. Es wird dort keine Übertreibungen geben und keine Halbwahrheiten, mit denen andere besser oder schlechter gemacht werden.

Jeder Stammbaum in der Bibel ist ein Zeugnis für Gottes Interesse an der Geschichte und den Ereignissen auf der Erde. Wird Gott das Interesse an der Erde verlieren? Und wir? Nein. Zur Geschichte der neuen Erde gehört die Geschichte der alten Erde. Doch eine neue Geschichte geschieht und wird aufgezeichnet, eine neue Zivilisation entsteht, deren Herrlichkeit unsere Vorstellungskraft übersteigt. Und wir, die wir den König kennen, werden daran teilhaben.

Bücher sind Teil der Kultur. Ich rechne damit, dass viele neue, große Bücher auf der neuen Erde geschrieben werden. Doch ich glaube auch, dass einige Bücher von der alten Erde bestehen bleiben. Jedes Buch, das Unwahrheit enthält und Gott entehrt, wird keinen Platz im Himmel haben. Doch wie steht es mit berühmten Büchern, Sachbüchern und Romanen? Ich wäre erstaunt, wenn wir sie nicht dort finden würden, ebenso wie ich erstaunt wäre, wenn niemand im Himmel John Newtons *Amazing Grace* sänge.

Vielleicht werden wir Schriftsteller einige unserer Veröffentlichungen im Licht unseres neuen Verständnisses bearbeiten. Vielleicht betrachten wir manche unserer Bücher und erkennen, dass sie nicht mehr wichtig sind – oder vielleicht nie wichtig waren. Die neue Erde, glaube ich, wird viele der Dinge, die ich in diesem Buch geschrieben habe, bestätigen. Andere Dinge wird sie vollständig widerlegen. Und sicher werde ich darüber staunen, dass die neue Erde noch so viel besser ist, als ich sie mir schon vorgestellt habe.

30

Wie wird unser tägliches Leben aussehen?

The Saints' Everlasting Rest, ein Buch, das von dem puritanischen Pfarrer Richard Baxter geschrieben und im Jahr 1649 veröffentlicht wurde, ist das einflussreichste Werk, das je über den Himmel geschrieben wurde. Baxter wunderte sich, dass wir nicht alles andere beiseitelegen, um über den Himmel nachzudenken und sicherzustellen, dass wir in den Himmel kommen. Aber irgendwie hat der Himmel unsere Vorstellungskraft dennoch nicht dauerhaft gefesselt und unser Leben geprägt.

Wie wird das Leben im Himmel wirklich aussehen? Was werden wir laut Bibel im »Alltag« unserer ewigen Heimat tun?

Werden wir uns ausruhen?

Zu unserem Leben im Himmel wird auch Ruhe gehören (Hebräer 4,1-11). »Gesegnet sind die, die von nun an im Herrn sterben. Ja, spricht der Geist, sie sollen von all ihren Mühen ausruhen, denn ihre guten Taten folgen ihnen nach« (Offenbarung 14,13).

Der Garten Eden ist ein Bild der Ruhe: Arbeit, die sinnvoll ist und Freude macht, genügend Nahrung, eine schöne Umgebung, ungehinderte Freundschaft mit Gott, anderen Menschen und den Tieren. Trotz der von Ruhe geprägten Vollkommenheit wurde im Garten Eden ein Tag für besondere Ruhe und Anbetung bestimmt. Auf der neuen Erde wird die Arbeit erfrischend sein, doch auch regelmäßige Ruhe wird zu unserem Leben gehören. Zum Teil hängt unsere Unfähigkeit, den Himmel als Ort der Ruhe zu schätzen, damit zusammen, dass wir jetzt noch nicht einmal einen Ruhetag in der Woche einhalten können. Da wir unsere Aufmerksamkeit nur selten von unserer Verantwortung abwenden, können wir uns nicht auf die kommende Befreiung vom Fluch zu einer völligen Ruhe freuen.

Gott ruhte am siebten Tag, bevor die Sünde in die Welt trat. Er verordnete dem sündlosen Adam und der sündlosen Eva Ruhe, und er verordnete sie auch denen unter dem Fluch der Sünde. Regelmäßige Ruhe wird Teil des künftigen Lebens im neuen Universum sein.

Werden wir schlafen?

Müssen wir schlafen, wenn unser Leben auf der neuen Erde ruhevoll ist? Manche meinen, dass wir nicht schlafen, da wir einen vollkommenen Körper haben werden. Doch das gleiche Argument würde auch für das Essen gelten – wir wissen aber, dass wir essen werden. Adam und Eva waren vollkommene Geschöpfe. Haben sie geschlafen? Vermutlich schon. Wenn ja, kann Schlaf nicht Unvollkommenheit bedeuten. Er gehört zum gottgeschaffenen Lebensrhythmus.

Schlaf gehört zu den angenehmsten Dingen des Lebens. Unruhiger Schlaf und Schlaflosigkeit sind Ergebnisse der Sünde und des Fluches, doch der Schlaf selbst ist ein Geschenk Gottes. Es passt nicht zu dem, was wir über das Leben auf der neuen Erde wissen, dass wir keinen Schlaf bekommen, wenn wir ihn brauchen. Aber Schlaf brauchen und ihn genießen ist vollkommen sinnvoll.

Andere sind der Ansicht, dass es keine Müdigkeit geben wird. Aber warum nicht? Ist es nicht möglich, dass in einer vollkommenen, aber endlichen Welt Mittel erschöpft und erneuert werden, so wie es im Garten Eden war? Wir werden uns im Himmel ausruhen und frische Kraft bekommen. Was schenkt mehr Ruhe und Erfrischung als ein guter Schlaf? Warum sollten wir nicht schlafen, wenn wir essen, gehen, dienen, arbeiten, lachen und spielen?

Werden wir arbeiten?

Der Gedanke, dass wir im Himmel arbeiten, ist vielen Menschen ungewohnt. Doch die Bibel lässt daran keinen Zweifel. Gott schuf Adam und »setzte den Menschen in den Garten Eden. Er sollte ihn bebauen und pflegen« (1. Mose 2,15). Arbeit gehörte zum ursprünglichen Garten Eden. Sie gehörte zum vollkommenen menschlichen Leben auf der Erde. Die Arbeit war nicht Teil des Fluches. Der Fluch machte die Arbeit vielmehr zu etwas, das niederdrückt, ermüdet und frustriert (1. Mose 3,17-19).

Auf der neuen Erde wird die Arbeit jedoch erlöst und in das verwandelt, was Gott ursprünglich meinte: »Nichts wird je wieder unter einem Fluch stehen. Denn der Thron Gottes und des Lammes wird dort sein, und seine Diener werden ihn anbeten« (Offenbarung 22,3). Diener sind Menschen, die aktiv sind und Aufgaben ausführen.

Gott selbst arbeitet. Er hat die Erde nicht geschaffen und sich dann zurückgezogen. Jesus sagt: »Mein Vater hat bis heute nicht aufgehört zu wirken und deshalb wirke ich auch« (Johannes 5,17). Jesus fand in seiner Arbeit große Befriedigung. »Da erklärte Jesus: ›Meine Nahrung ist, dass ich den Willen Gottes tue, der mich gesandt hat, und sein Werk vollende‹« (Johannes 4,34). Auch wir werden Arbeit haben, Arbeit, die so befriedigend und bereichernd ist, dass wir es gar nicht erwarten können, zu ihr zurückzukehren.

In seinem Buch *The Happiness of Heaven* erhebt Vater Boudreau Einwände gegen Thomas von Aquins Überzeugung, dass der Himmel ein Ort bewegungsloser Versunkenheit in die geistige Betrachtung Gottes sei:

> Wir sind von Natur aus aktiv. Deshalb ist die Aktivität sowohl des Geistes als auch des Körpers ein Gesetz unseres Wesens, das nicht ohne grundlegende Änderung oder gar Zerstörung unseres gesamten Wesens verändert werden kann. Unser Wesen wird nicht zerstört, und daraus folgt, dass wir im Himmel viel aktiver sein werden, als wir hier unten überhaupt sein können. ... Die Seele von Jesus Christus hat sogar hier auf der Erde im sterblichen Fleisch die beseligende Gottesschau erlebt. Wurde er deshalb davon abgehalten, etwas anderes zu tun, als das Wesen Gottes zu betrachten? Ganz bestimmt nicht. Er arbeitete und predigte, er trank und schlief, er besuchte seine Freunde und tat tausend andere Dinge.[1]

Denken Sie an alles, was Jesus getan hat: Er arbeitete in der Werkstatt eines Zimmermanns, zog durch das Land, fischte, segelte, traf Menschen, sprach, lehrte, aß und erfüllte so sein Lebenswerk. Sogar nach seiner Auferstehung zog er von Ort zu Ort, nahm Kontakt mit seinen Jüngern auf und setzte seine Arbeit fort. (Eine Vorschau auf das Leben nach der Auferstehung.)

Welche Art von Arbeit werden wir im Himmel tun? Vielleicht bauen Sie mit Josef von Nazareth einen Schrank. Oder auch mit Jesus. Vielleicht hüten Sie mit David Schafe, sprechen mit Lukas über Medizin, nähen Kleider mit Lydia, entwerfen ein neues Zelt mit Paulus oder Priscilla, schreiben ein Lied mit Isaac Watts, reiten mit John Wesley oder singen mit Keith Green. Vielleicht verfassen Sie eine Theologie über die Dreieinigkeit und diskutieren Ihre Gedanken lebhaft mit Paulus, Johannes, Polykarp, Cyprian, Augustinus, Calvin, Wesley ... und sogar mit Jesus.

Unsere Arbeit wird froh machend und erfüllend sein und Gott die Ehre geben. Wir werden über die Erde herrschen, als Gottes

Ebenbilder Kreativität und Ideenreichtum an den Tag legen und eine Kultur hervorbringen, in der Christus gepriesen wird.

Werden wir unser eigenes Zuhause haben?

In Johannes 14,2 sagt Jesus: »Es gibt viele Wohnungen im Haus meines Vaters … Ich gehe voraus, um euch einen Platz vorzubereiten.«

Der Neutestamentler D. A. Carson schreibt zu diesem Vers:

> Da der Himmel hier als Haus des Vaters dargestellt wird, ist es naheliegender, an »Wohnungen« innerhalb eines Hauses, an Zimmer oder Appartements zu denken. … Die einfachste Erklärung ist die beste: Das Haus meines Vaters ist der Himmel, und im Himmel sind viele Räume, viele Wohnungen. Das Wichtigste ist nicht die verschwenderische Ausstattung jeder Wohnung, sondern die Tatsache, dass so vorgesorgt wurde, dass es für jeden Jünger von Jesus, der zu ihm in das Haus seines Vaters kommt, mehr als genug Platz gibt.[2]

In anderen Übersetzungen wird dieser Vers so wiedergegeben: »Es gibt viele Zimmer im Haus meines Vaters … Ich gehe voraus, um euch einen Platz vorzubereiten.« *Platz* steht im Singular, aber *Zimmer* im Plural. Das deutet darauf hin, dass Jesus für jeden von uns eine »Wohneinheit« im Auge hat, die ein kleinerer Teil des größeren Platzes ist. Dieser Platz wird unser Zuhause sein.

Zimmer klingt gemütlich und privat. Der Begriff *Haus* oder *Anwesen* lässt an Geräumigkeit denken. So ist der Himmel ein Ort, der sowohl geräumig als auch privat ist. Einige ziehen Gemütlichkeit vor, halten sich lieber in ihrer Privatsphäre auf. Anderen sagt ein großer, offener Raum mehr zu. Die meisten von uns freuen sich an beidem – und die neue Erde hat beides zu bieten.

Im Himmel gibt es wahrscheinlich nicht viele gleichartige Wohnungen. Gott liebt die Vielfalt, und er schafft seine Kinder und das, was er ihnen zur Verfügung stellt, so, dass es genau für sie zugeschnitten ist. Wenn wir den Ort sehen werden, den er speziell für uns vorbereitet hat, dann werden wir jubeln vor Freude, weil wir unser ideales Zuhause erblicken.

Ich lebe in den Vereinigten Staaten von Amerika, im Bundesstaat Oregon. Wenn ich im Ausland war und in New York lande, habe ich den Eindruck, dass ich nach Hause komme, in dem Sinn, dass ich in meinem Heimatland bin. Wenn ich dann ich Oregon lande, bin ich noch mehr zu Hause. Wenn ich in meine Heimatstadt komme, sieht alles so vertraut aus. Und wenn ich dann schließlich in mein Haus komme, bin ich wirklich daheim. Doch auch in meinem Haus habe ich ein oder zwei Zimmer, die in noch speziellerer Weise zu mir gehören. Die verschiedenen Ausdrücke in der Bibel – neue Erde, Land, Stadt, Platz und Zimmer – erinnern an solche Schattierungen des Wortes *Zuhause*.

Unsere Liebe zu unserem Zuhause, unsere Sehnsucht danach, ist ein Abglanz unserer Sehnsucht nach unserem wahren Zuhause.

Werden wir Gäste einladen?

Ich glaube, in der Bibel steht, dass wir auf der neuen Erde unsere Wohnungen Gästen öffnen. Das nehme ich aufgrund der Worte von Jesus in Lukas 16 an. Nachdem er von dem Wunsch des betrügerischen Verwalters gesprochen hatte, die irdischen Mittel zu nutzen, »damit sie mich in ihre Häuser aufnehmen« (V. 4; LUT), sagte Jesus zu seinen Nachfolgern: »Nutzt euren weltlichen Besitz zum Wohl anderer und macht euch damit Freunde« (V. 9). Jesus riet ihnen, ihre irdischen Mittel einzusetzen, um sich Freunde zu machen, indem sie ihnen auf der Erde etwas Gutes tun. Aus welchem Grund? »… damit, wenn [das Leben auf der Erde] zu Ende geht, sie euch aufnehmen in die ewigen Hütten« (V. 9; LUT).

Unsere Freunde im Himmel scheinen die zu sein, mit denen wir während des Lebens auf der Erde in Kontakt waren und die jetzt ihre eigenen »ewigen Hütten« haben. Lukas 16,9 scheint anzudeuten, dass diese »ewigen Hütten« die Orte unserer Freunde sind, wo wir uns aufhalten und Gemeinschaft mit anderen haben.

Da viele fälschlicherweise glauben, dass der Himmel ganz anders als die Erde sein wird, kommen sie gar nicht auf den Gedanken, diese Stelle wörtlich zu nehmen. Sie denken, die »ewigen Hütten« beziehen sich ganz allgemein auf den Himmel. Doch Jesus sagt bestimmt nicht, dass wir in den Himmel kommen, weil wir unser Geld klug eingesetzt haben. In dem Gleichnis entsprechen die ewigen Hütten im Himmel den Privatwohnungen, in denen der Verwalter auf der Erde einkehren konnte.

In seinem Lied *Thank You* malt Ray Boltz aus, wie wir im Himmel Menschen treffen, die uns erklären, wie ihr Leben durch das, was wir gegeben haben, beeinflusst wurde. Sie sagen: »Danke, dass du es für den Herrn getan hast, ich bin so froh für das, was du gegeben hast.« Das ist mehr als nur ein nettes Gefühl. Es ist etwas, das wirklich geschehen wird. Jedes Mal, wenn wir etwas für die Mission geben und Hungrige speisen, sollten wir an Menschen denken, die wir im Himmel treffen werden, Menschen, deren Wohnungen wir wahrscheinlich eines Tages auf der neuen Erde besuchen.

Wie viele wunderbare Begegnungen können wir erwarten? »Vergesst nicht, Fremden Gastfreundschaft zu erweisen, denn auf diese Weise haben einige Engel beherbergt, ohne es zu merken« (Hebräer 13,2). Vielleicht werden wir nicht nur in die Wohnungen von Menschen, sondern auch in die Wohnungen von Engeln eingeladen, die die Gastfreundschaft erwidern, die wir ihnen auf der Erde erwiesen haben.

Wird Jesus unter den Gästen sein, die Sie in Ihre Wohnung einladen? Als Jesus auf der Erde lebte, besuchte er oft die Wohnung seiner Freunde Maria, Martha und Lazarus. Kurz bevor Jesus ans Kreuz ging, sagte er zu seinen Jüngern: »Merkt euch meine Worte – ich werde keinen Wein mehr trinken bis zu dem Tag, an dem ich ihn wieder mit euch im Reich meines Vaters trinken werde« (Matthäus 26,29). Er sprach diese Worte während eines Essens in einem Privathaus. Kann er auf der neuen Erde einen besseren Ort als Privatwohnungen finden, um mit seinen Jüngern zu essen und zu trinken? So unglaublich es auch klingt, Jesus wünscht sich unsere Gesellschaft. Er bereitet im Himmel einen Platz für uns vor. Er lädt uns in sein Zuhause ein. Und wir dürfen erwarten, dass er in unserem Zuhause zu Gast sein wird.

Welche
Beziehungen
werden wir
haben?

31

Werden wir Beziehungen zu einem anderen als Gott haben wollen?

Schon immer haben Christen erwartet, dass sie im Himmel mit den Menschen, die sie auf der Erde geliebt haben, für immer zusammen sein werden. Im Jahr 710 schrieb Beda Venerabilis (Beda der Ehrwürdige), ein englischer Benediktinermönch, Theologe und Geschichtsschreiber, diese Worte über den Himmel:

> Eine große Menge geliebter Menschen erwartet uns dort; eine riesige, unübersehbare Schar von Eltern, Geschwistern und Kindern, die sich schon ihrer eigenen Rettung gewiss sind, doch um unsere noch bangen, sehnen sich danach, dass wir zu ihnen kommen und sie umarmen, zu der Freude, die uns mit ihnen verbinden wird, zu der Befriedigung, die unsere Gefährten und wir erwarten, zu dem vollständigen und immerwährenden Glück. ... Wenn es ein Vergnügen ist, zu ihnen zu gehen, dann lasst uns ungeduldig und eifrig eilen auf dem Weg, damit wir bald bei ihnen und bei Christus sind.[1]

Wird uns irgendjemand außer Jesus wichtig sein?

Christus ist »das Alpha und das Omega, der Erste und der Letzte« (Offenbarung 22,13). Er allein genügt, um all unsere Bedürfnisse zu befriedigen.

Dennoch hat Gott uns für Beziehungen nicht nur mit ihm, sondern auch mit anderen Menschen gemacht. Als Gott die Welt geschaffen hatte, trat er sozusagen einen Schritt zurück, um sein Werk zu betrachten, und erklärte, dass es »sehr gut« ist. Doch bevor seine Schöpfung vollständig war, sagte er, dass eines – und nur eines – nicht gut war: »Es ist nicht gut für den Menschen, allein zu sein. Ich will ihm eine Gefährtin schaffen, die ihm hilft« (1. Mose 2,18). Gott wollte es so, dass Adam – und mit ihm alle Menschen – die Gesellschaft von anderen Menschen braucht. Mit anderen Worten: Gott schuf die Menschen so, dass sie neben ihm andere Menschen brauchen und in ihrer Nähe wünschen.

Für manche klingt das nach Ketzerei. Schließlich betet Asaf: »Wen habe ich im Himmel außer dir? Du bist mir wichtiger als alles andere auf der Erde« (Psalm 73,25). Dieser Vers wird manchmal als Beweis dafür herangezogen, dass wir uns außer Gott nichts wünschen sollen, dass es falsch ist, sich »irdische Dinge« einschließlich menschlicher Beziehungen zu wünschen. Doch Gott hat uns so gemacht, dass wir uns irdische Dinge wie Nahrung, Wasser, ein Dach über dem Kopf, Wärme, Arbeit, Spiel, Ruhe, menschliche Freundschaft und vieles mehr wünschen. Das wird sich im Himmel nicht ändern. Christus ist der Mittelpunkt des Himmels, aber wir mindern seine Bedeutung nicht, wenn wir uns über Naturwunder, Engel oder Menschen freuen. Im Gegenteil, wenn wir uns an allem, was er geschaffen hat, freuen, ehren wir ihn und kommen ihm näher.

Was sagt Paulus über ein Wiedersehen im Himmel?

Paulus schreibt seinen Freunden in Thessalonich: »Wir haben euch so sehr geliebt«, und: »Mit dem Herzen waren wir immer bei euch.« Dann spricht er von seiner Sehnsucht, wieder bei ihnen zu sein

(1. Thessalonicher 2,8.17). In der Tat hält Paulus seine fortwährende Beziehung mit den Thessalonichern für einen Teil seiner Belohnung im Himmel: »Denn seid ihr nicht unsere Hoffnung und Freude und unser Stolz, wenn Jesus wiederkommt und wir vor ihm stehen werden? Ja, ihr seid unsere Ehre und Freude« (1. Thessalonicher 2,19-20).

Ist das nicht ein deutlicher Beweis dafür, dass es in Ordnung ist, wenn wir eine tiefe Liebe zu Menschen empfinden und uns darauf freuen, mit ihnen im Himmel zu sein? Paulus sieht keinen Widerspruch darin, sowohl Christus als auch seine Freunde als seine Hoffnung, Freude und Krone im Himmel zu betrachten.

Dann fragt Paulus: »Wie können wir Gott nur für euch danken! Ihr schenkt uns so viel Grund, voll Freude vor Gott zu kommen« (3,9). Die Freude, die er über seine Freunde empfindet, tritt nicht in Konkurrenz mit seiner Freude an Gott, sie ist ein Teil davon. Paulus dankt Gott für seine Freunde. Immer, wenn wir uns gedrängt fühlen, Gott für Menschen zu danken, erleben wir das, was Paulus hier ausdrücken möchte.

Paulus erklärt den Thessalonichern, dass wir im Himmel gläubige Angehörige und Freunde wiedersehen werden: »Und nun, Brüder, möchte ich, dass ihr wisst, was mit denen geschieht, die bereits gestorben sind, damit ihr nicht traurig seid wie jene Menschen, die keine Hoffnung haben … [Wir glauben], dass Gott durch Jesus alle verstorbenen Gläubigen wiederbringen wird, wenn Jesus kommt … Und mit ihnen zusammen werden auch wir Übrigen, die noch auf der Erde leben, auf den Wolken hinaufgehoben werden in die Luft, um dem Herrn zu begegnen und in Ewigkeit bei ihm zu bleiben. Tröstet euch also gegenseitig mit diesen Worten« (1. Thessalonicher 4,13-14.17-18). Quelle unseres Trostes ist nicht nur, dass wir im Himmel beim Herrn sein werden, sondern auch, dass wir gemeinsam dort sein werden.

Der Puritaner Richard Baxter sehnte sich nach diesem Trost: »Ich weiß, dass Christus alles ist und dass es die Gegenwart Gottes ist, die den Himmel zum Himmel macht. Und doch freut mich der Gedanke ungemein, dass dort auch eine große Menge meiner liebsten und wertvollsten Freunde in Christus ist.«[2]

Woran werden wir uns erinnern?

Ein Autor behauptet: »Wir werden uns an diese alte Welt, die wir Erde nennen, nicht einmal erinnern.... Wir werden uns ihrer nicht im Geringsten entsinnen! Sie kommt uns einfach nicht in den Sinn.«[3] Diese weitverbreitete irrige Vorstellung ist es, die Menschen verwirrt. Sie lässt sie annehmen, dass wir uns nicht mehr an unser Leben auf der Erde erinnern können, auch nicht an die Menschen, die uns wertvoll sind.

In Kapitel 7 haben wir gesehen, dass die Märtyrer, die jetzt im Zwischenhimmel sind, sich an das erinnern, was auf der Erde geschehen ist, sogar daran, dass sie viel leiden mussten (Offenbarung 6,9-11). Jesus verspricht, dass diejenigen, die auf der Erde Schlimmes durchmachen, im Himmel getröstet werden (Lukas 16,25). Trost lässt auf die Erinnerung an das, was geschehen ist, schließen.

Im Himmel wird unser Denken klarer, nicht trüber sein. Das Gedächtnis ist ein grundlegender Bestandteil der Persönlichkeit. Das Gesetz der Kontinuität macht es erforderlich, dass wir uns an unser vergangenes Leben erinnern. Der Himmel wischt auf unserer Tafel Sünden und Fehler aus, löscht aber unsere Erinnerung an sie nicht aus. Die Lektionen, die wir hier über Gottes Liebe, Gnade und Gerechtigkeit lernen, gehen nicht verloren, sondern werden in den Himmel mitgenommen. Vater Boudreau erklärt: »Die Sünden, die uns so oft Angst einjagen, sind durch das Blut von Jesus getilgt und deshalb kein Grund zur Beunruhigung mehr. Die Erinnerung an sie verstärkt vielmehr unsere Liebe zu unserem barmherzigen Gott und deshalb auch unsere Freude.«[4]

Ein Vers, Jesaja 65,17, wird regelmäßig als Beweis dafür zitiert, dass wir uns in der Ewigkeit an unser jetziges Leben nicht mehr erinnern: »Denn siehe, ich will einen neuen Himmel und eine neue Erde schaffen, dass man der vorigen nicht mehr gedenken und sie nicht mehr zu Herzen nehmen wird« (LUT). Dieser Vers sollte jedoch im Zusammenhang betrachtet werden. Er ist mit dem vorhergehenden Vers verbunden, in dem Gott sagt: »Denn die früheren Ängste sind vergessen und vor meinen Augen entschwunden.« Das deutet nicht auf einen Gedächtnisschwund hin, so als ob sich der allwissende Gott nicht mehr an die Vergangenheit erinnern könnte. Gott sagt damit vielmehr: »Ich will … ihrer Sünde nimmermehr gedenken« (Jeremia 31,34; LUT). In der Ewigkeit werden Gott und wir uns nicht mit früheren Sünden und Leiden beschäftigen. Wir werden fähig sein zu beschließen, uns nichts ins Gedächtnis zurückzurufen und über nichts nachzudenken, das die Freude des Himmels beeinträchtigt.

Wie könnten wir die Tiefe und Bedeutung des Erlösungswerks von Christus für uns voll und ganz erfassen, wenn wir vergäßen, dass wir verzweifelte Sünder waren?

Obwohl Gott allen Schmerz und alle Tränen, die mit dieser Welt verbunden sind, abwischt, wird er die Geschichte der Menschheit und das Eingreifen von Christus nicht aus unserem Gedächtnis löschen. Ich glaube, dass der Auferstehungskörper von Christus deshalb die Narben der Nägel an Händen und Füßen aufweist (Johannes 20,24-29). Wenn wir diese Narben im Himmel sehen, werden wir immer daran erinnert, dass es unsere Sünden waren, die Jesus ans Kreuz gebracht haben. Unser Glücklichsein im Himmel hängt nicht von unserer Unwissenheit über das, was auf der Erde geschah, ab. Es wird vielmehr durch unsere bewusste Anerkennung von Gottes herrlicher Gnade und Gerechtigkeit gesteigert, in dem Maße, in dem wir begreifen, was hier wirklich geschah.

Das griechische Wort für Wahrheit, *aletheia*, ist die Verneinungsform des Verbs, das mit »vergessen« übersetzt wird; die Wahrheit zu wissen bedeutet aufhören zu vergessen. Obwohl die Geschichte eines Wortes seine jetzige Bedeutung nicht unbedingt bestimmt, ist sie in diesem Fall zweifellos aufschlussreich. Eine christliche Auffassung von Wahrheit gründet sich nicht auf Vergessen, sondern auf Erinnerung. Die Wahrheit liegt darin, Gott in allen Ereignissen in unserer Vergangenheit, Gegenwart und Zukunft am Werk zu sehen.

Auf der neuen Erde gibt es Denkmäler für die zwölf Stämme Israels und die Apostel (Offenbarung 21,12-14). Das ist ein Hinweis auf Kontinuität und die Erinnerung an die Geschichte. Wenn wir Kenntnis von der Vergangenheit anderer auf der alten Erde haben, dann haben wir bestimmt auch Kenntnis von unserer eigenen Lebensgeschichte.

Gottes Handeln aus unumschränkter treuer Gnade wird nie aus unserem Gedächtnis ausgelöscht werden. Das Glücklichsein im Himmel hängt nicht von unserem Unwissen ab, sondern von unserer Perspektive. Wir werden die Dinge so sehen und verstehen wie nie zuvor.

Werden wir einander wiedererkennen?

Auf die Frage, ob wir im Himmel Freunde wiedererkennen, antwortete George MacDonald: »Werden wir im Paradies dümmer sein als hier?«[5]

Und doch fragen sich viele Menschen, ob wir einander im Himmel erkennen. Hinter dieser Frage stecken der Christoplatonismus und die falsche Annahme, dass wir im Himmel körperlose Geister sind, die ihre Identität und ihr Gedächtnis verloren haben. Wir haben allerdings gesehen, dass diese Annahmen unbiblisch sind. Die Jünger haben Jesus unzählige Male nach seiner Auferstehung erkannt. Sie erkannten ihn, als er am Ufer ein Frühstück für sie vorbereitete (Johannes 21,1-14). Sie erkannten ihn, als er dem skeptischen Thomas erschien (Johannes 20,24-29). Sie erkannten ihn, als er fünfhundert Menschen auf einmal erschien (1. Korinther 15,6).

Doch wie steht es mit Maria am Grab im Garten oder mit den beiden Männern auf der Straße nach Emmaus? Sie erkannten Jesus nicht. Manche haben daraus geschlossen, dass Jesus nicht wiederzuerkennen war. Doch bei näherer Betrachtung ist diese Meinung nicht haltbar.

Jesus sagte zu Maria im Garten: »›Warum weinst du? … Wen suchst du?‹ Sie dachte, er sei der Gärtner. ›Herr‹, sagte sie, ›wenn du ihn weggenommen hast, sag mir, wo du ihn hingebracht hast; dann gehe ich ihn holen‹« (Johannes 20,15).

Den Anstandsregeln jener Zeit entsprechend hat Maria ihm als einem fremden Mann wahrscheinlich nicht in die Augen geschaut. Auch wenn Jesus nicht anders aussah und auch wenn seine Stimme nicht anders klang, können wir verstehen, warum Maria ihn nicht sofort wiedererkannte. Schließlich wusste sie, dass er gestorben war. Unglücklich wie sie war, und mit Tränen in den Augen nahm Maria natürlich an, dass der Mann der Gärtner sei. Doch sobald Jesus ihren Namen ausgesprochen hatte, erkannte sie ihn: »Sie drehte sich um zu ihm und rief aus: ›Meister!‹« (Johannes 20,16).

Manche Kommentatoren betonen, dass die Jünger auf der Straße nach Emmaus Jesus nicht erkannten. Doch achten Sie auf das, was im Text steht: »Auf dem Weg sprachen sie über alles, was geschehen war. Plötzlich kam Jesus selbst, schloss sich ihnen an und ging mit ihnen. Aber sie wussten nicht, wer er war, weil Gott verhinderte, dass sie ihn erkannten« (Lukas 24,14-16). Gott griff auf übernatürliche Weise ein, damit sie ihn nicht erkannten. Daraus folgt, dass die Männer Jesus ohne dieses übernatürliche Eingreifen erkannt hätten, wie sie es später ja auch taten: »Da gingen ihnen die Augen auf und sie erkannten ihn. Doch im selben Augenblick verschwand er« (Lukas 24,31).

Ein anderer Hinweis darauf, dass wir im Himmel Menschen erkennen, ist die Verklärung von Christus. Die Jünger erkannten die Körper von Mose und Elia, obwohl sie nicht wissen konnten, wie die beiden Männer aussahen (Lukas 9,29-33). Das könnte bedeuten, dass die Persönlichkeit eine Ausstrahlung hat, die sich durch den Körper der Person vermittelt, sodass wir Menschen, von denen wir wissen, die wir aber vorher nie getroffen haben, sofort erkennen. Wenn wir Menschen erkennen können, die wir nie zuvor gesehen haben, wie viel mehr werden wir dann unsere Angehörigen und Freunde erkennen!

In der Bibel gibt es keinen Hinweis auf einen Gedächtnisverlust, aufgrund dessen wir unsere Angehörigen und Freunde nicht erkennen. Paulus erwartete, im Himmel mit den Thessalonichern zusammen zu sein, doch er kam nie auf den Gedanken, dass er sie nicht erkennen könnte. Wenn wir die Menschen, die wir lieben, nicht erkennen, wäre der Trost auf eine Wiedervereinigung im Leben nach dem Tod, von dem in 1. Thessalonicher 4,14-18 gesprochen wird, ja kein Trost.

Die Kontinuität unseres auferstandenen Verstandes und Körpers bewirkt, dass wir keine Schwierigkeiten haben, einander zu erkennen – wir werden in der Tat weniger Schwierigkeiten haben als heute. Im Himmel werden wir wahrscheinlich einen Bekannten in einer großen Menge erkennen und die Namen von Menschen nicht vergessen.

Zu dieser Frage vertrat die Missionarin Amy Carmichael eine feste Überzeugung:

> Werden wir im Himmel einander erkennen? Werden wir uns lieben und aneinander erinnern? Ich glaube nicht, dass sich jemand solche Fragen stellen oder auch nur einen Augenblick deswegen zweifeln muss. Es wird uns nirgends gesagt, dass wir uns erkennen, weil es meiner Meinung nach nicht erforderlich ist, uns etwas zu sagen, was unser eigenes Herz uns sagt. Wir brauchen keine Worte. Denn wenn wir nur eine Minute nachdenken, wissen wir es. Wären Sie Sie selbst, wenn Sie nicht lieben und sich nicht erinnern würden? … Uns wird gesagt, dass wir wie unser Herr Jesus sein werden. Das bezieht sich zweifellos nicht nur auf seine Heiligkeit, sondern auf alles. Liebt er nicht, erinnert er sich nicht? Er wäre nicht er, wenn er es nicht täte, und wir wären nicht wir, wenn wir es nicht täten.[6]

32

Wird es Ehe, Familie und Freundschaft geben?

Der Empfang eines verherrlichten Körpers und der »Umzug« auf die neue Erde löschen die Geschichte nicht aus, sondern sind der Höhepunkt der Geschichte. Die Tatsache, dass wir auf der alten Erde Mitglieder von Familien waren, wird durch nichts für null und nichtig erklärt oder seiner Bedeutung beraubt. Meine Töchter werden immer meine Töchter sein, doch in erster Linie werden sie Gottes Töchter sein. Meine Enkel werden immer meine Enkel bleiben. Auferstehungskörper haben vermutlich Chromosomen und eine DNA, mit Kennzeichen, die für immer unsere genetische Verbindung mit unserer Familie bezeugen.

Der Himmel wird nicht ohne Familien sein, aber er wird eine große Familie sein, in der alle Familienmitglieder Freunde und alle Freunde Familienmitglieder sind. Wir werden familiäre Beziehungen zu Menschen haben, die auf der Erde mit uns blutsverwandt waren. Doch wir werden auch familiäre Beziehungen mit unseren Freunden unterhalten, sowohl alten als auch neuen. Wenn wir sterben, können wir keine materiellen Dinge mitnehmen, aber wir Christen nehmen unsere Freundschaften mit in den Himmel, und eines Tages werden sie erneuert.

Vielen Menschen, darunter auch mir, ist die Familie lieb und teuer. Doch das Leben mancher Familien bedeutet auch Chaos und Verzweiflung für ihre Mitglieder. Im Himmel sind weder wir noch unsere Familienmitglieder Ursache für Kummer. Unsere Beziehungen werden harmonisch sein – so wie wir sie uns schon immer gewünscht haben.

Als Jesus berichtet wurde, dass seine Mutter und seine Brüder mit ihm sprechen wollten, antwortete er: »Alle, die die Botschaft Gottes hören und sich nach ihr richten, sind meine Mutter und meine Brüder« (Lukas 8,19-21). Jesus sagte damit, dass die Hingabe an Gott eine Verbundenheit schafft, die über biologische Familienbande hinausgeht. Jesus versprach auch, dass diejenigen, die ihm nachfolgen, »Brüder, Schwestern, Mütter, Kinder« erhalten (Markus 10,29-30). Daran denke ich, wenn ich mich einem Christen tief verbunden fühle, obwohl ich ihn eben erst kennengelernt habe.

Wenn Sie auf der Erde keine Kinder haben konnten oder wenn Sie von Ihren Kindern getrennt wurden, wird Gott Ihnen hier und später Beziehungen schenken, die Ihr Bedürfnis befriedigen, andere anzuleiten, ihnen zu helfen und zu dienen und sich für sie einzusetzen. Ihre Sehnsüchte nach Elternschaft werden erfüllt. Wenn Sie nie Eltern hatten, denen Sie vertrauen konnten, werden Sie überall im Himmel vertrauenswürdige Eltern finden, die Sie an Ihren himmlischen Vater erinnern. Und Sie können schon hier mit einigen dieser Beziehungen beginnen.

Es stimmt also ganz und gar nicht, dass es im Himmel keine Familie geben wird. Im Gegenteil, wir werden eine große Familie sein und keiner von uns wird je ausgeschlossen werden. Jedes Mal, wenn wir jemandem begegnen, wird es ein Familientreffen sein.

Wird es Ehe und Familie geben?

Die Sadduzäer, die nicht an die Auferstehung der Toten glaubten, versuchten, Jesus mit einer Frage über die Ehe im Himmel hereinzulegen. Sie erzählten ihm von einer Frau, die sieben Ehemänner hatte, die alle starben, und fragten ihn: »Wessen Frau wird sie nach der Auferstehung sein? Denn sie war ja mit allen sieben verheiratet!« (Matthäus 22,28).

Christus erwiderte: »Wenn die Toten auferstehen, werden sie nicht verheiratet sein. Sie werden sein wie die Engel im Himmel« (Matthäus 22,30).

Diese Stelle gibt Anlass zu viel Bedauern und Missverständnissen. Eine Frau schrieb mir: »Ich sträube mich gegen den Gedanken, dass es im Himmel keine Ehe gibt. Ich glaube, sie wird mir wirklich fehlen.«

Die Bibel lehrt nicht, dass es im Himmel keine Ehe gibt. Sie erklärt sogar, dass es im Himmel Ehe geben wird. Sie sagt, dass es eine Ehe geben wird, nämlich die zwischen Christus und seiner Braut – und dass wir alle dazugehören werden. Paulus bringt die menschliche Ehe mit der höheren Wirklichkeit, die sie widerspiegelt, in Verbindung: »Deshalb wird ein Mann Vater und Mutter verlassen und sich an seine Frau binden und die beiden werden zu einer Einheit. Das ist ein großes Geheimnis, aber ich deute es als ein Bild für die Einheit von Christus und der Gemeinde« (Epheser 5,31-32).

Die eheliche Vereinigung, die wir auf der Erde kennen, ist ein Wegweiser zu unserer Beziehung zu Christus als unserem Bräutigam. Wenn wir unser Ziel erreicht haben, ist der Wegweiser überflüssig. Diese eine Ehe – unsere Ehe mit Christus – wird so vollständig befriedigend sein, dass sogar die wunderbarste irdische Ehe nicht so erfüllend sein kann.

Hier auf der Erde sehnen wir uns nach einer vollkommenen Ehe. Genau das werden wir bekommen – eine vollkommene Ehe mit Christus. Meine Frau Nanci ist meine beste Freundin und meine engste Schwester in Christus. Werden wir uns in der neuen Welt ferner sein? Natürlich nicht. Ich bin davon überzeugt, dass unsere Beziehung enger wird. Der Gott, der sagte: »Es ist nicht gut für den Menschen, allein zu sein« (1. Mose 2,18), schenkt und segnet unsere Beziehungen. Das Leben auf dieser Erde ist von Bedeutung. Was wir hier tun, bringt Saiten zum Klingen, die in alle Ewigkeit widerhallen. Nichts wird die Tatsache bagatellisieren, dass Nanci und ich hier Ehepartner sind und dass wir so viel ineinander investiert und Christus gemeinsam gedient haben. Ich rechne fest damit, dass mich auf der neuen Erde niemand besser als Gott versteht und dass es niemanden gibt, mit dem ich lieber zusammen bin als mit Nanci.

Aufgrund des Wesens und der Liebe unseres Bräutigams werden die Freuden der Ehe viel größer sein. Ich freue mich für Nanci und für mich, dass wir beide mit der wunderbarsten Person im Universum verheiratet sein werden. Er ist schon jetzt derjenige, den wir am meisten lieben. Je näher wir ihm auf der Erde sind, umso näher sind wir einander. Das trifft sicherlich auch auf den Himmel zu. Was für eine Ehre wird es sein, immer zu wissen, dass Gott uns auf dieser alten Erde füreinander bestimmt hat, damit wir einen Vorgeschmack auf das Leben mit ihm auf der neuen Erde bekommen.

Jesus sagte, dass die Institution der menschlichen Ehe endet, wenn sie ihren Zweck erfüllt hat. Doch er deutete nie an, dass die tiefen Beziehungen zwischen Ehepartnern enden würden. In unserem Leben hier können zwei Menschen Geschäftspartner, Tennispartner oder Schachpartner sein. Wenn sie keine Partner mehr sind, muss ihre Freundschaft nicht enden. Die Beziehung, die während einer Partnerschaft aufgebaut wurde, wird oft zu einer dauerhaften Freundschaft, wenn die Partnerschaft geendet hat. Ich rechne damit, dass das auf der neuen Erde auch für Familienmitglieder und Freunde gilt, die einander nahe waren.

Normalerweise ersetzt Gott seine ursprüngliche Schöpfung nicht, aber wenn er sie ersetzt, dann mit etwas viel Besserem, nicht mit etwas Schlechterem. Mit Christus verheiratet zu sein wird das Faszinierendste sein, das es gibt.

Und wie steht es mit unseren Kindern? Was wird mit meinen Töchtern, Schwiegersöhnen und engsten Freunden sein? Wir haben allen Grund zu glauben, dass wir unsere Beziehungen von der Erde im Himmel wieder aufnehmen. Wir werden viele neue Freunde gewinnen, aber die alten Beziehungen weiter vertiefen. Ich glaube, es wird eine besondere Freude sein, mit denen zusammenzukommen, mit denen wir auf der Erde schwere Zeiten durchgemacht haben. Ich höre uns schon sagen: »Hättest du jemals geglaubt, dass der Himmel so wunderbar ist?«

Wer werden unsere Freunde im Himmel sein?

Kurz vor seinem Lebensende sagte Augustinus: »Wir haben unsere lieben Verstorbenen nicht verloren, sondern sie nur vorausgeschickt. Auch wir werden sterben und in das Leben eingehen, in dem sie uns noch lieber sein werden, in dem wir sie noch besser kennen und wo wir sie ohne Angst vor einem Abschied lieben werden.«[1] Und weiter: »Alle, die Gemeinschaft mit Gott haben, haben in ihm auch Gemeinschaft miteinander.«[2]

Haben Sie einen Freund oder eine Freundin, der oder die großen Einfluss auf Ihr Leben hatte? Glauben Sie, dass es ein Zufall war, dass Ihre Freundin im Studentenwohnheim auf demselben Flur wie Sie wohnte? War es ein Zufall, dass Sie in der Schule neben dem Jungen saßen, der Ihr bester Freund wurde, oder dass seine Familie und Ihre Familie Nachbarn waren? Gott steuert unser Leben. »Und er hat aus einem Menschen das ganze Menschengeschlecht gemacht, damit sie auf dem ganzen Erdkreis wohnen, und er hat festgesetzt, wie lange sie bestehen und in welchen Grenzen sie wohnen sollen« (Apostelgeschichte 17,26; LUT).

Da Gott die Zeit und die genauen Orte bestimmt hat, an denen Sie leben, ist es kein Zufall, in welcher Umgebung Sie aufgewachsen sind, wer nebenan wohnte, wer mit Ihnen in die Schule und in Ihre Jugendgruppe ging, wer da war, um Ihnen zu helfen und für Sie zu beten. Unsere Beziehungen wurden von Gott festgesetzt, und es besteht aller Grund zu der Annahme, dass sie auch im Himmel weitergeführt werden.

Auf der neuen Erde wird Gottes Plan nicht ad acta gelegt; er wird weitergeführt. Gott gibt seine Ziele nicht auf, er erweitert und verwirklicht sie. Freundschaften, die auf der Erde geschlossen wurden, gehen im Himmel weiter und werden reicher als je zuvor.

Werden einige Freundschaften enger sein als andere?

Jesus stand Johannes näher als jedem anderen Jünger. Jesus stand Petrus, Jakobus und Johannes näher als dem Rest der zwölf Jünger und den zwölf Jüngern näher als den siebzig und den siebzig näher als seinen anderen Nachfolgern. Er stand Lazarus und Martha nahe und ihrer Schwester Maria noch näher. Er stand seiner Mutter so nahe, dass er während seines Sterbens am Kreuz Johannes beauftragte, nach seinem Tod für sie zu sorgen. Da Christus einigen Menschen näherstand als anderen, kann daran nichts falsch sein.

Im Himmel wird es keinen »Klüngel«, keine Ausschließlichkeit, keine Arroganz und keine Eifersucht geben, niemand wird sich aufspielen oder andere herabsetzen. Doch wenn Freunde besonders gerne zusammen sind, tun sie das, was Gott möchte.

Vielleicht sind Sie enttäuscht darüber, dass Sie nie die Freundschaft erleben konnten, nach der Sie sich gesehnt haben. Im Himmel werden Sie viel engere Beziehungen zu einigen Menschen haben, die Sie bereits kennen, doch es kann auch sein, dass Sie erst dort die guten Freunde finden, die Sie hier nie hatten. So wie es geschehen kann, dass jemand erst mit fünfzig seinen besten Freund oder seine beste Freundin kennenlernt, haben Sie vielleicht auf der neuen Erde viele Freundschaften, bevor Sie jemanden treffen, der Ihr bester Freund oder Ihre beste Freundin wird. Vielleicht wird Ihr bester Freund jemand, der bei dem ersten großen Fest neben Ihnen sitzt. Schließlich ist der allmächtige Gott, der Freundschaften steuert, für die Sitzordnung zuständig.

Auf der neuen Erde werden wir die Freude an der Vertrautheit alter Beziehungen und die Freude an der Entdeckung neuer Freundschaften erleben. In dem Maße, wie wir einander besser kennenlernen, lernen wir Gott besser kennen. Wenn wir Freude aneinander finden, finden wir Freude an ihm. Keine menschliche Beziehung wird unsere Beziehung zu Gott in den Schatten stellen. Alles dient dazu, die Beziehung zu Gott zu intensivieren.

33

Wen werden wir treffen und was werden wir zusammen erleben?

Werden wir im Himmel mit Menschen zusammen sein, von deren Leben in der Bibel und der Kirchengeschichte berichtet wird? Zweifellos. Jesus sagte, dass wir mit Abraham, Isaak und Jakob an einem Tisch sitzen werden (Matthäus 8,11). Wenn wir mit ihnen zusammen am Tisch sitzen werden, können wir damit rechnen, dass wir auch mit anderen zusammensitzen werden. Was tun Menschen, die miteinander an einem Tisch sitzen? Im Orient geht es bei gemeinsamen Mahlzeiten nicht nur um Essen und Trinken, sondern auch um den Aufbau von Beziehungen, um Gespräche und das Erzählen von Geschichten.

Ich möchte gerne Maria bitten, mir Geschichten über Jesus als Kind zu erzählen. Ich würde mich freuen, mit Simeon, Hanna, Elisabeth und Johannes dem Täufer zu sprechen. Ich möchte Noahs Berichte über das Leben auf der Arche hören. Ich kann es gar nicht erwarten, Mose zuzuhören, wenn er über sein Treffen mit Gott auf dem Berg erzählt. Ich möchte Elia fragen, wie es war, als er mit dem Wagen geholt wurde, und Henoch (und Henochs Frau), wie Gott ihn zu sich holte.

Ich will mit Maria, Martha und ihrem Bruder Lazarus sprechen. Ich werde Leute bitten, die Lücken in den großen Geschichten der Bibel und der Kirchengeschichte auszufüllen. Ich will ein paar Millionen neuer Geschichten hören. Eine nach der anderen, natürlich, und im Verlauf von über tausend Jahren. Ich stelle mir vor, dass wir an diesen großen Geschichten Geschmack finden, dass wir Fragen stellen, miteinander lachen und staunend den Kopf schütteln.

Auch jeder von uns hat seine eigene Geschichte zu erzählen – und das nötige Erinnerungsvermögen und die Gabe, sie richtig zu erzählen. Heute und jetzt führen wir das Leben, das diese Geschichten schreibt. Leben wir unser Leben mit diesem Gedanken im Hinterkopf? Auf der neuen Erde werden wir neue Abenteuer erleben, aus denen neue Geschichten entstehen, doch ich vermute, dass auch die alten Geschichten aus diesem Leben uns weiter interessieren.

Ich freue mich darauf, wieder mit vielen alten Freunden und auch mit meinen Eltern Kontakt aufzunehmen. Ich freue mich darauf, C. S. Lewis, Francis Schaeffer und A. W. Tozer zu danken, weil ihre Schriften mich verändert haben. Ich werde William Carey, Hudson und Maria Taylor, Amy Carmichael, Jim Elliot, Charles Spurgeon, Dwight L. Moody, Harriet Beecher Stowe, einigen der Sklaven von der *Amistad* und unzähligen anderen Menschen begegnen.

Wer steht auf Ihrer Liste?

Wie dienen Sie Christus heute, damit Sie auf der Liste eines anderen Menschen stehen?

Werden wir Beziehungen pflegen und weiterentwickeln?

Eines der Dinge, auf die ich mich freue, ist, im Himmel Menschen zu begegnen, die ich jetzt nur durch Telefon oder E-Mail kenne. Endlich werden wir die Zeit und die Möglichkeit haben, mit Freunden, die wir hier nur selten sehen, Gemeinschaft zu pflegen.

Ich möchte auch mit den Menschen Zeit verbringen, die auf mich Einfluss hatten, als ich ein junger Christ war. Ich weiß nicht, wie viele meiner Vorfahren Christen waren. Vielleicht nicht viele. Doch ich kann es kaum erwarten, denjenigen zu begegnen, die Christen waren, und ihre Geschichten zu hören.

Ich möchte mit meinen behinderten Freunden zusammen sein und sehen, wie glücklich sie über die Freiheit eines neuen Körpers und eines neuen Verstandes sind.

Ich möchte die Märtyrer kennenlernen, über die ich bisher nur gelesen habe. Die meisten von ihnen kannten sich auf der Erde nicht, doch Offenbarung 6,9-11 beschreibt sie als enge Gemeinschaft im Himmel.

Wir werden bestimmt viele neue Beziehungen knüpfen, von denen einige auf gemeinsame Interessen, Erfahrungen und Geschichten auf der Erde gründen. Wenn Sie ein besonderes Interesse am Rom des ersten Jahrhunderts haben, nehmen Sie unter Umständen Beziehungen zu Menschen auf, die zu jener Zeit an diesem Ort lebten.

Wir werden mit Engeln sprechen, die sahen, wie die Erde geschaffen wurde, und beobachteten, wie andere Engel sich gegen Gott auflehnten. Wir werden die Engel treffen, die uns auf der Erde behütet und gedient haben. Freuen Sie sich auch darauf, ihnen Fragen stellen zu können?

Würden sich unsere Gespräche nur auf die Vergangenheit der Erde beschränken, bestünde die Gefahr, dass der Gesprächsstoff nach fünfzigtausend Jahren erschöpft ist. Doch das Schöne ist, dass der Himmel so viele neue Entwicklungen mit sich bringt wie die Erde, ja noch viel mehr. Nie werden uns die Themen ausgehen, über die wir nachdenken oder sprechen können. Der Vorrat wird nie erschöpft sein, ja er wird täglich aufgefüllt und ständig erweitert werden.

Können wir das alles genießen, wenn Menschen, die wir lieben, in der Hölle sind?

Viele haben Menschen verloren, die sie liebten, die aber Christus nicht kannten. Manche behaupten, dass die Bewohner des Himmels nicht wissen, dass die Hölle existiert. Doch das würde bedeuten, dass die Freude des Himmels von Unwissenheit abhängt, was nirgendwo in der Bibel gesagt wird.

Wie können wir uns also am Himmel erfreuen, wenn wir wissen, dass ein geliebter Mensch in der Hölle ist? J. I. Packer gibt eine Antwort, die hart, aber biblisch ist:

> Gott der Vater (der jetzt die Menschen anfleht, die Versöhnung anzunehmen, die der Tod von Christus für alle möglich gemacht hat) und Gott der Sohn (unser Richter, der über Jerusalem weinte) werden in einem letzten Urteil ihren Zorn kundgeben und über die Menschen, die sich aufgelehnt haben, Recht sprechen. Dabei wird Gottes heilige Gerechtigkeit offenbar: Gott wird das Richtige tun und sein Handeln endlich denen gegenüber rechtfertigen, die ihm Widerstand entgegengesetzt haben. ... (Lesen Sie Matthäus 25; Johannes 5,22-29; Römer 2,5-16; 12,19; 2. Thessalonicher 1,7-9; Offenbarung 18,1–19,3; 20,11-15, dann werden Sie das klar und deutlich sehen.) Gott wird gerecht urteilen, und alle Engel, Heiligen und Märtyrer werden ihn dafür preisen. Es scheint also unvermeidlich zu sein, dass wir mit ihnen das Urteil über Menschen gutheißen, die sich gegen Gott aufgelehnt haben – und die wir gekannt und geliebt haben.[1]

Im Himmel gewinnen wir eine neue und bessere Perspektive. Wir werden mit Gottes Urteil über die Gottlosen vollkommen einverstanden sein. Die Märtyrer im Himmel fordern Gott auf, die bösen Menschen auf der Erde zu richten (Offenbarung 6,9-11). Wenn Gott über die böse Stadt Babylon Gericht spricht, wird den Bewohnern des Himmels gesagt: »Aber du, Himmel, freue dich über ihr Schicksal! Und alle, die ihr zu Gott gehört, und ihr Apostel und Propheten sollt euch freuen, denn Gott hat sie um euretwillen gerichtet« (Offenbarung 18,20).

Die Hölle selbst kann einen dunklen Hintergrund für Gottes glänzende Herrlichkeit und unermessliche Gnade bieten. Jonathan Edwards vertrat diese Auffassung, als er schrieb: »Wenn die Heiligen in ihrer Herrlichkeit den traurigen Zustand der Verdammten sehen, wird ihr Bewusstsein für die Glückseligkeit ihres eigenen Zustandes, der grundlegend anders ist, erhöht.« Er fügte hinzu: »Sie werden das furchtbare Elend der Verdammten sehen und daran denken, dass sie das gleiche Elend verdient haben und dass nur die Gnade Gottes und sonst nichts der Grund dafür ist, dass es ihnen so ganz anders als den Verdammten ergeht.«[2]

Wir werden nie Gottes Gerechtigkeit anzweifeln oder uns fragen, wie er gute Menschen in die Hölle schicken konnte. Wir werden vielmehr von seiner Gnade überwältigt sein und darüber staunen, was er tat, um schlechte Menschen in den Himmel zu bringen. (Wir werden uns nicht mehr der Illusion hingeben, dass gefallene Menschen ohne Christus gut sind.)

Im Himmel werden wir deutlich sehen, dass Gott sich jedem Menschen offenbart und ihm die Gelegenheit gegeben hat, ihn zu suchen und ihn anzunehmen (Römer 1,18–2,16). Diejenigen, die das Evangelium gehört haben, hatten die Möglichkeit, Christus anzunehmen (Römer 10,13-17), doch alle Ungläubigen haben durch ihre Sünde Gott abgelehnt, der sich ihnen in der Schöpfung, im Gewissen oder im Evangelium offenbart hat.

Jeder verdient die Hölle. Niemand verdient den Himmel. Jesus ging ans Kreuz, um allen Menschen die Rettung anzubieten (1. Johannes 2,2). Gott ist der souveräne Herr, und er will nicht, dass jemand verloren geht (1. Timotheus 2,3-4; 2. Petrus 3,9). Doch viele werden in ihrem Unglauben verloren gehen (Matthäus 7,13).

Wir werden Gottes Heiligkeit und Gerechtigkeit annehmen. Wir werden ihn für seine Güte und Gnade preisen. Gott wird die Quelle unserer Freude sein. Der kleine, ferne Schatten der Hölle wird Gottes Größe oder unsere Freude an ihm nicht beeinträchtigen. (Das alles sollte uns dazu anspornen, das Evangelium von Christus unserer Familie, unseren Freunden, unseren Nachbarn und der ganzen Welt bekannt zu machen.)

Obwohl es sehr hart klingt, möchte ich noch einen anderen Gedanken anführen: Genau genommen wird kein Mensch, den wir lieben, in der Hölle sein – nur Menschen, die wir einmal liebten. Unsere Liebe zu unseren Gefährten im Himmel wird direkt mit Gott, dem Hauptgegenstand unserer Liebe, in Verbindung stehen. Wir werden sie in ihm sehen. Wir werden die Menschen in der Hölle nicht lieben, denn wenn wir Jesus sehen, wie er ist, werden wir nur die Menschen und Dinge lieben und lieben wollen, die ihm gefallen, ihn verherrlichen und ihn widerspiegeln. Was wir an den Menschen liebten, die ohne Christus starben, war Gottes Schönheit, die wir einst in ihnen sahen. Wenn Gott sich für immer von ihnen zurückzieht, tragen sie meiner Meinung nach nicht länger sein Bild in sich und spiegeln nicht mehr seine Schönheit wider. Obwohl sie vielleicht noch dieselben Menschen sind, verlieren sie ohne Gott alle Eigenschaften, die wir liebten. Deshalb werden sie paradoxerweise eigentlich nicht die Menschen sein, die wir liebten.

Ich kann das, was ich eben dargelegt habe, nicht biblisch beweisen, doch ich glaube, es ist wahr, auch wenn der Gedanke entsetzlich ist. Nicht nur im Himmel, auch schon hier auf der Erde ist unser Gott »der Ursprung aller Barmherzigkeit und der Gott, der uns tröstet« (2. Korinther 1,3). Jeder Schmerz, der uns hier quält, wird auf der neuen Erde verschwinden, so sicher wie die Dunkelheit verschwindet, wenn ein Licht angeschaltet wird. »Er wird alle Tränen abwischen, und es wird keinen Tod und keine Trauer und kein Weinen und keinen Schmerz mehr geben« (Offenbarung 21,4). Das ist Gottes Versprechen. Wir können in ihm Ruhe finden.

Einer Sache können wir uns voll und ganz sicher sein: Die Hölle wird keine Macht über den Himmel haben; kein Elend der Hölle wird jemals die Freude des Himmels beeinträchtigen können.

Werden wir zusammen Entdeckungen machen?

Viele Freundschaften entstehen aus gemeinsamen Erlebnissen. Gemeinsames Tun verbindet. Das gilt auch auf der neuen Erde. Wir rücken näher zusammen, wenn wir miteinander die Wunder Gottes und des Universums entdecken.

Nehmen wir an, Sie wollen mit Verwandten und Freunden zwei Wochen lang Urlaub machen, Sie kommen jedoch vier Tage später als die meisten anderen an. Bei der Begrüßung hören Sie: »Du hättest den Sonnenuntergang am Donnerstag sehen müssen. Er war unglaublich.« Oder: »Du hättest beim Grillabend hier sein müssen.« Wie ist Ihre Reaktion? Sie freuen sich, dass die Familie eine schöne Zeit hatte, aber Sie haben den Eindruck, etwas versäumt zu haben. Ihnen fehlt die innere Verbindung, die aus dem gemeinsamen Erleben entsteht.

Wäre es nicht toll, gleichzeitig miteinander in den Himmel zu kommen? Wäre es nicht toll, wie Lewis und Clark[3] die Wunder der neuen Welt gemeinsam zu entdecken? In der Bibel steht, dass genau das geschehen wird. Obwohl wir einer nach dem anderen bei unserem Tod in den Zwischenhimmel kommen, werden wir alle gemeinsam Bürger der neuen Erde. Wir werden gemeinsam auferstehen und miteinander die neue Erde betreten.

Wir werden entdecken, was bisher niemand gesehen hat. Wir werden einige Dinge selbst entdecken und uns über Dinge freuen, die andere entdeckt haben. Wir werden einander unsere Funde zeigen. Anders als bei dem Beispiel Ihres verspäteten Eintreffens am Urlaubsort werden Sie beim Beginn der neuen Welt nichts versäumt haben. Sie werden als Erster dort eintreffen – mit allen anderen. Wenn jemand fragt: »Erinnerst du dich, wie es war, als Gott die neue Erde schuf und das neue Jerusalem vom Himmel herunterbrachte, und wie er kam, um bei uns in der neuen Welt, die er für uns gemacht hat, zu wohnen?«, dann werden wir alle mit dem Kopf nicken und antworten: »Sicher erinnere ich mich daran – wie könnte ich das jemals vergessen? Ich war dabei.«

Wie werden sich Menschen, die schwach und alt gestorben sind, vorkommen, wenn sie die ersten Schritte in ihrem auferstandenen Körper tun? In C. S. Lewis' Buch *Der letzte Kampf* sagt Lord Digory beim Eintritt in den Himmel, er und Lady Polly seien »entsteift«[4] worden. Er fügt hinzu: »Wir fühlten uns nicht mehr alt.«

Ich freue mich darauf, meine Mutter und meinen Vater wieder »entsteift« zu sehen – und selbst voll und ganz »entsteift« zu sein!

Wie herrlich wird es für Enkel und Großeltern – und Urenkel und Urgroßeltern, die sich nie kannten – sein, miteinander in den Städten und Feldern, auf den Bergen und im Wasser der neuen Erde ihre Jugend zu genießen, zusammen zu wandern, gemeinsam Dinge zu entdecken, zusammen zu staunen und miteinander Jesus zu loben!

Werden wir miteinander Zeugen von Gottes neuer Schöpfung sein?

In *Das Wunder von Narnia* beschreibt C.S. Lewis zwei Kinder, einige Erwachsene und ein Pferd, die von der Erde an einen unbekannten Ort gebracht wurden. Es herrschen die Dunkelheit und Stille, die der Schöpfung von Narnia vorausgehen. Sie beobachten voll Staunen, wie diese wunderbare neue Welt von ihrem Schöpfer, Aslan dem Löwen, kunstvoll gestaltet wird und wie er sie ins Leben singt.[5]

Gott fragte Hiob: »Wo warst du, als ich die Grundfesten der Erde legte? … Worauf sind ihre Stützpfeiler eingesenkt und wer hat ihren Eckstein gelegt, als die Morgensterne miteinander sangen und alle Engel vor Freude jubelten?« (Hiob 38,4-7).

Das ist ein Bild von Engeln, geschaffenen Wesen, die Zeugen von Gottes Schöpfung der ersten Erde waren. Ich glaube, die Bibel macht deutlich, dass wir das gleiche Vorrecht haben werden wie die Romanfiguren in *Das Wunder von Narnia* und die echten Engel, die bei der Schöpfung der ersten Erde dabei waren: Wir werden tatsächlich Zeugen der Schöpfung der neuen Erde werden.

Nach der Auferstehung der Menschen schreibt Johannes: »Dann sah ich einen neuen Himmel und eine neue Erde, denn der alte Himmel und die alte Erde waren verschwunden … Und ich sah die heilige Stadt, das neue Jerusalem, von Gott aus dem Himmel herabkommen« (Offenbarung 21,1-2).

Es ist möglich, dass die Schöpfung der neuen Erde stufenweise geschieht, so wie die Schöpfung der alten Erde, obwohl das in der Bibel nicht ausdrücklich gesagt wird. Die erste Erde war wüst und unbewohnbar, dunkel und leer (1. Mose 1,2). Dann schuf Gott das Licht, und an den folgenden Tagen schuf er das Wasser, den Himmel, die Wolken, trockenes Land, Gras, Samen tragende Pflanzen und Bäume, die Sonne, den Mond und die Sterne und sämtliche Himmelskörper. Dann schuf er die Meerestiere, die Vögel und den Rest der Tiere, zahme und wilde Tiere. Schließlich schuf er die Menschen. Gott kann das trockene Land der neuen Erde direkt aus dem alten Land erschaffen. Er kann die Wasser der neuen Erde aus dem alten Wasser bilden. Aus Römer 8 geht hervor, dass er die Pflanzen und Tiere der neuen Erde aus der alten Erde macht, so wie er unsere Auferstehungskörper aus dem genetischen Material unserer alten Körper formt.

Dieses Mal jedoch wird die neue Menschheit vor der neuen Erde da sein. Aber wie bei Adam und Eva wird Gott die neue Erde für uns vorbereiten, bevor wir einen Fuß auf sie setzen. Anstatt am sechsten Tag der Schöpfung aus Erde geschaffen zu werden, um die Zivilisation zu beginnen, werden vielleicht an diesem Tag neue Männer und Frauen, die die neue Schöpfung beobachtet haben, in die große Stadt gebracht, um sich auf der neuen Erde niederzulassen und um die Zivilisation zur Ehre Gottes weiterzuführen und zu erweitern.

34

Wie werden wir persönliche Beziehungen pflegen können?

Werden zwischenmenschliche Beziehungen im Himmel weniger wichtig sein als jetzt? Wenn der Grund, aus dem wir eine Beziehung hoch schätzten, mit der Sünde und dem Bösen auf dieser Welt zu tun hatte, dann möchten wir natürlich diese Beziehung nicht weiterführen. Doch auf der neuen Erde werden alle Beziehungen in Gerechtigkeit verwurzelt sein. Mehr als je zuvor werden wir menschliche Beziehungen hoch schätzen, die uns näher zu Gott bringen.

Gott hat uns so geschaffen, dass wir andere Menschen brauchen. Wir sind nach seinem Bild geschaffen, und er selbst umfasst mehrere Personen – Vater, Sohn und Heiliger Geist, die sich an ihrer Gemeinschaft freuen. Als Jesus mit seinem Vater sprach, war er »von der Freude des Heiligen Geistes erfüllt« (Lukas 10,21). In gleicher Weise hat Gott uns so geschaffen, dass wir uns an seiner Gemeinschaft und an der Gemeinschaft mit anderen Menschen freuen.

Jede Vorstellung von einem Leben nach dem Tod, zu dem kein Miteinander von Menschen in sinnvollen Beziehungen gehört, missachtet, was Gott von Anfang an gesagt hat, dass es nämlich nicht gut ist, dass ein Mensch ohne andere Menschen lebt. Eine solche Vorstellung widerspricht auch zahllosen Bibelstellen, die eindeutig von einer menschlichen Gemeinschaft auf der neuen Erde sprechen (z. B. Offenbarung 21,24-26; 22,2). Wie Adam und

Eva einander brauchten, so ist es Gottes Plan, dass auch wir auf der neuen Erde einander brauchen.

Wie werden wir miteinander umgehen?

Wir werden nur die besten und keine der schlechten Seiten zwischenmenschlicher Beziehungen erleben. Die Tragik des Lebens und seine Lasten werden von uns genommen sein. Wir werden frei sein von dem, was Gott missfällt und Beziehungen schädigt. Es wird keine Abtreibungskliniken und keine psychiatrischen Kliniken geben, keine entführten Kinder, keine Vergewaltigungen und keinen Missbrauch, keine Drogentherapie-Zentren, keine Bigotterie, keine Raubüberfälle und keine Morde, keine Sorgen, Wirtschaftsflauten oder Firmenpleiten, keine Kriege, keine Arbeitslosigkeit, keine Versagensängste und keine Missverständnisse, keine Verstellung und kein So-tun-als-ob, keinen Klüngel, keine heimlichen Abmachungen, Treuebrüche, Intrigen oder Machenschaften.

Stellen Sie sich Mahlzeiten vor, bei denen man erzählt, lacht, sich miteinander freut, ohne Angst vor Taktlosigkeit, Ärger, Klatsch, sinnlicher Begierde, Eifersucht, verletzten Gefühlen oder sonstigen Dingen, die die Freude trüben. So wird der Himmel sein.

Jonathan Edwards ahnte die freudevollen Beziehungen im Himmel voraus:

> Kein Bewohner dieser gesegneten Welt wird sich über den Gedanken grämen, dass er von denen, die er liebt, nicht beachtet wird oder dass seine Liebe nicht voll und herzlich erwidert wird. … Im Himmel wird es keine Schmeichelei und keine Unaufrichtigkeit geben, sondern alles wird von vollkommener Aufrichtigkeit bestimmt sein. Jeder wird genau das sein, was er zu sein scheint, und jeder wird all die Liebe haben, die er zu haben scheint. Es wird nicht so sein wie in dieser Welt, wo nur wenige Dinge das sind, was sie zu sein scheinen, und wo Beteue-

rungen oft leichtfertig und gedankenlos gemacht werden. Dort wird jede Äußerung der Liebe aus tiefstem Herzen kommen, und alles, was beteuert wird, wird aufrichtig empfunden.[1]

Werden alle Menschen gleich sein?

Alle Menschen haben den gleichen Wert, doch sie unterscheiden sich in ihren Begabungen und in ihrer Leistung. Gott ist der Schöpfer der Vielfalt, und Vielfalt bedeutet Ungleichheit der Begabung (1. Korinther 12,14-20). Da Gott verspricht, seine Kinder verschieden, je nach der Stufe ihrer Treue in diesem Leben, zu belohnen, sollten wir im Himmel keine Gleichheit im Sinne von Gleichförmigkeit erwarten. Wenn jeder im Himmel gleich wäre, hätten wir keine Vorbilder, keine Helden, niemanden, zu dem wir aufschauen könnten. Ich gleiche nicht Hudson Taylor, Susanna Wesley, George Mueller oder C. S. Lewis. Ich will ihrem Beispiel folgen, aber ich muss ihnen nicht gleichgestellt sein.

Es besteht kein Grund zu der Annahme, dass wir alle gleich groß oder gleich stark sein werden oder dass wir alle die gleichen Gaben, Talente oder geistigen Fähigkeiten haben werden. Wenn wir alle die gleichen Gaben hätten, wären sie nichts Besonderes. Wenn Sie manche Dinge besser können als ich und wenn ich einiges besser kann als Sie, dann können wir uns gegenseitig etwas bieten.

Wir leben in einer Kultur, in der ein Kult um die Gleichheit getrieben wird, doch wir irren, wenn wir aus der Gleichheit der Chancen und des Wertes folgern, dass die Menschen gleich sind. Es ist unsinnig, anzunehmen, dass jeder im Himmel mit dem gleichen Können ein Konzert komponieren kann oder dass jeder einen Ball so weit wie jeder andere werfen kann. Mit anderen Worten: Die vollkommene Welt wird von Vielfalt, nicht Gleichförmigkeit, geprägt sein.

Die Bibel sagt eindeutig, dass wir im Himmel unterschiedliche Belohnungen und Stellungen erhalten werden, unserem treuen Dienst in diesem Leben entsprechend. Welcher Art könnten diese Unterschiede sein, da ja jeder glücklich sein wird? Jonathan Edwards meinte: »Die Heiligen sind wie zahllose Gefäße verschiedener Größe, die in ein Meer der Glückseligkeit geworfen werden, in dem jedes Gefäß voll ist: Das ist das ewige Leben, in dem ein Mensch immer voll erfüllt ist. Doch es wird dem unumschränkten Ermessen Gottes überlassen und es ist sein Vorrecht, die Größe des Gefäßes zu bestimmen.«[2]

Zwei Krüge – beide sind voll, doch der größere Krug enthält mehr. So werden alle von uns im Himmel voller Freude sein, doch einige haben ein größeres Fassungsvermögen für Freude, da sie durch ihre Abhängigkeit von Gott in diesem Leben sozusagen größer gemacht wurden. John Bunyan drückte das treffend aus: »Wer Gott am nächsten ist und wer hier dementsprechend für ihn handelt, ist der Mensch, der im Himmelreich am meisten Freude an Gott empfinden kann.«

Werden wir versäumte Gelegenheiten nachholen können?

Haben Sie Angehörige oder Freunde, mit denen Sie gerne mehr Zeit verbringen würden? Im Himmel haben Sie unbegrenzt viel Zeit. Ich freue mich auf das erneute Zusammensein mit Jerry, meinem Freund aus Kindertagen, der vor Jahren starb. Ich male mir schon aus, wie wir uns im Himmel begegnen und da weitermachen, wo wir aufhören mussten.[3]

Vielleicht können wir keine versäumten Gelegenheiten nachholen, die wir aufgrund von Untreue ungenutzt verstreichen ließen, aber ich glaube, dass wir alles nachholen werden, was wir versäumt haben, um Gott treu zu dienen. Jesus sagt: »Gott segnet euch, die ihr jetzt hungert, denn ihr werdet satt werden. Gott segnet euch, die ihr jetzt weint, denn die Zeit wird kommen, in der ihr vor Freude lachen werdet. Gott segnet euch, die ihr gehasst und ausgeschlossen und verspottet und verflucht werdet... Wenn das geschieht, dann freut euch, springt vor Freude! Denn im Himmel erwartet euch eine große Belohnung« (Lukas 6,21-23).

Denken Sie an die Millionen Christen, die wegen ihres Glaubens litten und im Gefängnis starben, die von ihren Familien weggerissen wurden, denen die Möglichkeit geraubt wurde, mit ihren Kindern, Eltern und Ehepartnern zusammen zu sein. Würde es Jesus nicht ähnlich sehen, sie auf der neuen Erde mit der Möglichkeit zu belohnen, genau die Dinge zu tun, die sie versäumt haben – und noch viel bessere Dinge?

Der Himmel bietet mehr als Trost, er bietet Entschädigung. Vielleicht erlebt meine Mutter im Himmel alles, was sie versäumt hat, weil sie starb, bevor unsere Töchter erwachsen waren. Sie war eine treue Dienerin ihres Gottes und liebte ihre Enkelinnen, die bei ihrem Tod noch klein waren. Ich glaube, Gott hat es meiner Mutter erlaubt zu beobachten, wie sie heirateten und Mütter wurden, doch eines Tages wird sie mehr tun als nur zuschauen. Ich halte es für wahrscheinlich, dass all die Zeit, die sie mit ihren Enkelinnen versäumt hat – und die Enkelinnen mit ihr –, nachgeholt wird, wenn sie auf der neuen Erde beisammen sind. Vielleicht bekommen auch Menschen, die wegen einer Fehlgeburt, durch Krankheit oder bei einem Unfall ein Kind verloren haben, die Zeit, das Versäumte mit ihm in der neuen Welt nachzuholen.

In dem Film *Babettes Fest* wird Babette aufgrund der Kriegswirren gezwungen, Paris zu verlassen, wo sie eine vorzügliche Köchin exklusiver Speisen war. Sie wird das Dienstmädchen von zwei Frauen, die eine kleine Gruppe Strenggläubiger leiten, die solch weltliche Dinge wie gutes Essen stirnrunzelnd missbilligen. Babette erbt einen großen Geldbetrag und gibt alles für ein einziges Fest aus, das sie für die ältlichen Schwestern veranstaltet, die sie mit der Zeit lieb gewonnen hat. Es ist ein Bild von Gottes verschwenderischer Gnade. Babette erkennt, dass sie nie wieder in der Lage sein wird, ein solches Geschenk zu machen oder ein solches Festessen zu kochen. Phillipa, eine begabte Sängerin, die kaum Gelegenheit hatte, ihre Gabe auszubilden, wird von Babettes Großzügigkeit berührt und tröstet sie: »Babette, ich glaube, das ist nicht das Ende. Im Paradies wirst du die große Künstlerin sein, zu der dich Gott bestimmt hat! … Und du wirst die Engel bezaubern!«[4]

Wiedersehen macht Freude

In dem Buch *Der letzte Kampf* beschreibt Lewis wunderbare Szenen des Wiedersehens im Land Aslans, zu dem das neue Narnia gehört. Eine Gestalt nach der anderen aus früheren Geschichten erscheint, von denen viele zum letzten Mal vor Jahrhunderten oder Jahrtausenden gesehen wurden. Lucy und die anderen Kinder sind begeistert, sie alle zu sehen. Das Wiedersehen und die Vorstellungen gehen immer weiter, und der Leser kann das Buch gar nicht mehr weglegen. Wenn jeder, der gestorben war, zum Leben erweckt wird – mit einem vertrauten Auferstehungskörper auf einer vertrauten, auferstandenen Welt und in der Gegenwart ihres geliebten Aslan –, dann werden einfach alle von der Begeisterung angesteckt.

Auf das höchste Wiedersehen werden für uns endlose gemeinsame Abenteuer folgen. Wahrscheinlich erleben wir viele vorübergehende Abschiede, denen hundertprozentig ein Wiedersehen folgen wird. Doch nie wieder wird es die Trennung durch den Tod mit all dem Schmerz und Leid geben. Nie wieder werden wir uns fragen, ob wir die Menschen, die wir lieben, wiedersehen.

35

Wie wird die Gesellschaft auf der neuen Erde aussehen?

Kunst, Musik, Literatur, Handwerk, Technik, Kleidung, Schmuck, Bildung, Zubereitung von Speisen – all das ist Teil einer Gesellschaft oder Kultur, das heißt der kreativen Leistungen der Menschen, die nach Gottes Bild geschaffen wurden. Die Schöpfungen der Menschen sind eine Ausweitung von Gottes eigenem kreativen Schaffen, weil er uns schuf, damit wir wie er Schöpfer sind.

Wir sollten damit rechnen, dass die gesellschaftliche Dynamik der alten Erde auf die neue Erde übertragen wird, soweit sie nicht ein Ergebnis unserer Sündhaftigkeit ist oder Gott etwas anderes klarmacht. Es stimmt, dass mit den Maschinen auch Verschmutzung und tödliche Unfälle in die Welt gekommen sind. Mit der Buchdruckerkunst und dem Verlagswesen sind gottlose Bücher und Zeitschriften möglich geworden. Mit dem Fernsehen ist die Verherrlichung von Unmoral und Materialismus einhergegangen. Computer führten zur Verbreitung von Pornografie im Internet. Die Atomspaltung ermöglichte die Herstellung einer zerstörerischen Bombe und die Vernichtung von Menschenleben. Mit den Fortschritten der Medizin kamen Abtreibung und Euthanasie. Doch keine dieser negativen »Nebenwirkungen« gehört von Natur aus zu den kulturellen Fortschritten selbst. Stellen Sie sich vor, wie diese Erfindungen wirken werden, wenn sie allein zu gerechten Zwecken, ohne Beeinträchtigung durch die Sünde, benutzt werden.

Was Sie sich vorstellen, ist die neue Erde.

Wird es ethnische und nationale Identitäten geben?

Der Theologe Abraham Kuyper sagte: »Es fällt uns außerordentlich schwer, uns eine Vorstellung von der Gesellschaftsordnung im Himmel zu machen.«[1] Wenn Kuyper mit »Himmel« den Zwischenhimmel meinte, hatte er recht. Die Bibel gibt uns zwar Bilder und Hinweise, aus denen aber keine endgültigen Schlüsse gezogen werden können. Wenn er mit »Himmel« aber den ewigen Himmel meinte, hatte er unrecht.

Die Bibel macht klar, dass der ewige Himmel auf der neuen Erde eine materielle Umwelt mit Menschen sein wird, die einen leibhaftigen Körper haben, die arbeiten, essen, sich unterhalten und verantwortungsvolle Aufgaben erfüllen. Die Menschen leben sowohl innerhalb als auch außerhalb der Stadt, besuchen einander, reisen und beten zusammen. Die Führer von Nationen werden den Reichtum verschiedener Kulturen in die Stadt bringen, in der Jesus Christus als König regieren wird. Dies sind nur einige der Merkmale der »Gesellschaftsordnung« im Himmel.

Werden wir eine ethnische und nationale Identität haben? Ja. Ist der auferstandene Jesus Jude? Sicher. Werden wir wissen, dass er Jude ist? Natürlich. Unsere auferstandene DNA wird fehlerfrei sein, doch sie wird unsere von Gott gewollte Einzigartigkeit, unter anderem hinsichtlich unserer ethnischen Zugehörigkeit, bewahren.

Die Ältesten singen dem Lamm: »Du bist würdig ... Denn du wurdest als Opfer geschlachtet, und dein Blut hat Menschen für Gott freigekauft, Menschen aus jedem Stamm und jeder Sprache und jedem Volk und jeder Nation. Du hast sie für Gott zu einem Königreich und zu seinen Priestern gemacht. Und sie werden auf der Erde regieren« (Offenbarung 5,9-10). Wer wird auf der neuen Erde als Könige und Priester dienen? Nicht Menschen, die früher aus jedem Stamm und jeder Sprache und jedem Volk und jeder Nation kamen. Ihre Unterschiede werden nicht unkenntlich gemacht, sondern bleiben im Zwischenhimmel und dann im ewigen Himmel erhalten.

Stamm bezieht sich auf die familiäre Abstammung eines Menschen, *Volk* auf die Ethnie und *Nation* auf Menschen, die eine gemeinsame nationale Identität und Kultur haben. Der holländische Theologe Herman Bavinck sagte von der neuen Erde: »All diese Nationen – jede in Übereinstimmung mit ihrem eigenen individuellen nationalen Charakter – bringen alles Herrliche und Ehrenvolle, das sie von Gott erhalten haben, in das neue Jerusalem.«[2]

Wie das derzeitige irdische Jerusalem, so wird auch das neue Jerusalem ein Schmelztiegel ethnischer Vielfalt sein. Doch anders als in der jetzigen Stadt werden die Gruppen im neuen Jerusalem durch die gemeinsame Anbetung ihres Königs Jesus vereint sein. Sie werden sich an ihren Unterschieden freuen, sich nie daran stoßen und sich nicht vor ihnen fürchten.

Leider herrscht in dieser Welt unter dem Fluch oft Feindschaft zwischen Ethnien und Völkern. Sie sind durch die Sünde entzweit, unfähig, Unterschiede im Aussehen, in der Sprache und Kultur zu ertragen. Über die Unterschiede zwischen Juden und Nichtjuden sagte Paulus: »Denn Christus selbst brachte Frieden zwischen den Juden und den Menschen aus allen anderen Völkern, indem er uns zu einem einzigen Volk vereinte. Er hat die Mauer der Feindschaft, die uns früher trennte, niedergerissen. Durch seinen Tod hat er … Frieden gestiftet, indem er beide in sich zu einem einzigen neuen Menschen schuf. Er hat sie in einem Leib vereint und durch das Kreuz mit Gott versöhnt, sodass die Feindschaft ein Ende fand« (Epheser 2,14-16).

Christus starb auch für unsere Sünde des Rassismus. Sein Werk am Kreuz hat den Rassismus ausgemerzt. Zur Erlösung der Menschheit und der Erde gehört auch die Erlösung der zwischenmenschlichen Beziehungen und die Vereinigung der verschiedenen Volksgruppen in Christus. Rassistische Gruppen, die behaupten, Christen zu sein, sind das Gegenteil von Christen. Im Himmel wird es keine Rassenvorurteile geben. Es wird keine Einbildung rassischer oder nationaler Überlegenheit und keinen Streit über Gebiete und Grenzen geben.

Manche Wissenschaftler sind der Meinung, dass das Ebenbild Gottes eine umfassende Dimension hat: »Ein einzelner Mensch oder eine einzelne Menschengruppe kann alles, was zum Bild Gottes gehört, nicht voll und ganz tragen oder darstellen, deshalb wird der Besitz dieses Bildes gewissermaßen gemeinsam ausgeübt. Das Bild Gottes ist sozusagen unter den Völkern dieser Erde aufgeteilt. Wenn wir die verschiedenen Menschen und Menschengruppen betrachten, erhalten wir Eindrücke der verschiedenen Seiten des vollständigen Bildes Gottes.«[3]

Wenn das stimmt, und ich halte es für möglich, dann ist Rassismus nicht nur eine Ungerechtigkeit gegenüber Menschen, sondern auch eine Ablehnung von Gottes Wesen. Auf der neuen Erde werden wir nichts Sündiges bejubeln, aber wir werden die Vielfalt im biblischen Sinn feiern.

Der Friede auf der Erde wird nicht durch die Abschaffung unserer Unterschiede erreicht, sondern durch die einigende Treue gegenüber dem König, eine Treue, die über Unterschiede hinausgeht, ja von ihnen bereichert wird.

Welche Sprachen werden wir sprechen?

Wird es im Himmel eine gemeinsame Hauptsprache geben, die wir alle sprechen und verstehen? Die Bibel spricht von Menschen mit verschiedenen Sprachen: »[Sie] riefen mit großer Stimme« (Offenbarung 7,10; LUT). »Stimme« steht hier im Singular, was auf eine gemeinsame Sprache schließen lässt.

Dies könnte eine Handelssprache sein, das Gegenstück des Himmels zu Suaheli oder Englisch, Zweitsprachen, die viele Menschen zusätzlich zu ihrer Muttersprache beherrschen und in der sie sich verständigen können. Die gemeinsame Sprache könnte auch unsere Ursprungssprache sein. Es kann sich um eine weltweite Sprache handeln, die Gott uns schenkt, ohne dass wir sie lernen müssen. Es gibt keinen Hinweis darauf, dass Adam und Eva die Sprache des Gartens Eden lernen mussten, obwohl sich im Lauf der Zeit zweifellos ihr Wortschatz erweiterte. Im Himmel machen wir vielleicht eine ähnliche Erfahrung.

Es ist möglich, dass Gott uns alle Sprachen verstehen lässt, auch wenn wir sie nicht sprechen können. Doch die Bibel scheint auf mehr hinzuweisen. Der Bericht von Babel gibt Anhaltspunkte für die Bedeutung einer gemeinsamen Sprache in einer idealen Gesellschaft.

> Damals sprachen alle Menschen auf der ganzen Welt die gleiche Sprache … »Auf«, sagten sie, »wir wollen eine Stadt errichten mit einem Turm, der bis in den Himmel reicht – ein Denkmal unserer Erhabenheit!« … [Der Herr sprach:] »Sieh, was sie begonnen haben zu bauen. Weil sie dieselbe Sprache sprechen und ein Volk sind, wird ihnen nichts unmöglich sein, was sie sich vornehmen.«
> *1. Mose 11,1.4.6*

Gott verwirrte ihre Sprache und zerstreute sie, sodass sie den Bau ihrer großen Stadt nicht vollenden konnten. Achten Sie darauf, dass ursprünglich alle Menschen die gleiche Sprache hatten, weshalb sie fähig waren, zusammenzuarbeiten, um große Leistungen zu vollbringen. Doch weil sie in Selbstherrlichkeit und nicht in der Verherrlichung Gottes vereint waren, lebten sie in einer verkehrten Einigkeit, die sie zu weiterer Auflehnung und Selbstzerstörung befähigt hätte. Da die Menschen sich nicht zu ihrem von Gott gewollten Ziel, die Erde zu seiner Ehre zu regieren, vereinigten, beseitigte Gott eine Quelle ihrer zerstörerischen Einigkeit und Macht – ihre gemeinsame Sprache.

Wenn Gott den Fluch rückgängig macht, macht er auch Babel rückgängig. Die Menschen werden dann nicht mehr eine Stadt zu ihrer Ehre bauen, sondern Gott wird für sie eine Stadt bauen, in der sie zu seiner Ehre vereint sind. In 1. Mose 11 versuchten die Menschen mit ihrer Stadt, die Erde mit dem Himmel zu verbinden, also Himmel und Erde eins zu machen. In Offenbarung 21 bringt Gott in seiner Stadt den Himmel auf die Erde herunter und macht damit Erde und Himmel eins.

Wenn die Menschen einmal gerecht gemacht sind und wenn ihnen die Haushalterschaft über die neue Erde anvertraut wurde, dann wird Gott wahrscheinlich wieder eine gemeinsame Sprache herstellen (vielleicht die Sprache, die im Garten Eden existierte und die offensichtlich bis zum Turmbau zu Babel bestand). Warum? Um den Gedankenaustausch leicht und nicht frustrierend zu machen und um die Zusammenarbeit und die kulturellen Leistungen zu fördern. Diese gemeinsame Sprache hat zur Folge, dass »ihnen nichts unmöglich sein [wird], was sie sich vornehmen« (1. Mose 11,6). Das ist schlecht, wenn das menschliche Herz böse ist, es ist aber gut, wenn das menschliche Herz gerecht ist. Alles, was wir uns auf der neuen Erde vornehmen, wird zu Gottes Ehre und unserem Wohl dienen. Gott muss uns nicht mehr vor uns selbst schützen. Wir werden uns nie vereinigen, um zu zerstören und auszubeuten, sondern nur, um schöpferisch tätig zu sein und um Dinge zu verbessern. Eine gemeinsame Sprache wird wahrscheinlich Gottes Geschenk sein, das uns dazu fähig macht.

Trotzdem scheint es wahrscheinlich, dass wir zusätzlich zu unserer gemeinsamen Sprache unsere jetzigen Sprachen beibehalten.

Obwohl die Sprachenverwirrung in Babel ursprünglich ein Fluch war, zeigen die Versammlungen von Menschen jeder Nation, jeden Stammes und jeder Sprache im Himmel, dass Gott für immer die Menschen vereint, die in Babel getrennt wurden – nicht indem er ihre Unterschiede beseitigt, sondern indem er Sünde, Misstrauen und Feindschaft beseitigt.

Durch das Verstehen anderer Sprachen erweitern wir unser Verständnis von Gott. »Ist es möglich, dass es im Himmel ein Wort für ›Anbetung‹ gibt, das alle Begriffsinhalte aus allen Sprachen der Welt umfasst?«[4] Ich glaube, dass dem so ist.

Die Vielfalt der Sprachen bietet umfassendere Möglichkeiten zur Verherrlichung Gottes: »Wir alle hören diese Leute in unseren eigenen Sprachen über die Taten Gottes reden« (Apostelgeschichte 2,11). Im Himmel hören wir vielleicht, wie Menschen ein bestimmtes Wort aus ihrer Sprache benutzen, um eine von Gottes Eigenschaften zu beschreiben, und uns geht dabei plötzlich auf: »Ja, das ist es! Genau das wollte ich ausdrücken!«

Wir werden nicht allwissend sein, deshalb ist es fraglich, ob wir alle Sprachen beherrschen werden. Doch sicherlich lernen wir sie viel schneller. Diejenigen unter uns, die von Natur aus nicht sprachbegabt sind, staunen vielleicht über ihre Fähigkeiten. Sprachenkundige, einschließlich der Übersetzer, nehmen ihre Kenntnisse möglicherweise an dem Punkt wieder auf, wo sie standen, und erweitern sie mit beispielloser Geschwindigkeit. Die ganze Ewigkeit steht ihnen zur Verfügung, um so viele Sprachen zu erlernen, wie sie möchten.

Welchem Zweck dienen verschiedene Sprachen auf der neuen Erde? Eine Sprache zu kennen ist nötig, um Menschen und ihre Kultur zu verstehen. Wenn wir im Himmel neue Freundschaften knüpfen, macht es uns vielleicht Spaß, die ursprüngliche Sprache dieser Menschen zu erlernen, um sie besser zu verstehen.

Wird es im Himmel Vertreter aller Stämme und Sprachen geben?

Stämme, Völker und Nationen werden alle ihren eigenen besonderen Beitrag zur Bereicherung des Lebens im neuen Jerusalem leisten (Offenbarung 5,9; 7,9; 21,24-26). Daniel sagte voraus, dass dem Messias »Macht, Ehre und Reich [gegeben werden], dass ihm alle Völker und Leute aus so vielen verschiedenen Sprachen dienen sollten« (Daniel 7,14; LUT). Genauso wie die Verschiedenheit der Gaben in der Gemeinde dem Wohl der anderen dient (1. Korinther 12,7-11), so dient unsere Verschiedenheit dem Wohl aller im neuen Universum. Cornelius Venema schrieb: »Nichts von der Vielfalt der Nationen und Völker, ihrer kulturellen Werke, ihrer Sprachen, Kunst, Wissenschaft, Literatur und Technik – soweit diese gut und hervorragend sind – wird mit dem Leben in der neuen Schöpfung verloren gehen.«[5]

Gott macht sogar aus dem Bösen etwas Gutes. Sein Gericht über Babel erfüllte sein gutes Ziel, eine Vielfalt von Nationen und Sprachen zu schaffen, die ihm durch das Erlösungswerk von Christus Ehre darbringen. »Aus einem einzigen Menschen hat er alle Völker der ganzen Welt hervorgebracht. Er hat im Voraus festgelegt, welche aufsteigen und welche stürzen sollten, und er hat ihre Grenzen festgelegt« (Apostelgeschichte 17,26).

Obwohl Israel von Anfang an Gottes Augapfel war, ist die Bibel voller Bestätigungen dafür, dass es Gottes Wunsch ist, in allen Nationen der Erde verherrlicht zu werden. Gott versprach, Abraham »zum Vater vieler Völker« zu machen und dass durch seine »Nachkommen ... alle Völker auf der Erde gesegnet sein« sollen (1. Mose 17,4; 22,18). Theologen haben verschiedene Unterscheidungen zwischen Israel und der christlichen Gemeinde getroffen, aber zum neuen Jerusalem gehören die »zwölf Stämme Israels« (Offenbarung 21,12) und es wird auch die Braut von Christus genannt, und das ist die christliche Gemeinde (Offenbarung 21,9). Paulus schreibt der Gemeinde in Galatien: »Das himmlische Jerusalem … ist unsere Mutter« (Galater 4,26). Gott hat eine einzige Braut, doch sie besteht aus einer breit gefächerten Vielfalt von Menschen, die von ihren Uneinigkeiten geheilt werden, aber dennoch ihre charakteristischen Merkmale behalten und dadurch den Reichtum ihres Schöpfers bezeugen.

Durch die allgemeine Offenbarung hat Gott seine Gegenwart in Volksgruppen und Kulturen offenbart: »Früher ließ er die Völker ihre eigenen Wege gehen, doch nie hat es eine Zeit gegeben, in der keine Zeugen für ihn lebten« (Apostelgeschichte 14,16-17). In jeder Zivilisation besteht die Erinnerung an eine Zeit, in der die Menschen von Gott wussten. Nehmen Sie zum Beispiel die alte chinesische Sprache. Das Schriftzeichen, das »erschaffen« bedeutet, besteht aus anderen Schriftzeichen, die »sprechen«, »Staub«, »Leben« und »gehen« bedeuten. Das Schriftzeichen für »Teufel« besteht aus »geheim«, »Mensch« und »Garten«. Chinesische Christen halten diese und viele andere Beispiele für einen Beweis dafür, dass ihre fünftausend Jahre alte Sprache auf eine Zeit zurückgeht, in der biblische Wahrheiten in ihrer Kultur bekannt waren.[6]

Dass Gott Menschen aus jedem Stamm und jeder Sprache erlösen will, deutet darauf hin, dass er ein besonderes Interesse an allen missionarischen Bemühungen, insbesondere für unerreichte Volksgruppen, hat.

Wenn wir das Ausmaß und die Vielfalt des Erlösungswerks von Christus sehen, werden wir ihn preisen. Wenn wir uns gedanklich ausmalen, was die Bibel über auferstandene Menschen, Nationen und Kulturen auf einer auferstandenen Erde in einem auferstandenen Universum sagt, dann denken wir größer von Gott.

Werden die Kulturen des Altertums auf der neuen Erde auferstehen?

Bei der Wiederkunft Christi wird die Erde von den Wunden der Sünde geheilt. Dazu gehören nicht nur Giftmüll und sonstige Umweltverschmutzung, sondern auch kulturelle und sittliche Verunreinigung. Das Heilen der Wunden bedeutet eine Rückkehr zum ursprünglichen Zustand. Wenn unser neuer Körper unserem alten Körper so ähnlich ist, dass er wiedererkannt werden kann, dann müsste das doch bedeuten, dass die neue Erde der alten Erde auch so ähnlich ist, dass wir sie wiedererkennen können.

Ich verstehe die Bibel dahin gehend, dass zur neuen Erde nicht nur auferstandene geografische Orte, sondern auch auferstandene Kulturen gehören. Die Könige der Völker werden ihre Schätze, ihre Herrlichkeit und Ehre in das neue Jerusalem bringen (Offenbarung 21,24.26). Es wird nicht nur eine Nation, sondern viele Nationen geben. Diese Verse bieten eine biblische Grundlage für die Annahme, dass das Beste aus Kultur, Geschichte, Kunst, Musik und den Sprachen der alten Erde erlöst und gereinigt in die neue Welt gebracht wird.

Der Theologe Anthony Hoekema meint:

> In jenen Tagen waren Könige mehr als politische Herrscher: sie waren Vertreter und Träger der Kulturen der Völker, über die sie herrschten. Johannes spricht hier von den kulturellen und künstlerischen Beiträgen verschiedener Völker, die das neue Jerusalem zu ihrem Zuhause gemacht haben.... Im künftigen Leben werden unterschiedliche Menschen ihre einzigartigen Gaben behalten. Diese Gaben werden sich sündlos weiterentwickeln und reifen und für die Entstehung neuer kultureller Werke zur ewigen Ehre von Gottes Namen gebraucht.[7]

Die Könige und Kulturen, die ihre »Herrlichkeit« und ihre »Ehre« in die neue Welt bringen, werden nicht bei null anfangen. Sie werden eine nationale und persönliche Geschichte, eine ethnische Identität und einen Reichtum von Gebräuchen, Kunstformen und Wissen in die neue Welt mitbringen. All das wird gereinigt werden, doch es wird genügend Raum bleiben für charakteristische kulturelle Feste, Feiern, Mahlzeiten, sportliche Veranstaltungen und viele Bräuche.

Hoekema schreibt ebenfalls:

> Dass nicht nur Könige, sondern auch Nationen erwähnt werden, weist darauf hin, dass die unterschiedlichen kulturellen Beiträge der verschiedenen ethnischen Gruppen nicht mehr miteinander im Konkurrenzkampf stehen, sondern einträchtig das Leben in der heiligen Stadt bereichern. Christus, der das Licht dieser Stadt ist, wird dann zur Verherrlichung seines Vaters alle diese kulturellen Werke in seinen Dienst nehmen.[8]

Diese Auffassung passt vollkommen zu Daniels Vision von der Rückkehr des Messias auf die Erde: »Der gab ihm Macht, Ehre und Reich, dass ihm alle Völker und Leute aus so vielen verschiedenen Sprachen dienen sollten« (Daniel 7,14; LUT). Es besteht eine unmittelbare Kontinuität zwischen den Königreichen der alten Erde und Gottes ewigem Reich auf der neuen Erde. Die irdischen Reiche werden nicht zerstört, sondern an Gottes Volk übergeben: »Aber das Reich und die Macht und die Gewalt über die Königreiche unter dem ganzen Himmel wird dem Volk der Heiligen des Höchsten gegeben« (Daniel 7,27; LUT).

Die Größe der Nationen, die Gottes Volk übergeben werden, kann bestimmt nicht auf die Nationen beschränkt sein, die bei der Wiederkunft Christi existieren. In der Tat sind die meisten der Nationen, von denen Daniel spricht, schon längst vergangen. Doch in der unermesslichen Reichweite seines Erlösungswerks wird Gott, so denke ich, nicht nur die modernen Nationen, sondern auch die Nationen des Altertums auferwecken. Ich halte es für wahrscheinlich, dass wir nicht nur den erlösten Menschen der Zivilisationen des Altertums begegnen werden, sondern auch in den erlösten Zivilisationen umhergehen können. Sind alte Assyrer, Sumerer, Phönizier, Babylonier und Griechen unter Gottes Erlösten? Das wissen wir sicher, denn keine Nation, ist ausgeschlossen, wenn von »allen Nationen und Stämmen und Völkern und Sprachen« die Rede ist (Offenbarung 7,9). Gott hat beschlossen, im Himmel Vertreter aus allen Stämmen, Volksgruppen und Kulturen zu haben.

Da die Bibel ausdrücklich sagt, dass auferstandene Nationen zur neuen Erde gehören werden, haben wir meiner Meinung nach allen Grund zu der Annahme, dass wir ein auferstandenes Ägypten, Rom, Indien und China sehen werden, ebenso auferstandene Kulturen aus jedem Teil des alten Afrika, Südamerika, Nordamerika, Australien, Asien und Europa, einschließlich kleinerer Kulturen, von denen wir zurzeit nichts wissen.

Klingt das nicht allzu spekulativ? Ich stelle mir all das nur aufgrund der Aussagen der Bibel vor. Ich gründe meine Bemerkungen auf die Texte, die ich hier und an anderer Stelle in diesem Buch zitiert habe. Ich habe meine Arbeit nicht mit einer lebhaften Vorstellung vom Himmel begonnen – ganz im Gegenteil. Ich habe mich eingehend mit den Aussagen der Bibel über den Himmel befasst, und erst im Verlauf von Jahren und Jahrzehnten sind sie dann in meine Vorstellungskraft eingedrungen.

Ich glaube, dass wir mehr als nur die Erlaubnis der Bibel haben, uns vorzustellen, wie auferstandene Völker, Stämme und Nationen zusammen auf der neuen Erde leben werden: Wir haben dazu einen biblischen Auftrag. Also schließen Sie die Augen und stellen Sie sich all die Zivilisationen des Altertums vor – nicht nur, was sie einmal waren, sondern auch, was sie sein werden.

Wie steht es um die Tiere?

36

Werden auf der neuen Erde Tiere leben?

Jesaja 11,6-9 spricht von einem zukünftigen herrlichen Zeitalter auf der Erde, in dem »die Panther bei den Böcken lagern. Ein kleiner Knabe wird Kälber und junge Löwen und Mastvieh miteinander treiben. Kühe und Bären werden zusammen weiden, dass ihre Jungen beieinanderliegen, und Löwen werden Stroh fressen wie die Rinder. Und ein Säugling wird spielen am Loch der Otter, und ein entwöhntes Kind wird seine Hand stecken in die Höhle der Natter. Man wird nirgends Sünde tun noch freveln auf meinem ganzen heiligen Berge; denn das Land wird voll Erkenntnis des Herrn sein, wie Wasser das Meer bedeckt« (LUT).

Einige Kommentatoren behaupten, dass diese Stelle nur vom Tausendjährigen Reich spricht. Doch wie wir gesehen haben, sieht Jesaja ein ewiges Reich Gottes auf der Erde voraus. In Jesaja 65,17 und 66,22 ist konkret von der neuen Erde die Rede. Dazwischengeschoben ist eine Aussage, die den oben zitierten Versen aus Jesaja 11 sehr ähnlich ist: »Wolf und Schaf sollen beieinander weiden; der Löwe wird Stroh fressen wie das Rind … Sie werden weder Bosheit noch Schaden tun auf meinem heiligen Berge, spricht der Herr« (65,25; LUT).

Wann wird es keine Bosheit und keinen Schaden mehr auf der Erde geben? Nicht auf der alten Erde, nicht einmal während des Tausendjährigen Reiches, das in Auflehnung und Krieg enden wird, sondern auf der neuen Erde, wo es keine Sünde, keinen Tod und keinen Schmerz mehr geben wird (Offenbarung 21,4). Diese Beschreibungen von Tieren, die friedlich auf der Erde wohnen, können sich auf das Tausendjährige Reich auf der alten Erde beziehen, aber in erster Linie spielen sie auf Gottes ewiges Reich an, in dem Menschen und Tiere sich an einer erlösten Erde erfreuen.

Haben Tiere eine Seele?

»Gott schuf alle Arten von wilden Tieren, Vieh und Kriechtieren. Und Gott sah, dass es gut war« (1. Mose 1,25). Wie wir gesehen haben, sollten wir mit einer Kontinuität zwischen dem Garten Eden und der neuen Erde rechnen. Tiere waren wichtig im Garten Eden; wenn deshalb nichts Gegenteiliges gesagt wird, weist der Grundsatz der Kontinuität darauf hin, dass sie auf der neuen Erde wichtig sein werden.

»Und Gott der Herr formte aus Erde alle Arten von Tieren und Vögeln« (1. Mose 2,19). Nur Menschen und Tiere wurden aus Erde geformt. Gott schuf die Tiere mit seinen Händen und verband sie mit der Erde und den Menschen. Der hebräische Text gibt zu verstehen, dass Menschen und Tiere mit den gleichen Mitteln zum Leben gebracht wurden. Das Wort *näfäsch* wird oft mit »Lebewesen« oder »Seele« übersetzt. Als Gott in Adams Körper, der aus Erde geformt worden war, Geist einblies, wurde Adam *näfäsch*, ein »Lebewesen« (1. Mose 2,7). Auffallend ist, dass dasselbe Wort, *näfäsch*, für Tiere und für Menschen gebraucht wird: Beide haben den Atem des Lebens erhalten (1. Mose 1,30; 2,7; 6,17; 7,15.22).

Sage ich damit, dass Tiere eine Seele haben? Sicherlich haben sie keine menschliche Seele. Tiere wurden nicht nach Gottes Ebenbild geschaffen, und sie sind in keiner Hinsicht den Menschen ebenbürtig. Trotzdem gibt es gute biblische Beweise dafür, dass Tiere nicht menschliche Seelen haben. Ich habe das nicht ernst genommen, bis ich mich eingehend mit dem Gebrauch der hebräischen und griechischen Wörter *näfäsch* und *psyche* befasst hatte, die oft in Bezug auf Menschen mit »Seele« übersetzt werden. Die Tatsache, dass diese Wörter oft für Tiere gebraucht werden, ist ein zwingender Beweis dafür, dass Tiere eine Seele haben. In der Vergangenheit waren die meisten Christen übrigens davon überzeugt. In ihrem Buch *Beyond Death* erklären Gary Habermas und J. P. Moreland: »Erst mit dem Beginn der Aufklärung im 17. Jahrhundert wurde in den Zivilisationen des Westens infrage gestellt, dass Tiere eine Seele haben. In der ganzen Kirchengeschichte gehörte zum allgemein anerkannten Verständnis der Lebewesen die Lehre, dass Tiere wie Menschen eine Seele haben.«[1]

Menschliche Seelen und tierische Seelen sind nicht gleich. Menschen leben nach dem Tod weiter, für Tiere trifft das eventuell nicht zu. Um jedoch der Bibel gerecht zu werden, müssen wir anerkennen, dass Menschen und Tiere etwas Einzigartiges gemeinsam haben: Sie sind Lebewesen. Da Gott einen Zukunftsplan für die Menschen und die Erde hat, deutet vieles darauf hin, dass er auch einen Zukunftsplan für Tiere hat.

Warum hat Gott bei der Sintflut Tiere gerettet?

Gott befahl Noah: »Bring ein Paar von jeder Tierart – ein Männchen und ein Weibchen – in das Schiff, damit sie mit dir die Flut überleben. Ein Paar von jeder Vogelart und jeder Tierart, ob groß oder klein, soll zu dir in das Schiff kommen, um zu überleben« (1. Mose 6,19-20).

Tiere waren die Gefährten und Gehilfen des Menschen. Gott bewahrte Tiere vor der Sintflut. Auffallend ist, dass die Tiere auch in seinen neuen Bund eingeschlossen werden. Achten Sie in den folgenden Versen auf die wiederholte Erwähnung von Tieren:

»Ich schließe einen Bund mit euch und euren Nachkommen; mit allen Tieren, die mit euch auf dem Schiff waren – den Vögeln, den zahmen und den wilden Tieren –, mit allen Lebewesen auf der Erde. Ich gebe euch das feste Versprechen, niemals mehr durch eine Flut die Erde und alle Lebewesen zu vernichten.« Und Gott sprach: »Ich gebe euch ein Zeichen als Pfand für den ewigen Bund, den ich mit euch und allen Lebewesen schließe … Und ich werde an meinen Bund mit euch und mit allem, was lebt, denken … Wenn der Regenbogen in den Wolken steht, werde ich ihn ansehen, um mich an den ewigen Bund zu erinnern, den ich mit allen Lebewesen auf der Erde geschlossen habe.« Und Gott sprach zu Noah: »Ja, dies ist das Zeichen meines Bundes, den ich mit allen Geschöpfen auf der Erde schließe.«

1. Mose 9,9-17

Zu Gottes Plan für eine erneuerte Erde nach der Sintflut gehören ausdrücklich Tiere. Können wir dann nicht erwarten, dass zu seinem Plan für eine erneuerte Erde nach dem künftigen Gericht auch Tiere gehören? Wenn die Rettung der Menschen in der Arche ein Bild für die Erlösung ist, dann müsste die Rettung der Tiere in der Arche ebenfalls auf ihre Wiederherstellung als Teil von Gottes Erlösungszielen hinweisen.

In 2. Petrus 3,5-7 erkennen wir eine direkte Parallele zwischen dem vergangenen Gericht Gottes über die Erde durch das Wasser und seinem künftigen Gericht durch das Feuer. Die Menschen wurden in der Sintflut gerichtet, und mit ihnen kamen auch die meisten Tiere um. Acht Menschen wurden vor der Flut gerettet, damit sie auf der nachsintflutlichen Erde wohnen. Doch Gott beschränkte seine Rettung nicht auf Menschen. Er rettete Vertreter aus jeder Tierart, die ebenfalls diese neue Erde bewohnen sollten. Das ist ein eindrucksvolles Bild für das, was auch Römer 8 sagt, dass nämlich Menschen und Tiere und die ganze Schöpfung nicht nur im Fluch und im Gericht, sondern auch im Segen und in der Erlösung miteinander verbunden sind.

Ausgewählte Menschen, Tiere, Pflanzen und geografische Merkmale (einschließlich der Flüsse und Berge) wurden von Gott in seinem Gericht, das durch das Wasser geschah, bewahrt. Können wir nicht das Gleiche in seinem Gericht durch das Feuer erwarten?

Werden Tiere Gott loben?

Ich weiß nicht genau, wie Tiere Gott loben, aber denken Sie einmal über die Aussage von Psalm 148,10-13 nach: »Wilde Tiere und Vieh, Reptilien und Vögel, Könige der Erde und alle Völker, Herrscher und Richter der Erde, junge Männer und junge Frauen, alte wie junge Menschen. Alle sollen den Namen des Herrn loben, denn allein sein Name ist groß und sein Ruhm überragt Erde und Himmel.«

Wenn gefallene Tiere, Schatten dessen, was sie einmal waren, Gott auf dieser gefallenen Erde irgendwie loben können, wie viel mehr sollten wir dann erwarten, dass sie das auf der neuen Erde tun.

»Und dann hörte ich, wie alle Geschöpfe im Himmel und auf der Erde und unter der Erde und im Meer sangen: ›Lob und Ehre und Herrlichkeit und Macht stehen dem zu, der auf dem Thron sitzt, und dem Lamm für immer und ewig‹« (Offenbarung 5,13).

Was tun diese Geschöpfe? Anbetend singen sie Gott Lob. Wenn die Formulierung »alle Geschöpfe im Himmel und auf der Erde« Tiere einschließt, dann loben auch Tiere Gott.

Das eindrucksvollste Beispiel von Tieren, die Gott im Himmel loben, wird oft aufgrund der Wortwahl in unseren Bibelübersetzungen übersehen. Achtmal berichtet die Offenbarung von »lebendigen Wesen« im Zwischenhimmel: »Tag für Tag und Nacht für Nacht hören sie nicht auf zu rufen: ›Heilig, heilig, heilig ist der Herr, Gott, der Allmächtige, der immer war, der ist und der noch kommen wird.‹ … Die lebendigen Wesen [bringen] dem, der auf dem Thron sitzt und in Ewigkeit lebt, Herrlichkeit und Ehre und

Dank« (Offenbarung 4,8-9). Das Wort, das mit »lebendige Wesen« übersetzt wurde, lautet *zoon*. Fast im ganzen Neuen Testament wird das Wort mit »Tier« übersetzt und bezeichnet im Allgemeinen Tiere, die im Tempel geopfert werden, sowie wilde, unvernünftige Tiere (Hebräer 13,11; 2. Petrus 2,12; Judas 10). In außerbiblischen Schriften bezog sich *zoon* normalerweise auf gewöhnliche Tiere und bezeichnete auch die göttlichen Tiere der Ägypter und den mythologischen Vogel Phönix (1. Clemensbrief 25,2-3). In praktisch jedem Fall innerhalb und außerhalb der Bibel wird mit diesem Wort keine Person, kein Engel, sondern ein Tier bezeichnet.

In manchen älteren Bibelübersetzungen wird das Wort *zoon* in der Offenbarung mit »Tier« wiedergegeben, doch aufgrund des negativen Beiklangs dieses Wortes haben spätere Übersetzer sich für »lebendige Wesen« entschieden. Wahrscheinlich hätten die Übersetzer dieses Wort gewählt, wenn es den Lesern nicht so eigenartig vorkommen würde, dass sprechende Tiere Gott vor seinem Thron loben. Die »lebendigen Wesen« sehen wie ein Löwe, ein Stier, ein Mensch und ein Adler aus (Offenbarung 4,7). Anscheinend handelt es sich um dieselben Geschöpfe, die in Hesekiel 1,5-14 und Hesekiel 10,9-14 beschrieben und die auch Cherubim genannt und von Engeln unterschieden werden (Offenbarung 15,7). Die Cherubim werden zuerst in 1. Mose 3,24 als Wächter des Gartens Eden erwähnt. Ihre Bilder wurden aus Gold gefertigt und auf der Bundeslade angebracht, um auf ihre Nähe zu Gott hinzuweisen.

Offensichtlich haben wir nicht verstanden, dass die »lebendigen Wesen«, die »Heilig, heilig, heilig« rufen, tatsächlich Tiere sind – lebendige, atmende, intelligente Tiere, die klar und deutlich sprechen können und in Gottes Gegenwart leben, ihn anbeten und loben. Sie waren schon vor den Tieren da, die wir kennen, und sind bedeutender als sie. Vielleicht sind sie die Prototypen der Geschöpfe des Himmels, nach denen Gott die Tiere der Erde entworfen hat. Doch obwohl sie hochintelligent sind und sich verständlich ausdrücken können, sind sie trotzdem Tiere, und so werden sie in der Bibel auch genannt.

Werden wir in den Tieren Gottes Eigenschaften erkennen?

»Seit Erschaffung der Welt haben die Menschen die Erde und den Himmel und alles gesehen, was Gott erschaffen hat, und können daran ihn, den unsichtbaren Gott, in seiner ewigen Macht und seinem göttlichen Wesen klar erkennen« (Römer 1,20). Oft wird dieser Vers als Hinweis auf Sterne, Berge, Seen und Naturwunder verstanden. Doch wir sollten Gottes höchste Schöpfung neben der Menschheit nicht übersehen: die Tiere. Die unsichtbaren Eigenschaften Gottes und sein göttliches Wesen kann man an Tieren erkennen.

Wenn das jetzt zutrifft, wie viel mehr wird es auf der neuen Erde zutreffen? Wie wird es sein, Löwen zu betrachten, sie zu beobachten, sie anzufassen und ihre Kraft, ihre Erhabenheit und königliche Würde zu bestaunen – und in ihnen Gott zu sehen? Wie wird es sein, Lämmer anzuschauen und ihre freundliche Duldsamkeit, ihre Sanftmütigkeit und Dienstbereitschaft zu sehen, über ihre Rolle bei den Opfern des ersten Bundes nachzudenken – und in ihnen Gott zu sehen?

Wenn der Fluch aufgehoben ist, sehen wir in Tieren mehr von Gottes Eigenschaften, als wir je gedacht hätten. Überlegen Sie, was an Ottern, Hunden und zahllosen anderen Tieren sichtbar wird: Gottes Freude am Spiel. Ich persönlich habe Gott wegen der Freude am Spiel, der Überschwänglichkeit, der Liebe und Hingabe der verschiedenen Hunde, die ich im Laufe der Jahre hatte, gelobt und wurde dadurch näher zu ihm hingezogen. Sie vermitteln die Schönheit ihres Schöpfers.

37

Werden Tiere, einschließlich unserer Haustiere, wieder leben?

Christus verkündet auf der neuen Erde von seinem Thron aus: »Ja, ich mache alles neu« (Offenbarung 21,5). Nicht nur die Menschen werden erneuert, sondern auch die Erde und »alles« darauf. Schließt dieses »alles« Tiere ein? Ja. Pferde, Katzen, Hunde, Hirsche, Delfine und Eichhörnchen – genau wie die unbelebte Schöpfung – werden Nutznießer des Todes und der Auferstehung von Christus sein.

Wie eng sind die Tiere an unsere Auferstehung gebunden?

In Römer 8,21-23 lesen wir:

> Die ganze Schöpfung hofft auf den Tag, an dem sie von Tod und Vergänglichkeit befreit wird zur herrlichen Freiheit der Kinder Gottes. Denn wir wissen, dass die ganze Schöpfung bis zu diesem Augenblick mit uns seufzt, wie unter den Schmerzen einer Geburt. Und wir selbst ... seufzen und erwarten sehnsüchtig den Tag, an dem Gott uns ... den neuen Körper geben wird, den er uns versprochen hat.

Nach der Auferstehung der Menschen werden die Tiere, die einst gelitten haben, auf der neuen Erde zusammen mit den Kindern Gottes frei von Tod und Vergänglichkeit leben.

Es ist kein abstraktes »Tierreich«, das da aufschreit. Die Geschöpfe, die seufzen und nach ihrer Auferstehung verlangen, sind konkrete leidende Menschen und konkrete Tiere. Sie schreien nach ihrer Befreiung, nicht nach der Befreiung eines anderen. Ich glaube, dass daraus hervorgeht, dass Gott eventuell einige Tiere, die auf der alten Erde gelebt haben, wieder erschafft.

Werden auf der neuen Erde ausgestorbene Tiere leben?

Jemand schrieb mir: »Meine Kinder hoffen, dass ausgestorbene Tiere, vielleicht sogar Dinosaurier, im Himmel sein werden.« Ist das nur die Vorstellung eines Kindes mit blühender Fantasie? Ich glaube, diese Frage gründet sich auf eine logische Schlussfolgerung. Gehörten Dinosaurier zu Gottes ursprünglicher Schöpfung einer vollkommenen Tierwelt? Sicher. Werden die Wiederherstellung der Erde und die Erlösung von Gottes Schöpfung vollständig genug sein, um ausgestorbene Tiere zurückzubringen? Werden ausgestorbene Tiere zu dem »alles« gehören, das Christus neu machen wird? Ich denke, dass alles dafürspricht und dass es kein überzeugendes Argument gibt, das dagegenspricht. Meiner Meinung nach können wir damit rechnen, dass ausgestorbene Tiere und Pflanzen ins Leben zurückgebracht werden. Durch die Auferweckung seiner ursprünglichen Schöpfung bekundet Gott seinen vollständigen Sieg über Sünde und Tod.

Werden wir unsere Haustiere auf der neuen Erde wiedersehen?

Der Humorist Will Rogers sagte: »Wenn es im Himmel keine Hunde gibt, dann will ich, wenn ich sterbe, dahin kommen, wo sie hingegangen sind.« Diese Aussage war natürlich gefühlsmäßig, nicht theologisch begründet. Sie enthält jedoch etwas Biblisches: eine von Gott geschenkte Tierliebe. Ich habe oft Gott für meinen Golden Retriever gedankt, der, als ich ein Junge war, in meinen Schlafsack kroch, während ich im Garten lag und die Sterne betrachtete. Obwohl ich damals Gott nicht kannte, berührte er durch diesen Hund mein Leben.

Tiere sind nicht annähernd so wertvoll wie Menschen, doch Gott ist ihr Schöpfer und hat das Leben vieler Menschen durch sie angerührt. Es wäre für ihn einfach, ein Haustier im Himmel wieder zu erschaffen, wenn er das will. Er ist der Geber aller guten Gaben, nicht jemand, der Gutes wegnimmt. Wenn es uns Freude machen würde, auf der neuen Erde ein Haustier zurückzuerhalten, dann ist ihm das vielleicht Grund genug, es zu tun.

Wir wissen, dass Tiere auf der neuen Erde leben werden und dass die neue Erde eine erlöste, alte Erde ist, auf der Tiere eine bedeutende Rolle gespielt haben. Menschen werden auferweckt werden, um auf dieser Welt zu leben. Wie wir sahen, wird in Römer 8,21-23 angenommen, dass Tiere als Teil einer leidenden Schöp fung sehnsüchtig auf ihre Befreiung durch die Auferstehung der Menschen warten. Das scheint vorauszusetzen, dass einige Tiere, die auf der alten Erde lebten, litten und starben, auf der neuen Erde heil gemacht werden. Könnten einige von ihnen wohl unsere Haustiere sein?

Auf der neuen Erde könnte Gott eines von drei Dingen tun:

1. völlig neue Tiere erschaffen; 2. Tiere, die in unserer jetzigen Welt gelitten haben, ins Leben zurückholen und ihnen einen unsterblichen Körper geben (das wäre eine wiederholte Schöpfung, nicht unbedingt eine Auferstehung); 3. einige Tiere völlig neu »von null an« erschaffen und einige der alten ins Leben zurückbringen.[1]

Ich vermeide den Ausdruck *Auferstehung*, denn ich fürchte, er könnte zu theologischen Irrtümern führen, indem die grundlegenden Unterschiede zwischen Menschen und Tieren verwischt werden. Im weitesten Sinne können jedoch die Wörter *Erlösung* und *Auferstehung* nicht nur auf die Menschen, sondern auch auf die Erde, die Pflanzen und die Tiere angewandt werden. Auferstandene Felder, Wiesen, Blumen oder Tiere sind keineswegs auferstandenen Menschen ebenbürtig. Doch so wie die ganze Schöpfung vom Sündenfall des Menschen betroffen war, so betreffen die Erlösung und Auferstehung der Menschen ebenfalls die ganze Schöpfung.

Welche Zukunft plant Gott für die Tiere?

Am 30. November 1781 hielt John Wesley, der einen großen Teil seines Lebens auf dem Pferderücken verbrachte, eine Predigt mit einer ungewöhnlichen Botschaft. Er begann mit den vielen Bibelstellen, in denen Gott von der Sorge für Vieh und Vögel spricht, und erinnerte daran, dass man dem Ochsen, der drischt, nicht das Maul zubinden soll. Wesley fragte: »Wenn der Schöpfer und Vater alles Lebens so viel Erbarmen gegenüber allen hat …, wie kommt es dann, dass die Erde von so viel Elend bedeckt ist? … Alle Tiere des Feldes und die Vögel des Himmels waren mit Adam im Paradies. Und ohne Frage war ihr Zustand an ihren Ort angepasst: Es war paradiesisch; es herrschte vollkommenes Glück.«[2]

Wesley beschrieb die Rolle, die dem Menschen auf der Erde ursprünglich zugewiesen war, und wie die Tiere von der Treue des Menschen gegenüber Gott profitierten und dann wegen der Auflehnung des Menschen litten: »Der Mensch war Gottes Stellvertreter auf der Erde, der Prinz und Statthalter, und der ganze Segen Gottes floss durch ihn auf die niedrigeren Geschöpfe. Der Mensch war sozusagen der Verbindungsweg zwischen dem Schöpfer und der Tierwelt. … Als der Mensch sich selbst für die Übertragung dieses Segens unfähig machte, war die Verbindung notwendigerweise abgeschnitten.«

Wesley war der Auffassung, dass die Tiere ursprünglich mehr Verstand, Willenskraft, Leidenschaften, Freiheit und Entscheidungsmöglichkeiten hatten. Er hielt ihren derzeitigen Zustand für minderwertiger als ihren Ursprungszustand. Nach einem Bericht über die traurige Geschichte der Tierquälerei fragte Wesley: »Wird die Kreatur, die Tierwelt, immer in diesem erbärmlichen Zustand bleiben? Gott bewahre, dass wir das bejahen oder auch nur einen solchen Gedanken hegen! … Sämtliche Tiere werden zweifellos wiederhergestellt werden, nicht nur bis hin zu der Energie, Kraft und Behändigkeit, die sie bei der Schöpfung hatten, sondern zu viel mehr, als sie je ihr Eigen nannten.«

Wesley malte eine herrliche Wiederherstellung des Tierreichs auf der neuen Erde aus: »Und mit ihrer Schönheit wird ihr Glück zurückkehren. … Auf der neuen Erde wird es wie im neuen Himmel nichts geben, das Schmerz verursacht, aber alles, was die Weisheit und Güte Gottes schaffen kann, um Glück zu schenken. Als Entschädigung für das, was sie [die Tiere] einst gelitten haben …, werden sie ein Glück genießen, das ihrem Zustand angepasst ist, ohne bitteren Beigeschmack, ohne Unterbrechung und ohne Ende.« Dann spekulierte Wesley: »Könnte es dem allwissenden, dem über alles gnädigen Schöpfer gefallen, sie in der Rangordnung der Lebewesen auf eine höhere Stufe zu stellen? Könnte es ihm gefallen, sie fähig zu machen, ihren Schöpfer zu kennen, zu lieben und sich an ihm zu freuen?«

Könnte es möglich sein, dass einige Tiere sprechen?

Die meisten Menschen, die mit Begeisterung die Kindergeschichten von Beatrix Potter, C. S. Lewis oder anderen gelesen haben, in denen sprechende Tiere vorkommen, haben dennoch wahrscheinlich nie ernsthaft die Möglichkeit erwogen, dass einige Tiere im Garten Eden vielleicht tatsächlich sprechen konnten oder dass sie auf der neuen Erde sprechen können.

Wir erfahren, dass die Schlange im Garten Eden »das listigste von allen Tieren, die Gott der Herr erschaffen hatte« war (1. Mose 3,1). *Listiger* deutet darauf hin, dass einige der anderen Tiere auch listig waren. Die Tiere waren klug, wahrscheinlich klüger, als wir uns vorstellen; die intelligentesten Tiere, die wir kennen, sind nur ein Schatten von dem, was sie einmal waren. Die Intelligenz der Schlange erkennt man an ihren logisch durchdachten und überzeugenden Äußerungen.

Werden wir in einem Universum, das vor Gottes Kreativität nur so strotzt, über sprechende Tiere oder intelligente, nicht menschliche Wesen wie etwa Engel und »lebendige Wesen«, die nicht nur sprechen, sondern auch Gott anbeten, erstaunt sein? Wenn die Menschen auf der neuen Erde klüger und fähiger sind, dann sollten wir nicht überrascht sein, dass die Tiere vermutlich auch klüger und fähiger sind. Denken Sie daran: Beim Sündenfall und bei der Auferstehung ergeht es der Schöpfung so wie den Menschen.

Was werden wir im Himmel tun?

38

Wird es im Himmel langweilig sein?

Ein weitverbreitetes Missverständnis über die Ewigkeit taucht in einer Episode von *Star Trek: The Next Generation* auf. Ein Mitglied des unsterblichen *Q continuum* sehnt sich nach dem Ende seiner Existenz. Warum? Weil alles, was gesagt und getan werden kann, schon gesagt und getan wurde, so beklagt er sich, und weil es deshalb nur Wiederholung und Langeweile gibt. Er erklärt: »Unsere Krankheit heißt Unsterblichkeit.« Schließlich wird es ihm erlaubt, seiner Existenz ein Ende zu setzen.

Sogar unter Christen herrscht leider die falsche Auffassung vor, dass der Himmel langweilig ist. Offenbar können wir uns nichts anderes vorstellen, als dass wir ständig auf einer Harfe herumzupfen oder Straßen aus Gold polieren. Wir sind auf die Strategie Satans hereingefallen, der »Lästerungen gegen Gott [ausstößt] und seinen Namen [verhöhnt] und sein Zelt und alle, die im Himmel wohnen« (Offenbarung 13,6).

Was werden wir tun, um Langeweile zu vermeiden?

»Ich amüsiere mich lieber in der Hölle, als dass ich mich im Himmel langweile« ist deshalb ein typischer Satz. Viele Leute stellen sich die Hölle eben als einen Ort vor, an dem sie sich herumtreiben, Billard spielen und mit Freunden scherzen. Das könnte für die neue Erde zutreffen, aber nicht für die Hölle.

Die Hölle ist ein Ort der Qual und der Isolation, wo es keine Freundschaften und kein Vergnügen gibt. Die Hölle wird tödlich langweilig sein. Alles Gute, Erfreuliche, Erfrischende, Faszinierende und Interessante kommt von Gott. Ohne Gott gibt es nichts Interessantes zu tun. König David schrieb: »Du wirst mir den Weg zum Leben zeigen und mir die Freude deiner Gegenwart schenken. Aus deiner Hand kommt mir ewiges Glück« (Psalm 16,11). In der Gegenwart Gottes herrscht nichts als Freude.

Hinter unserem Glauben, dass der Himmel langweilig ist, steckt eine Irrlehre: dass Gott langweilig ist. Es gibt keinen größeren Unsinn. Unser Wunsch nach Vergnügen und dem Erleben von Freude kommt direkt aus Gottes Hand. Er schuf unsere Geschmacksknospen, das Adrenalin, unsere Sexualität und die Nervenenden, die unserem Gehirn Vergnügen übermitteln. Auch unsere Vorstellungskraft und unsere Fähigkeit, Freude und Spaß zu empfinden, sind von demselben Gott geschaffen worden, den wir beschuldigen, langweilig zu sein. Sind wir so vermessen zu glauben, dass der Mensch den Spaß ganz allein erfunden hat? »Wird es nicht langweilig, die ganze Zeit brav zu sein?«, fragte jemand. Achten Sie auf die Vermutung, die dahintersteht: Sünde ist faszinierend, Rechtschaffenheit ist langweilig. Wir sind auf die Lüge des Teufels hereingefallen. Seine ganz grundlegende Strategie, dieselbe, die er schon bei Adam und Eva anwandte, besteht darin, uns einzureden, dass Sünde Befriedigung mit sich bringt. Doch in Wirklichkeit bringt uns die Sünde um die Befriedigung. Die Sünde macht das Leben nicht interessant, sie macht das Leben leer. Die Sünde schafft kein Abenteuer, sondern lässt abstumpfen. Die Sünde macht das Leben nicht weiter, sondern enger. Die Leere der Sünde führt unausweichlich zu Langeweile. Wenn wir Befriedigung erleben, wenn wir Schönheit entdecken, wenn wir Gott sehen, wie er wirklich ist – ein unendlicher »Speicher« faszinierender Möglichkeiten –, dann wird Langeweile undenkbar.

Wer glaubt, dass es ohne Sünde nichts Aufregendes gibt, dessen Gedanken sind von der Sünde vergiftet. Drogenabhängige sind davon überzeugt, dass sie ohne ihre Drogen nicht glücklich sein können. Tatsächlich und wie jeder sehen kann, werden sie aber von den Drogen ruiniert. Freiheit von Sünde bedeutet Freiheit, das zu sein, was Gott beabsichtigt hat – die Freiheit, in allem viel größere Freude zu finden. Im Himmel erleben wir Erfüllung und, wie Psalm 16,11 es beschreibt, Freude und ewiges Glück.

Ein anderer Grund, weshalb Menschen annehmen, dass der Himmel langweilig ist, liegt darin, dass ihr Leben als Christ langweilig ist. Das ist nicht Gottes Schuld, sondern ihre eigene. Gott fordert uns auf, ihm in ein Abenteuer zu folgen, das unser Leben spannend macht. Wenn wir die belebenden Impulse des Heiligen Geistes empfangen, ihm vertrauen, dass unser Leben durch seine göttlichen Aufträge spannend wird, wenn wir mit kindlicher Freude seine tägliche Freundlichkeit erleben, dann wissen wir, dass Gott faszinierend und der Himmel im positiven Sinne aufregend ist. Was sollte er denn auch sonst sein?

Wird unsere Arbeit interessant sein?

Ist das nicht eine interessante Arbeitsplatzbeschreibung: Wir werden Gott helfen, das Universum zu verwalten (Lukas 19,11-27)! Das Bild von auferstandenen Menschen bei der Arbeit in einer pulsierenden Gesellschaft auf einer auferstandenen Erde, das die Bibel zeichnet, könnte nicht anschaulicher sein.

Auf der neuen Erde wird Gott uns einen erneuerten Verstand und einen wunderbar gebauten Körper geben, und deshalb werden wir heile Menschen sein, voller Energie und Weitsicht. James Campbell sagt: »Die Arbeit im Jenseits, worin sie auch immer bestehen mag, wird an die besonderen Neigungen und Fähigkeiten jedes Einzelnen angepasst sein. Es wird die Arbeit sein, die jeder am besten verrichten kann, die Arbeit, in der alles, was in jedem Einzelnen steckt, sich frei entfalten kann.«[1]

Sogar unter dem Fluch erhaschen wir immer wieder einen Blick davon, wie bereichernd Arbeit sein kann, wie sie dabei helfen kann, starke Beziehungen aufzubauen und uns selbst zu verbessern. Die Arbeit fordert etwas von uns und macht uns dadurch klüger, weiser und zufriedener. Der Gott, der uns geschaffen hat, damit wir zu guten Taten fähig sind (Epheser 2,10), wird sein Ziel nicht aufgeben, wenn er uns zum Leben im neuen Universum auferweckt.

Es wird deutlich gesagt, dass wir im Himmel Gott dienen werden (Offenbarung 7,15; 22,3). Dienen ist aktiv, nicht passiv. Dazu gehört das Übernehmen von Verantwortung, also der Einsatz von Energie. Die Arbeit im Himmel wird nicht frustrierend oder vergeblich sein. Sie führt stattdessen zu dauerhafter Leistung, wird nicht von Vergänglichkeit und Müdigkeit erschwert, sondern durch unbegrenzte Mittel wertvoll gemacht. Wir werden an die Arbeit mit derselben Begeisterung herangehen, mit der wir unseren Lieblingssport oder unser Hobby ausüben.

Stellen Sie sich die Blumen vor, die Botaniker untersuchen werden, die Tiere, die Zoologen erforschen und mit denen sie spielen werden. Begabte Astronomen und Forscher gehen von Sternensystem zu Sternensystem, von Galaxie zu Galaxie und beobachten die Wunder in Gottes Schöpfung. Eine körperlose Existenz wäre langweilig, aber die Wirklichkeit unserer körperlichen Auferstehung lässt keine Langeweile aufkommen. Wenn wir glauben, dass das Leben auf der neuen Erde langweilig sein wird, dann ist uns etwas entgangen. Befassen Sie sich etwas genauer mit Gott und seinem Wort, dann werden alle Befürchtungen, dass wir uns in seiner Gegenwart langweilen könnten, verschwinden.

Wird unsere Lebensarbeit fortgesetzt?

Da zwischen der alten und der neuen Erde Kontinuität besteht, ist es möglich, dass wir einen Teil der Arbeit, die wir auf der alten Erde begonnen haben, fortsetzen. Menschen, deren Arbeit nötig ist, weil wir in einer gefallenen Welt leben, und deren Arbeit es deshalb auf der neuen Erde nicht mehr gibt, wie zum Beispiel Zahnärzte, Polizisten, Bestatter, Versicherungsvertreter und viele andere, werden im Himmel ihren Beruf nicht mehr ausüben können. Doch das bedeutet nicht, dass sie arbeitslos werden. Was jetzt eine Vorliebe oder ein Hobby ist, könnte zu ihrem Hauptberuf werden. Andere jedoch werden vielleicht eine ähnliche Arbeit wie jetzt verrichten, sei es als Gärtner, Ingenieur, Baumeister, Künstler, Dompteur, Musiker, Wissenschaftler, Handwerker oder in einem der vielen anderen Berufe. Der Schriftsteller Victor Hugo machte beim Nachdenken über sein Lebenswerk scharfsinnige Bemerkungen zu seiner künftigen Arbeit im Himmel:

> Ich fühle dieses künftige Leben in mir. Ich bin wie ein Wald, der abgeholzt wurde: die neuen Pflanzentriebe wachsen stärker und prachtvoller. Ich werde sicherlich in den Himmel aufsteigen. Je mehr ich mich dem Ende nähere, umso deutlicher höre ich den Klang der Symphonien der Welten, die mich einladen. Ein halbes Jahrhundert lang habe ich meine Gedanken in Prosa und in Verse umgesetzt: Ich habe mich an Geschichte, Drama, Philosophie, Roman, Überlieferung, Satire, Ode und Lied versucht. Doch ich habe den Eindruck, dass ich nicht einem Tausendstel von dem, was in mir liegt, Ausdruck verliehen habe. Wenn ich ins Grab gelegt werde, kann ich wie andere sagen: »Mein Tagewerk ist vollendet.« Doch ich kann nicht sagen: »Mein Leben ist vollendet.« Meine Arbeit wird am nächsten Morgen weitergehen. Das Grab ist keine Sackgasse, es ist eine Durchgangsstraße. Es schließt sich in der Abenddämmerung, öffnet sich aber zum Morgengrauen.[2]

Ich bin davon überzeugt, dass Victor Hugo recht hatte, dass das Lebenswerk eines jeden Christen, wenn auch nicht immer sein Beruf, auf der neuen Erde fortgesetzt wird. Schließlich endet unsere Berufung, Gott zu verherrlichen, nie. Sie gilt hier und jetzt genauso wie dort und wird wahrscheinlich in gewohnter wie auch in neuer Weise erfüllt.

In dem Buch *The Biblical Doctrine of Heaven* meint Wilbur Smith: »Im Himmel dürfen wir viele der großen Aufgaben fertigstellen, die wir auf der Erde gerne vollendet hätten, wozu wir aber aufgrund mangelnder Zeit oder Kraft oder Fähigkeit nicht in der Lage waren.«[3] Das ist ein ermutigender Gedanke. Er bewahrt uns vor der fieberhaften Hektik, alles jetzt tun zu müssen, oder vor einer verzweifelten Resignation, weil Zeit-, Geld- und Kräftemangel sowie verschiedene Pflichten uns so oft von den Dingen abhalten, die wir liebend gerne täten.

Auch James Campbell fand in diesem Gedanken Trost:

> Dies wirft bis zu einem gewissen Grade ein versöhnliches Licht auf das schmerzliche Geheimnis eines Lebens, das in der Blüte seiner Kraft plötzlich beendet wird. Im Angesicht einer solchen Tragödie fragen wir unwillkürlich: Warum diese Verschwendung? Gehen all das Wissen, das Können und die Kultur dieses ausgezeichneten Geistes verloren? Das kann nicht sein, denn in Gottes Universum geht nichts verloren. Keine Vorbereitung ist vergeblich. Dort oben braucht man klare Köpfe, warme Herzen und geschickte Hände. … Wenn eine Arbeit erledigt ist, beginnt eine andere; wenn eine Pflicht abgegeben ist, wird eine andere übernommen. Und jedes Bedauern wegen einer unvollendeten Aufgabe hier unten weicht der Vorfreude auf den höheren Dienst, der auf jeden vorbereiteten und willigen Arbeiter im oberen Reich des Vaters wartet. … Er lässt nicht zu, dass eine vom Himmel geschenkte Hoffnung zuschanden wird, sondern sorgt dafür, dass die herrlichsten Visionen des Lebens wahr werden.[4]

Wie wird es sein, eine Aufgabe zu erledigen, etwas zu bauen und zu erschaffen und dabei zu wissen, dass das, was wir tun, unvergänglich ist? Wie wird es sein, ständig sein Können zu erweitern, sodass unsere beste Arbeit immer noch vor uns liegt? Da unser Verstand und unser Körper nie schwächer werden, da es uns nie an Mitteln und Gelegenheiten fehlt, wird unsere Arbeit nie schlechter werden. Gebäude werden nicht nur fünfzig Jahre stehen und Bücher nicht nur zwanzig Jahre lang auf Lager bleiben. Sie werden für immer bestehen bleiben.

Wird es kulturelle Entwicklungen geben?

Hätte es ohne den Sündenfall eine menschliche Kultur gegeben? Gewiss. Die Kultur ist das natürliche, von Gott geplante Ergebnis der Begabung, Ausrüstung und Berufung der Menschen, damit sie über die Schöpfung herrschen. Kurz nach dem Sündenfall beschreibt die Bibel Entwicklungen in der Landwirtschaft, in der Metallbearbeitung und in der Herstellung von Musikinstrumenten (1. Mose 4,20-22). Hätte Gott an diesen kulturellen Verbesserungen kein Interesse gehabt, hätte er sie nicht erwähnt. Gott schuf die Menschen so, dass sie ihn in ihren kreativen Errungenschaften verherrlichen, und er freut sich an ihnen.

Nur zwei Personen in der Menschheitsgeschichte haben ansatzweise empfunden, wie es ist, wenn man Gottes Befehl, die Erde untertan zu machen, erfüllt. Allerdings kamen sie nicht sehr weit. War Gott so kurzsichtig, dass er den Sündenfall nicht vorhersah? Gab er Adam und Eva auf, nachdem sie gesündigt hatten? Nein. Er hatte einen Plan, der seine ursprüngliche Absicht in noch größerer Weise erfüllt. Die auferstandene Kultur wird ständig neue Höhen erreichen, Höhen, die keine Gesellschaft bisher gesehen hat.

In dem Buch *The Promise of the Future* schreibt der Theologe Cornelius Venema:

> Jede gottgefällige und ausgezeichnete Frucht der menschlichen Kultur wird in die neue Schöpfung eingebracht und leistet ihren Beitrag zu der Großartigkeit des Lebens in dieser neuen Schöpfung. Die neue Schöpfung ist kein radikaler Neubeginn, bei dem all die ausgezeichneten und edlen Früchte vollständig beiseitegelegt werden, die daraus entstanden sind, dass die Menschen ihren kulturellen Auftrag erfüllt haben – die neue Schöpfung wird vielmehr von diesen Früchten profitieren und durch sie außerordentlich bereichert werden.[5]

Wir sollten unseren Blick für das, was Gott für uns bereithält, weit machen. Gottes Erlösungswerk ist viel größer, als wir uns vorstellen können, weil Gott selbst viel größer ist, als wir uns vorstellen können.

Eine Theologie des Rettungsbootes oder eine Theologie der Arche?

Paul Marshall spricht von der weitverbreiteten, aber irrigen Vorstellung, dass wir die Welt dauerhaft zerstört haben. Er sagt, dass viele Menschen der Meinung sind: »Jetzt kommt es nur noch darauf an, Menschen vor dem Untergang zu retten.«[6] Er nennt dies die *Theologie des Rettungsbootes*:

> Man kann die Schöpfung mit der *Titanic* vergleichen: Jetzt, nachdem wir auf den Eisberg der Sünde geprallt sind, bleibt uns nichts anderes übrig, als in die Rettungsboote zu steigen. Das Schiff sinkt schnell. Gott hat es aufgegeben und ist nur noch um das Überleben seiner Leute besorgt. Jede Anstrengung, die wir unternehmen, um Gottes Schöpfung zu retten, läuft lediglich auf eine Umgruppierung der Liegestühle hinaus. Manche sagen, dass unsere einzige Aufgabe darin besteht,

> in die Rettungsboote zu steigen, sie seetüchtig zu halten, Ertrinkende aus dem Wasser zu ziehen und weiterzusegeln, bis wir in den Himmel kommen, wo alles gut sein wird.[7]

Marshall ist der Auffassung, dass viele evangelikale Christen von dieser Meinung und dieser Zukunftsaussicht bestimmt werden. Er schlägt eine Alternative zur Theologie des Rettungsbootes vor und nennt sie die *Theologie der Arche*:

> Noahs Arche rettete nicht nur Menschen, sondern bewahrte auch die anderen Geschöpfe Gottes. Das Ziel der Arche war nicht die Flucht, sondern die Rückkehr auf das Land und ein Neubeginn. Nach dem Rückgang der Flut sollte jeder und alles zurückkehren, um die Erde wieder aufzubauen.[8]

Dass Gott die Menschheit, die Tiere und die Erde selbst erhalten hat, zeigt, dass er seine Schöpfung nicht aufgegeben hat. Nach dem Sündenfall gab er Noah sogar genau denselben Befehl, den er Adam und Eva vor dem Sündenfall gegeben hatte: Bevölkert die Erde und herrscht über sie. Noah stieg aus der Arche und pflanzte einen Weinberg (1. Mose 9,20), und die Menschen waren wieder zurück, um auf der Erde zu arbeiten.

Unsere Gaben und besonderen Vorlieben sind kein Zufall. Gott hat uns so gemacht. Jeden von uns hat er genau so geschaffen, dass er auf einzigartige Weise seine Herrlichkeit ausdrückt. Gott will sich freuen, wenn wir uns gemeinsam und miteinander in einer immer neu sich kreativ entfaltenden Kultur ausdrücken.

Wie werden wir unsere Kreativität ausdrücken?

Sogar unter dem Fluch haben die menschliche Vorstellungskraft und Fertigkeit in dieser Welt viele beeindruckende Werke hervorgebracht. Die Statuen der Osterinsel, Stonehenge, die Theaterstücke von Shakespeare, Beethovens Neunte Symphonie, die Golden Gate Bridge, Baseball, Herztransplantationen. Die Liste ist endlos.

Was werden wir gemeinsam mit den Mitteln erreichen, die Gott uns auf der neuen Erde verschwenderisch zur Verfügung stellt? Wenn wir darüber nachdenken, sollten wir wie Kinder sein, die sich auf Weihnachten freuen.

Ich stimme mit Anthony Hoekema überein, wenn er sagt:

> Die Möglichkeiten, die sich jetzt vor uns auftun, sind verwirrend. Wird es auf der neuen Erde »bessere Beethovens« geben? ... bessere Rembrandts, bessere Raphaels? Werden wir bessere Poesie, bessere Theaterstücke und bessere Prosa lesen? Werden die Wissenschaftler weitere Fortschritte in den technischen Errungenschaften machen, werden Geologen weiter die Schätze der Erde ausgraben und Architekten imposante und reizvolle Bauwerke erstellen? Wird es aufregende neue Abenteuer in der Raumfahrt geben? ... Unsere Kultur wird Gott auf unendlich viele verschiedene Weisen verherrlichen, die sogar unsere fantastischsten Träume übersteigen.[9]

Was würden Leonardo, Galileo, Edison oder Einstein leisten, wenn sie nur tausend Jahre lang unbehindert vom Fluch leben könnten? Was werden wir leisten, wenn wir mit einem auferstandenen Körper und einem auferstandenen Verstand für immer mit anderen zusammenarbeiten?

Auf der neuen Erde werden die Gaben, die Gott uns geschenkt hat, nie durch Alter, Tod, Überforderung, Unsicherheit oder Faulheit verloren gehen. Wenn die Menschen einmal nicht mehr von der Sünde und den harten Anforderungen des Alltags abgelenkt und beeinträchtigt sind, werden sie zu Gottes ewiger Ehre auf einem noch nie da gewesenen Niveau kreativ und erfinderisch tätig sein.

Werden wir der Kultur ein neues Gepräge geben?

Engel hätten die Welt so erhalten können, wie Gott sie geschaffen hatte. Nur Menschen, die nach dem Bild Gottes geschaffen sind, können die Erde weiterentwickeln und bereichern. Das ist Kultur. Dazu gehören Kunst, Wissenschaft und Technik. Die Frage, ob diese kreativen Tätigkeiten in der Ewigkeit fortgesetzt werden, ist beantwortet, wenn wir der Bibel glauben, dass sowohl die Menschen als auch die Erde gegenständlich weiter bestehen werden. Wenn dem so ist, muss die Kultur weitergeführt werden.

Gott ist ein Schöpfer, er hat uns geschaffen, damit wir auch kreativ sind. Was wir erschaffen, ist deshalb eine Ausweitung von Gottes Schöpfung. Er nimmt unsere Schöpfung an und freut sich darüber, wie er sich auch über die Namen freute, die Adam den Tieren gab. In dem Buch *Exploring Heaven* überlegt Arthur Roberts, wie das Leben sein wird, wenn der Fluch der Sünde aufgehoben ist:

> Die Stadt des Menschen enthält Anzeichen einer kommenden Herrlichkeit. Die Zivilisation hat Gesundheit und Sicherheit mit sich gebracht. Sie hat von mühseliger Arbeit befreit und bietet Millionen von Menschen kreative Vergnügen. Wie viel mehr wird die Zivilisation erblühen, wenn sie vom Fluch der Sünde befreit ist! Im Himmel wird es städtisches und ländliches Leben geben. ... Die Stadt des Menschen dringt jetzt schon forschend in den Weltraum ein. Sie hat bereits das menschliche Genom katalogisiert. ... Wenn der Fluch der Sünde aufgehoben und das Weltende vorbei ist, werden Menschen im Himmel aktive Haushalter des Herrn werden und das Universum der Dinge und Ideen ergänzen oder erweitern. Die ganze Schöpfung seufzt, sagt Paulus, und wartet auf die Erlösung der Menschheit. Die Zivilisation ist nicht alt, sie hat kaum begonnen![10]

39

Wird es im Himmel Kunst, Unterhaltung und Sport geben?

Musik, Tanz, das Erzählen von Geschichten, Kunst, Unterhaltung, Theater und Bücher haben in der menschlichen Kultur eine wichtige Rolle gespielt. Bleiben sie auf der neuen Erde Teil unseres Lebens? Ich bin davon überzeugt.

Werden wir singen und musizieren?

Saßen Sie jemals schweigend überwältigt da, nachdem Sie einem wunderbar vorgetragenen Musikstück gelauscht haben? Wenn es Ihnen wie mir geht, dann würden Sie eine solche Atmosphäre von Erhabenheit am liebsten nie verlassen. Auf der neuen Erde ist das auch nicht nötig. Unser großer Gott wird über allem, unter allem und in allem sein. Wir werden Gottes Wunder nicht nur in der Natur sehen, sondern auch in der Leistung eines jeden Menschen.

»Ich will dem Herrn singen, solange ich lebe. Ich will meinen Gott loben, solange ich auf Erden bin« (Psalm 104,33). Auf der Erde singen und musizieren kreative, künstlerische und begabte Menschen zur Ehre Gottes. Der Apostel Johannes spricht von Posaunen und Harfen im Zwischenhimmel (Offenbarung 8,7-13; 15,2). Wenn wir in unserem Leben vor der Auferstehung Musikinstrumente haben, dann werden wir sie erst recht auf der neuen Erde vorfinden.

Die 144 000, »die von der Erde erlöst worden waren«, singen vor Gottes Thron »ein neues Lied« (Offenbarung 14,2-3). Die

Menschen im Paradies singen »das Lied Moses«, ein Lied, das auf der verfluchten Erde geschrieben wurde – wahrscheinlich das Lied aus 2. Mose 15, in dem sie über die Erlösung durch die Feier des Passahmahles jubeln (Offenbarung 15,2-3). Das deutet darauf hin, dass wir sowohl alte als auch neue Lieder singen werden, Lieder, die auf der Erde, und Lieder, die im Himmel geschrieben wurden. Die Lieder singen von Gottes Größe, Gerechtigkeit, Wahrheit, Heiligkeit und Einzigartigkeit (Offenbarung 5,9-10).

Die Lieder der Bibel werden bestehen bleiben, doch auch andere Musik von der Erde bleibt vielleicht ebenfalls erhalten. Denken Sie an Händels *Messias*, Luthers *Ein feste Burg ist unser Gott* und den Spiritual *Swing Low, Sweet Chariot*. Was geschieht mit den Tausenden Chorälen und Lobliedern aus Hunderten von Kulturen? Stellen Sie sich einen fernen Volksstamm vor, der Loblieder in einer wunderschönen Sprache singt, die Sie noch nie gehört haben.

Musik ist transzendent – sie ist eine Brücke zwischen zwei Welten. Deshalb widmen sich Menschen ganz der Musik und haben so viel Freude an ihr. Im Himmel wird Gott unserer Kreativität freien Lauf geben, sie nicht einschränken. Als Anfänger komponiere ich vielleicht etwas, das von Bach stammen könnte. Welche Art Musik wird dann Ihrer Meinung nach wohl Bach komponieren?

Werden wir tanzen?

Schon immer haben Menschen zu Gottes Ehre auf der Erde getanzt (Prediger 3,4; Jeremia 31,12-14). Nach dem Durchzug durch das Rote Meer tanzten Mirjam und die Frauen Israels, spielten auf Tamburinen und sangen Gott Lob (2. Mose 15,20-21). König David sprang und tanzte und rühmte vor dem Herrn (2. Samuel 6,16). Als der verlorene Sohn zurückkehrte, war das Haus mit Musik und

Tanz erfüllt (Lukas 15,25). Wie viel mehr sollten wir erwarten, dass wir auf der neuen Erde tanzen!

Gott stellt die Musik und den Tanz neben die einfachen irdischen Freuden am Pflanzen und Genießen der Früchte: »Ich will dich wiederum bauen, dass du gebaut sein sollst, du Jungfrau Israel; du sollst dich wieder schmücken, Pauken schlagen und herausgehen zum Tanz. Du sollst wieder Weinberge pflanzen an den Bergen Samarias; pflanzen wird man sie und ihre Früchte genießen« (Jeremia 31,4-5; LUT).

Gott und nicht Satan fordert uns auf zu tanzen. Wenn Sie glauben, dass Satan das Tanzen erfunden hat oder dass Tanzen an sich Sünde ist, dann geben Sie Satan zu viel Anerkennung und Gott zu wenig.

Gott hat in uns eine unwillkürliche körperliche Reaktion auf Musik hineingelegt. Da Musik ein Mittel zur Anbetung ist, ist der Tanz es auch. Natürlich wird Gott durch manches Tanzen entehrt, genauso wie Gott durch manches Essen und Trinken und durch manche Gebete und religiösen Handlungen entehrt wird. Leider wurde das Tanzen oft mit Sittenlosigkeit und Unanständigkeit in Zusammenhang gebracht. Diese Art Tanz wird es natürlich auf der neuen Erde nicht geben.

Werden wir lachen?

»Wenn man im Himmel nicht lachen darf, dann will ich dorthin nicht gehen.« Das sagte nicht Mark Twain, sondern Martin Luther.

Woher stammt der Humor? Nicht von Menschen, Engeln oder vom Satan. Gott schuf alle guten Dinge, einschließlich des guten Humors. Wenn Gott keinen Sinn für Humor hätte, dann hätten wir als sein Ebenbild auch keinen. Dass er einen Sinn für Humor hat, zeigt sich in seiner Schöpfung. Denken Sie an Erdferkel und Paviane. Schauen Sie eine Giraffe genau an. Da muss man doch schmunzeln, oder?

Im Himmel, glaube ich, werden wir oft in Lachen ausbrechen. Wenn wir lachen, ohne dass es auf Kosten anderer geht, dann freut Gott sich immer darüber. Ich glaube, Christus wird mit uns lachen, und sein Geist und Witz und seine Lebenslust werden unsere wichtigste Quelle für endloses Lachen sein.

Nichts geht über das Lachen mit guten Freunden. Die Bibel beschreibt oft, wie wir in Gottes kommendem Reich miteinander am Tisch sitzen. Was hört man, wenn Freunde miteinander essen und sprechen? Gemeinsames Lachen. Gott hat uns so geschaffen, dass wir für unser Leben gern lachen. Lachen ist Therapie. Das neue Universum wird vom Lachen widerhallen.

Was das Lachen betrifft, so bringe ich keine Spekulationen vor. Ich kann Bibelstellen dazu nennen, die man eigentlich auswendig lernen sollte. Jesus sagt zum Beispiel: »Gott segnet euch, die ihr jetzt hungert, denn ihr werdet satt werden. Gott segnet euch, die ihre jetzt weint, denn die Zeit wird kommen, in der ihr vor Freude lachen werdet« (Lukas 6,21). Ihr werdet lachen.

Wann werden wir satt werden? Im Himmel. Wann werden wir lachen? Im Himmel. Können wir sicher sein? Ja. Jesus sagt uns genau, wann dieses Versprechen erfüllt wird: »Wenn das geschieht, dann freut euch, springt vor Freude! Denn im Himmel erwartet euch eine große Belohnung« (Lukas 6,23).

So wie Jesus das Sattwerden als Belohnung im Himmel verspricht, so verspricht er auch Lachen als Belohnung. In Erwartung des künftigen Lachens sagt Jesus, dass wir jetzt vor Freude springen sollen. Können Sie sich vorstellen, wie jemand still vor Freude springt, ganz ohne zu lachen? Was hören Sie, wenn Sie eine Gruppe von Menschen sehen, die sich freuen? Lachen. Lachen ist Gottes

Geschenk an die Menschen, ein Geschenk, das nach der Auferstehung unseres Körpers eine ungeahnte Größe erreichen wird.

Die Belohnung der Trauernden wird Lachen sein. Verse wie dieser in Lukas 6 gaben den ersten Christen Kraft, die Verfolgung mit einem »Verständnis des Himmels als Ausgleich für verlorene irdische Vorrechte«[1] zu ertragen. In der frühchristlichen griechischen Tradition war der Ostermontag ein »Tag der Freude und des Lachens«, und er wurde »Strahlender Montag« genannt.[2] Nur die Nachfolger von Christus können angesichts von Verfolgung und Tod lachen, weil sie wissen, dass ihr derzeitiges Leid nicht alles ist. Sie wissen, dass sie eines Tages lachen werden.

Sogar die Armen, die Kranken und die Trauernden können das therapeutische Lachen erfahren. Selbst bei Gedenkgottesdiensten kommt es manchmal vor, dass Menschen lachen, sogar angesichts des Todes. Und wenn wir schon hier und jetzt lachen können – in einer Welt voller Armut, Krankheit und Katastrophen –, dann werden wir gewiss im Himmel noch viel mehr lachen.

Eine von Satans großen Lügen ist, dass Gott – wie das Gute – freudlos und humorlos ist, während Satan – und das Böse – Vergnügen und Befriedigung mit sich bringt. In Wirklichkeit ist es Satan, der humorlos ist. Die Sünde hat ihm keine Freude gebracht, sondern ihn für immer der Freude beraubt. Stellen Sie sich dagegen Jesus mit seinen Jüngern vor. Wenn Sie sich nicht ausmalen können, wie er sie neckt und mit ihnen lacht, dann müssen Sie Ihr Verständnis von der Menschwerdung neu überdenken. Wir brauchen eine biblische Theologie des Humors, die uns auf eine Ewigkeit voll Feiern und spontanem Lachen vorbereitet.

Wer ist der intelligenteste, kreativste, witzigste und fröhlichste Mensch im Universum? Jesus Christus. Wessen Lachen wird auf der neuen Erde am lautesten klingen und am ansteckendsten sein? Das von Jesus Christus.

Wenn Sie in dieser Welt vor Schwierigkeiten und Entmutigung stehen, dann richten Sie Ihren Blick auf die Quelle Ihrer Freude. Denken Sie an das Versprechen, das Jesus gegeben hat: »Gott segnet euch, die ihr jetzt weint, denn die Zeit wird kommen, in der ihr vor Freude lachen werdet« (Lukas 6,21).

Werden wir spielen?

Als Kinder haben wir miteinander und mit Hunden, Katzen und Fröschen gespielt. Es machte unheimlich viel Spaß, Verstecken zu spielen, auf Bäume zu klettern, Schlitten zu fahren und Schneebälle oder Fußbälle zu werfen. Wir spielten pausenlos und mussten nie aufhören, um unseren Lebensunterhalt zu verdienen. Wir spielten einfach, weil es Spaß machte. Freut sich Gott über so etwas? Ja, weil er einen kindlichen Geist geschaffen hat und auch schätzt (Markus 10,14-15).

Kindern macht es Spaß, im Schlamm zu spielen, und wenn wir auf der neuen Erde kindlich sind, dann ist es wohl nicht an den Haaren herbeigezogen, sich vorzustellen, dass wir vielleicht sogar im Schlamm spielen. Wenn etwas in Ihnen sagt, dass es auf der neuen Erde keinen Schlamm gibt, dann heißt dieses Etwas Christoplatonismus. Wenn Offenbarung 22 von einem Fluss spricht und vom Baum des Lebens, der auf beiden Seiten wächst, dann muss doch am Flussufer, wo Erde und Wasser zusammenkommen, Schlamm sein!

Eine Mutter schickte mir die Frage ihres Sohnes: »Wird es im Himmel Spielsachen geben?« Ich glaube, die Antwort lautet: ja. Schließlich werden wir noch menschlich sein, und warum sollten wir dann nicht mehr die menschliche Neigung und Fähigkeit haben, uns an Dingen zu freuen? Wir werden immer noch die

Fähigkeit haben, Gegenstände zu basteln und herzustellen, warum nicht auch Spielsachen? Sind Spielsachen sündig? Nein. Hätte es in einer nicht gefallenen Welt Spielsachen als Produkte menschlicher Kreativität geben können? Natürlich.

Wird es Sport geben?

So wie wir uns auf kulturelle Veranstaltungen auf der neuen Erde freuen können, wie Kunst, Theater und Musik, so werden wir uns wahrscheinlich auch an Sport vergnügen können. Nach dem Grundsatz der Kontinuität können wir erwarten, dass die neue Erde von vertrauten, irdischen, aber unverdorbenen Dingen geprägt ist. Die Bibel vergleicht das Leben eines Christen mit sportlichen Wettkämpfen (1. Korinther 9,24.27; 2. Timotheus 2,5). Da Sport an sich keine Sünde ist, haben wir allen Grund zu der Annahme, dass es auf der neuen Erde die gleichen Betätigungen, Spiele, Fertigkeiten und Interessen gibt, die uns hier Spaß machen, mit vielen neuen, an die wir noch gar nicht gedacht haben.

Jemand sagte zu mir: »Im Himmel kann es keinen Sport geben, da Wettkämpfe das Schlechte im Menschen entfesseln.« Es stimmt, dass die Sünde mancher Menschen bei sportlichen Wettkämpfen zutage tritt. Doch im Himmel wird es nichts Schlechtes mehr in uns geben, das entfesselt werden kann. Andere wenden ein: »Aber beim Sport muss einer verlieren. Und im Himmel kann niemand verlieren.« Wer sagt das? Ich habe mich bei vielen Tennisturnieren und Zehn-Kilometer-Rennen herrlich amüsiert, obwohl ich verloren habe. Ein Spiel zu verlieren ist nicht böse. Es ist nicht Teil des Fluches. Der Ausspruch »Im Himmel muss jeder gewinnen« ist eine Unterschätzung des Wesens der auferstandenen Menschheit.

Wird es Kunst, Theater und Unterhaltung geben?

Gott ist der Autor und der Leiter des großen »Erlösungsdramas«. Er schuf das Universum und schrieb, leitete und übernahm die Hauptrolle im größten Geschehen der Geschichte. Wir, die wir unsere eigenen Dramen erlebt haben und an Gottes Drama teilgenommen haben, wir, deren Leben durch Gottes Drama bereichert wurde, sollten seinen Wert im neuen Universum anerkennen. Die Qualität des Dramas und des Theaters im Allgemeinen wird wahrscheinlich ungeheuer verbessert werden. Stellen Sie sich vor, wie Menschen mit neuen geistigen Fähigkeiten und einem neuen Körper uns auf der neuen Erde zu Anbetung, Gespräch, Handlung und Kreativität anregen.

Werden wir die Kunst – einschließlich Theater, Malerei, Bildhauerei, Musik und vielem anderen – zum Lob Gottes gebrauchen? Werden sie Freude und Unterhaltung für auferstandene Menschen bieten? Sicher wird die Kunst im neuen Universum zu einem immer höheren Niveau aufsteigen.

Wenn wir davon ausgehen, dass die neue Erde uns mehr bietet als die alte, dann können wir sicher sein, dass die größten Bücher, Theaterstücke und Gedichte erst noch geschrieben werden. Die Schriftsteller werden neue Erkenntnisse, Informationen und Sichtweisen haben. Ich freue mich darauf, Sachbücher zu lesen, die Gottes Wesen und die Wunder seines Universums beschreiben. Ich kann es gar nicht erwarten, neue Biografien und Romane zu lesen, die gewaltige Erlösungsgeschichten erzählen und unser Herz zur Anbetung Gottes treiben.

40

Werden unsere Träume erfüllt und versäumte Gelegenheiten nachgeholt?

Viele Menschen glauben, dass dieses Leben alles ist, was es gibt. Wie lautet ihre Philosophie? »Man lebt nur einmal auf dieser Welt, also versuche zu bekommen, was du bekommen kannst.«

Wenn Sie ein Kind Gottes sind, leben Sie nicht nur einmal auf dieser Welt. Dann haben Sie nicht nur ein einziges irdisches Leben. Sie bekommen ein anderes, ein viel besseres, ein Leben ohne Begrenzung. Sie werden auf der neuen Erde wohnen! Sie werden mit dem Gott, den Sie verehren, und mit den Menschen, die Sie lieben, als Unsterblicher auf einer unsterblichen Erde leben. Diejenigen, die in die Hölle kommen, sind diejenigen, die nur einmal auf dieser Erde leben.

Wir gebrauchen den Begriff *ewiges Leben* oft, ohne darüber nachzudenken, was er eigentlich bedeutet. *Leben* meint eine irdische Existenz, in der wir arbeiten, ruhen, spielen und uns mit anderen austauschen, wozu auch die Pflege der Kultur und die Freude an ihr gehören. Wir haben jedoch den Begriff *ewiges Leben* neu definiert – als Existenz außerhalb der Erde, als Existenz ohne die Eigenschaften, die zum Leben gehören. Das ewige Leben bedeutet, für immer das zu genießen, was das Leben auf der Erde in den schönsten Augenblicken ausmacht, so wie Gott es beabsichtigt hat. Da wir im Himmel endlich das Leben von seiner besten Seite kennenlernen, müssten wir unsere jetzige Existenz eigentlich *Leben vor dem Leben* nennen.

Werden im Himmel unerfüllte Träume verwirklicht?

Ohne Aussicht auf die Ewigkeit, ohne Wissen um die Wirklichkeit, dass das Beste noch vor uns liegt, denken wir, dass die Menschen, die jung sterben, die behindert sind, die nicht gesund sind, die nicht heiraten können oder die nicht __________ [füllen Sie selbst die leere Stelle aus], unvermeidlich das Beste, was das Leben zu bieten hat, versäumen. Doch die Theologie hinter diesen Anschauungen ist gefährlich falsch. Sie legt nämlich nahe, dass unsere jetzige Erde, unser jetziger Körper, unser jetziges Leben und unsere jetzigen Beziehungen bedeutender sind als all das auf der neuen Erde.

Was sagen wir dazu?

Ich glaube, dass uns die neue Erde Gelegenheiten bietet, die wir uns gewünscht haben, die wir aber nie hatten. Gottes ursprünglicher Plan war, dass die Menschen ein glückliches und erfülltes Leben auf der Erde führen. Wenn unser jetziges Leben die einzige Möglichkeit dazu ist, dann ist Gottes Plan vereitelt worden. Denken Sie an diese Ungerechtigkeit: Viele ehrliche, aufrichtige Menschen konnten nie ein erfüllendes Leben führen, während es einigen unehrlichen und untreuen Menschen anscheinend viel besser geht.

Doch Gott ist nicht ungerecht, und dies ist nicht unsere einzige Gelegenheit für ein Leben auf der Erde. Die Lehre von der neuen Erde zeigt das ganz deutlich. Haben wir weitere biblische Belege dafür? Ich glaube, ja. In Lukas 6,20-23 sagt Jesus: »Gott segnet euch, die ihr arm seid, denn euch wird das Reich Gottes geschenkt. Gott segnet euch, die ihr jetzt hungert, denn ihr werdet satt werden. Gott segnet euch, die ihr jetzt weint, denn die Zeit wird kommen, in der ihr vor Freude lachen werdet. Gott segnet euch, die ihr gehasst und ausgeschlossen und verspottet und verflucht werdet, weil ihr zum Menschensohn gehört. Wenn das geschieht, dann freut euch, springt vor Freude! Denn im Himmel erwartet euch eine große Belohnung.«

Wo wird der Himmel sein? In Matthäus 5,3-5 sagt Jesus: »Gott segnet die, die erkennen, dass sie ihn brauchen, denn ihnen wird das Himmelreich geschenkt. Gott segnet die, die traurig sind, denn sie werden getröstet werden. Gott segnet die Freundlichen und Bescheidenen, denn ihnen wird die ganze Erde gehören.« Die Erde ist der Schauplatz für Gottes höchsten Trost, für die Umkehrung der Ungerechtigkeiten und Tragödien des Lebens. Wir werden an dem Platz leben, der uns gehören wird – auf der Erde. All die Segnungen, die Jesus versprochen hat, gelten uns an dem Ort, an dem wir leben werden – auf der neuen Erde.

Das ist einer der Gründe, weshalb ich glaube, dass wir auf der neuen Erde viel von dem erleben werden, was wir auf der alten Erde versäumt haben – und noch viel mehr. Gott verspricht, das Herzeleid auf dieser Erde wiedergutzumachen.

Leben Sie mit der Enttäuschung unerfüllter Träume? Im Himmel finden Sie Ihre Erfüllung! Haben Armut, eine schwache Gesundheit, Krieg oder Zeitmangel Sie davon abgehalten, ein Abenteuer oder einen Traum zu verwirklichen? Dann habe ich eine gute Nachricht für Sie. Auf der neuen Erde bekommen Sie eine zweite Chance, um das zu tun, wovon Sie geträumt haben – und noch viel mehr.

Wir wollen nicht als irgendeine andere Art Geschöpf in irgendeiner anderen Welt leben. Wir wollen vielmehr als sündlose, gesunde Menschen auf der Erde leben, aber ohne Kriege, Konflikte, Krankheiten, Enttäuschungen und Tod. Wir wollen in einer Welt leben, in der unsere Träume, die tiefsten Sehnsüchte unseres Herzens, Wirklichkeit werden.

Genau das verspricht uns Gottes Wort.

Wenn uns das nicht klar wird, werden wir dauernd verletzt. Wir werden entmutigt, glauben, wenn wir behindert sind, dass wir nie das Glücksgefühl erleben, über eine Wiese zu laufen oder in einem See zu schwimmen. Oder wenn wir nicht verheiratet sind oder in einer unglücklichen Ehe leben, dass wir nie die Freuden des Ehelebens kennenlernen.

Auf der neuen Erde werden wir mit einem vollkommenen Körper über Wiesen laufen und in Seen schwimmen. Wir werden die aufregendste und erfüllendste Ehe führen, die es gibt, eine Ehe, so herrlich, dass wir wunschlos glücklich sein werden. Jesus selbst wird unser Bräutigam sein!

Die intelligenteste Person, die Gott je auf dieser Welt geschaffen hat, hatte vielleicht nie die Gelegenheit, lesen zu lernen. Die musikalischste Person hat möglicherweise nie ein Musikinstrument berührt. Der größte Sportler hat vielleicht nie an einem Wettkampf teilgenommen. Der Sport, in dem Sie am besten sind, kann ein Sport sein, den Sie nie ausprobiert haben, und Ihr liebstes Hobby ist womöglich eins, an das Sie nie gedacht haben. Das Leben unter dem Fluch bedeutet, dass wir unzählige Gelegenheiten versäumen. Die Umkehrung des Fluches und die Auferstehung unseres Körpers und unserer Erde bedeuten, dass wir versäumte Gelegenheiten wiedergewinnen und dazu noch viele andere bekommen.

Welche Freude werden uns neue Gelegenheiten machen?

Die an allen Gliedmaßen gelähmte Joni Eareckson Tada schreibt: »Ich wurde nicht um ein Leben als vollständige Person betrogen – ich erlebe nur einen Aufschub um vierzig Jahre, und Gott ist auch in dieser Zeit bei mir. Ich weiß jetzt, was es bedeutet, ›verherrlicht‹ zu werden. Es ist das, was nach meinem Tod geschehen wird, wenn ich auf meinen Füßen stehen und tanzen werde.«[1]

Gott ist nicht nur groß genug, um Ihre Träume zu erfüllen, sondern auch, um diese Träume größer zu machen, während Sie sich auf den Himmel freuen. Wenn Sie eine Enttäuschung und einen Verlust erleben, während Sie hier Gott treu dienen, dann denken Sie daran: Der Verlust ist vorübergehend. Die Gewinne werden ewig sein. Jeder Tag auf der neuen Erde wird eine neue Gelegenheit sein, die Träume zu leben, die wirklich wichtig sind.

Sicherlich sind einige unserer Träume nichts wert, und sie werden vergessen. Doch ich glaube, wir haben allen Grund anzunehmen, dass unsere Träume, die Gott zur Ehre gereichen und die auf der alten Erde unerfüllt geblieben sind, auf der neuen Erde erfüllt werden. Wird ein junges Mädchen, das stirbt, Spaß und bedeutende Dinge auf der Erde versäumen, die es sonst hätte tun können? Die Standardantwort lautet: »Bei Jesus sein ist viel besser.« Diese Antwort ist richtig, aber unvollständig. Warum? Weil Gott für uns eine Zukunft hat, nicht nur im Zwischenhimmel, sondern auch als auferstandene Menschen auf der neuen Erde.

Wenn wir jung sind, träumen wir davon, Astronauten, Profisportler oder große Musiker zu werden. Mit fortschreitendem Alter werden unsere Träume kleiner und der »Realismus« beginnt sich breitzumachen: Wir werden nie in der Lage sein, die meisten unserer Träume zu verwirklichen. Der Tod unseres Idealismus raubt uns unsere Jugendfrische und Lebenskraft. Wir werden zynisch und verlieren das Gefühl der Ehrfurcht und des Wunders, das unsere Träume einst in uns erweckt haben.

Doch wenn wir erkennen, dass Gott uns auffordert, wie Kinder zu sein, und dass er uns ein neues Universum und unbegrenzte Zeit schenkt, dann kapieren wir es plötzlich. Wir erkennen, dass wir die Möglichkeit haben werden, unsere Träume zu verwirklichen. Wir werden sogar größere Träume haben als je zuvor und auch diese verwirklichen. Unsere Träume werden größer, nicht kleiner.

Wenn der Fluch aufgehoben ist, werden verkümmerte Träume neu belebt und verstärkt. Vielleicht ist das unter anderem die Bedeutung davon, wie ein kleines Kind zu werden, und warum dies für den Himmel erforderlich ist. Kinder sind nicht ernüchtert, hoffnungslos und zynisch. Ihre Träume sind groß und umfassend. Sie zählen nicht hundert Gründe auf, warum ihre Träume nicht wahr werden können. Ihre Träume fachen ihre Vorstellungskraft an und bringen ihnen Freude. Ewiges Leben auf einer neuen Erde bedeutet die Gelegenheit, jeden Traum zu verwirklichen, der es wert ist.

Für Christen ist der Tod nicht das Ende des Abenteuers, sondern das Tor aus einer Welt, in der Träume und Abenteuer kleiner werden, in eine Welt, in der Träume und Abenteuer immer größer werden.

Kommt das Beste erst noch?

Die Anfangszeilen von Robert Brownings Gedicht *Rabbi Ben Ezra* klingen vielen Menschen im Ohr:

> Werde mit mir alt!
> Das Beste kommt erst noch,
> Das Letzte im Leben, für das das Erste gemacht wurde.

Leider kommt für ein älteres Ehepaar eine Zeit, in der glückselige Worte hohl klingen. Krankheit, Altersschwäche, Behinderung oder Unfälle kommen unvermeidlich und führen schließlich zum Tod. Mit dem Tod kommt die Trennung vom geliebten Menschen, ein herzzerreißendes Ende. Dann suchen uns vielleicht Brownings wunderschöne Worte heim. Das Alter und das »Letzte im Leben«, die in dem Gedicht in romantisches Licht getaucht werden, können brutal, niederschmetternd, traurig und einsam sein.

Nanci und ich mussten erleben, wie unsere geliebten Mütter starben, und dann hilflos zusehen, wie unsere Väter körperlich und geistig alt und schwach wurden. Vom menschlichen Standpunkt her war da nur Hoffnungslosigkeit zu spüren. Viele Jahre zuvor waren sie auf dem Höhepunkt ihrer körperlichen und geistigen Kraft angelangt, jetzt konnte es nur noch weiter bergab gehen. Doch eine von der Bibel bestimmte Sicht änderte alles für uns. Die Heilige Schrift erinnert uns daran, dass Gott für unsere Eltern ein Ziel hat und dass sie nach einer kurzen Zeit der Verschlechterung in den Himmel kommen und damit sofort von ihren Beschwerden erlöst sind. Dann wird Gott sie eines Tages auferwecken, und sie werden einen neuen Verstand und einen neuen Körper bekommen und bereit sein, auf der neuen Erde wieder frisch und munter zu beginnen.

Für Gläubige müsste das Gedicht so lauten:

Das Beste kommt noch,
Das *Nächste* im Leben, für das das Erste gemacht wurde.

Das Letzte im Leben, bevor wir sterben, ist in Wirklichkeit nicht das Letzte in unserem Leben! Wir werden an einem anderen Ort weiterleben. Und eines Tages, nach der Auferstehung, werden wir wieder auf der Erde leben, ja ein Leben führen, das so reich und glückselig ist, dass dieses Leben vergleichsweise armselig erscheint. In Millionen Jahren werden wir immer noch jung sein.

In unserer Gesellschaft greifen viele Menschen auf Schönheitsoperationen, Implantate und andere Methoden zurück, um ihren verfallenden Körper umzugestalten und zu erneuern. Wild entschlossen klammern wir uns an Jugendlichkeit. Letztlich ist das alles umsonst. Das Evangelium verspricht uns ewige Jugendlichkeit, Gesundheit und Schönheit. Jetzt ist uns dies nicht gegeben – aber nach der Auferstehung wird das alles unser sein.

Haben wir den Höhepunkt unseres Lebens überschritten?

Das folgende Diagramm veranschaulicht die biblische Sicht der Zukunft für Menschen, die Christus kennen. Der Teil der grafischen Darstellung, der das Leben auf der jetzigen Erde beschreibt, ist der einzige, in dem ein Absinken zu sehen ist, das den körperlichen und geistigen Verfall im Alter darstellt, den so viele Menschen unter dem Fluch erleben. Doch zum Zeitpunkt des Todes folgt eine dramatische Aufwärtsbewegung, in der der Gläubige sofort zu Christus in den Zwischenhimmel kommt. Obwohl das eine riesige Verbesserung bedeutet, ist es nicht der Höhepunkt im Leben des Gläubigen. Wir werden auferstehen und schließlich auf einer auferstandenen Erde leben. Unser Wissen und unsere Lebenserfahrung und wahrscheinlich auch unsere Fertigkeiten und unsere Kraft werden sich weiterentwickeln. Mit anderen Worten, wir werden nie unseren Höhepunkt überschreiten.

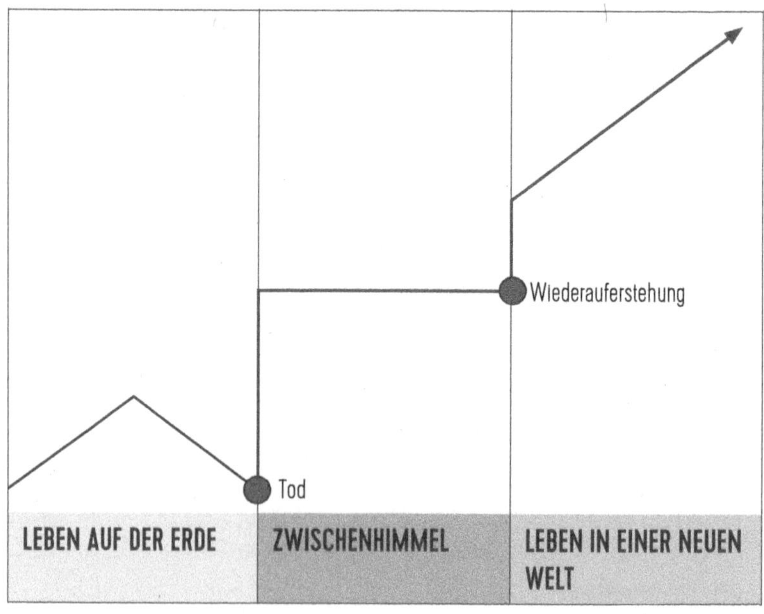

Ich schreibe dieses Buch in dem Bewusstsein, dass ich nicht mehr lange auf der Erde leben werde. Vielleicht lebe ich noch dreißig Jahre. Aber es können auch zwanzig, zehn, fünf Jahre oder ein Jahr sein – ein Jahr, ein Tag oder eine Stunde. Unsere Zeit hier ist kurz. Doch wenn wir bedenken, dass »hier« unter dem Fluch leben bedeutet und dass »dort« Freiheit vom Fluch herrscht, dann muss man sich die Frage stellen, warum vernünftige Menschen lieber hier statt dort leben wollen.

Als Nancis Vater im Sterben lag, haben wir das intensiv erlebt: Er fiel immer weiter vom Höhepunkt seines irdischen Lebens ab. Nanci formulierte in der Zeit einmal: »Sein Leben nähert sich dem Ende, aber er geht in die richtige Richtung.« Klingt das nicht paradox? Aber es stimmt. Je weiter wir uns von unserem irdischen Höhepunkt entfernen, umso näher kommen wir dem Zwischenhimmel und letztendlich der neuen Erde. Für den Christen ist der Tod die Tür zu Christus, der den Tod besiegt hat und ihn verschlingen wird. Auf den Tod zugehen bedeutet deshalb in die richtige Richtung gehen.

Wenn wir verstehen, dass der Höhepunkt unseres Lebens nicht in diesem, dem irdischen Leben liegt, dann müsste sich unsere Ansicht über eine sich verschlechternde Gesundheit, die normalerweise zu Entmutigung, Bedauern, Zorn, Neid und Bitterkeit führt, radikal ändern. Ältere Menschen können junge Menschen um das beneiden, was sie alles tun können. Menschen, die von Geburt an behindert sind, können andere um das beneiden, was sie tun können. Doch wenn die Älteren und die Behinderten erkennen, dass ihre Erlebnisse auf der neuen Erde viel besser sein werden als das Beste, das jemand hier und jetzt erleben kann, dann wachsen Vorfreude, Zufriedenheit, Trost und die Fähigkeit, sich völlig und ohne jeden Neid und ohne Bedauern am aktiven Leben der Jungen und Gesunden zu freuen.

Menschen ohne Christus können nur auf die Zeit zurückblicken, in der sie am besten in Form waren, in dem Wissen, dass sie diesen Zustand nie wieder erreichen werden. Doch ältere oder bettlägerige Christen schauen nicht auf den Gipfel ihres Könnens zurück. Sie schauen nach vorne, denn für sie kommt das Beste erst noch.

Das ist kein Wunschdenken. Es ist das ausdrückliche Versprechen Gottes. Es ist so wahr wie Johannes 3,16 und alles andere, was in der Bibel steht.

Als die blinde Liederdichterin Fanny Crosby die Verse *Seine Herrlichkeit werden wir sehen* und *Wenn unsere Augen die Stadt erblicken* schrieb, waren ihre Gedanken gerade deshalb so aufschlussreich, weil ihre Augen noch nie etwas gesehen hatten. Oft betonte sie, dass sie nicht bemitleidet werden wolle, weil das erste Gesicht, das sie sehen werde, das Gesicht von Christus sei. 1915, als sie starb und diese Welt verließ, wurde ihr Augenlicht für immer geheilt.

Ich hatte das Vorrecht, zwei Stunden lang allein mit Bill Bright zu verbringen, dem Gründer von Campus Crusade. Es war sechs Monate vor seinem Tod. Als er dasaß, mit Schläuchen, die ihn mit seinem Sauerstoffbehälter verbanden, sprang er fast aus seinem Sessel, als wir über den Himmel und den Gott, den er liebte, sprachen. Das war kein Mann, der seinen Höhepunkt überschritten hatte, sondern einer, der auf dem Weg dahin war. »Der Weg der Gottesfürchtigen ist wie der erste Sonnenstrahl am Morgen, der immer heller leuchtet, bis das volle Licht des Tages erstrahlt« (Sprüche 4,18). Das traf auf Bill Bright zu. Obwohl er an jenem Morgen, als ich mit ihm frühstückte, dem Tod entgegenging, sahen seine Augen und sein Lächeln übernatürlich jung aus.

Es kann die Zeit kommen, in der ich nicht mehr Tennis spielen, Fahrrad fahren, Auto fahren, Bücher schreiben oder lesen kann.

Vor meinem Sterben muss ich vielleicht schrecklich leiden. Es ist möglich, dass eines Tages meine Frau oder meine Töchter an meinem Bett sitzen und mir liebevoll versichern, dass ich mir wieder etwas eingebildet habe. Darauf freue ich mich nicht. Aber ich schaue darüber hinaus. Ich freue mich zuerst darauf, mit Jesus und zweitens mit den Menschen, die ich liebe, zusammen zu sein, drittens auf die Wiederkunft Christi und die Auferstehung des Körpers und viertens darauf, meinen Fuß in mein ewiges Zuhause – auf der neuen Erde – zu setzen. Allein bei dem Gedanken daran könnte ich schreien und rufen und lachen.

Ich schaue nicht sehnsüchtig auf die wunderbaren Augenblicke in meinem Leben zurück und denke nicht wehmütig, dass meine besten Tage der Vergangenheit angehören. Ich betrachte sie als Vorgeschmack auf eine Ewigkeit, die viel besser sein wird. Die Knospen der größten Augenblicke des Lebens verkümmern nicht und sterben nicht ab; sie blühen zu größeren Augenblicken auf, die alle bewahrt werden und von denen keiner verloren geht. Alles, was in Abhängigkeit von Gott getan wird, trägt für die Ewigkeit Frucht. Dieses Leben muss nicht nutzlos sein. In kleinen, oft unbeachteten Diensten für Christus können wir in diesem Leben in die Ewigkeit investieren, wo unsere Treue für immer reiche Dividenden abwirft.

Wenn unsere Schätze auf dieser Erde zu finden sind, entfernen wir uns jeden Tag unseres Lebens weiter von ihnen. Doch wenn unsere Schätze im Himmel zu finden sind, kommen wir ihnen an jedem Tag unseres Lebens, mit dem wir auf unseren Tod zugehen, näher.

Wie kann uns die Erwartung neuer Möglichkeiten verändern?

Nachdem Kolumbus die »Neue Welt« entdeckt hatte, prägte Spanien Münzen mit der lateinischen Aufschrift *Plus Ultra*. Das sollte heißen: »In der Ferne liegt noch mehr.« Es war eine horizonterweiternde Botschaft an Menschen, die immer geglaubt hatten, dass es nichts außer der Welt gab, die sie kannten.

Plus Ultra – es wird immer noch mehr über unseren Gott zu entdecken geben. In seinem neuen Universum wird es immer noch ein »in der Ferne« geben.

Gott wird sich an seinem neuen Universum freuen, und wir werden in diese Freude eintreten. Da wir unsere Freude aus Gottes Vorrat schöpfen, der nie aufgezehrt wird, werden wir immer Leidenschaft und Freude erleben. Und Gottes Schöpfung wird nie ihre Schönheit verlieren, die ein Spiegelbild des Schöpfers ist.

Am 19. November 2002 um halb drei Uhr morgens stand ich auf unserem Balkon und starrte in den Nachthimmel. Über mir befand sich der Sternschnuppenstrom der Leoniden, das herrlichste himmlische Feuerwerk bis zum Jahr 2096. Für jemanden, der von Kindheit an von Sternschnuppen begeistert ist, das himmlische Erlebnis seines Lebens.

Doch es gab ein Problem. Wolken bedeckten den Himmel von Oregon. Von den Hunderten Sternschnuppen über mir konnte ich nicht eine einzige sehen. Ich kam mir vor wie ein Blinder, dem man sagt: »Du versäumst den schönsten Sonnenuntergang deines Lebens. Nie mehr wird es so einen schönen geben.«

War ich enttäuscht? Sicher. Nachdem ich vergeblich gewartet hatte, ob die Wolkendecke nicht doch ein bisschen aufreißen würde, ging ich ins Haus und schrieb diese Zeilen. Ich bin enttäuscht, aber nicht frustriert. Warum? Weil ich das himmlische Erlebnis meines Lebens nicht versäumt habe.

Mein Leben wird nie zu Ende gehen. Meine Wohnung wird ein neues Universum mit viel spektakuläreren Himmelswundern sein, und ich werde durch die Wolken schauen oder über sie steigen können.

Während eines sensationellen Sternschnuppenstroms vor ein paar Jahren stand ich auf dem Balkon und beobachtete einen klaren Himmel. Ein Teil der Freude waren die »Oohs« und »Aahs« der Nachbarn, die auch hochschauten. Multiplizieren Sie diese »Oohs« und »Aahs« mit zehntausend mal zehntausend, dann bekommen Sie einen Eindruck von unserer begeisterten Reaktion auf das, was unser Vater im neuen Himmel tun wird, wenn wir von der neuen Erde aus nach oben schauen.

Das Beste für uns ist nicht vorbei. Das Beste an der Erde, den Planeten und Sternen und Galaxien ist nicht vorbei. Sie sind ein sterbender Phoenix, der zu etwas viel Größerem auferstehen wird – zu etwas, das nie sterben wird.

Plus Ultra – in der Ferne liegt noch mehr. Wenn wir Jesus kennen, werden wir, die wir nie den Höhepunkt unseres Lebens überschreiten, da sein und die endlose Offenbarung der Naturwunder betrachten, die Gottes Herrlichkeit zeigen … Und unsere Sicht wird durch nichts gehindert werden.

41

Werden wir handwerkliche Fertigkeiten, technische Neuerungen und neue Arten zu reisen entwickeln?

Gott wird uns ein erneuertes natürliches Universum und eine neue Stadt mit dem Besten aus der menschlichen Kultur der alten Erde schenken. Doch wohin wird sich die Zivilisation von da aus entwickeln? Das wird an uns liegen. Wie Gott Adam und Eva beauftragt hatte, wird er uns beauftragen, eine Kultur hervorzubringen, die Christus gefällt, und die Erde zu seiner Ehre zu regieren.

Schätzt Gott gutes handwerkliches Können?

Der erste Mensch, von dem die Bibel sagt, dass er »mit dem Geist Gottes erfüllt« ist, war kein Prophet und kein Priester, sondern ein Handwerker. Gott begabte und berief Bezalel dazu, ein geschickter Arbeiter, ein Handwerksmeister und ein Künstler zu werden, der Gott verherrlicht (2. Mose 31,1-5). Bezalel und sein Gehilfe Oholiab sollten nicht nur Kunstwerke erschaffen, sondern auch Lehrlinge ausbilden. Ihre Begabung und Berufung kamen von Gott (2. Mose 35,35).

Wenn Sie nicht glauben, dass handwerkliches Können auf der neuen Erde eine wichtige Rolle spielen wird, dann lesen Sie 2. Mose

25–40. Gott teilt seinem Volk in allen Einzelheiten mit, wie sie Kleidung nähen, welche Farben sie auswählen, wie sie die Möbel für die Bundeslade und das Allerheiligste bauen, welche Edelsteine sie auf der Brusttasche des Hohen Priesters anbringen sollen und so weiter. Der höchste Gestalter gibt ausführlichste Anweisungen zum Bau des Allerheiligsten: zu den Vorhängen, der Bundeslade, dem Tisch, dem Leuchter, dem Brandopferaltar, dem Vorhof, dem Weihrauchaltar, dem Wasserbecken, der Kleidung der Priester. Der Entwurf, die Genauigkeit und die Schönheit dieser Dinge sagen uns viel über Gott, uns selbst und die Kultur auf der neuen Erde. Wer sich vorstellt, dass Geistliches etwas Überweltliches und Unsichtbares ist, das in keinem Zusammenhang mit unseren praktischen Fertigkeiten, unserer Kreativität und kulturellen Entwicklung steht, der versteht die Bibel nicht. Gottes Anweisungen und seine Freude an den Gaben, die er Menschen gibt, damit sie diese Aufgaben durchführen, zeigen, was wir im Himmel erwarten können: größere handwerkliche Arbeiten und Bauten, die von Sünde und Tod nicht behindert werden.

Es war kein Zufall, dass Jesus in der Familie eines Zimmermanns geboren wurde. Zimmerleute sind Erschaffer. Gott ist ein Schöpfer, ein Erschaffer. Er wird immer ein Erschaffer bleiben. Gott schuf uns nach seinem Bild und machte uns damit zu Erschaffern. Wir werden immer Erschaffer bleiben. Wenn wir sterben, lassen wir unsere Kreativität nicht zurück, sondern nur das, was uns daran hindert, Gott durch das, was wir erschaffen, die Ehre zu geben.

Wird es Handel und Gewerbe geben?

Ich glaube, dass es im Himmel Handel und Gewerbe geben wird, wenn auch nicht aus denselben Gründen wie jetzt. Geschäft ist nicht das Ergebnis von Sünde, sondern eine Folge der gegenseitigen

Abhängigkeit der Menschen, ihrer Kreativität und Vielfalt. Wenn man sagt, dass man auf der neuen Erde kein Geld, keine Waren oder Dienstleistungen braucht, so ist damit die Diskussion noch nicht beendet. Wir brauchen vielleicht auch keine Wohnungen, kein Essen und kein Trinken, doch wir freuen uns trotzdem daran.

Wenn die Könige der Nationen ihre Schätze in die Stadt bringen, so ist es durchaus möglich, dass ein Zweck darin liegt, dem König die Ehre zu erweisen, und dass ein anderer Zweck der Austausch der Schätze mit anderen Volksgruppen ist. Sie könnten dann eventuell die kulturellen Errungenschaften, einschließlich der Entdeckungen und Erfindungen der anderen Nationen, ihrem eigenen Volk mitbringen. Schon jetzt bringt ehrlicher Handel beiden Parteien Nutzen und Vergnügen.

Menschen treiben nicht nur um des Überlebens willen Handel und Gewerbe. Es ist möglich, dass der Handel, wie wir ihn kennen, durch eine soziale Struktur ersetzt wird, die auf Erschaffen, Geben und Nehmen ausgerichtet ist. Ein Künstler könnte ein wunderschönes Werk schaffen und es einfach verschenken, um jemandem Freude zu bereiten, wie Christus sich selbst verschenkt.

Empfinden Sie nicht Freude, wenn Sie Ihr Wissen, Ihre Fertigkeiten, Ihre Dienstleistungen oder Waren gebrauchen, um anderen zu helfen und eine Freude zu machen, gleichgültig, ob Sie in einer Buchhandlung, einer Bäckerei oder einer Schule arbeiten? Gewiss ist es gut und oft auch notwendig, Geld zu verdienen, doch darin liegt nicht die höchste Freude. Wenn wir annehmen, dass es auf der neuen Erde wahrscheinlich weder Handel noch Gewerbe gibt, senden wir eine falsche Botschaft aus: dass Handel und Gewerbe Teil des Fluches sind, dass sie an sich ungeistlich oder für Gott unwichtig sind. Im Gegenteil: Gottes Wort sagt: »Tut eure Arbeit mit Eifer und Freude, als würdet ihr Gott dienen und nicht Menschen. Vergesst nicht, dass der Herr euch mit dem himmlischen

Erbe belohnen wird. Dient dem Herrn Jesus Christus« (Kolosser 3,23-24). Wir arbeiten auf der jetzigen Erde für ihn, und wir werden auf der neuen Erde für ihn arbeiten.

Wird es Technik und Maschinen geben?

Die Technik ist ein von Gott geschenkter Teil der menschlichen Fähigkeit, der uns in die Lage versetzt, sein Gebot, Herrschaft auszuüben, zu erfüllen. Wie wir bereits gesehen haben, werden wir im Zwischenhimmel Harfen, Posaunen und andere von Menschen hergestellte Gegenstände vorfinden. Was sollten wir dann auf der neuen Erde erwarten? Tische, Stühle, Schränke, Wagen, Maschinen, Verkehrsmittel, Sportausrüstung und vieles mehr. Es ist eine engstirnige Sicht von Gott und den Menschen, wenn man annimmt, dass Gott mit einer Posaune, aber nicht mit einem Schreibtisch, einem Computer oder einem Baseballschläger erfreut und verherrlicht werden kann. Wird es neue Erfindungen geben? Verbesserungen alter Erfindungen? Warum nicht? Wir werden in einem auferstandenen Körper auf einer auferstandenen Erde leben. Der Gott, der den Menschen Kreativität geschenkt hat, wird ihnen dieses Geschenk sicher nicht wegnehmen. Die Geschenke und die Berufung Gottes sind unwiderruflich (Römer 11,29).

Als Gott Adam und Eva den Garten Eden übergab, erwartete er, dass sie ihn nutzbar machten. Er wird uns die neue Erde geben und das Gleiche von uns erwarten. Doch dieses Mal wird es uns gelingen! Dieses Mal wird keine menschliche Leistung, kein kulturelles Meisterstück, keine technische Errungenschaft von Sünde und Tod beeinträchtigt sein. Alles wird voll und ganz Gottes Zielen dienen und ihm Ehre bringen.

Etwas in der menschlichen Veranlagung findet Gefallen an Erschaffen, Ausprobieren, Experimentieren und dem Spielen mit

Apparaten. Das ist keine moderne Entwicklung; es galt schon für die Völker des Altertums. Es gehört zur Ausübung der Herrschaft über die Schöpfung. Auf der neuen Erde könnten Menschen Maschinen erfinden, die uns zum äußersten Ende der neuen Milchstraße, zu anderen Galaxien und noch weiter bringen. Warum nicht? Ist dieser Gedanke abwegiger, als es früher einmal die Vorstellung war, mit einem Schiff über den Ozean zu segeln, mit einem Flugzeug um die Welt zu fliegen oder mit einem Raumschiff auf dem Mond zu landen? Da Menschen auf dieser gefallenen Welt ihre Herrschaft über die jetzige Erde hinaus ausgedehnt haben, sollten wir eigentlich damit rechnen, dass Menschen auf der neuen Erde ihren Einflussbereich zur Ehre von Christus auf das ganze neue Universum ausdehnen.

Wie werden wir reisen?

Viele haben mir die Frage gestellt, wie unser auferstandener Körper auf der neuen Erde reisen wird, und sie fragten sich dabei, ob wir plötzlich erscheinen können, wie Christus es offensichtlich in seinem Auferstehungskörper konnte (Johannes 20,24-26). Könnten wir irgendwohin gehen, indem wir einfach daran denken oder es wollen? Es ist möglich, genauso wie es möglich ist, dass unser Körper zwar wie der von Christus sein wird, dass aber seine Fähigkeit, zu verschwinden und wieder zu erscheinen und bei seiner Himmelfahrt aufzufahren, auf seine Göttlichkeit beschränkt bleibt. In diesem Punkt können wir nicht sicher sein.

Was wir wissen, ist, dass es im neuen Jerusalem Straßen und Tore gibt, was auf herkömmliche Formen des Reisens hindeutet. Wenn die Bürger nur zu Fuß gingen, hätten wahrscheinlich Wege genügt. Aber Straßen könnten auf den Gebrauch von Wagen und Pferdekutschen oder etwas Fortschrittlicherem hinweisen. Werden wir Fahrrad fahren und Kraftfahrzeuge führen? Werden wir zu anderen Orten außerhalb des neuen Jerusalem mit Flugzeugen fliegen? Wir wissen es nicht. Doch wir sollten diese Fragen dem »Warum-nicht?«-Test unterwerfen.

Denken Sie daran, dass die neue Erde keine Rückkehr zum Garten Eden ist, in dem Sinn, dass die Kultur aufgegeben wird, zu der Erfindungen, Verkehrsmittel und Technik gehören. Die neue Erde ist eine auferstandene Erde mit auferstandenen Menschen, die ein besseres Gehirn haben und zu besseren Erfindungen fähig sind. Wie lange würde es dauern, bis ein hochintelligentes Volk, das mustergültig zusammenarbeitet, erstaunliche technische Durchbrüche erzielt? Stellen Sie sich vor, wie schnell die Raumfähre zu den Altertümern gehören könnte.

Werden wir den Weltraum bereisen und erforschen?

Gott verspricht, nicht nur eine neue Erde, sondern auch einen »neuen Himmel« zu schaffen (Jesaja 65,17; 66,22; 2. Petrus 3,13). Die griechischen und hebräischen Wörter, die mit »Himmel« übersetzt wurden, schließen die Sterne und Planeten und das, was wir Weltall nennen, ein. Da Gott die alte Erde und das alte Jerusalem auferwecken und beide erneuern wird, müssten wir unter einem »neuen Himmel« verstehen, dass er die Absicht hat, die Milchstraßen, Spiralnebel, Sterne, Planeten und Monde in einer Form auferstehen zu lassen, die ihrer ursprünglichen Form so ähnlich ist, wie die Erde und wir unserer ursprünglichen Form ähnlich sein werden. Wenn der Himmel jetzt die Ehre Gottes verkündet und wenn wir in der Ewigkeit Gottes Ehre besingen, dann müssten die Erforschung des neuen Himmels und die Herrschaft über ihn wahrscheinlich zu Gottes Plan gehören.

Als Zwölfjähriger erblickte ich zum ersten Mal durch ein Teleskop die große Andromeda-Galaxie, die aus Hunderten von Milliarden Sternen und einer Unzahl von Planeten besteht und fast drei Millionen Lichtjahre von der Erde entfernt ist. Ich war fasziniert. Ich weinte und wusste nicht, warum. Jahre später hörte ich zum ersten Mal das Evangelium. Seit ich Christ bin, veranlasst mich jeder Blick durch ein Teleskop zu begeisterter Anbetung.

Von der Nacht an, als ich zum ersten Mal die Andromeda-Galaxie sah, wollte ich dorthin. Jetzt denke ich, dass ich eines Tages wirklich dorthin gehen werde.

Für viele von uns ist es ein Vergnügen, auf dieser Erde zu reisen. Wie wird es sein, sowohl auf der neuen Erde als auch im neuen Universum zu reisen? Die Menschen wagten sich nicht aufgrund von Sünde über die Ozeane und in den Weltall. Sie taten es, weil Gott uns mit einem Forschungsdrang und der Kreativität, diesen Drang zu verwirklichen, ausgestattet hat. Haben Sie je von Menschen gelesen, die erstaunliche Reisen unternahmen, und haben Sie sich dann gewünscht, dass Sie die Zeit, das Geld, den Mut oder die Gesundheit hätten, das Gleiche zu tun? Im neuen Universum werden uns keine dieser Beschränkungen zurückhalten.

Das Universum wird unser Hinterhof, unser Spielplatz und unsere Universität sein, es wird uns ständig einladen, den Reichtum unseres Herrn zu erforschen – den Gott der Wunder jenseits unserer Galaxie, wie es ein Lied ausdrückt.

Werden wir in anderen Welten neue Wesen vorfinden?

Es gibt keine Bibelstelle, die beweist, dass Gott entweder auf der Erde oder auf anderen Planeten im neuen Universum neue Arten intelligenter Wesen schaffen wird oder nicht. Es ist keine Spekulation, wenn ich sage, dass es ein neues himmlisches Universum von Sternen und Planeten geben wird. Darüber lässt die Bibel keinen

Zweifel; das ist die Bedeutung des Ausdrucks »neuer Himmel«. Ob Gott sie mit neuen Lebewesen besiedelt, kann nicht bewiesen werden, ist aber sicher möglich. Gott ist ein Schöpfer und wird immer ein Schöpfer bleiben. Wir sollten neue und wunderbare Schöpfungen erwarten, die seine Herrlichkeit verkünden, weil Gott seine kreativen Ressourcen nicht erschöpft hat.

Manche Leute werden einwenden: »Die Vorstellung, dass Gott Welten mit neuen Wesen bevölkern wird, ist Science-Fiction.« Wir können es auch von der anderen Seite her betrachten. Science-Fiction ist das Ergebnis des von Gott geschenkten Sinns für Abenteuer, Wunder, Kreativität und Fantasie des Menschen. Sie kommt daher, dass der Mensch nach Gottes Bild geschaffen wurde. Wie alles, was von sündigen Menschen unternommen wird, ist auch Science-Fiction oft von falschen Philosophien und Vermutungen untergraben, die die Menschen verherrlichen und von Gott keine Notiz nehmen. Doch deswegen sollten wir nicht die kurzen Einblicke beiseiteschieben, die sie von dem gibt, was ein unendlich kreativer Gott in dem weiten neuen Himmel und auf der neuen Erde gestalten könnte. Ist Gottes Vorstellungskraft beschränkter als die der Menschen? Oder ist der Höhepunkt menschlicher Vorstellungskraft im besten Fall ein Spiegelbild der unendlichen Kreativität des göttlichen Geistes?

Wenn Sie Malern ein Zimmer voller Leinwände geben, werden sie malen. Warum? Weil sie Maler sind. Es liegt in ihrem Wesen. Wenn der Schöpfer den neuen Himmel gestaltet, wird alles, was er tut, seinem Wesen entsprechen. Wenn man daran denkt, dass seine höchste Ehre und sein größtes Lob nicht von unbelebten Gegenständen wie Sternen und Planeten, sondern von intelligenten Wesen wie Menschen und Engeln kommen, ist es nicht an den Haaren herbeigezogen, wenn man annimmt, dass er andere intelligente Wesen schaffen könnte.

Werden wir in der Zeit reisen?

Weil Gott nicht durch Zeit beschränkt ist, zeigt er uns unter Umständen vergangene Ereignisse, als würden sie augenblicklich geschehen. Unter Umständen haben wir die Gelegenheit, das Leben unserer geistlichen und biologischen Vorfahren auf der Erde zu sehen.

Im Allgemeinen können wir Gottes sofortige Antworten auf unsere Gebete nicht erkennen, aber im Himmel erlaubt uns Gott vielleicht zu sehen, was im geistlichen Bereich geschah, weil er auf unsere Gebete antwortete. Im Alten Testament kommt ein Engel zum Propheten Daniel und sagt ihm, was als Ergebnis seiner Gebete geschehen ist (Daniel 9,23).

Wird Gott uns im Himmel zeigen, was fast mit uns auf der Erde geschehen wäre? Wird er uns zeitlich zurückversetzen, um uns zu zeigen, was geschehen wäre, wenn wir andere Entscheidungen getroffen hätten? Vielleicht.

Werde ich verstehen, wieso ich gestern Abend vor einer Karambolage bewahrt wurde, als ich die Autobahnausfahrt verpasst hatte? Werde ich erfahren, dass meine Frau letzte Woche vor einem tödlichen Unfall bewahrt blieb, weil sie im Lebensmittelladen an der Kasse lange warten musste? Wie oft haben wir wegen der Umstände, die Gott zu unserer Rettung benutzt hat, gejammert und gestöhnt? Wie oft hat Gott unsere Schreie gehört, als wir dachten, er höre nicht? Vielleicht sehen wir die kleinen »Wellen«, die von unseren kleinen Taten der Treue und des Gehorsams ausgelöst wurden. Wir erkennen vielleicht, wie wir andere beeinflusst haben und wie wir einen anderen Einfluss auf sie ausgeübt hätten, wenn unser Leben anders gewesen wäre.

Wenn wir an Gottes Souveränität glauben, müssen wir auch glauben, dass Gott verherrlicht wird, wenn wir die Geschichte der

Menschheit besser verstehen. Wir müssen uns dann nicht mehr nur im Glauben daran klammern, dass »für die, die Gott lieben und nach seinem Willen zu ihm gehören, alles zum Guten führt« (Römer 8,28). Wir werden die Geschichte als endgültigen anschaulichen Beweis dieser Wirklichkeit sehen.

Kommt Ihnen der Gedanke einer Zeitreise wie ein absonderliches Stück Science-Fiction vor? Denken Sie etwas genauer darüber nach. Sie glauben sicherlich, dass Gott fähig ist, auferstandene Menschen zeitlich zurückzuversetzen oder den Vorhang der Zeit zurückzuziehen und uns die Vergangenheit sehen zu lassen. Wenn er das nicht könnte, wäre er nicht Gott. Deshalb stellt sich die Frage, ob er gute Gründe hat, das zu tun. Ein Grund wäre, dass er uns seine Fürsorge, Gnade und Güte in unserem Leben und im Leben der anderen zeigen will. Würde das nicht zu Gottes Ehre beitragen? Würden wir dadurch nicht dazu getrieben, ihn für seine unendliche Gnade zu loben und zu preisen? Das ist ohne Zweifel eine Antwort, die Gott verherrlicht. Könnte das nicht seinem Ziel entsprechen, dass er »für alle Zeiten an uns seine Güte und den Reichtum seiner Gnade sichtbar machen« wird (Epheser 2,7)?

Wird Gott mehr tun, als wir uns vorstellen können?

Vieles, was ich eben gesagt habe, ist natürlich Spekulation. Doch weil die Bibel ein klares Bild von der Auferstehung und von einer irdischen Zivilisation in einem ewigen Zustand zeichnet, gehe ich durch die Tür der Vorstellungskraft, die die Bibel selbst öffnet. Wenn das alles Ihr Vorstellungsvermögen übersteigt, dann bitte ich Sie, es deshalb nicht einfach abzulehnen. Unser Gott ist schließlich der eine, der »unendlich viel mehr tun [kann], als wir je bitten oder auch nur hoffen würden« (Epheser 3,20).

42

Machen wir uns bewusst, dass der Himmel unser Zuhause ist

Ich muss in mir die Sehnsucht nach meinem wahren Heimatland, das ich erst nach meinem Tod finden werde, lebendig erhalten; ich darf nicht zulassen, dass diese Sehnsucht zugeschneit wird oder in Vergessenheit gerät. Das höchste Ziel meines Lebens muss sein, nach diesem anderen Land zu streben und anderen zu helfen, auch diesen Weg einzuschlagen.

C. S. Lewis

Ich beobachte gerne Meeresfische im Aquarium, habe dabei aber jedes Mal das Gefühl, dass etwas nicht in Ordnung ist. Das ist nicht ihr Zuhause. Die Fische wurden nicht für diesen kleinen Glaskasten geschaffen, sondern für den großen Ozean.

Ich nehme an, die Fische wissen es nicht besser, doch ich frage mich, ob ihr Instinkt ihnen sagt, dass ihre wahre Heimat woanders ist. Ich weiß, dass unser Instinkt uns sagt, dass diese gefallene Welt nicht unser Zuhause ist – dass wir für einen größeren und besseren Ort geschaffen wurden.

Schon immer waren Christen der Meinung, dass sie nach Hause gehen, wenn sie in den Himmel kommen. Als Jesus sagte, dass er uns einen Platz vorbereitet, sprach er davon, dass er uns ein Zuhause schafft. Um uns den Himmel vorstellen zu können, müssen wir die Bedeutung von *Zuhause* verstehen.

Was ist ein Zuhause?

Waren Sie schon einmal auf einer Reise, die zum Schluss trostlos war, bei der alle krank wurden oder bei der alles schiefging? Was wollten Sie mehr als alles andere? Nach Hause gehen.

Das Wissen, dass wir nach Hause kommen werden, hilft uns durchzuhalten – und dabei soll uns auch der Gedanke an den Himmel helfen. Er sollte es uns leichter machen, durchzuhalten, weil er unser ewiges Zuhause ist, der willkommene Zufluchtsort, der auf uns wartet.

Zuhause ist da, wo uns Freunde besuchen. Es ist da, wo wir herumwerkeln, im Garten arbeiten, unsere Lieblingsbücher lesen und die Musik hören, die uns gefällt. Zuhause ist da, wo ich jeden Morgen den wunderbaren Duft starken Kaffees rieche und wo Nanci wunderbare Mahlzeiten auf den Tisch bringt und ihren herrlichen Apfelkuchen backt.

Ich merke, dass das so klingt, als würde ich das Zuhause in allzu romantischem Licht sehen. Ich weiß, dass viele Menschen zu Hause schreckliche Erlebnisse hatten. Doch unser wahres Zuhause im Himmel wird all die guten Dinge unseres irdischen Zuhauses – nur vervielfältigt – enthalten, aber nicht ein einziges der schlechten Dinge. Wenn dieses Leben vorüber ist – und besonders, wenn wir auf der neuen Erde ankommen –, werden Gottes Kinder zum ersten Mal wirklich nach Hause kommen können. Denn unser Zuhause im Himmel wird nie verbrennen, überschwemmt sein oder von einem Sturm umgerissen werden. Der neue Himmel und die neue Erde werden nie verschwinden. Sie geben dem Wort *Zuhause* eine wunderbare Unvergänglichkeit.

Wenn es um unser ewiges Zuhause geht, denken wir oft auf zweierlei Weise unbiblisch. Erstens stellen wir uns vor, dass wir nicht voll und ganz menschlich sein werden und dass unser endgültiges Zuhause nicht gegenständlich und irdisch sein wird. Zweitens stellen wir uns vor, dass diese Welt, wie sie jetzt unter dem Fluch ist, unser endgültiges Zuhause ist.

Wenn der Himmel wirklich unser Zuhause ist, dann sollten wir erwarten, dass er Eigenschaften hat, die wir mit einem Zuhause in Verbindung bringen. *Zuhause* als Ausdruck für den Himmel ist nicht einfach ein bildlicher Ausdruck. Dieses Wort beschreibt einen tatsächlichen, gegenständlichen Ort – einen Platz, den unser Bräutigam uns versprochen und für uns geschaffen hat, einen Ort, an dem wir mit Menschen, die wir lieben, zusammen sein werden, einen Ort inniger Vertrautheit, des Wohlbefindens und des Schutzes, einen Ort wunderbarer Gerüche, guten Essens und interessanter Gespräche, einen Ort der Beschaulichkeit und des gegenseitigen Gebens und Nehmens, einen Ort, an dem wir den Geschenken und Leidenschaften, die Gott uns gegeben hat, Ausdruck verleihen. Der Himmel wird ein Ort noch nie da gewesener Freiheit und Abenteuer sein.

Die Party

Stellen Sie sich vor, jemand nimmt Sie zu einer Party mit. Sie treffen dort ein paar Bekannte, haben einige gute Gespräche, lachen ein bisschen und kosten ein paar passable Häppchen. Die Party ist in Ordnung, aber sie könnte besser sein. Sie wollen noch eine Stunde bleiben und abwarten, was daraus wird. Plötzlich sagt Ihr Freund: »Ich muss dich jetzt nach Hause bringen.« Jetzt?

Sie sind enttäuscht – niemand will eine Party zu früh verlassen –, aber Sie gehen, und Ihr Freund setzt Sie zu Hause ab. Während Sie auf die Tür zugehen, fühlen Sie sich einsam, und Sie bedauern sich selbst. Als Sie die Tür öffnen und nach dem Lichtschalter tasten, haben Sie das Gefühl, dass jemand hier ist. Ihr Herz schlägt bis zum Hals. Schnell knipsen Sie das Licht an.

»Überraschung!« Ihr Haus ist voller lächelnder Menschen, voller vertrauter Gesichter.

Hier ist eine Party – für Sie. Sie riechen Ihre Lieblingsspeisen. Der Tisch ist gedeckt. Es gibt ein Festessen. Sie erkennen die Gäste, Menschen, die Sie seit Langem nicht gesehen haben. Dann tauchen allmählich, einer nach dem andern, die Menschen auf, mit denen Sie sich auf der anderen Party am besten verstanden haben. Es stellt sich heraus, dass dies hier die wirkliche Party ist. Sie erkennen, dass Sie nicht bei der wirklichen Party wären, wenn Sie, wie Sie es eigentlich gewollt haben, länger bei der anderen Party geblieben wären.

Christen mit einer tödlichen Krankheit oder kurz vor ihrem Tod haben oft den Eindruck, dass sie die Party vorzeitig verlassen und zu früh nach Hause gehen müssen. Sie sind enttäuscht und denken an all das, was sie versäumen, wenn sie gehen. Doch in Wirklichkeit läuft die wirkliche Party schon zu Hause – genau dort, wo sie hingehen. Nicht sie versäumen etwas, sondern wir anderen, die zurückbleiben.

Einer nach dem anderen, manchmal mit mehreren gleichzeitig, verlassen wir diese Welt. Diejenigen, die zurückbleiben, trauern, weil die Menschen, die sie geliebt haben, ihr Zuhause verlassen haben. In Wirklichkeit jedoch verlassen die Menschen, die sie lieben, ihr Zuhause nicht, sondern gehen nach Hause. Sie werden vor uns zu Hause sein. Wir kommen etwas später zu der Party nach.

Doch diese Party im Zwischenhimmel ist nur eine Vorfeier. Sie ist wie die Begrüßung einer Frau am Flughafen, die zu ihrer Hochzeit nach Hause kommt.

Auf einer auferstandenen Erde einen auferstandenen Körper und auferstandene Freundschaften haben und die Freude an einer auferstandenen Kultur mit dem auferstandenen Jesus – das wird die schönste Party sein! Jeder wird so sein, wie Gott ihn gewollt hat – und niemand von uns wird je wieder leiden oder sterben. Als Christ kann ich sagen, dass der Tag, an dem ich sterbe, der beste Tag sein wird, den ich bis dahin erlebt habe. Doch er wird nicht der letzte Tag sein, an dem ich leben werde. Der Tag der Auferstehung wird noch besser sein. Und der erste Tag auf der neuen Erde – das wird der eine große Schritt für die Menschheit sein, ein Riesensprung zu Gottes Ehre.

Die Sehnsucht nach der Auferstehung

Ich war noch nie im Himmel, und doch fehlt er mir. Der Garten Eden liegt mir sozusagen im Blut. Die besten Dinge des Lebens sind Andenken aus dem Garten Eden, die uns Lust auf die neue Erde machen sollen. Es gibt gerade genug davon, um uns in Bewegung zu halten, doch nie genug, um uns mit der Welt, wie sie ist, oder mit uns, wie wir sind, zufriedenzustellen. Wir leben zwischen dem Garten Eden und der neuen Erde, hin- und hergerissen zwischen dem, was wir einst waren, und dem, was wir sein werden.

Als Christen sind wir in einer Weise mit dem Himmel verbunden, die unser Verstehen übersteigt. Gemäß Epheser 2,6 sitzen wir in gewisser Weise schon mit Christus im Himmel. Deshalb können wir mit weniger nicht zufrieden sein.

Unser Wunsch ist ein Wegweiser, der zum Himmel zeigt. Jede Sehnsucht nach besserer Gesundheit ist eine Sehnsucht nach der neuen Erde. Jede Sehnsucht nach einem Liebesverhältnis ist eine Sehnsucht nach dem höchsten Liebesverhältnis mit Christus. Jeder Wunsch nach Vertrautheit ist ein Wunsch nach Christus. Jeder Hunger nach Schönheit ist ein Hunger nach Christus. Jede Freude ist ein Vorgeschmack auf eine größere, lebendigere Freude, als wir sie jetzt auf der Erde finden können.

Deshalb müssen wir in unserem Leben unsere Liebe zum Himmel pflegen. Deshalb müssen wir intensiv über das nachdenken, was die Bibel über den Himmel sagt, Bücher darüber lesen, mit anderen darüber reden und über den Himmel predigen. Wir müssen mit unseren Kindern über den Himmel sprechen. Wenn wir zelten, wandern oder Auto fahren, wenn wir in einem Museum, bei einer Sportveranstaltung oder einer Ausstellung sind, müssen wir über das, was wir um uns herum sehen, als Wegweiser zur neuen Erde sprechen.

Wenn wir uns den Himmel unirdisch vorstellen, scheint unser jetziges Leben ungeistlich, als wäre es nicht wichtig. Wenn wir die Wirklichkeit der neuen Erde verstehen, wird unser jetziges irdisches Leben plötzlich wichtig. Gespräche mit Menschen, die wir lieben, sind wichtig. Der Geschmack des Essens ist wichtig. Arbeit, Freizeit, Kreativität und geistige Anregung sind wichtig. Flüsse und Bäume und Blumen sind wichtig. Lachen ist wichtig. Dienst ist wichtig. Warum? Weil das alles ewig ist.

Das ewige Leben beginnt nicht, wenn wir sterben – es hat bereits begonnen. Wenn wir die Lehren von der Schöpfung, der Erlösung, der Auferstehung und der neuen Erde kennen, erhält unser jetziges Leben eine größere Bedeutung, denn es bekommt ein Ziel. Wenn wir den Himmel verstehen, wissen wir nicht nur, was wir tun sollen, sondern auch, warum wir es tun sollen. Was Gott uns über unser künftiges Leben sagt, macht es uns möglich, unsere Vergangenheit zu verstehen und ihm in der Gegenwart zu dienen.

Wir müssen aufhören, so zu tun, als sei der Himmel ein Märchen, ein unmöglicher Traum, eine unerträglich langweilige Versammlung oder eine unbedeutende Ablenkung vom wirklichen Leben. Wir müssen den Himmel so sehen, wie er ist: der Ort, für den wir geschaffen wurden. Wenn wir das tun, erfüllt er uns heute schon mit ansteckender Freude, Spannung und Erwartung.

Der Himmel: die Quelle unseres Optimismus

Weltliche Optimisten sind Wunschdenker. Manche machen sich das Thema Optimismus finanziell zunutze und werden damit reich und berühmt. Doch was geschieht dann? Eines Tages werden sie alt oder krank, und wenn sie sterben, kommen sie für immer in die Hölle. Ihr Optimismus ist eine Illusion, denn er zieht die Ewigkeit nicht in Betracht.

Die einzige tragfähige Grundlage für Optimismus ist das Erlösungswerk von Jesus Christus. Jede andere Grundlage ist Sand, kein Fels. Sie trägt das Gewicht der Ewigkeit nicht.

Wenn wir aber unser Leben auf das Erlösungswerk von Christus gründen, können wir alle Optimisten sein. Warum? Weil sogar unser schmerzlichstes Erlebnis im Leben nur ein zeitweiliger Rückschlag ist. Unser Schmerz und unsere Leiden werden vielleicht in diesem Leben nicht von uns genommen, aber ganz gewiss im nächsten. Das ist das Versprechen von Christus: kein Tod und kein Schmerz mehr, er wird alle unsere Tränen abwischen. Er nahm alle unsere Leiden auf sich, damit er uns eines Tages alles Leiden abnehmen kann. Das ist die biblische Grundlage für unseren Optimismus. Kein Christ dürfte Pessimist sein. Wir sollten Realisten sein und uns an der Tatsache ausrichten, dass wir einem unumschränkten und gnädigen Gott dienen. Aufgrund der Tatsache des Sühneopfers von Christus und seiner Versprechen ist Optimismus der biblische Realismus.

Unser Leiden wird nicht leicht, auch wenn wir wissen, dass es von uns genommen wird, aber es wird erträglich. Dieses Wissen ermöglicht Freude mitten im Leiden.

Christus sagte zu seinen Jüngern, die bald danach viel leiden mussten: »Freut euch, dass eure Namen im Himmel aufgeschrieben sind« (Lukas 10,20). Unser Optimismus gründet sich nicht auf ein Evangelium der Gesundheit und des Wohlstands, das behauptet, dass Gott uns hier und jetzt vor Leiden verschont. Petrus sagt: »Freut euch darüber [über schmerzhafte Prüfungen], denn dadurch seid ihr im Leiden mit Christus verbunden, und ihr werdet euch auch sehr darüber freuen, wenn er in seiner Herrlichkeit erscheint« (1. Petrus 4,13). Die künftige Herrlichkeit von Christus, an der wir teilhaben werden, ist der Grund für unsere jetzige Freude im Leiden. Die biblische Lehre vom Himmel handelt von der Zukunft, aber sie hat hier und jetzt schon gewaltige positive Auswirkungen. Wenn wir sie verstehen, verschieben sich unsere Prioritäten, und unsere Sichtweise des Lebens wird radikal verändert. Das ist es, was die Bibel *Hoffnung* nennt.

Setzen Sie Ihre Hoffnung nicht auf günstige Umstände, die nicht andauern können und nicht andauern werden. Setzen Sie Ihre Hoffnung auf Christus und seine Versprechen. Er wird wiederkommen, und wir werden zum Leben auf der neuen Erde auferstehen, wo wir Gottes Gesicht sehen und ihm für immer freudig dienen.

Durch die Tür

Immer wenn die fünf Jahre alte Emily Kimball ins Krankenhaus kam und hörte, dass sie sterben musste, begann sie zu weinen. Obwohl sie Jesus lieb hatte und bei ihm sein wollte, wollte sie ihre Familie nicht zurücklassen. Dann hatte ihre Mutter eine Idee. Sie bat Emily, durch eine Tür in ein anderes Zimmer zu gehen, und sie schloss die Tür hinter ihr. Die ganze Familie, einer nach dem anderen, trat dann durch die Tür in das Zimmer, in dem sie war. Ihre Mutter erklärte ihr, dass es so sein würde. Emily würde voraus in den Himmel gehen, und dann würde der Rest der Familie folgen. Emily verstand. Sie würde als Erste durch die Tür des Todes gehen.

Schließlich würde der Rest der Familie nachfolgen, wahrscheinlich einer nach dem anderen, und zu ihr auf die andere Seite kommen.

Diese Erklärung wäre noch vollständiger gewesen, wenn in dem Zimmer, das Emily betrat, jemand gewesen wäre, der Jesus vertreten hätte, um sie zu begrüßen – zusammen mit Menschen, die schon gestorben waren, und mit Gestalten aus der Bibel und Engeln. Es hätte auch geholfen, wenn das Zimmer, in das sie ging, atemberaubend schön gewesen wäre und Bilder von der neuen weiten und unerforschten Erde gezeigt hätte, auf die Emily und ihre Familie und Freunde eines Tages kommen würden, um für immer mit Jesus zu leben.

Jeder Mensch, der dieses Buch liest, ist auf dem Weg zum Tod. Vielleicht haben Sie Gründe zu der Annahme, dass Ihr Tod schon bald kommen wird. Sie sind womöglich beunruhigt, unsicher oder nicht bereit zu gehen. Verschaffen Sie sich Gewissheit über Ihre Beziehung zu Jesus Christus. Seien Sie sicher, dass Sie allein ihm vertrauen, dass er Sie rettet – nicht irgendjemand oder irgendetwas anderes und bestimmt nicht die guten Werke, die Sie getan haben. Dann können Sie gespannt auf das warten, was Sie auf der anderen Seite der Tür erwartet.

Die Stelle, an der wir ankommen, wird ein schöner, aber nur vorübergehender Ort sein, an dem wir auf den Höhepunkt der Geschichte warten: auf die Wiederkunft des auferstandenen Jesus, der uns auferwecken wird. Wenn sein Tausendjähriges Reich vollendet ist (sei es ein im übertragenen Sinne und gegenwärtig verstandenes Reich oder ein wörtlich gemeintes, tausend Jahre dauerndes künftiges Reich), werden wir mit ihm die neue Erde regieren, frei von Sünde und Fluch.

Wir sehen das Leben anders, wenn wir erkennen, dass der Tod keine Wand, sondern ein Drehkreuz ist, ein kleines Hindernis, das einen großen Anfang darstellt. Calvin Miller hat es wunderschön ausgedrückt:

> Einst habe ich jeden ängstlichen Gedanken
> An den Tod verachtet,
> Als er nur das Ende des Pulsschlags und des Atems war,
> Doch jetzt haben meine Augen gesehen, dass hinter dem Schmerz
> Eine andere Welt wartet.
> Schöpfer der Erde, Heiliger, lass mich jetzt scheiden,
> Denn das Leben ist nur eine vergängliche Kunst.
> Und Sterben bedeutet nur, sich für Gott zu schmücken,
> Unser Grab ist nichts als eine in den Boden gegrabene Tür.[1]

Zum Abschluss

Vorfreude auf das große Abenteuer

Hörst du das Seufzen im Wind? Fühlst du das schwere Schweigen in den Bergen? Spürst du die rastlose Sehnsucht im Meer? Kannst du es in den traurigen Augen eines Tieres erkennen? Es kommt etwas ..., etwas Besseres.

Joni Eareckson Tada

H. S. Lairds Vater, ein Mann, der Jesus liebte, lag im Sterben. Sein Sohn saß an seinem Bett und fragte: »Papa, wie fühlst du dich?«

Sein Vater antwortete: »Mein Sohn, ich fühle mich wie ein kleiner Junge am Weihnachtsabend.«[1]

Weihnachten kommt. Unser Leben findet zwischen dem ersten und dem zweiten Weihnachten statt. Wir leben auf umstrittenem Land, zwischen dem Garten Eden und der neuen Erde, die nicht weit voneinander entfernt sind. Der Streit wird bald beigelegt sein. Christus wird für immer das Universum regieren. Und wir werden mit ihm regieren.

Das erste Kapitel der großen Geschichte

Im letzten Buch der Narnia-Reihe, *Der letzte Kampf*, malt C. S. Lewis ein wunderschönes Bild des ewigen Himmels. Zu Beginn des Bandes fahren Jill und Eustace gerade in einem Zug, als sie plötzlich nach Narnia versetzt werden. Als ihr Abenteuer vorüber ist – nachdem sie die Freuden und Wunder von Narnia und die Anwesenheit von Aslan, dem großen Löwen, erlebt haben –, fürchten sie, dass sie wieder auf die Erde zurückgeschickt werden.

Dann, in einem Abschnitt mit dem Titel *Abschied vom Schattenreich*, überbringt Aslan den Kindern eine gute Nachricht: »›Es gab wirklich ein Eisenbahnunglück‹, sagte Aslan sanft. … ›Ihr alle seid bei dem Unglück getötet worden. Ihr alle seid tot – wie ihr es in eurem Schattenreich gewöhnlich nennt. Die Schule ist aus, die Ferien haben begonnen. Der Traum ist zu Ende, der Morgen ist da.‹« Dann schließt Lewis die Geschichte mit meinem Lieblingsabschnitt aus der gesamten Literatur:

> Hier endet für uns diese Geschichte. Wir können nur noch sagen, dass sie alle weiterhin glücklich lebten in Narnia. Für sie in Narnia aber war es nur der Anfang der wahren Geschichte. Ihr ganzes Leben in dieser irdischen Welt und alle ihre Abenteuer in Narnia waren nur der Umschlag und das Titelblatt gewesen. Nun erst begannen sie das erste Kapitel der großen Geschichte, die noch keiner auf Erden gelesen hat, der Geschichte, die ewig weitergeht und in der jedes Kapitel besser ist als das vorangegangene.[2]

Am Ende von *Der letzte Kampf*, als Lewis mit dem typischen Schlusssatz für Märchen endet – »Alle lebten weiterhin glücklich« –, sind einige Leser vielleicht versucht einzuwenden: »Aber Märchen sind nicht wahr.« Die Bibel ist jedoch kein Märchen – sie ist durch und durch realistisch, niederschmetternd in der Darstellung von Sünde und Leiden und ganz und gar nicht naiv. Nirgendwo in der Bibel finden wir sentimentales Wunschdenken. Wir sehen dagegen die zerstörerische Trennung des Menschen von Gott, den Tod zahlloser Opferlämmer, das harte, quälende Erlösungswerk von Christus, seine greifbare, körperliche Auferstehung und das Versprechen des kommenden Gerichts. Zum Schluss sehen wir die Wiederherstellung von Gottes idealem Universum, die Erfüllung seines ursprünglichen Plans, der seinen Höhepunkt in auferstandenen Menschen erreicht, die mit ihm auf einer auferstandenen Erde leben. Dann, und erst dann, werden wir »alle weiterhin glücklich leben«.

Und das werden wir wirklich tun!

Durch Gottes Gnade weiß ich, dass das, was mich in seiner Gegenwart für alle Ewigkeit erwartet, etwas so Großartiges ist, dass es mir jetzt schon den Atem verschlägt. Hiob sagt es sehr treffend: »Und ist meine Haut noch so zerschlagen und mein Fleisch dahingeschwunden, so werde ich doch Gott sehen. Ich selbst werde ihn sehen, meine Augen werden ihn schauen und kein Fremder« (Hiob 19,26-27; LUT). Die Aussicht darauf, Gott zu sehen, stellte Hiobs Leid in den Schatten. Diese Aussicht kann gewiss auch Ihr und mein Leid in den Schatten stellen. Unser Schiff des Glücks kommt vielleicht heute nicht an – aber es kommt bestimmt. In der Zwischenzeit haben wir heute schon Freude, wenn wir das von Christus erworbene und bezahlte Glück beanspruchen.

Was kann der Tod uns anhaben?

»Sterben wird ein schrecklich großes Abenteuer sein«, sagt Peter Pan.[3] Aber nur für die, die vom Blut Christi bedeckt sind, wird es ein wunderbares, großes Abenteuer sein. Wer ohne Jesus stirbt, wird eine entsetzliche Tragödie erleben.

Natürlich ist Sterben nicht das wirkliche Abenteuer. Der Tod ist nur die Tür zum ewigen Leben. Das Abenteuer beginnt nach dem Tod – das Leben in der Gegenwart von Christus. Kurz bevor Dietrich Bonhoeffer von den Nazis erhängt wurde, betete er laut: »Das ist das Ende – für mich der Beginn des Lebens.« Sein Vertrauen auf Gottes Versprechen half ihm im Angesicht des Todes.

Wir sollten den Tod nicht verherrlichen und auch nicht romantisch darstellen – Jesus hat das nie getan. Er hat über den Tod geweint (Johannes 11,35).

Der Tod ist schmerzlich, er ist ein Feind. Doch für Menschen, die Jesus kennen, ist der Tod der letzte Schmerz und der letzte Feind.

Die Vernichtung des Todes wurde in einer alten Weissagung vorhergesagt: »[Gott] wird auf diesem Berge die Hülle wegnehmen, mit der alle Völker verhüllt sind, und die Decke, mit der alle Heiden zugedeckt sind. Er wird den Tod verschlingen auf ewig. Und Gott der Herr wird die Tränen von allen Angesichtern abwischen« (Jesaja 25,7-8).

Der Apostel Paulus spricht die Worte Jesajas nach: »Wenn dies geschieht – wenn unsere vergänglichen, irdischen Körper in unvergängliche, himmlische Körper verwandelt sind –, dann wird sich das Schriftwort erfüllen: ›Der Tod wurde verschlungen vom Sieg. Tod, wo ist dein Sieg? Tod, wo ist dein Stachel?‹« (1. Korinther 15,54-55). Würden Sie den Tod, der Sie erwartet, schrecklich gern aus Gottes Sicht betrachten können? Lesen Sie noch einmal die drei vorhergehenden Absätze. Fragen Sie sich: »Was ist das Schlimmste, das der Tod mir tun kann?« Lesen Sie dann Römer 8,35 und die Verse 38-39: »Kann uns noch irgendetwas von der Liebe Christi trennen?... Weder Tod noch Leben, weder Engel noch Mächte, weder unsere Ängste in der Gegenwart noch unsere Sorgen um die Zukunft, ja nicht einmal die Mächte der Hölle können uns von der Liebe Gottes trennen.«

Der Tod wird uns nicht nur nicht von Christus trennen – er wird uns sogar in seine Gegenwart führen. Dann, bei der endgültigen Auferstehung, wird Christus seine Allmacht zeigen, indem er den Tod auf den Kopf stellt und das für immer lebendig macht, was für immer begraben schien.

Wenn Sie das glauben, werden Sie sich nicht verzweifelt an dieses Leben klammern. Sie werden Ihre Arme ausstrecken in der Erwartung auf das größere Leben, das kommt. Was für eine Welt das sein wird! Ich bin allein bei dem Gedanken daran überwältigt.

Lassen Sie keinen Tag vergehen, ohne sich auf die neue Welt zu freuen, die Christus für uns vorbereitet.

Ein Wort für Niedergeschlagene und Depressive

Die Tatsache, dass der Himmel wunderbar ist, sollte uns nicht in die Versuchung führen, auf einer Abkürzung dorthin gelangen zu wollen. Wenn Sie niedergeschlagen oder depressiv sind, haben Sie vielleicht den Eindruck, dass Ihr Leben keinen Sinn hat – doch da irren Sie sich gewaltig.

Solange Gott Sie hier auf der Erde behält, ist das genau der Ort, an dem er Sie haben will. Er bereitet eine andere Welt für Sie vor. Mit Ihrem Leid, Ihren Schwierigkeiten und Ihrer Niedergeschlagenheit und Depression erweitert er Ihre Fähigkeit zur ewigen Freude. Unser Leben auf der Erde ist ein Trainingslager, das uns auf den Himmel vorbereitet.

Ich weiß, wie schrecklich eine Depression sein kann. Viele gottesfürchtige Menschen haben es erfahren. Doch wenn Sie mit dem Gedanken spielen, sich das Leben zu nehmen, dann erkennen Sie dies als Versuchung des Teufels. Jesus sagt, dass Satan ein Lügner und ein Mörder ist (Johannes 8,44). Er erzählt Lügen, weil er uns vernichten will (1. Petrus 5,8). Hören Sie nicht auf einen Lügner. Hören Sie auf Jesus, der die Wahrheit sagt (Johannes 8,31-32; 14,6). Setzen Sie Ihrer Lebensgeschichte kein schreckliches Ende – führen Sie Ihren von Gott festgelegten Lauf auf der Erde zu Ende. Wenn es so weit ist – nicht vorher –, holt er Sie zu seiner Zeit und auf seine

Weise nach Hause. In der Zwischenzeit hat Gott eine Aufgabe für Sie hier auf der Erde.

Wenn Sie Jesus nicht kennen, dann bekennen Sie Ihre Sünden und nehmen Sie seinen Tod und seine Auferstehung für sich persönlich an. Wenn Sie Jesus kennen, dann treffen Sie Ihre täglichen Entscheidungen im Licht Ihres künftigen Schicksals. Fragen Sie sich, was Sie heute, nächste Woche, nächstes Jahr oder in Jahrzehnten tun können, um das beste Ende für diesen Band Ihrer Lebensgeschichte zu schreiben – einer Geschichte, die im neuen Universum wunderbar fortgesetzt wird.

Die Vorfreude auf unsere Heimkehr spornt uns an, hier und jetzt ein tadelloses Leben zu führen. Der Gedanke an unser künftiges Leben auf einer auferstandenen Erde kann uns fähig machen, in einer schwierigen Ehe auszuharren, die kraftraubende Pflege eines kranken Elternteils oder Kindes fortzuführen oder an einer anspruchsvollen Arbeitsstelle durchzuhalten. Mose blieb Gott treu, denn »er sah der großen Belohnung entgegen« (Hebräer 11,26).

Das Wissen, wohin wir gehen und welche Belohnungen wir für den Dienst für Christus erhalten, spornt unmittelbar zu einem auf Christus ausgerichteten gerechten Leben hier und heute an. Denn wenn wir tatsächlich glauben, dass wir für immer in einem Bereich leben werden, in dem Christus der Mittelpunkt ist, der uns Freude bringt, und dass ein gerechtes Leben für alle Glück bedeutet, warum würden wir dann nicht beschließen, jetzt mit einem auf Christus ausgerichteten gerechten Leben den Weg zum Himmel einzuschlagen?

Ein Leben, das uns bereitmacht

»Und jeder, der diese Hoffnung hat, achtet darauf, dass er rein bleibt, so wie Christus rein ist« (1. Johannes 3,3). Wenn das Datum für meine Hochzeit im Kalender eingetragen ist und wenn ich an die Person denke, die ich heiraten werde, dann dürfte ich kein leichtes Opfer für eine Verführung sein. In ähnlicher Weise ist die Sünde kaum reizvoll, wenn ich mich eingehend mit dem Himmel befasst habe. Wenn meine Gedanken vom Himmel abschweifen, erscheint die Sünde verlockend. Das Denken an den Himmel führt unvermeidlich zum Streben nach Heiligkeit. Unsere hohe Toleranz gegenüber der Sünde zeigt, dass wir uns nicht auf den Himmel vorbereiten.

Der Himmel sollte unsere Handlungen und unsere Bestrebungen, unsere Freizeit und unsere Freundschaften und auch unseren Umgang mit Zeit und Geld bestimmen.

Wenn wir die Freuden erkennen, die uns in Gottes Gegenwart erwarten, können wir jetzt auf kleinere Freuden verzichten. Wenn wir die Besitztümer erkennen, die uns im Himmel erwarten, geben wir freudig Besitztümer auf der Erde ab, um Schätze im Himmel zu sammeln. Wenn wir die Macht erkennen, die uns als Herrschern in Gottes Reich gegeben wird, eine Macht, mit der wir jetzt nicht umgehen können, die wir aber dann demütig und gütig ausüben werden, können wir hier auf die Jagd nach Macht verzichten.

Auf den Himmel ausgerichtet zu sein bedeutet, im besten Sinne des Wortes zielorientiert zu leben. Paulus sagt: »Ich bin noch nicht alles, was ich sein sollte, aber ich setze meine ganze Kraft für dieses Ziel ein. Indem ich die Vergangenheit vergesse und auf das schaue, was vor mir liegt, versuche ich, das Rennen bis zum Ende durchzuhalten und den Preis zu gewinnen, für den Gott uns durch Christus Jesus bestimmt hat« (Philipper 3,13-14).

Das Denken an den Himmel spornt uns an, jeden Tag in tiefer Dankbarkeit gegenüber Gott zu leben (Hebräer 12,28).

In *Perelandra* sagt der Held von C. S. Lewis von seinem Freund Ransom, der vor Kurzem von einem anderen Planeten zurückgekehrt ist: »Ein Mensch, der in einer anderen Welt gewesen ist, kommt nicht unverändert zurück.«[4]

Ein Mensch, der anhaltend an eine andere Welt denkt – an den Himmel, wo Christus ist, und an die auferstandene Erde, auf der wir für immer mit ihm leben werden –, bleibt auch nicht unverändert. Er wird zu einer neuen Person. Er füllt seinen Bauch nicht mehr mit abgestandenen Resten und Überbleibseln, die auf den schmutzigen Küchenboden gefallen sind. Er riecht das Festessen, das für ihn vorbereitet wird. Er will sich den Appetit nicht verderben. Er weiß, weshalb ihm das Wasser im Mund zusammenläuft.

Alles wird neu

Nanci und ich haben mit unserer Familie und unseren Freunden viele herrliche Stunden verbracht und haben, meist nach einem Essen, schon oft den Satz gesagt: »Es könnte uns nicht besser gehen!«

Ich bin sicher, dass Sie diesen Satz in einem glücklichen Augenblick auch schon gesagt haben, egal, wie schwierig Ihr Leben war. Können Sie sich nur an ein einziges Mal in Ihrem Leben erinnern, als Sie den Eindruck hatten, dass dieser Satz stimmt, und sei es nur einen ganz kurzen Augenblick lang?

Nun, dieser Satz stimmt nicht.

Der gewöhnlichste Augenblick auf der neuen Erde wird großartiger sein als die vollkommensten Momente in diesem Leben – jene Erlebnisse, die Sie festhalten wollten, aber nicht konnten. Es kann besser werden, viel besser – und es wird besser werden. Das Leben auf der neuen Erde kann man sich so vorstellen: Man sitzt mit der Familie und mit Freunden vor dem offenen Kamin in einer wohligen Wärme, man lacht schallend, träumt miteinander von künftigen Abenteuern – und dann steht man auf und erlebt diese Abenteuer miteinander. Ohne Angst, dass das Leben enden oder dass eine Tragödie wie eine dunkle Wolke herabsinken könnte. Ohne Angst, dass Träume oder Beziehungen zerbrechen.

Wenn die Gedanken, die ich in diesem Buch dargelegt habe, nur das Produkt meiner Vorstellungskraft wären, wären sie bedeutungslos. Doch der Apostel Johannes schreibt fast am Ende der Bibel Folgendes:

> Dann sah ich einen neuen Himmel und eine neue Erde ... Ich hörte eine laute Stimme vom Thron her rufen: »Siehe, die Wohnung Gottes ist nun bei den Menschen! Er wird bei ihnen wohnen und sie werden sein Volk sein und Gott selbst wird bei ihnen sein. Er wird alle ihre Tränen abwischen, und es wird keinen Tod und keine Trauer und kein Weinen und keinen Schmerz mehr geben. Denn die erste Welt mit ihrem ganzen Unheil ist für immer vergangen.« Und der, der auf dem Thron saß, sagte: »Ja, ich mache alles neu!« Und dann sagte er zu mir: »Schreib es auf, denn was ich dir sage, ist zuverlässig und wahr.«
> *Offenbarung 21,1.3-5*

Das sind Worte von Jesus als dem König. Rechnen Sie mit ihnen. Leben Sie jeden Tag im Licht dieser Worte. Treffen Sie jede Entscheidung im Licht dieses Versprechens.

Wir wurden alle für eine Person und für einen Ort geschaffen. Die Person ist Jesus. Der Ort ist der Himmel.

Wenn Sie Jesus kennen, werde ich mit Ihnen in jener auferstandenen Welt sein. Mit dem Herrn, den wir lieben, und den Freunden, die uns lieb sind, werden wir gemeinsam mit dem größten aller Abenteuer beginnen, in einem herrlichen neuen Universum, das darauf wartet, von uns erforscht und beherrscht zu werden. Jesus wird der Mittelpunkt aller Dinge sein und Freude die Luft, die wir atmen.

Und wenn wir denken: »Es könnte uns nicht besser gehen!«, sollten wir uns daran erinnern: Es wird besser werden.

Anmerkungen

Einleitung

1 J. Sidlow Baxter, The Other Side of Death: What the Bible Teaches about Heaven and Hell (Grand Rapids: Kregel, 1987), 237.

2 Edward Donnelly, Biblical Teaching on the Doctrines of Heaven and Hell (Edinburgh: Banner of Truth, 2001), 64.

3 Don Richardson, Ewigkeit in ihren Herzen, © Copyright 1983 der deutschen Ausgabe by Edition VLM im Verlag der St.-Johannis-Druckerei, Lahr.

4 Spiros Zodhiates, Life after Death (Chattanooga: AMG, 1977), 100-101.

5 Ulrich Simon, Heaven in the Christian Tradition (London: Wyman and Sons, 1958), 218.

6 Aristides, Apology, 15.

7 C. J. Mahaney, »Loving the Church« (Tonbandaufnahme, Covenant Life Church, Gaithersburg, Md., n. d.). Die Geschichte von Florence Chadwick ist nachzulesen unter http://www.vanguard.edu/vision2010.

1

1 Ola Elizabeth Winslow, Jonathan Edwards: Basic Writings (New York: New American Library, 1966), 142.

2 Jonathan Edwards, »The Resolutions of Jonathan Edwards (1722-1723)«, JonathanEdwards.com, http://www.jonathanedwards.com/text/Personal/resolut.htm; siehe auch Stephen Nichols, Herausgeber, Jonathan Edwards' Resolutions and Advice to Young Converts (Phillipsburg, N. J.: Presbyterian and Reformed, 2001).

3 Blaise Pascal, Pensées, Übersetzer W. F. Trotter, Christian Classics Ethereal Library, http://www.ccel.org/p/pascal/pensees/cache/pensees.pdf, section VII, article 425.

4 John Eldredge, The Journey of Desire: Searching for the Life We've Only Dreamed Of (Nashville: Nelson, 2000), 111.

5 A. J. Conyers, The Eclipse of Heaven (Downers Grove, Ill.: InterVarsity, 1992), 21.

6 Ebenda, 58.

2

1 Alister E. McGrath, A Brief History of Heaven (Malden, Mass.: Blackwell, 2003), 5.

2 Gerhard Kittel und Gerhard Friedrich, Herausgeber, Geoffrey W. Bromiley, Übersetzer und Herausgeber, Theological Dictionary of the New Testament (Grand Rapids: Eerdmans, 1964-1976), 2:288.

3 C. S. Lewis, Pardon, ich bin Christ, Copyright der deutschen Ausgabe © 1977 by Brunnen Verlag, Basel, 16. Taschenbuchauflage 2002, 123-124.

4 C. S. Lewis, »Bluspels and Flalanspheres: A Semantic Nightmare«, zitiert in Walter Hooper, Herausgeber, Selected Literary Essays (Cambridge: Cambridge University Press, 1969).

5 Francis Schaeffer, Art and the Bible (Downers Grove, Ill.: InterVarsity, 1973), 61.

3

1 K. Connie Kang, »Next Stop, the Pearly Gates … or Hell?«, Los Angeles Times, 24. Oktober 2003.

2 Dante Alighieri, Inferno, canto 3, Zeile 9.

3 Dorothy Sayers, A Matter of Eternity, herausgegeben von Rosamond Kent Sprague (Grand Rapids: Eerdmans, 1973), 86.

4

1 Ruthanna C. Metzgar, aus ihrer Geschichte »It's Not in the Book!«, Copyright © 1998 by Ruthanna C. Metzgar. Mit Erlaubnis der Autorin. Die ganze Geschichte in Ruthannas eigenen Worten ist nachzulesen in Eternal Perspective Ministries, http://www.epm.org/articles/metzgar.html.

5

1 Wayne Grudem, Systematic Theology: An Introduction to Biblical Doctrine (Grand Rapids: Zondervan, 1994), 1158.

2 Anthony A. Hoekema, »Heaven: Not Just an Eternal Day Off«, Christianity Today (June 6, 2003), http://www.christianitytoday.com/ct/2003/122/54.0.html.

3 »Sight Unseen«, World (8. November 2003): 13; siehe Artikel »One Unseen Divinity? Ridiculous! Billions of Unseen Universes? Sure, Why Not?«, besprochen in »Easterblogg«, The New Republic Online, http://www.tnr.com/easterbrook.mhtml?week=2003-10-21.

4 Grudem, Systematic Theology, 1159.

8

1 Douglas Connelly, The Promise of Heaven: Discovering Our Eternal Home (Downers Grove, Ill.: InterVarsity, 2000), 120.

2 Ebenda, 121.

3 Paul Marshall mit Lela Gilbert, Heaven Is Not My Home: Learning to Live in God's Creation (Nashville: Word, 1998), 11.

4 Gary Moon, Homesick for Eden (Ann Arbor, Mich.: Servant Publications, 1997).

5 John Eldredge, The Journey of Desire: Searching for the Life We've Only Dreamed Of (Nashville: Nelson, 2000), 111.

6 Millard Erickson, Christian Theology (Grand Rapids: Baker, 1998), 1232.

7 Donald Guthrie, New Testament Theology (Downers Grove, Ill.: InterVarsity, 1981), 880.

9

1 Albert M. Wolters, Creation Regained: Biblical Basics for a Reformational Worldview (Grand Rapids: Eerdmans, 1985), 58.

2 Wolters, Creation Regained, 62.

3 Ebenda, 58-59.

4 Gerhard Kittel und Gerhard Friedrich, Herausgeber, Geoffrey W. Bromiley, Übersetzer und Herausgeber, Theological Dictionary of the New Testament (Grand Rapids: Eerdmans, 1964-1976), 1:686.

5 Der Kleine Katechismus von Westminster kann im Internet nachgelesen werden unter: »Westminster Shorter Catechism with Proof Texts«, Center for Reformed Theology and Apologetics, http://www.reformed.org/documents/WSC_frames.html?wsc_text=WSC.html.

6 Die Zusammenfassung von Jesaja 60 habe ich dem Buch von Richard Mouw, When the Kings Come Marching In, entnommen (Grand Rapids: Eerdmans, 1983).

7 Mouw, When the Kings Come, 5-21.

8 Ebenda, 12-15.

9 A. A. Hodge, Evangelical Theology: A Course of Popular Lectures (Edinburgh: Banner of Truth, 1976), 399-402.

10

1 Anthony A. Hoekema, The Bible and the Future (Grand Rapids: Eerdmans, 1979), 277.

2 Albert M. Wolters, Creation Regained: Biblical Basics for a Reformational Worldview (Grand Rapids: Eerdmans, 1985), 64, 71.

11

1 Auszug aus John Updike, Seven Stanzas at Easter, deutsche Übersetzung von Matthias Staab, Abdruck mit freundlicher Genehmigung.

2 R. A. Torrey, Heaven or Hell (New Kensington, Pa.: Whitaker House, 1985), 68-69.

3 Anthony A. Hoekema, »Heaven: Not Just an Eternal Day Off«, Christianity Today (6. Juni 2003), http://www.christianitytoday.com/ct/2003/122/54.0.html.

4 Herman Bavinck, The Last Things: Hope for This World and the Next, herausgegeben von John Bolt, übersetzt von John Vriend (Grand Rapids: Baker, 1996), 157.

5 Anthony A. Hoekema, The Bible and the Future (Grand Rapids: Eerdmans, 1979), 251.

6 Hank Hanegraaff, Resurrection (Nashville: Word, 2000), 68-69.

7 Peter Toon, Longing for Heaven: A Devotional Look at the Life after Death (New York: Macmillan, 1986), 141.

8 The Westminster Confession of Faith, Chap. XXXI, »Of Synods and Councils«, Presbyterian Church in America, http://www.pcanet.org/general/cof_chapxxxi-xxxiii.htm.

9 Joni Eareckson Tada, Spiel mir das Lied vom Himmel, © Copyright der deutschen Ausgabe 1999 by Hänssler Verlag, D-71087 Holzgerlingen, 48.

12

1 Albert M. Wolters, Creation Regained: Biblical Basics for a Reformational Worldview (Grand Rapids: Eerdmans, 1985), 11.

2 Cornelius P. Venema, The Promise of the Future (Trowbridge, UK: Banner of Truth, 2000), 461.

3 Wolters, Creation Regained, 59.

4 Frank S. Mead, Herausgeber, Encyclopedia of Religious Quotations (London: Peter Davies, 1965), 379.

5 Erich Sauer, The King of the Earth (Grand Rapids: Eerdmans, 1962), 97.

14

1 John Piper, Future Grace (Sisters, Ore.: Multnomah, 1995), 371, 376.

2 Ebenda, 376.

3 Venema, The Promise of the Future, 469.

4 E. J. Fortman, Everlasting Life after Death (New York: Alba House, 1976), 304.

5 Walter Bauer, The Greek-English Lexicon of the New Testament and Other Early Christian Literature, herausgegeben von Frederick W. Danker, 3. Auflage (Chicago: University of Chicago Press, 2000).

6 Greg K. Beale, »The Eschatological Conception of New Testament Theology«, Eschatology in Bible and Theology, herausgegeben von Kent E. Brower und Mark W. Elliott (Downers Grove, Ill.: InterVarsity, 1997), 44.

15

1 Paul Marshall mit Lela Gilbert, Heaven Is Not My Home: Learning to Live in God's Creation (Nashville: Word, 1998), 32-33.

2 C. S. Lewis, Pardon, ich bin Christ, Copyright der deutschen Ausgabe © 1977 by Brunnen Verlag, Basel, 16. Taschenbuchauflage 2002, 126.

3 G. K. Chesterton, Orthodoxy (Chicago: Thomas More Association, 1985), 99-100.

16

1 Herman Bavinck, The Last Things: Hope for This World and the Next, herausgegeben von John Bolt, übersetzt von John Vriend (Grand Rapids: Baker, 1996), 162.

2 Augustinus, Der Gottesstaat, 22, 30 und Bekenntnisse 1, 1, zitiert in John E. Rotelle, Augustine Day by Day (New York: Catholic Book Publishing, 1986).

3 Sam Storms, »Joy's Eternal Increase«, ein unveröffentlichtes Manuskript über Jonathan Edwards' Ansichten über den Himmel.

4 Augustinus, Der Gottesstaat, zitiert in Alister E. McGrath, A Brief History of Heaven (Malden, Mass.: Blackwell, 2003), 182-183.

17

1 Steven J. Lawson, Heaven Help Us! (Colorado Springs: NavPress, 1995), 142.

2 J. Boudreau, The Happiness of Heaven (Rockford, Ill.: Tan Books, 1984), 95-96.

3 Teresa von Avila, The Way of Perfection, chap. 28, par. 2, Christian Classics Ethereal Library, http://www.ccel.org/t/teresa/way/chapter28.html.

4 Martin Luther, zitiert in James M. Campbell, Heaven Opened: A Book of Comfort and Hope (New York: Revell, 1924), 148.

18

1 Cornelius P. Venema, The Promise of the Future (Trowbridge, UK: Banner of Truth, 2000), 478.

19

1 David Chilton, Paradise Restored: A Biblical Theology of Dominion (Fort Worth: Dominion Press, 1987), 49.

2 R. L. Harris, Theological Wordbook of the Old Testament (Chicago: Moody, 1980), 60.

3 Bruce Milne, The Message of Heaven and Hell (Downers Grove, Ill.: InterVarsity, 2002), 321.

20

1 Richard Mouw, When the Kings Come Marching In (Grand Rapids: Eerdmans, 1983), 30.

21

1 Erich Sauer, The King of the Earth (Grand Rapids: Eerdmans, 1962), 80-81.

22

1 Anthony A. Hoekema, The Bible and the Future (Grand Rapids: Eerdmans, 1979), 276.

2 Edward Thurneysen, zitiert in J. A. Schep, The Nature of the Resurrection Body (Grand Rapids: Eerdmans, 1964), 218-219.

3 Published by Carl Ueberreuter GmbH under license from the C. S. Lewis Company Ltd.; C. S. Lewis, Der letzte Kampf, Copyright © dieser Ausgabe 2004 by Verlag Carl Ueberreuter, Wien.

4 Ebenda, 158.

24

1 David Winter, Hereafter: What Happens after Death? (Wheaton, Ill.: Harold Shaw, 1973), 67.

2 René Pache, The Future Life (Chicago: Moody, 1971), 357.

3 Salem Kirban, What Is Heaven Like? (Huntingdon Valley, Pa.: Second Coming, 1991), 35.

25

1 Bearbeitet nach Charles Dickens, A Christmas Carol, part 3, st. 1.

2 Bruce Milne, The Message of Heaven and Hell (Downers Grove, Ill.: InterVarsity, 2002), 194.

3 C. S. Lewis, Pardon, ich bin Christ, Copyright der deutschen Ausgabe © 1977 by Brunnen Verlag, Basel, 16. Taschenbuchauflage 2002, 197f.

26

1 Joni Eareckson Tada, Spiel mir das Lied vom Himmel, © Copyright der deutschen Ausgabe 1999 by Hänssler Verlag, D-71087 Holzgerlingen, 70.

2 Arthur E. Travis, Where on Earth Is Heaven? (Nashville: Broadman, 1974), 24.

3 Alister E. McGrath, A Brief History of Heaven (Malden, Mass.: Blackwell, 2003), 37-38.

4 Hank Hanegraaff, Resurrection (Nashville: Word, 2000), 133-34.

5 C. S. Lewis, Die große Scheidung oder zwischen Himmel und Hölle, übertragen von Helmut Kuhn, Johannes Verlag Einsiedeln, Freiburg 10/2003.

6 Jonathan Edwards, zitiert in John Gerstner, Jonathan Edwards on Heaven and Hell (Grand Rapids: Baker, 1980), 39.

28

1 Paul Helm, The Last Things (Carlisle, Pa.: Banner of Truth, 1989), 92.

29

1 Wayne Grudem, Systematic Theology: An Introduction to Biblical Doctrine (Grand Rapids: Zondervan, 1994), Schlussbemerkung auf 1162.

2 Gerhard Kittel und Gerhard Friedrich, Herausgeber, Geoffrey W. Bromiley, Übersetzer und Herausgeber, Theological Dictionary of the New Testament (Grand Rapids: Eerdmans, 1964-1976), 1:692.

3 Dave Hunt, Whatever Happened to Heaven? (Eugene, Ore.: Harvest House, 1988), 238.

4 Jonathan Edwards, The Works of Jonathan Edwards, herausgegeben von Perry Miller, vol. 13, The Miscellanies, herausgegeben von Thomas A. Schafer (New Haven, Conn.: Yale University Press, 1994), 483.

5 Ebenda, 275. Mehrere Zitate entnahm ich Andrew McClellans Seminarskript »Jonathan Edwards's View of Heaven«, 15. August 2003.

6 William Shakespeare, Hamlet, Akt 3, Szene 1, Zeile 87.

7 Jonathan Edwards, zitiert in John Gerstner, Jonathan Edwards on Heaven and Hell (Grand Rapids: Baker, 1980), 24.

8 Jonathan Edwards, »The End for which God Created the World«, zitiert in John Piper, God's Passion for His Glory (Wheaton, Ill.: Crossway, 1998), 37.

9 Ebenda, 251.

10 J. Boudreau, The Happiness of Heaven (Rockford, Ill.: Tan Books, 1984), 120-122.

30

1 J. Boudreau, The Happiness of Heaven (Rockford, Ill.: Tan Books, 1984), 107-108.

2 Donald A. Carson, The Gospel According to John (Grand Rapids: Eerdmans, 1991), 489.

31

1 Bede, Predigt, die etwa 710 an Allerheiligen gehalten wurde, zitiert in William Jennings Bryan, Herausgeber, The World's Famous Orations (New York: Funk and Wagnalls, 1906).

2 Richard Baxter, The Practical Works of Richard Baxter (Grand Rapids: Baker, 1981), 97.

3 Salem Kirban, What Is Heaven Like? (Huntingdon Valley, Pa.: Second Coming, 1991), 8.

4 J. Boudreau, The Happiness of Heaven (Rockford, Ill.: Tan Books and Publishers, 1984), 117.

5 George MacDonald, zitiert in Herbert Lockyer, Death and the Life Hereafter (Grand Rapids: Baker, 1975), 65.

6 Amy Carmichael, Thou Givest … They Gather, zitiert in Images of Heaven: Reflections on Glory, comp. Lil Copan und Anna Trimiew (Wheaton, Ill.: Harold Shaw, 1996), 111.

32

1 Augustinus, zitiert in Colleen McDannell und Bernhard Lang, Heaven: A History (New York: Vintage Books, 1988), 60.

2 Augustinus, On the Christian Doctrine, 1:32-33.

33

1 J. I. Packer, »Hell's Final Enigma«, Christianity Today (22. April 2002), 84.

2 Jonathan Edwards, »The End of the Wicked Contemplated by the Righteous«, The Works of Jonathan Edwards (Edinburgh: Banner of Truth, 1974), 2:207-12, Hervorhebung vom Autor.

3 Amerikanische Pioniere, die 1804 bis 1806 eine historische Expedition durch Amerika unternahmen. Anmerkung der Lektorin.

4 Published by Carl Ueberreuter GmbH under license from the C. S. Lewis Company Ltd.; C. S. Lewis, Der letzte Kampf, Copyright © dieser Ausgabe 2004 by Verlag Carl Ueberreuter, Wien.

5 Published by Carl Ueberreuter GmbH under license from the C. S. Lewis Company Ltd.; C. S. Lewis, Das Wunder von Narnia, Copyright © dieser Ausgabe 2004 by Verlag Carl Ueberreuter, Wien.

34

1 Jonathan Edwards, Heaven: A World of Love (Amityville, N.Y.: Calvary Press, 1999), 27-29.

2 Jonathan Edwards, zitiert in John Gerstner, Jonathan Edwards on Heaven and Hell (Grand Rapids: Baker, 1980), 21-22.

3 Über meine Beziehung zu Jerry schrieb ich in dem Anhang zu meinen Romanen über den Himmel: In Light of Eternity (Colorado Springs: WaterBrook, 1999), 66-72.

4 Babettes Fest, Regie: Gabriel Axel (Panorama Film, 1987).

35

1 Abraham Kuyper, The Revelation of St. John, übersetzt von John H. de Vries (Grand Rapids: Eerdmans, 1963), 122.

2 Herman Bavinck, The Last Things: Hope for This World and the Next, herausgegeben von John Bolt, übersetzt von John Vriend (Grand Rapids: Baker, 1996), 160.

3 Richard Mouw, When the Kings Come Marching In (Grand Rapids: Eerdmans, 1983), 47.

4 Dave Hunt, Whatever Happened to Heaven? (Eugene, Ore.: Harvest House,1988), 236.

5 Cornelius P. Venema, The Promise of the Future (Trowbridge, UK: Banner of Truth, 2000), 481.

6 Siehe die Diskussion in Eternal Perspective Ministries, http://www.epm.org/articles/characters.html.

7 Anthony A. Hoekema, »Heaven: Not Just an Eternal Day Off«, Christianity Today (June 6, 2003).

8 Ebenda.

36

1 Gary R. Habermas und J. P. Moreland, Beyond Death: Exploring the Evidence for Immortality (Wheaton, Ill.: Crossway, 1998), 106.

37

1 Steve Wolberg, Will My Pet Go to Heaven? (Enumclaw, Wash.: WinePress, 2002), 57.

2 Dieses und die folgenden Zitate in diesem Abschnitt aus John Wesleys Predigt »The General Deliverance, Sermon 60« können, kommentiert von Randy

Alcorn, nachgelesen werden bei Eternal Perspective Ministries, http://www.epm.org/articles/wesleysermon.html.

38

1 James M. Campbell, Heaven Opened (New York: Revell, 1924), 123.

2 Victor Hugo, »The Future Life«, zitiert in Dave Wilkinson, »And I Shall Dwell«, Predigt, gehalten am 18. Februar 2001 in der Moorpark Presbyterian Church, »Sermons from Moorpark Presbyterian Church«, Moorpark Presbyterian Church, http://www.moorparkpres.org/sermons/2001/021801.htm.

3 Wilbur M. Smith, The Biblical Doctrine of Heaven (Chicago: Moody, 1968), 195.

4 Campbell, Heaven Opened, 123-124, 190.

5 Cornelius P. Venema, The Promise of the Future (Trowbridge, UK: Banner of Truth, 2000), 481.

6 Paul Marshall mit Lela Gilbert, Heaven Is Not My Home: Learning to Live in God's Creation (Nashville: Word, 1998), 30.

7 Ebenda.

8 Ebenda, 30-31.

9 Hoekema, »Eternal Day Off«.

10 Arthur O. Roberts, Exploring Heaven (San Francisco: Harper SanFrancisco, 2003), 148.

39

1 Colleen McDannell und Bernhard Lang, Heaven: A History (New York: Vintage Books, 1988), 47.

2 John Gilmore, Probing Heaven (Grand Rapids: Baker, 1991), 252.

40

1 Joni Eareckson Tada, zitiert in Douglas J. Rumford, What about Heaven and Hell? (Wheaton, Ill.: Tyndale, 2000), 31. Kapitel 42.

42

1 Calvin Miller, The Divine Symphony (Minneapolis: Bethany, 2000), 139.

Zum Abschluss

1 Jack MacArthur, Exploring in the Next World (Minneapolis: Dimension Books, 1967), 16.

2 Published by Carl Ueberreuter GmbH under license from the C. S. Lewis Company Ltd.; C. S. Lewis, Der letzte Kampf, Copyright © dieser Ausgabe 2004 by Verlag Carl Ueberreuter, Wien.

3 Sir James M. Barrie, Peter Pan, in Peter Pan, and Other Plays (New York: AMS Press, 1975), 94.

4 C. S. Lewis, Perelandra, Brendow Verlag, D-47443 Moers.